임동석중국사상100

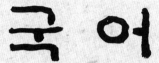

국어

國語

2

左丘明 撰 / 林東錫 譯註

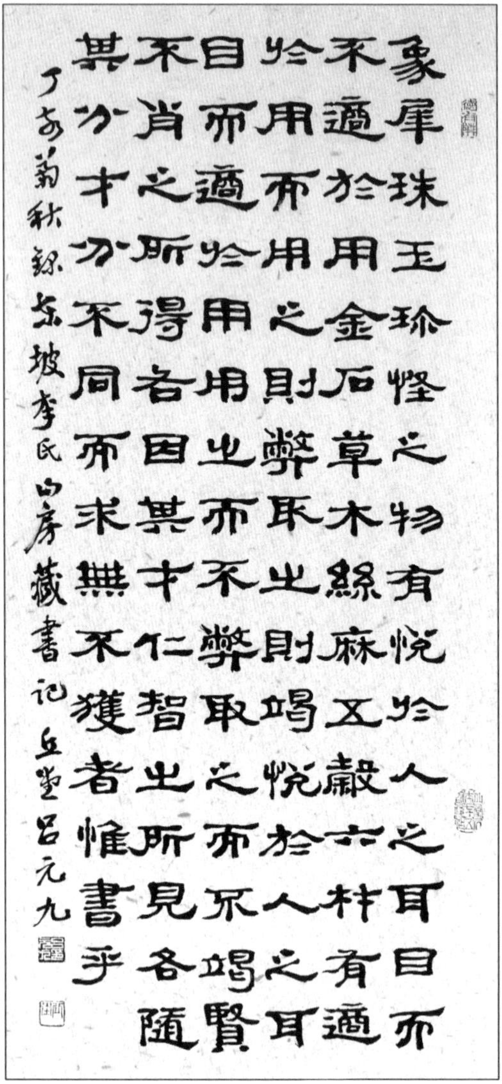

"상아, 물소 뿔, 진주, 옥. 진괴한 이런 물건들은 사람의 이목은 즐겁게 하지만 쓰임에는 적절하지 않다. 그런가 하면 금석이나 초목, 실, 삼베, 오곡, 육재는 쓰임에는 적절하나 이를 사용하면 닳아지고 취하면 고갈된다. 그렇다면 사람의 이목을 즐겁게 하면서 이를 사용하기에도 적절하며, 써도 닳지 아니하고 취하여도 고갈되지 않고, 똑똑한 자나 불초한 자라도 그를 통해 얻는 바가 각기 그 자신의 재능에 따라주고, 어진 사람이나 지혜로운 사람이나 그를 통해 보는 바가 각기 그 자신의 분수에 따라주되 무엇이든지 구하여 얻지 못할 것이 없는 것은 오직 책뿐이로다!"

《소동파전집》(34) 〈이씨산방장서기〉에서 구당(丘堂) 여원구(呂元九) 선생의 글씨

책머리에

옛날 사마천의 《사기》를 배우면서 〈태사공자서太史公自序〉에서 이러한 구절을 읽었다.

"옛 서백(주 문왕 희창)은 유리라는 옥에 갇힘으로써 《주역》을 연찬하였고, 공자는 진채에서 곤액을 당함으로써 《춘추》를 지었으며, 굴원은 축출을 당하였기에 〈이소〉를 지었고, 좌구명은 실명함으로써 《국어》를 남기게 되었고, 손자는 다리가 잘림으로써 《병법》을 논하게 되었고, 여불위는 촉으로 쫓겨났기에 《여람》(여씨춘추)을 전하게 되었으며, 한비자는 진나라에 죄수로 갇힘으로써 《한비자》의 〈세난〉과 〈고분〉 등의 글을 남기게 되었다. 《시》 3백 편은 대체로 현인과 성인이 분함을 발하여 그 때문에 지어지게 된 것이니, 이는 사람이란 누구나 막히고 맺힌 바가 있어 그 도를 소통시킬 수 없으므로 지난 일을 기술하고 다가올 일을 생각하게 되는 것이다."

(昔西伯拘羑里, 演周易; 孔子戹陳蔡作春秋; 屈原放逐, 著離騷; 左丘失明, 厥有國語; 孫子臏脚, 而論兵法; 不韋遷蜀, 世傳呂覽; 韓非囚秦, 說難·孤憤; 詩三百篇, 大抵賢聖發憤之所爲作也. 此人皆意有所鬱結, 不得通其道也, 故述往事, 思來者.)

이를 읽을 때 나는 굉장한 감명을 받았다. "그래, 막힘과 맺힘이 있어야 무언가를 남기고 기술하고 창작하는 것이다. 그러니 그 고통이나 노고는 이루 말할 수 없겠지만, 무언가를 통해 풀어내지 않고는 존재할 수 없는 안타까움이 결국 역사에 길이 남겨진 고전이요 예술이리라!"

따라서 사마천 자신도 '궁형'이라는 억울함을 당하지 않았다면 《사기》와 같은 위대한 저술은 세상에 태어나지 못하였을 것이다. 그런데 그 중 《국어》라는 책은 과연 좌구명이 확실한 저자인가를 차치하고라도 어떤 책이기에 사마천이 그토록 거론하여 '실명하였기에 남긴 위대한 저술'이라고 빗대었을까?

선진先秦 역사 기록 중에 동주의 전반기를 춘추라 한다. 이 춘추시대를 대표하는 기록으로는 당연히 《춘추좌전》이 있다. 그리고 이 《국어》가 그와 함께 쌍벽을 이루어 〈춘추외전〉이라 불리며 준경전準經典으로 대접을 받아왔다. 그러나 뒤에 《국어》의 저자를 좌구명으로 보던 견해는 여러 가지 근거로 수정되었고 지위도 사부史部 잡사류雜史類로 떨어졌다. 그럼에도 그 책이 가진 가치와 선진 산문으로써의 문학적 지위까지 더하여 수천 년 끊임없이 연구되고 주석과 고증 작업을 거쳐 오늘날까지 이어오게 된 것이다. 《국어》가 다룬 춘추시대 뒤를 이어 동주 후반기인 전국시대를 대표하는 기록은 당연히 유향劉向이 집록한 《전국책戰國策》이며, 이 두 책들은 사마천이 《사기》를 저술할 때 절대적인 기본 사료였다.

한대漢代 또 다른 이 책이 있었던 것으로 기록되어 있다. 즉 《한서》 예문지에 유향이 편찬한 《신국어新國語》 54편이 저록되어 있으나 지금 그 책은 전하지 못하고 있다. 그런가 하면 서진西晉시대 전국 위묘魏墓에서 출토된 《국어》는 초나라와 진나라의 사건을 기록한 것이었다고 《진서晉書》 속석전束皙傳에 전하는 것으로 보아, 전국시대에도 이미 이 《국어》가 널리 유포된 것임을 확인할 수 있고, 1971년 발굴이 시작된 호남湖南 장사長沙 마왕퇴馬王堆 3호 고분에서 나온 백서帛書 중에 잔권의 《어語》는 《춘추사어春秋事語》라 이름이 붙여졌고, 이는 바로 지금의 《국어》와 같은 유형의 책임이 밝혀지기도 하였다. 따라서 당시 '어語'라 이름 붙여진 자료들은 역사 기록이라기보다 토론이나 대화, 변론, 변석 등의 의미를 기준으로 한 것임을 알 수 있다. 그리고 그 체제는 나라별로 묶어 정리함으로써 당唐 유지기劉知幾의 《사통史通》에는 육가六家 중에 「국어가國語家」라는 새로운 형태의 첫 작품임을 인정하고 있다.

좌우간《국어》이 책은 지금 다시 정리하여《좌전》,《사기》등과 대조하여 읽어 보면 많은 자료를 확보할 수 있으며, 그 문장 속의 언론과 언사를 통해 새롭고 훌륭한 표현을 얻을 수 있다. 특히 우리나라에도 지금 남아 있는 많은 판본을 보면 근세까지 중국의 판본을 수집하기도 하고, 별도로 우리나라에서 독자적으로 많은 출간을 해 온 점을 보면 널리, 그리고 정밀하게 읽혀 온 고전임에는 틀림없다.(해제 참조) 그런데 아직 완역본이 제대로 나오지 않은 것은 학문의 양적, 질적 발전과 시대 흐름에 비교해 보면 안타깝다 하지 아니할 수 없다.

나는 일찍이《전국책》을 역주하고 나서《국어》를 함께 하여 '춘추전국' 시대 기록이 연결되어 짝을 이루도록 작업을 하기로 작정했었지만 시간과 노력 부족으로 차일피일 미루어 오다가『임동석중국사상100』에 이 책이 빠질 수 없다는 절박함에 모았던 자료를 펼쳐놓고 일 년을 꼬박 매달려 이제 얼추 얼개를 짓고 장황裝潢에 들게 되었다. 학식이 천루淺陋하여 제대로 원만한 성과를 얻지 못하였다고 자괴감을 갖는 것은 어느 책에서나 매번 마찬가지였다.

아무쪼록 강호제현의 질정과 편달을 바라며 누소漏疏한 부분은 후인들이 고쳐 새로운 연구서와 주석서를 내어 주기를 기다릴 뿐이다.

莎浦 林東錫이 負郭齋에서 적음.

일러두기

1. 이 책은 《국어國語》(四部備要本 印本, 臺灣中華書局, 1983)를 저본으로 하고 〈사고전서四庫全書〉본(史部5. 雜史類), 〈사부총간四部叢刊〉본(史部, 上海 涵芬樓)과 조선시대 〈옥봉정사玉峯精舍〉본 등을 참고하고 상해사범대학고적정리조上海師範大學古籍整理組 〈교점본校點本〉을 근거로 하여 전체를 완역한 것이다.
2. 현대 백화어 역주본도 수집하여 참고하였으며 큰 도움을 받았다. 특히 《신역국어독본新譯國語讀本》(易中天, 三民書局, 1995. 臺灣)과 그 외 《국어역주國語譯註》(薛安勤·王連生, 吉林文史出版社, 1991. 長春), 《국어역주國語譯注》(鄔國義·胡果文·李曉路, 上海古籍出版社, 1994. 上海) 등은 구체적인 주석과 번역에 많은 참고 내용을 제공해 주었음을 밝힌다.
3. 역대이래 243장의 구분을 따라 매 장마다 일련번호를 부여하고 괄호 안에 해당 권별 번호도 제시하여 찾아보기 쉽도록 하였다.
4. 각 8개 나라의 전면에 간단한 해제를 실어 이해에 도움이 되도록 하였다.
5. 제목은 원문을 밝히고 이를 간단히 번역하여 제시하였다.
6. 해석은 가능한 한 직역을 위주로 하였으나 일부 의역한 곳도 있다.
7. 한글 번역을 먼저 싣고 원문을 제시하였으며 원문의 문장 부호는 중국 현대 표점을 따랐다.
8. 주석은 인명, 지명, 사건명, 역사 내용 등을 위주로 하되, 기왕의 위소韋昭주를 근거로 하였으며 이를 풀어 쓴 현대 주석도 참고하여 실었다.
9. 매 장마다 《좌전左傳》, 《사기史記》, 기타 경서經書, 사서史書 및 제자서諸子書 등 관련 사항이나 전재된 문장을 실어 대조 및 연구에 도움이 되도록 하였다.
10. 부록으로 서발序跋과 춘추시대 기년표紀年表, 팔국八國 역사기록을 《사기》에서 전재하는 등 관련 자료를 실어 연구에 도움을 삼을 수 있도록 하였다.
11. 이 책의 역주에 참고한 주요 자료는 아래와 같다.

◈ 참고문헌

1. 《國語》, 韋昭(注) 〈四庫全書〉本(文淵閣) 史部 雜史類(五) 印本, 商務印書館, 臺灣.
2. 《國語補音》, 宋庠(補葺) 〈四庫全書〉本(文淵閣) 史部 雜史類(五) 印本 商務印書館, 臺灣.
3. 《國語》(韋氏解), 〈四部備要本〉(士禮居黃氏重雕本) 史部(印本), 臺灣中華書局, 1983. 臺灣.
4. 《校刊明道本韋氏解國語札記》, 黃丕烈 〈四部備要本〉(士禮居黃氏重雕本) 史部(印本), 臺灣中華書局, 1983. 臺灣.
5. 《國語明道本考異》, 汪遠孫 〈四部備要本〉(士禮居黃氏重雕本) 史部(印本), 臺灣中華書局, 1983. 臺灣.
6. 《國語正義》, 淸 董增齡(撰集), 巴蜀書社, 1985. 成都.
7. 《國語》, 四部叢刊本 初編 史部 上海涵芬樓 書同文 電子版, 北京.
8. 《國語》, 上海師範大學古籍整理組校點, 里仁書局, 1981. 臺灣.
9. 《國語》, 玉峯精舍 朝鮮板本(慶南 陜川 雙冊面 城山里), 學民文化社(印本), 1998. 大田.
10. 《國語譯註》, 薛安勤·王連生, 吉林文史出版社, 1991. 長春.
11. 《國語譯注》, 鄔國義·胡果文·李曉路, 上海古籍出版社, 1994. 上海.
12. 《新譯國語讀本》, 易中天, 三民書局, 1995. 臺灣.
13. 《國語》, 萬有文庫薈要本, 臺灣商務印書館, 1965. 臺灣.
14. 《國語》, 葉玉麟(選註), 臺灣商務印書館, 1967. 臺灣.
15. 《國語精華》, 世界書局, 1972. 臺灣.
16. 《國語精華》, 秦同培(譯), 國學整理社, 1974. 臺南.
17. 《國語》, 신지영·이정재 옮김, 홍익출판사, 1998. 서울.

18.《史記》, 司馬遷
19.《左傳薈要》
20.《戰國策》 高誘(注)
21.《吳越春秋》 東漢 趙曄
22.《越絶書》 子貢(?)
23.《十三經注疏》
24.《二十五史》
25.《史通》 劉知幾
26.《新序》 劉向
27.《說苑》 劉向
28.《列女傳》 劉向
29.《韓詩外傳》 韓嬰
30.《呂氏春秋》 呂不韋
31.《淮南子》 劉安
32.《孔子家語》 王肅
33.《莊子》
34.《老子》
35.《博物志》
36.《新編諸子集成》
37.《管子》
38.《藝文類聚》
39.《太平御覽》
40.《四書集註》 朱熹
41.《三才圖會》 明, 王圻·王思義(編集)

42.《四庫全書總目提要》(上下), 清 阮元, 民國 胡玉縉 漢京文化社, 1981. 臺灣.
43.《春秋左傳詞典》, 楊伯峻·徐提(編), 中華書局, 1985. 北京.
44.《中國歷代紀年表》
45.《中國歷史地圖集》
46.《中國大百科全書》

◎ 기타 단편적으로 인용, 활용한 문헌은 기재를 생략함.

해 제

1. 《국어》

《국어》는 국별사國別史, 단대사斷代史의 기언체記言體 역사 산문이다. 《국어》의 '국國'은 고대 주周나라 때의 종주국 주 왕실과 제후국 노魯, 제齊, 진晉, 정鄭, 초楚, 오吳, 월越 등 모두 8나라를 말한다. 그리고 '어語'는 내용 기술이 '언사言辭', '기사記詞' 위주로 되어 있다는 뜻이다. 따라서 《국어》는 "각 나라별로 역사 사실을 당시 주고받은 말이나 변론, 언어, 대화 중심으로 기록한 책"쯤으로 정리할 수 있을 것이다.

시기는 대체로 서주西周 중기부터 동주東周 전반기인 춘추시대를 약간 넘어선 때까지이다. 구체적으로는 서주 목왕穆王 2년(B.C.990)부터 동주 정왕定王 16년(B.C.453)까지 약 538년간이며, 당시 역사 사실의 일부 단편적인 내용을 단속적斷續的으로 243장을 싣고 있다.

고대 역사 기술은 당연히 왕실 중심이었으며 기록을 맡은 자는 업무를 분장하였다. 즉 말이나 정령, 포고문, 대화, 의사 결정을 위한 토론 등을 기록하는 자와 행동, 혹 사건의 발생과 전개과정, 결말 등을 기록하는 자로 나누어졌던 것이다. 《예기禮記》 옥조玉藻편에 "임금의 행동은 좌사가 기록하고, 임금의 말은 우사가 기록한다"(動則左史書之, 言則右史書之)라 하였다. 이에 따라 좌사의 기록을 '기사記事'라 하고, 우사의 기록을 '기언記言'이라 하였다. 이에 《한서漢書》 예문지藝文志에는 "좌사는 말을 기록하고 우사는 사건을 기록하며, 사건을 기록한 것이 《춘추》이며 말을 기록한 것이 《상서》이다"(左史記言, 右史記事. 事爲春秋, 言爲尙書)라 하여 좌우가 바뀌기는 하였지만 업무 분장은 분명하였다. 청대 황이주黃以周는 《예서통고禮書通故》에서 좌사는 '내사內史', 우사는 '태사太史'라는 직함의 명칭이 이에 해당한다고 하였다.

여기서 《국어》는 바로 '기언'에 해당하는 사서이며 그에 따라 기술 형식이 대화, 토론, 변론, 변석辨析 등으로 되어 있다. 그러나 엄격히 말해 '기언'이라 해서 사건이 배제될 수 없으며, 기사라 해서 언사가 없을 수 없다. 따라서 기언체라 해도 사건이 바탕을 이루게 된다. 이 《국어》 역시 사건이 축이 되어 골간을 이루고 언사가 살이 되어 수식과 인과관계 등을 형성하여 입체적인 모습을 보이게 되는 것이다.

내용은 당연히 춘추시대 전후까지 포함하는 기간 동안 각국의 정치, 경제, 군사, 외교, 책략, 인물, 품평, 계모計謀, 여인, 교육, 조빙朝聘, 연음宴飮, 제사祭祀, 갈등, 회맹은 물론 당시 성행했던 오행五行, 예조豫兆, 점복占卜, 음양陰陽 등 형이상학적 사유까지 아주 폭넓게 포함하고 있다.

《국어》는 이에 따라 장기간 "경부經部의 춘추류春秋類"에 소속시켜 2천여 년 동안 '준경전準經典'으로 대접을 받아왔다. 그러다가 당唐 유지기劉知幾의 《사통史通》에서는 사체史體 육가六家의 독립적인 한 체로써 '국어가國語家'를 설정하여 국별사國別史의 대표적인 저술로 인정되기도 하였다. 그러나 청 건륭乾隆 때 〈사고전서四庫全書〉를 수찬하면서 드디어 "사부史部의 잡사류雜史類"로 낮추어져 경서經書가 아닌 사서史書로 소속이 변경되었다. 결국 지금은 '기언체'의 '국별', '단대사'의 사서로 위치를 확정짓게 된 것이다.

2.《국어》와《좌전》

《한서》 예문지에 "《春秋左氏傳》 三十卷,《國語》 二十一篇, 同爲魯太史左丘明著"라 하였고, 당 유지기의 《사통史通》에도 "左丘明既爲〈春秋內傳〉, 又稽逸史, 纂別說, 分周魯齊晉鄭楚吳越八國史, 起周穆王, 終魯悼公, 爲〈春秋外傳〉《國語》"라 하여 〈춘추내전春秋內傳〉(《左傳》)과 〈춘추외전春秋外傳〉(《國語》)을 모두 좌구명 한 사람이 정리하고 편찬하여 내외內外의 완성본, 자매편으로 삼았다고 하였다. 그러나 《국어》와 《좌전》은 큰 줄기는, 당연히 춘추시대를 근간으로 한 역사 사실을 기록한 것이지만 둘 사이는 엄격한 차이가 있다. 우선 《좌전》은 편년체編年體이며 공자孔子의 《춘추》에 전傳을 붙인 것으로 소위 〈춘추삼전春秋三傳〉, 즉 《좌전》, 《공양전公羊傳》, 《곡량전穀梁傳》의 하나이다. 따라서 《춘추》 본연의 편년을 축조逐條하여 사건을 기술한 '기사체記事體' 이다. 그리고 다루고 있는 시기도 《국어》가 《좌전》보다 훨씬 장기간으로써 앞뒤가 길며, 《국어》는 나라별 사건 파일을 정리하여 '기언체記言體' 형식으로 단속적으로 실어놓은 것이다. 한편 《국어》에는 당연히 《좌전》에 기록될 만한 것이 있었지만 실려 있지 않은 것도 상당수이다.

《좌전》은 노魯 은공隱公 원년(B.C.722)부터 노 애공哀公 27년(B.C.465)까지 257년간을 노나라 군주의 기년紀年을 시간 축으로 하여 당시 주 왕실과 각 제후국의 중대 역사 사건을 연대별로 기록하여, 구성이 비교적 확연하고 춘하추동 사계와 월별로 장절章節을 이루고 있다. 그에 비해 《국어》는 538년 기간으로 거의 《좌전》의 두 배에 해당한다. 그럼에도 이 긴 기간이 적절히 안배되어 있는 것이 아니라 몇몇 사안을 다룸으로써 기간의 길이는 별 의미를 갖지 못하고 있다. 따라서 《좌전》과 《국어》는 내외전內外傳으로 구분하는 것은 실제로 정확하게 대칭되는 것은 아니며, 서로 참조할 수 있는 두 종류의 사료라 보는 것이 타당할 듯하다.

3. 춘추시대 개황과 《국어》의 내용

《국어》가 다루고 있는 시기는 물론 서주 목왕부터 동주 정왕까지이지만 그 주된 역사는 춘추시대가 위주가 된다.

중국 고대 하夏, 은殷, 주周 삼대에서 주나라는 서주西周와 동주東周로 나뉜다. 그리고 동주는 다시 춘추시대(B.C.770년~B.C.474년)와 전국시대(B.C.475년~B.C.221년)로 구분된다. 유왕幽王이 죽은 후 제후들은 태자 의구宜臼를 왕으로 세웠는데, 이가 평왕平王이며 당시 호경鎬京이 참혹한 전화를 입었고, 서쪽 견융족이 압박하자 결국 평왕은 즉위 2년 만에 동도 낙읍洛邑으로 도읍을 옮기게 된다. 낙읍(낙양)이 지역적으로 서도 호경보다 동쪽에 위치하여 호경 시대의 '서주'와 구분하여 이때 이후를 '동주'라 하며 평왕이 그 첫 임금인 셈이다. 그리고 이 동주의 전반기 200여 년은 제후들이 패자覇者를 칭하며 다투던 시대로 흔히 이를 '춘추시대'라 한다.

이 '춘추시대'란 공자가 편한 《춘추》라는 책이 노魯 은공 원년(주 평왕 49년 B.C.722년)부터 노 애공 14년(주 경왕 39년, B.C.481년)이나 편의상 평왕 원년(B.C.770년)부터 주 경왕 44년(B.C.476년)의 기간을 말한다.

주나라가 동천한 후 주실은 겨우 낙읍 근처에만 통치권이 미치는 소국처럼 변하였고, 권위도 없어 강대한 제후들의 협조를 구하여 공주共主로써의 명분만 유지하고 있을 뿐이었다. 이에 각 제후들은 '존왕양이尊王攘夷'라는 구실아래 약소국의 제후를 겸병하거나 호령하여 패자로서의 위세를 자랑으로 삼게 되었다. 즉 이 시대는 힘이 천자에게 있지 아니하고, 제후 왕에게 옮겨진 시대였던 셈이다. 이들을 역사적으로 춘추오패春秋五霸라 부른다.

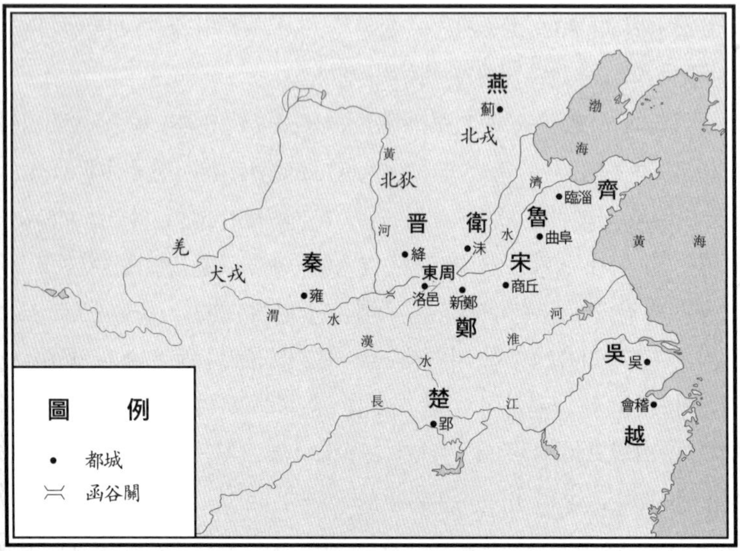

〈春秋時代形勢圖〉

秦始皇陵〈銅馬車〉1980 陝西 秦始皇陵 출토

즉 패자들이 차례로 나타났는데, 흔히 제齊 환공桓公, 송宋 양공襄公, 진晉 문공文公, 진晉 목공穆公, 초楚 장왕莊王을 들고 있다. 그러나 일부는 송 양공은 그 이름에 걸맞지 못하고, 진 목공은 서융西戎을 제패한 정도에 지나지 않는다고 보아 대신 오왕吳王 부차夫差와 월왕越王 구천(句踐, 勾踐)을 넣기도 한다. 좌우간 이들은 그 나름대로 중국 전체에 영향력을 발휘하였다.

우선 제1차로 패자를 자칭한 자는 제나라 환공이었다. 그는 지금의 산동성 북부를 근거로 관중管仲을 재상으로 삼아 내정을 개혁하고 국력을 신장하여 중원의 안정을 꾀한다는 구실 아래 패자가 되어(B.C.679년) 아홉 번이나 제후를 불러 회맹을 하였다.

제 환공이 죽고 그 아들들의 왕권 다툼으로 쇠약해지자 송 양공이 나타났다. 그러나 그는 역량이 부족하여 초나라와의 싸움에 크게 패하여 죽고 말았다.

제2차로 패자가 된 자는 진 문공이었으며 이는 산서山西 분하汾河 유역을 근거로 한 농업국으로, 생산을 늘리고 국력을 키워 명실 공히 패자로서의 면모를 과시하였다.(B.C.632년)

다음으로 진秦 목공(穆公, 繆公)이다. 진나라는 함양咸陽을 중심으로 서쪽에 치우쳐 중원 여러 나라의 회맹에 참가하지도 못하였었으나 이때에 이르러 동진東進의 야심을 품고 우선 인근의 서융을 정복하고 국력을 키워 패자가 되었다.(B.C.623년)

다음으로 역시 남방에 치우쳐있던 초나라가 세력을 떨쳤다. 춘추 이전까지는 제후국은 공公, 후侯, 백伯, 자子 등 작위를 칭하며, 오직 주 왕실만 왕을 칭할 수 있었음에도 초나라는 왕王을 칭하며 북쪽으로 세력을 키워 패자가 되었으니 바로 초 장왕이었다.(B.C.597년) 이때부터 초楚나라와 진晉나라의 장기적인 쟁패가 시작되었으며, 그 틈을 타사 장강長江 하류의 오왕 부차가 먼저 패자를 칭하였고(B.C.482년), 뒤이어 월왕 구천이 패자가 되어(B.C.473년) 서로 치열한 경쟁으로 춘추 말기의 대단원을 장식하기도 하였다.

특히 오월의 항쟁은 월왕 구천을 보좌한 대부 문종文種과 범려范蠡, 오나라 부차를 도운 백비伯嚭와 오자서伍子胥의 일화가 역사적으로 항상 거론되곤 한다. 한편 이 춘추시대의 패자들은 중원의 정치에 영향을 미치기도 하였지만, 아울러 변방의 제(동방), 초(남방), 진(서방)은 중국 영토의 확장과 이민족과의 융합에 커다란 역할을 하여 중국 민족의 범위확대에 지대한 공헌을 한 것으로 평가할 수 있다.

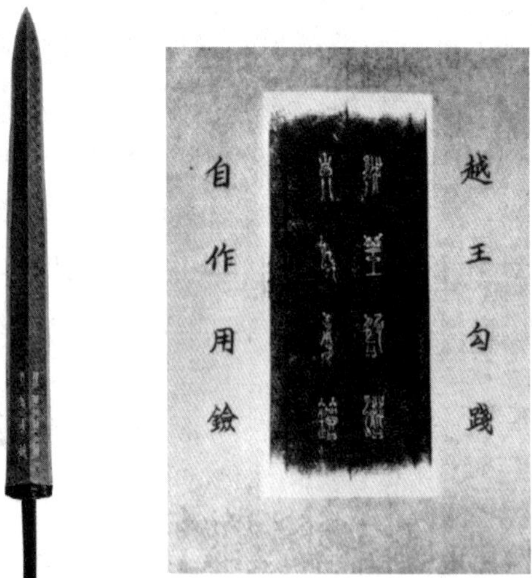

越王 句踐 銅劍

吳王(光) 거울

이에 우선 《국어》에 실린 내용을 나라별 분량과 해당 기간을 중심으로 간단히 살펴보면 아래와 같다.

(1) 〈주어周語〉(3권. 33장): 서주 목왕 2년(B.C.990)~동주 경왕敬王 10년(B.C.510) 480년간.

목왕의 견융犬戎 정벌, 여왕厲王의 비방 금지, 선왕宣王의 천무千畝 의식 폐지 등을 실어 서주 왕실의 쇠락을 예견하고 확인하는 과정을 주로 다루고 있다.

(2) 〈노어魯語〉(2권. 37장): 노 장공莊公 10년(B.C.684)~노 애공 12년(B.C.483) 201년간.

장문중臧文仲, 이혁里革, 공보문백公父文伯의 어머니, 공자의 품평 등에 대한 기록이 주를 이루고 있으며, 역시 주공周公을 이은 정통성을 부각시키려는 일면이 보인다.

(3) 〈제어齊語〉(1권. 8장): 제齊 환공桓公 즉위(B.C.685)부터 제 환공의 칭패稱霸 약 2, 3년간.

관중管仲과 제 환공의 정치 개혁, 제 환공의 패업 성취와 관중의 역할, 포숙아鮑叔牙의 인물됨 등을 다루고 있으며 당시 제나라의 영향력이 상당히 컸음에도 기록은 균형을 이루지 못하고 있다. 아울러 이곳의 기록은 거의가 《관자管子》에 전재되어 있다.

(4) 〈진어晉語〉(9권. 127장): 노 환공桓公 3년(B.C.709)~노 도공悼公 14년(B.C.453) 256년간.

가장 많은 권수와 분량을 차지하여 《국어》의 반 정도에 가깝다. 내용은 전반부는 진晉 헌공獻公의 공자들이 여희驪姬의 농간에 의해 망명과 복권, 입국과 즉위 등 이오夷吾와 중이重耳의 정치투쟁이 주를 이루고 있으며, 그를 둘러싼 20여 명 인물의 언행과 음모, 암살, 전쟁 등을 다루고 있다. 후반부는 진나라 경대부들의 활동, 그 중 범문자范文子, 숙향叔向, 조간자趙簡子 등을 기술하고 있으며, 춘추 말기 진나라 육경六卿이 뒤에 전국시대 삼진(三晉: 韓, 魏, 趙) 분열의 배경이 되는 이합집산의 전개과정이 복선으로 깔려 있다. 이처럼 《국어》를 《진사晉史》라 칭할 정도로 많이 차지하여 거의 반에 가까운 양이나 된다.

(5) 〈정어鄭語〉(1권. 2장): 시간적 요소를 담고 있지 않음.

오직 국가 흥망에 대한 사백史伯의 언론이 주나라 유왕幽王과 여왕의 고사를 들어 설명하는 것으로써, 역사 기록이라기보다 언론, 변어, 예조의 성격을 띠고 있다.

(6) 〈초어楚語〉(2권. 18장): 초楚 장왕莊王 즉위(B.C.613)~노 애공 16년(B.C.479) 130여 년간.

오직 영왕靈王과 소왕昭王의 사적을 중심으로 언사를 기록하고 있다.

(7) 〈오어吳語〉(1권. 9장): 노 애공 원년(B.C.494)~노 애공 22년(B.C.473) 22년간.

오왕 부차夫差의 월나라 정벌과 오자서伍子胥와의 갈등, 그리고 오나라 멸망을 다루고 있다.

(8) 〈월어越語〉(2권. 9장): 역시 오나라와 비슷한 시기와 기간임.

월왕 구천句踐이 문종文種과 범려范蠡를 모신으로 삼아 마침내 오나라를 멸망시키는 사건과 범려의 은퇴를 기록하고 있다.

이상으로 보아 전체 538년간 역사를 고르게 안배하여 기록한 것이 아니라, 당시 각 나라별 소장되어 있던 사료의 파일을 추려 재편집한 것이 아닌가 한다. 이처럼 8개 나라별로 구분하여 나라마다 독립적인 구성과 장절이 나뉘어 있으며, 나라별 분량의 조정이나 사건의 연결, 연대의 안배 등이 없이 역사 파일의 나열에 불과하다. 게다가 사건의 비중도 균형을 이루지 못하여 〈주어〉와 〈진어〉의 경우 주로 진 문공의 망명과 귀국, 그리고 패자가 된 일이 거의 전체를 차지하고 있으며, 〈노어〉와 〈초어〉의 경우 초 영왕의 찬탈사건을 두 나라 입장에서 달리 본 내용이다. 게다가 〈진어〉는 모두 9권으로 전체 21권의 반에 가까우며, 〈정어〉는 2장이 전체를 차지하여 정나라 역사 사실을 대표하여 담고 있다고 보기 어렵다. 이렇게 나라별로 역사 기간이 너무 차이가 많아 480여 년간의 긴 시간에 걸쳐 있는 나라도 있고, 22년에 짧은 나라나 2, 3년의 한 사건의 기록이 그 나라를 대표하기도 하고, 나아가 연도를 개념으로 삼을 수 없는 경우도 있다. 분량도 〈진어〉는 무려 9권임에 비해 〈정어〉는 2천 5백여 자의 단편 문장이 한 권으로써 한 나라를 대표하는 사건이라 여기기 어렵다. 그리고 춘추오패春秋五霸의 나라 중 진秦, 송宋은 없으며, 그 외 영향력을 가졌던 연燕나라, 위衛, 진陳, 채蔡, 조曹 등은 낱권으로 등재되지 못하고 있다. 대신 춘추 말기 발흥하여 극적인 대립을 이루어 한 시대를 풍미했던 오나라, 월나라는 면모를 갖추기는 했으나, 기록과 사건 내용이 상호 교차, 혹은 중복되고 있다.

4. 편자編者와 좌구명左丘明

사마천司馬遷은 〈보임소경서報任少卿書〉에서 자신이 엄청난 시련을 거쳐 《사기史記》를 짓게 되었음을 강조하기 위하여 "좌구명은 실명함으로써 국어라는 책을 남기게 되었다"(左丘明失明, 厥有《國語》)라고 하였다. 그리고 《한서》 예문지에도 《좌씨전》과 《국어》는 함께 노나라 태사 좌구명이 지은 것이라 하였으며, 《국어》에 주를 달아 오늘날까지 널리 활용되는 삼국시대 오吳나라 위소韋昭도 역시 그 〈국어해서國語解叙〉에서 이렇게 말하고 있다.

"좌구명이 성인의 말을 터득으로 여기고 왕도의 의에 의탁하여 흐름을 삼으니, 그 연원이 심히 크고 침의沉懿가 아려雅麗하여 가히 명세命世의 재주요, 박물의 선작자善作者라 할 만하다. 그 명식明識이 고원하나 아시雅思를 모두 다 풀어내지 못하여, 그 때문에 다시 전세 목왕穆王 이래의 일을 채록하고 아래로 노 도공, 지백의 주벌이 이르기까지의 사건과 나라의 성패, 가언과 선어, 음양과 율려, 천시와 인사의 역순順逆과 역수를 기록하여 《국어》로 하였다. 그 문장이 경經에 주를 두지 않았으므로, 그 때문에 〈외전〉이라 부른다. 이에 천지를 포괄하고 화복을 깊이 헤아리며, 미세한 것을 밝혀내고 선악을 구분해 드러냄이 환연히 밝도다. 실로 경학과 함께 펼쳐 놓을 수 있는 것이니 특별히 제자학의 부류에 넣을 수 있는 정도에 그치는 것이 아니다."

(左丘明因聖言以攄意, 託王義以流藻, 其淵原深大, 沉懿雅麗, 可謂命世之才·博物善作者也. 其明識高遠, 雅思未盡, 故復采錄前世穆王以來, 下訖魯悼·智伯之誅. 邦國成敗, 嘉言善語, 陰陽律呂, 天時人事逆順之數, 以爲《國語》. 其文不主於經, 故號曰〈外傳〉, 所以包羅天地, 探測禍福, 發起幽微, 章表善惡者, 昭然甚明. 實與經藝並陳, 非特諸子之倫也.)

한편 당 유지기도 좌구명의 작임을 인정한 채 《사통》에서 이렇게 부연하여 설명하고 있다.

"좌구명이 이윽고 〈춘추내전春秋內傳〉을 짓고 나서, 다시 일사逸史를 상고하여 따로 설說을 찬집하되, 주周, 노魯, 제齊, 진晉, 정鄭, 초楚, 오吳, 월越 8개 나라의 역사로 분류하였으며, 주周 목왕穆王으로부터 시작하여 노魯 도공悼公에서 끝을 맺었다. 이를 〈춘추외전春秋外傳〉 즉 《국어》라 하였다."

(左丘明旣爲〈春秋內傳〉, 又稽逸史, 纂別說, 分周魯齊晉鄭楚吳越八國史, 起周穆王, 終魯悼公, 爲〈春秋外傳〉《國語》.)

이리하여 무려 2천년을 두고 《국어》는 좌구명의 저작임을 의심하지 아니한 채 길게 이어왔다. 좌구명은 어떤 사람인가?

《논어論語》 공야장公冶長편에 "子曰:「巧言·令色·足恭, 左丘明恥之, 丘亦恥之. 匿怨而友其人, 左丘明恥之, 丘亦恥之.」"라 하였다. 이러한 단편적인 기록에 의하면 공자보다 연장자였다. 그런데 그가 공자의 《춘추春秋》 경문經文에 전傳을 붙여 사건을 부연 설명하여 기사체記事體로 삼은 것, 즉 《좌씨전》은 그 작업에 대한 기록이 없는 것만으로도 이미 의심의 여지가 있는데(우리나라 內閣本 《논어》 협주(夾註)에 「或曰: '左丘明非傳春秋者耶?' 朱子曰: '未可知也.'」라 함.) 게다가 그 작업에 싣지 않은 일부를 따로 간직해 두었다가 이를 언사言辭에 맞추어 기언체記言體의 《국어》를 지었다는 것은 실로 증명해 내기가 상당히 어렵다. 이에 어떤 이는 춘추시대에 '고몽瞽矇'이라 칭하는 장님 사관史官의 직위가 있었는데, 이가 맡은 임무는 전문적으로 고금의 역사 내용을 외우고 강술하는 것이었으며, 좌구명이 바로 공자보다 약간 앞선 이 고몽의 직책을 맡았던 사람으로 보았다. 이에 그가 강술한 역사 내용을 뒷사람들이 기록으로 모아 이을 '어語'라 하였고, 다시 이를 나라별로 분류하여 〈주어〉, 〈노어〉, 〈제어〉 등으로 명칭을 붙였으며 이를 모은 것이 《국어》라 주장하기도 한다.(《中國大百科全書》 中國歷史篇)

그러나 이러한 추측도 역시 근거는 없다. 단지 "좌구명이 실명하였다"는 사마천의 기록을 근거로 상상력을 발휘한 것이 아닌가 한다.

그런가 하면 청대 〈사고전서제요四庫全書提要〉에서는 《국어》를 좌구명이 지은 것으로 인정하면서 《좌전》과 일부 다른 이유에 대하여 다음과 같이 설명하고 있다.

"내용 중에 《좌전》과 부합하지 않은 것이 있으나, 이는 마치 《신서新序》와 《설원說苑》이 똑같이 유향劉向 한 사람에게서 나왔지만 서로 어긋나는 것이 있는 것과 같다. 아마 옛사람의 저술은 각기 자신이 본 구문舊文에 근거하여 의심나는 것은 그대로 남겨두었기 때문일 것이다. 경솔히 고친 뒷사람들의 태도와는 달랐다."

(中有與《左傳》不符者, 猶《新序》·《說苑》同出劉向, 而時復牴牾, 蓋古人著書各據所見之舊文, 疑以存疑, 不似後人輕改也.)

그러나 현대에 이르러서는 좌구명 개인의 저술로 보지 않는 것이 일반적인 견해이다. 따라서 누가 《국어》를 지었는지는 확정적으로 말하기 어려우며 주왕실과 각 제후국의 사관이 각기 개별적으로 각국의 '어'를 기록하여 비치한 것이 있었을 것이며, 이를 전국 초기 누군가가 수집하여 그 원시자료를 정리하고 편집하여 묶은 것이 《국어》일 것으로 보고 있다. 다만 그 사람이 구체적으로 누구인가는 알 수 없다. 설령 좌구명이라 해도 틀린 것은 아니지만, 그 경우 좌구명은 자료제공자이거나 아니면 주편主編으로 참여한 대표 이름일 뿐이며, 자신 홀로 주도적으로 기술하거나 첨삭을 가한 것은 아닐 것으로 보고 있다.

5. 역대 연구와 판본 및 주석註釋

앞서 말한 대로《국어》의 저자가 좌구명이라는 설에 대하여 일찍부터 회의를 품어 왔다. 즉 당대唐代 경학가 조광趙匡은 "《좌전》과 《국어》는 문체가 다르고 서서 또한 서로 어긋남이 많아 한 사람의 손에 의해 이루어진 것이 아니며 좌씨의 제자나 문인들이 정리한 것"이라는 가설을 내놓았다.

그러다가 송대宋代에 이르러 주희朱熹와 정초鄭樵 등은 "두 책은 체례體例와 용사用詞 등이 현격히 달라 좌구명 한 사람의 동일 저작이라 보기는 어렵다"는 견해를 피력하였다.

그 뒤 청대에 이르러 금문학자今文學者들, 즉 유봉록劉逢祿, 피석서皮錫瑞, 강유위康有爲 역시 이 문제를 거론하여 좌구명 개인 저작이 아님을 증명하고자 하였다. 이에 따라 수천 년을 두고 "《국어》 좌구명저"의 일반적 견해는 허물어지기 시작하였으며 지금에 이르러서는 번역본, 주석서 등에 표제는 좌구명으로 하되 반드시 편자 미상의 내용을 함께 부기附記하는 상황에 이르게 된 것이다.

한편《국어》의 판본은 현존 최고본最古本으로 송대 각본인 〈명도본〉(明道本: 북송 仁宗 明道 2년(1033)에 판각된 것)과 〈공서본〉(公序本: 宋, 宋庠의 판본, 公序는 송상의 字)이 있다. 그 중 〈명도본〉이 비교적 완정하여 단옥재段玉裁는 "《국어》 선본으로 이를 넘어서는 것이 없다"(國語善本無踰此)라 할 정도로 인정을 받아왔다.

지금 전하는 〈사부비요四部備要〉본과 〈총서집성叢書集成〉본이 있으며, 북경대학 도서관에는 명대明代 가정嘉靖 각본이 소장되어 있다.

〈사부비요본〉은 청대 사례거士禮居 번각의 '명도본'이며 〈사부총간四部叢刊〉본은 명대에 번각된 '공서본'이다.

다음으로 한대漢代 이래 가규賈逵, 왕숙王肅, 우번虞翻, 당고唐固, 공조孔晁 등이 주석이 있었으나, 이들의 작업은 모두 사라지고 대신 삼국 오나라 위소韋昭의

《국어해國語解》가 이들의 주석을 참작한 것으로 지금 가장 널리 활용되고 있다.

위소(204~273)는 《삼국지三國志》 전에는 '위요韋曜'로 되어 있으며, 이는 진晉 사마소(司馬昭: 晉 武帝 司馬炎의 아버지)의 이름을 피휘한 것이다. 그는 자가 홍사(弘嗣, 宏嗣)였으며, 오군吳郡 운양雲陽 사람이다. 태자중서자太子中庶子, 중서랑中書郎, 박사좨주博士祭酒, 시중侍中 등을 거쳐 고릉정후高陵亭侯에 봉해졌으며, 손호孫皓에 맞섰다가 결국 옥사하였다. 〈박혁론博弈論〉을 지었으며 《오서吳書》를 찬술하였고 《논어》, 《효경》, 《국어》에 주를 달았다. 저술로는 《관직훈官職訓》, 《변석명辯釋名》 등이 있다. 그의 전기는 《삼국지》 오지(20)와 《건강실록建康實錄》(권4)에 자세히 실려 있다.

그는 동한 정중鄭衆, 가규 그리고 삼국시대 우번, 당고 등의 주석을 고르게 참고하여 지금까지 《국어》 주석의 가장 중요한 대본인 《국어해》를 남겨 전해 주고 있다. 그 뒤 송나라 때 송상宋庠은 《국어보음國語補音》을 남겨 지금 〈사고전서〉에 실려 전하고 있다.

다음으로 청나라 때 들어서 고증학의 발달과 함께 《국어》에 대한 교주校注, 주석註釋, 교석校釋, 교증校證 작업이 활발하게 이루어졌다. 즉 단옥재段玉裁와 황비열黃丕烈은 〈명도본〉을 근거로 《교기校記》를 내었으며, 왕중汪中, 유태공劉台拱, 고광기顧廣圻, 왕원손汪遠孫 등은 《교문校文》을 내어 세밀히 검토하는 작업을 거쳤다. 그리하여 홍량길洪亮吉의 《국어위소주소國語韋昭注疏》와 왕원손汪遠孫의 《국어교주본삼종國語校注本三種》, 동증령董增齡의 《국어정의國語正義》, 진전陳瑑의 《국어집해國語集解》, 요내姚鼐의 《국어보주國語補注》, 왕후王煦의 《국어석문國語釋文》, 황모黃模의 《국어보위國語補韋》, 공려정龔麗正 《국어위소주소國語韋昭注疏》 등이 가치를 더하였으며, 근대 오증기吳曾祺의 《국어위해보정國語韋解補正》과 서원호徐元浩의 《국어집해國語集解》 등도 매우 정밀한 주석으로 평가받고 있다.

한편 현대에 이르러서는 1958년 상무인서관에서 명 가정본嘉靖本을 영인 출판하였고, 1978년 상해고적출판사에서는 교점본을 내어 일반인이 접근하기 쉽도록 하였다. 그 외에도 지금은 《국어역주國語譯註》(薛安勤·王連生, 吉林文史出版社, 1991. 長春), 《국어역주國語譯注》(鄔國義·胡果文·李曉路, 上海古籍出版社, 1994. 上海), 《신역국어독본新譯國語讀本》(易中天 三民書局, 1995. 臺灣), 《국어國語》(萬有文庫薈要本 臺灣商務印書館, 1965. 臺灣), 《국어정화國語精華》(世界書局, 1972. 臺灣) 《국어정화國語精華》(秦同培(譯) 國學整理社 1974 臺南) 등 다수의 백화어 번역 및 주석본이 쏟아져 나와 아주 유용하게 활용할 수 있다.

우리나라 고판본으로는 상당히 많은 종류가 판각 혹은 소장되어 전하고 있다. 그 중 중국에서 들어온 판본으로는 도광道光 23년(1897) 목판본, 만력萬曆 기미년己未年(1619) 지어識語가 있는 목판본, 광서光緖 6년(1880) 목판본 등이 국립도서관에 전하고 있으며, 조선 판본으로는 철종哲宗 10년(1859) 정리자整理字본과 연대 미상의 무신자戊申字본, 숙종肅宗 연간 무신자戊申字본, 영조英祖 연간의 임진자壬辰字본이 있으며, 필사본筆寫本도 전하고 있으며, 지방판으로 경남 합천陜川의 옥봉정사玉峯精舍에서 펴낸 판본도 있다. 그리고 일본판으로는 문화文化 원년(1804) 목판본이 전하는 등 조선시대에도 매우 널리 알려졌으며, 많은 판본으로 보아 보편적으로 읽혀 온 책임을 알 수 있다.

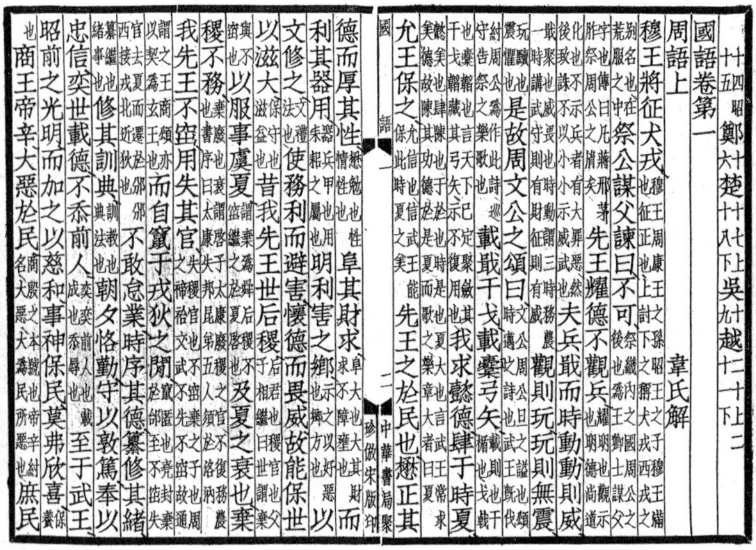

十四十五昭　鄭十六　楚十七上十八下　吳十九　越二十上二十一下　二
國語卷第一
周語上　韋氏解
穆王將征犬戎穆王周康王之孫昭王之子穆王滿也征正也上討下之稱犬戎西戎之
別名也在荒服之中祭公謀父諫曰不可祭畿內之國周公之後也為王卿士謀父
字也傳曰凡蔣邢茅胙祭周公之胤矣先王耀德不觀兵耀明也觀示也明德尚道
化也不示兵者有大罪惡然後致誅不以小小示威武也夫兵戢而時動動則威
戢聚也威長也時動謂三時務農一時講武守則有財征則有威觀則玩玩則無震
玩黷也震懼也是故周文公之頌曰文公周公旦之諡也頌時邁之詩也武王既伐
紂周公為作此詩巡守告祭之樂歌也載戢干戈載櫜弓矢載則也干楯也戈戟
也櫜韜也言天下已定聚斂其干戈韜藏其弓矢示不復用也我求懿德肆于時夏
懿美也肆陳也于於也時是也夏大也言武王常求美德故陳其功德於是夏而歌之樂章大者曰夏
允王保之允信也信武王能保此時夏之美先王之於民也懋正其
國語　一　中華書局聚
珍倣宋版印
德而厚其性懋勉也性情性也阜其財求阜大也其財求不障壅也而
利其器用器兵甲也用耒耜之屬也明利害之鄉示之以好惡也鄉方也以
文修之文禮法也使務利而避害懷德而畏威故能保世
以滋大保守也滋益也昔我先王世后稷后君也稷官也父子相繼曰世謂棄
與不窋也以服事虞夏謂棄為舜后稷不窋繼之於夏啓也及夏之衰也棄
稷不務棄廢也衰謂啓子太康廢稷之官不復務農也書序曰太康失邦昆弟五人須於洛汭
我先王不窋用失其官失稷官也不窋棄之子也周之禘祫文武不先不窋故通
謂之王商頌亦以契為玄王也而自竄于戎狄之閒竄匿也堯封棄於邰至不窋失
官去夏而遷於邠邠西接戎北近狄也不敢怠業時序其德纂修其緒
纂繼也緒事也修其訓典訓教也典法也朝夕恪勤守以敦篤奉以
忠信奕世載德不忝前人奕奕前人也載成也忝辱也至于武王
昭前之光明而加之以慈和事神保民莫弗欣喜保養
也商王帝辛大惡於民商殷之本號也帝辛紂名大惡大為民所惡也庶民

《國語》四部備要 史部(士禮居本), 中華書局 印本(臺灣)

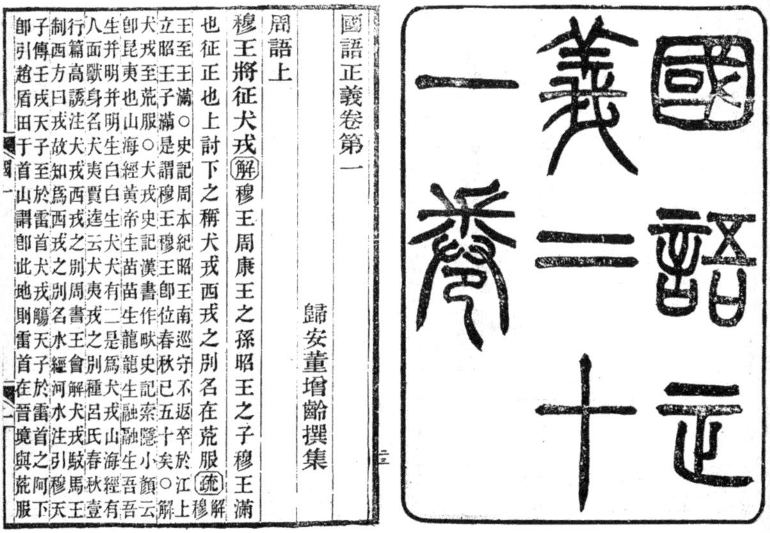
國語正義二十一卷

國語正義卷第一

歸安董增齡撰集

周語上

穆王將征犬戎(解)穆王周康王之孫昭王之子穆王滿也征正也上討下之稱犬戎西戎之別名在荒服(疏)解穆王至王滿○史記周本紀昭王南巡守不返卒於江上立昭王子滿是謂穆王穆王即位春秋已五十矣○解犬戎至荒服○犬戎史記漢書作畎史記索隱小顏云即昆夷也山海經黃帝生苗苗生龍龍生融融生吾吾生并明并明生白白生犬犬有二是爲犬戎山海經有八面獸身名犬夷賈逵云犬夷戎之別種呂氏春秋壹行篇高誘注犬戎西戎之別周書王會解犬戎駮馬王制西方曰戎故知爲西戎之別名水經河水注引穆天子傳王戎天子至於雷首犬戎觴天子於雷首之阿下即引趙盾田于首山謂即此地則雷首在晉境與荒服

《國語正義》淸, 董增齡 王利器(珍藏本), 巴蜀書社(印本), 1985. 成都

欽定四庫全書

國語卷一

周語上　　吳　韋昭　注

穆王將征犬戎穆王周康王之孫昭王之子穆王滿也征正也上討下之稱犬戎西戎之別名在荒服者祭公謀父諫曰不可祭畿內之國周公之後為王卿士謀父字也傳曰凡蔣邢茅胙祭周公之胤也先王耀德不觀兵耀明也觀示也明德尚道化也不示兵者有大罪惡然後致誅不以小事而示威武夫兵戢而時動動則威戢聚也威畏也時動謂三時務農一時講武守則有財征則有威

觀則玩玩則無震玩黷也震懼也是故周文公之頌曰文公周公旦之諡也頌時邁之詩武王既伐紂周公為作此詩巡守告祭之樂歌載戢干戈載櫜弓矢載則也干楯也戈戟也櫜韜也言天下已定聚斂其干戈韜藏其弓矢示不復用我求懿德肆于時夏懿美也肆陳也于於也時是也夏大也言武王常求美德故陳其功德於是夏而歌之樂章大者曰夏允王保之允信也信哉武王能保此時夏之美也先王之於民也懋正其德而厚其性懋勉也性情性也阜其財求阜大也大其財求不匱也而利其器用器兵甲也用耒耜之屬明利害之鄉示之以好惡鄉方也以文修之文禮法也使務利而避害懷德而畏

威故能保世以滋大保守也滋益也昔我先王世后稷后君也稷官也父子相繼曰世謂棄與不窋以服事虞夏謂棄為舜后稷不窋繼之於夏啟也及夏之衰也棄稷弗務衰謂啟子太康也廢稷之官不復務農夏書序曰太康失國昆弟五人須于洛汭是也我先王不窋用失其官失稷官也不窋棄之子周之禘祫文武不先不窋故通謂之王商頌亦以契為玄王而自竄于戎翟之間竄匿也堯封棄於邰至不窋失官去夏而遷于邠邠西接戎北近翟不敢怠業時序其德纂修其緒纂繼也緒事也修其訓典訓教也典法也朝夕恪勤守以惇篤奉以忠信奕世載德不忝前人奕亦前人也載成也忝辱也至于武王昭前之光

明而加之以慈和事神保民莫不欣喜保養也商王帝辛大惡于民商殷之本號辛紂名也大惡大為民所惡也庶民弗忍欣戴武王以致戎于商牧戴奉也戎兵也商牧商郊牧野是先王非務武也勤恤民隱而除其害也恤憂也隱痛也夫先王之制邦內甸服邦內謂天子畿內千里之地商頌曰邦畿千里惟民所止王制曰千里之內曰甸京邑在其中央故夏書曰五百里甸服則古今同矣甸王田也服服其職業也自商以前并畿內為五服武王克殷周公致太平因禹所弼除畿內更制天下為九服千里之內謂之王畿王畿之外曰侯服侯服之外曰甸服今謀父諫穆王稱先王之制猶以王畿為甸服者甸古名世俗所習也故周襄王謂晉文公曰昔我先王之有天下也規方千里以為甸服是也周禮亦

《國語》韋昭(注) 四庫全書 史部(五) 雜史類

欽定四庫全書
國語補音卷一
宋 宋庠 撰
周語上第一
周……姬姓后稷之後封於有……乃失其職竄於西戎至
……遷邑於岐山之下居焉……有天下傳至幽王無道為
……居王城今按舊音每……末甚詳他皆倣此
謚之稱……注舊音不分正文與注今凡在注者竝加注字以別之後倣此祭公
欽定四庫全書 國語補音 卷一 一
莊界反周公之後謀父音甫今按諸經史惟父母字外其餘凡涉地名或人之名字皆音甫古多借父
字為之伯陽父尼父之類是也說文甫字以父用男子之美稱經史以二字通用但音別耳舊音多以人所通
識之字為音據先儒音訓雖有此例但須灼然易曉古今共悉者以音異字則亦無嫌但舊音用字多傷淺俗
今凡舊音自有反切者竝如故自餘漏音及引字不甚稽古率加反切竝題曰補音或於義未了又加今按以
為釋後皆倣此注凡蔣補音將丈反注胙音祚補音才故反注脩補音引信反注
罪惡補音如字兵戢側立反今按下戢戢同注玩黷音讀補音上五亂反下徒木反注
伐紂補音直久反注為作于僞反注巡守補音手又反注樂歌補音竝如
字下樂章同載櫜音高補音古刀反注干盾補音食允反注韜也補音吐刀反

注復用補音扶又反時夏戶也反今按下注竝同允王左氏于況反今按詩經無此音
若據韋注則當如字為允茂正補音莫候反通作懋注鄭壅上之亮反下於勇反注耒耜
上力胅反下音似補音祥里反之鄉補音許亮反注好惡上音耗下音汙補音呼報反下烏路
反注不窋中律反今按下同注洛汭補音如銳反注禘祫上音弟下音洽禮緯
曰三年一祫五年一禘補音大計反下戶甲反注不先補音悉薦反注以挈小列反商祖也
戎翟大的反今按本或作狄音同注竄匿上七亂反下女力反注於邰音胎補音吐來
反注邠本作豳府巾反纂脩作管反惇篤丁昆反爾雅云惇厚也大惡一故反注
及下竝同甸服補音田編反下注竝同注畿音祈補音勤衣反下注竝同注所弼補音
欽定四庫全書 國語補音 卷一 二
防密反注要服音腰補音於遙反今按說文要即腰字加月字者俗相承耳下文注所引要服竝同
注圻補音勤衣反通作畿下注同注賓見乎偏反下而見一見來見竝同今按注中見字非一
不止舊音所引皆當以意求之注好信補音呼報反注琁補音通作寶古今字也下注同注
為摯音至補音真二反本或作贄同注氐羌補音丁兮反下卻良反注曾高補音則登
反注二祧土彫反注壇墠上音彈下音善今按墠又有憚音非定訓也補音上徒丹反下
常衍反注讓譴去戰反注辠輕補音即今罪字說文犯法也從自從辛言辠人蹙鼻苦辛
之憂秦以辠似皇字改為罪罪捕魚竹网也從网從非竝祖賄反今作辠得字之正此書諸篇多作辠不復重
解之辟婢亦反文告補音古毒反於遠補音如字下同注終卒補音遵聿反

《國語補音》宋, 宋庠(撰) 四庫全書 史部(五) 雜史類

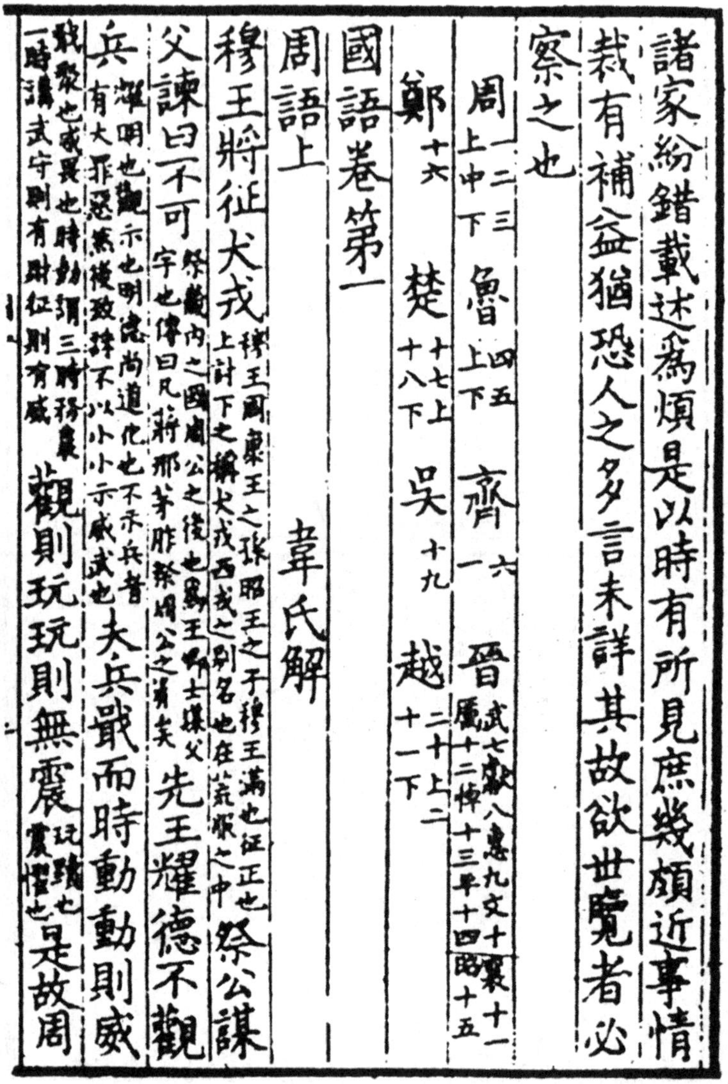

諸家紛錯載述爲煩是以時有所見庶幾頗近事情
裁有補益猶恐人之多言未詳其故欲世覽者必
察之也

周 一上 二中 三下　魯 四上 五下　齊 六一　晉 武七 獻八 惠九 文十 襄十一 厲十二 悼十三 平十四 昭十五

鄭 十六　楚 十七上 十八下　吳 十九　越 二十上 二十一下

國語卷第一

周語上　韋氏解

穆王將征犬戎 穆王周康王之孫昭王之子穆王滿也征正也上討下之稱犬戎西戎之別名也在荒服之中 祭公謀父諫曰不可 祭畿內之國周公之後也爲王卿士謀父字也傳曰凡蔣邢茅胙祭周公之胤也 先王耀德不觀兵 耀明也觀示也明德尚道化也不示兵者有大罪惡然後致誅不以小小示威武也 夫兵戢而時動動則威 戢聚也威畏也時動謂三時務農一時講武守則有財征則有威 觀則玩玩則無震 玩黷也震懼也 是故周

《國語解》韋昭(注) 明道本, 北宋 仁宗 明道 2년(1033)

周語上第一　　國語　　韋氏解

穆王將征犬戎穆王周康王之孫昭王之子穆王滿也征正也上討下之稱犬戎西戎之別名在荒服祭公謀父諫曰不可祭畿內之國周公之後爲王卿士謀父字也傳曰凡蔣邢茅胙祭周公之胤也先王耀德不觀兵耀明也觀示也明德尚道化也不示兵者有大罪惡然後致誅不以小小而示威武夫兵戢而時動動則威戢聚也威畏也時動謂三時務農一時講武守則有財征則有威觀則玩玩則無震玩黷也震懼也是故周文公之頌曰文公周公旦之諡也頌時邁之詩武王既伐紂周公爲作此詩巡守告祭之樂歌載戢干戈載櫜弓矢載則也干楯也戈戟也櫜韜也言天下已定斂其干戈韜藏其弓矢示不復用我求懿德肆于時夏懿美也肆陳也于於也時是也夏大也言武王常求美德故陳其功於是夏而歌之樂章大者曰夏允王保之允信也信哉武王能保世時夏之美也先王之於民也茂正其德而厚其性茂勉也性情性也阜其財求阜大也大其財求不鄣壅也而利其器用器兵甲也用耒耜之屬明利害之鄉示之以好惡鄉方也以文脩之文禮法也使務利而避害懷德而畏威故能保世以滋大保守也滋益也昔我先世后稷后君也稷官也父子相繼曰世謂棄與不窋以服事虞夏謂棄爲舜后稷不窋繼之於夏啓也及夏之衰也棄稷弗務棄廢也衰謂啓子太康也棄稷之官不復務農夏書序曰太康失國昆弟五人須于洛汭是也我先王不窋用失其官失稷官也不窋棄之子周之禘祫文武必先不窋蓋通謂之王商頌亦以契爲玄王而自竄于戎狄之間竄匿也堯封棄于邰至不窋失官去夏而遷於邠邠西接戎北近翟不敢怠業時序其德纂脩其緒纂繼也緒事也脩其訓典

訓教也典法也朝夕恪勤守以惇篤奉以忠信奕世載德不忝前人奕亦前人也載成也忝辱也至于武王昭前之光明而加之以慈和事神保民莫不欣喜保養也商王帝辛大惡於民商紂之本號辛紂名也大惡大爲民所惡庶民弗忍欣戴武王以致戎于商牧戴奉也戎兵也牧商郊牧野是先王非務武也勤恤民隱而除其害也恤憂也隱痛也夫先王之制邦內甸服邦內謂天子畿內千里之地商頌曰邦畿千里惟民所止王制曰千里之內曰甸京邑在其中央故夏書曰五百里甸服則古今同矣甸王田也服其職業也自商以前并畿內爲五服武王克殷周公致太平因禹所弼除畿內更制天下爲九服千里之內謂之王畿王畿之外曰侯服侯服之外曰甸服今謀父諫穆王稱先王之制猶以王畿爲甸服者甸古名世俗所習也故周襄王謂晉文公曰昔我先王之有天下也規方千

國語一　二

里以爲甸服是也周禮亦以蠻服爲要服足以相況矣邦外侯服邦外邦畿之外方五百里之地謂之侯服侯侯圻也言諸侯之近者歲一來見侯衛賓服此總言之也侯侯圻也衛衛圻也言自侯圻至衛圻其間凡五圻圻五百里五五二千五百里中國之界也謂之賓服常以服貢賓見於王五圻者侯圻之外曰甸圻甸圻之外曰男圻男圻之外曰采圻采圻之外曰衛圻周書康誥曰侯甸男采衛是也凡此服數諸家之說皆紛錯不同唯賈君近之蠻夷要服蠻蠻圻也夷夷圻也周禮衛圻之外曰蠻圻去王城四千五百里九州之界也夷圻去王城四千里周禮行人職衛圻之外謂之要服此言蠻夷要服則夷圻朝貢或與蠻圻同也要者要結好信而服從之戎狄荒服戎狄去王城四千五百里至五千里也四千五百里爲鎮圻五千里爲蕃圻在九州之外荒裔之地與戎狄同俗故謂之荒荒忽無常之言也甸服者祭供日祭也此采地之君其見無數侯服者祀供月祀也堯舜及周侯服告歲見賓服者享供時享也享獻也周禮甸圻二歲而見男

《國語》韋氏(解)　四部叢刊 初編 史部

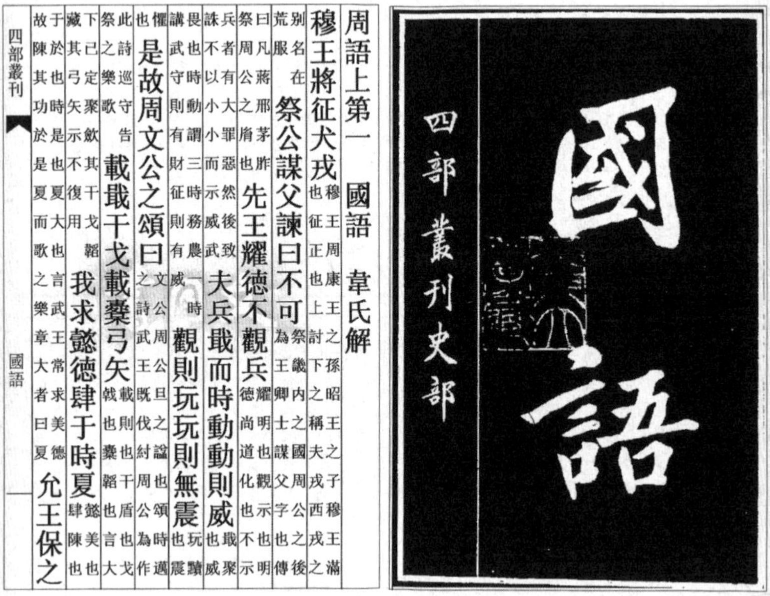

國語

四部叢刊史部

周語上第一　國語　韋氏解

穆王將征犬戎穆王周康王之孫昭王之子穆王滿也征正也上討下之稱犬戎西戎之別名在荒服祭公謀父諫曰不可祭畿內之國周公之後為王卿士謀父字也傳曰凡蔣邢茅胙祭周公之胤也先王耀德不觀兵耀明也觀示也明德尚道化也不示兵者有大罪惡然後致誅不以小小而示威武夫兵戢而時動動則威戢聚也威畏也時動謂三時務農一時講武守則有財征則有威觀則玩玩則無震玩黷也震懼也是故周文公之頌曰文公周公旦之謚也頌時邁之詩武王既伐紂周公為作此詩巡守告祭之樂歌載戢干戈載櫜弓矢戢聚也干盾也戈戟也櫜韜也言大下已定聚斂其干戈韜藏其弓矢示不復用我求懿德肆于時夏懿美也肆陳也于於也時是也夏大也言武王常求美德故陳其功於是夏而歌之樂章大者曰夏允王保之

四部叢刊　國語　一

《國語》四部叢刊 史部 電子版, 「書同文」(北京)

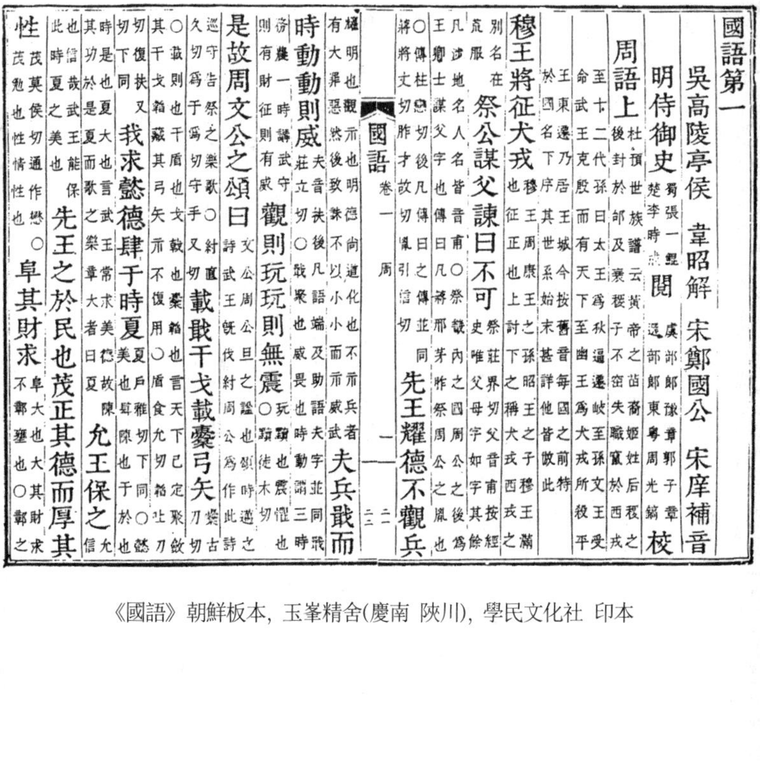
國語第一
吳高陵亭侯 韋昭解 宋鄭國公 宋庠補音
明侍御史 蜀張一鯤 楚李時成 閱 虞部郎豫章郭子章 選部郎東粵周光鎬 校
周語上 杜預世族譜云黃帝之苗裔姬姓后稷之後封於邰及棄稷子不窋失職竄於西戎至十二代孫曰太王爲狄逼遷岐至孫文王受命武王克殷而有天下至幽王爲犬戎所殺平王東遷乃居王城今按舊晉每國之前特於國名下序其世系始末甚詳他皆倣此
穆王將征犬戎 穆王周康王之孫昭王之子穆王滿也征正也上討下之稱犬戎西戎之別名在荒服 祭公謀父諫曰不可 祭莊界切父音甫按經史唯父母字如字其餘凡涉地名人名皆音甫○祭畿內之國周公之後爲王卿士謀父字也傳曰凡蔣邢茅胙祭周公之胤也○傳杜忠切後凡傳曰之傳並同將將丈切胙才故切胤引信切 先王耀德不觀兵
國語 卷一 周 一
燿明也觀示也明德尚道化也不示兵者有大罪惡然後致誅不以小小而示威武 夫兵戢而時動動則威 夫音扶後凡語端及助語夫字並同戢莊立切○戢聚也威畏也時動謂三時務農一時講武守則有財征則有威 觀則玩玩則無震 玩黷也震懼也○黷徒木切
是故周文公之頌曰 文公周公旦之謚也頌時邁之詩武王既伐紂周公爲作此詩巡守告祭之樂歌○紂直久切爲于僞切守手又切 載戢干戈載櫜弓矢 櫜古刀切○戢則也干盾也戈戟也櫜韜也言天下已定聚斂其干戈韜藏其弓矢示不復用○盾食允切韜吐刀切復扶又切下同 我求懿德肆于時夏 夏戶雅切下同○懿美也肆陳也于於也時是也夏大也言武王常求美德故陳其功於是夏而歌之樂章大者曰夏 允王保之 允信也信哉武王能保此時夏之美也 先王之於民也茂正其德而厚其性 茂莫侯切通作懋○茂勉也性情性也 阜其財求 阜大也大其財求不鄣壅也○鄣之

《國語》朝鮮板本, 玉峯精舍(慶南 陜川), 學民文化社 印本

國語

卷一

周語上

穆王將征犬戎。穆王周康王之孫昭王之子穆王滿也。征正也。上討下之稱。犬戎西戎之別名也。在荒服之中。祭公謀父諫曰。不可。祭畿內之國周公之後也。爲王卿士。謀父字也。傳曰。凡蔣邢茅胙祭。周公之胤矣。先王耀德不觀兵。耀明也。觀示也。明德尙道化也。不示兵者。有大罪惡然後致誅。不以小小示威武也。夫兵戢而時動。動則威。戢聚也。威畏也。時動謂三時務農。一時講武。守則有財。征則有威。觀則玩。玩則無震。玩黷也。震懼也。是故周文公之頌曰。文公周公旦之諡也。頌時邁之詩也。武王旣伐紂。周公爲作此詩。巡守告祭之樂歌也。載戢干戈。載櫜弓矢。載則也。干楯也。戈戟也。櫜韜也。言天下已定。聚斂其干戈。韜藏其弓矢。示不復用也。我求懿德。肆于時夏。懿美也。肆陳也。于於也。時是也。夏大也。言武王常求美德。故陳其功德於時夏而歌之。樂章大者曰夏。允王保之。允信也。信武王能保此是夏之美。先王之於民也。懋正其德而厚其性。懋勉也。性情性也。阜其財求。阜大也。大其財求。不障壅也。而利其器用。器兵甲也。用耒耜之屬也。明利害之鄉。示之以好惡。鄉方也。以文修之。文禮法也。使務利而避害。懷德而畏威。故能保世以滋大。保守也。滋益也。昔我先王世后稷。后君也。稷官也。父子相繼曰世。謂棄與不窋也。以服事虞夏。謂棄爲舜后稷。不窋繼之於夏啓也。及夏之衰也。棄稷不務。棄廢也。衰謂啓子太康廢稷之官。不復務農也。書序曰。太康失邦。昆弟五人須於洛汭。我先王不窋用失其官。失稷官也。不窋棄之子也。周之禘祫文武不先不窋。故通謂之王。商頌亦以契爲玄王也。而自竄于戎狄之間。竄匿也。堯封棄於邰。至不窋失官。去夏而遷於邠。邠西接戎。北近狄也。不敢怠業。時序其德。纂修其緖。纂繼也。緖事也。修其訓典。訓教也。典法也。朝夕恪勤。守以敦篤。奉以

《國語》萬有文庫薈要 活字本, 臺灣商務印書館, 1965. 臺北

周語第一

穆王將征犬戎

穆王(一)將征犬戎，(二)祭公謀父(三)諫曰：「不可，先生燿德不觀兵。(四)夫兵戢而時動，動則威；(五)觀則玩，玩則無震。(六)是故周文公之頌曰：(七)『載戢干戈，載櫜弓矢，(八)我求懿德，肆于時夏，(九)允王保之。』(十)先王之於民也，懋(十一)正其德而厚其性；(十二)阜其財求，(十三)而利其器用，(十四)明利害之鄉，(十五)以文(十六)修之；使務利而避害，懷德而畏威，故能保(十七)世以滋(十八)大。

(一)穆王名滿，昭王之子，康王之孫。(二)征者，正也，上討下之稱。犬戎，即畎夷，一作昆夷，在今陝西鳳

《國語》葉玉麟(選注, 1933. 上海), 臺灣商務印書館, 1967. 臺北

廣註語譯 **國語精華**

周語

祭公諫征犬戎

穆王將征犬戎。祭公謀父諫曰。不可。先王耀德不觀兵。夫兵戢而時動。動則威。觀則玩。玩則無震。是故周文公之頌曰。載戢干戈。載櫜弓矢。我求懿德。肆于時夏。允王保之。先王之於民也。懋正其德。而厚其性。阜其財求。而利其器用。明利害之鄉。以文修之。使務利而避害。懷德而畏威。故能保世以滋大。昔我先王世后稷。以服事虞夏。及夏之衰也。棄稷不務。我先王不窋用失其官。而自竄於戎狄之間。不敢怠業。時序其德。纂修其緒。修其訓典。朝夕恪勤。守以敦篤。奉以忠信。奕世載德。不忝前人。至於武王。昭前之光明。而加之以慈和。事神保民。莫弗欣喜。商王帝辛。大惡於民。庶民不忍。欣戴武王。以致戎於商牧。是先王非務武也。勤恤民隱而除其害也。夫先王之制。邦內甸服。邦外侯服。侯衛賓服。夷蠻要服。戎狄荒服。甸服者祭。侯服者祀。賓服者享。要服者貢。荒服者王日祭

《國語精華》秦同培(注譯) 宋晶如(增訂) 活字本, 世界書局, 1972. 臺北

차 례

國語 三

卷七 晉語(一)

卷八 晉語(二)

卷九 晉語(三)

卷十一　晉語(五)

卷十二 晉語(六)

卷十三 晉語(七)

國語 1

卷一 周語(上)

卷二 周語(中)

卷三　周語(下)

卷四 魯語(上)

卷五 魯語(下)

卷六　齊語

國語 3

卷十四 晉語(八)

卷十五 晉語(九)

卷十六 鄭語

卷十七 楚語(上)

卷十八 楚語(下)

卷十九 吳語

◎ 부록

〈진어晉語〉 총 9권

진晉

서주 초기부터 춘추 말까지 존속했던 나라이다. 희성姬姓의 제후국으로 주 왕실과 가장 가까운 지역이었으며 동시에 가장 중요한 봉국封國의 하나였다. 서주 초 성왕成王, 姬誦이 그 아우 숙우叔虞 당唐(지금의 山西 翼城縣 서쪽)에 봉하여 '당唐'나라라 불렀으며 작위는 후侯였다. 그러나 숙우의 아들 섭燮이 나라 이름을 '진晉'으로 바꾸었다. 그리하여 여러 차례 도읍을 곡옥曲沃(지금의 山西 聞喜), 강絳(翼城), 신전新田(山西 侯馬市) 등지로 옮겨 다녔다.

서주 말기 진晉 문후文侯가 주나라 평왕平王, 宜臼이 동천하여 낙읍洛邑, 邑(지금의 河南 洛陽)으로 옮길 때 이에 적극 가담하고 후원하여 평왕으로부터 인정을 받았다. 그러나 춘추 초기부터 진나라는 공실과 귀족의 임금 자리를 두고 물고 물리는 장기간 내부 투쟁을 겪어야 했다. 그리하여 진晉 소후昭侯 원년(B.C.745) 그 아우 숙성사叔成師를 곡옥에 봉하였으며 진후晉侯 민緡, 湣 28년(B.C.679)에 마침내 곡옥의 무공武公이 정식으로 주 왕실로부터 진후晉侯로 책명을 받았으며 작위는 공公으로 격상하였다. 이로써 67년간의 장기 투쟁 끝에 드디어 지손支孫으로써 대종大宗을 대신하여 다시 나라를 건국하게 된다.

중건 당시 진나라는 새로운 중흥을 일으켜 활력이 넘쳤다. 즉 무공의 아들 헌공獻公(B.C.676~651 재위)은 대대적으로 영토를 확장하여 이웃의 경耿, 곽霍, 위魏, 우虞, 괵虢 등 소국을 겸병하였으며 아울러 여융驪戎과 적적赤狄 등 이민족까지 정벌하여 위세를 자랑하기도 하였다. 그러나 진 헌공은 곡옥 무공의 지손이 나라 종실을 찬탈한 역사 교훈을 빌미로 가혹하게 공족公族을 살육하고 추방하였으며 그 대신 이성異姓 귀족을 보좌로 삼는 등 책략을 썼다. 그 때 마침 여희驪姬의 난으로 인해 진나라는 극도의 혼란에 빠져 공자들이 임금 자리를 놓고 투쟁하고 이웃나라의 멸시 등 내란과 외환을 함께 겪어내어야 했다.

그리하여 마침내 문공文公, 重耳(B.C.636~628 재위)이 망명 끝에 귀국, 춘추시대 최대의 전투였던 성복지전城濮之戰에서 강대국 초楚나라를 깨뜨리고 제후들을 규합함으로써 춘추오패春秋五霸의 지위에 오르게 된다.

그러나 귀족과 이성 경대부의 발호는 풍조처럼 번져 결국 영공靈公 때에는 조돈趙盾이 임금을 죽이고 마음대로 임금을 바꾸는 등 경대부가 권력을 전횡하는 선례를 낳기도 하였다. 이리하여 진나라는 공실의 권위가 쇠락하고 귀족이 득세하는 와중 속에 여공厲公(B.C.580~573년 재위) 때에 이르러 극씨郤氏 집안은 동시에 삼경三卿과 오대부五大夫가 전권을 휘둘렀으며 이를 참다못한 여공이 이간책을 써서 극씨를 멸하고자 하였으나 도리어 또 다른 대부 난씨欒氏와 중항씨中行氏에게 살해되고 말았다. 그러다가 도공悼公(B.C.572~558 재위) 때에 일시 군권君權의 강화를 서둘렀으나 형세를 만회하지는 못하였으며, 소공昭公(B.C.531~526년 재위) 이후로 진나라는 결국 범씨范氏, 중항씨中行氏, 지씨知氏, 한씨韓氏, 조씨趙氏, 위씨魏氏 등 육경六卿의 득세로 인해 공실은 더 이상 회복할 능력을 갖추지 못하고 말았다. 이들 육경의 투쟁은 갈수록 격렬하여 정공定公(B.C.511~475년 재위) 때에 범씨와 중항씨가 먼저 패망하고 애공哀公 4년(B.C.453) 때에 이르러 가장 강한 세력이었던 지씨를 한, 위, 조 삼가三家가 연합하여 멸하고 국토를 삼분三分하고 말았다. 그리하여 열공烈公 19년(B.C.403) 당시 명의뿐이던 주 왕실의 위열왕威烈王이 이들의 세력을 인정하고 한, 위, 조를 정식 제후로 승인하였으며 드디어 정공靜公 2년(B.C.376) 이들 세 나라는 정공을 폐위, 진나라 7백여 년의 사직은 명맥이 끊어지고 말았다.

전국시대로 진입하여 이들 세 나라는 전국칠웅戰國七雄의 반열에서 '삼진三晉'이라 불리며 또 다른 투쟁의 역사로 진입하게 된다. 결국 진나라는 중원中原의 가장 중심에 처한 대국이었으나 육경에 의해 나라를 망치고 만 것이다. 이 《국어》에서는 거의 반을 이 진나라 이야기를 싣고 있어 흔히 《국어》를 《진사晉史》라 부르기도 한다. 이는 그 만큼 내용이 풍부하고 춘추시대 모든 국제관계의 가운데에 있었기 때문이 아니었던가 한다.

※ 서주 말 공화共和 시대부터 춘추 말기 정공(定公: B.C.476)까지의 진晉나라 임금 세계는 대략 다음과 같다. (　)안은 재위 기간.

靖侯(18) → 釐侯(18) → 獻侯(11) → 穆侯(27) → 叔(1) → 文侯(35) → 昭侯(6) → 孝侯(16) → 侯(6) → 哀侯(8) → 小子(3) → 緡(, 28) → 武公(39) → 獻公(26) → 惠公(14) → 文公(9) → 襄公(7) → 靈公(14) → 成公(7) → 景公(19) → 公(8) → 悼公(15) → 平公(26) → 昭公(6) → 頃公(14) → 定公(36) 이후 전국시대로 연결됨.

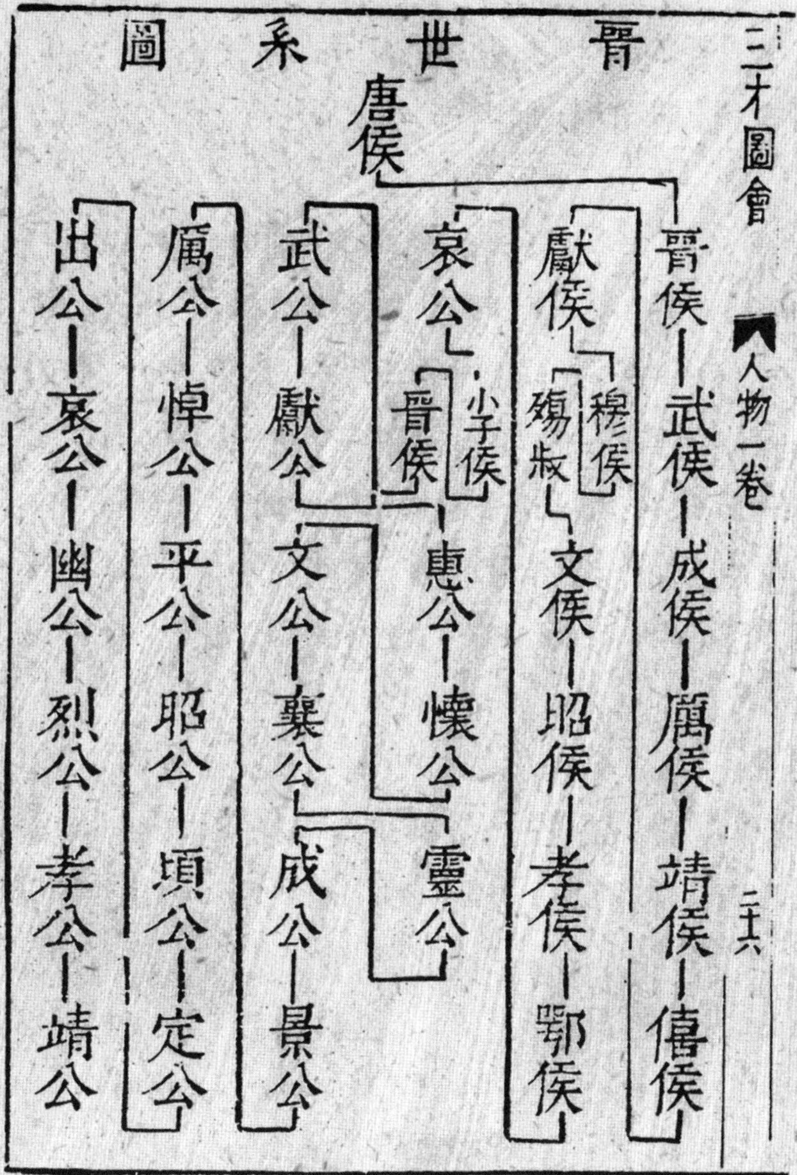
三才圖會
人物一卷
二十六
晉世系圖
唐侯
晉侯
武侯
成侯
厲侯
靖侯
僖侯
獻侯
穆侯
殤叔
文侯
昭侯
孝侯
鄂侯
哀公
小子侯
晉侯
惠公
懷公
靈公
武公
獻公
文公
襄公
成公
景公
厲公
悼公
平公
昭公
頃公
定公
出公
哀公
幽公
烈公
孝公
靖公

〈晉世系圖〉《三才圖會》

卷七 晉語(一)

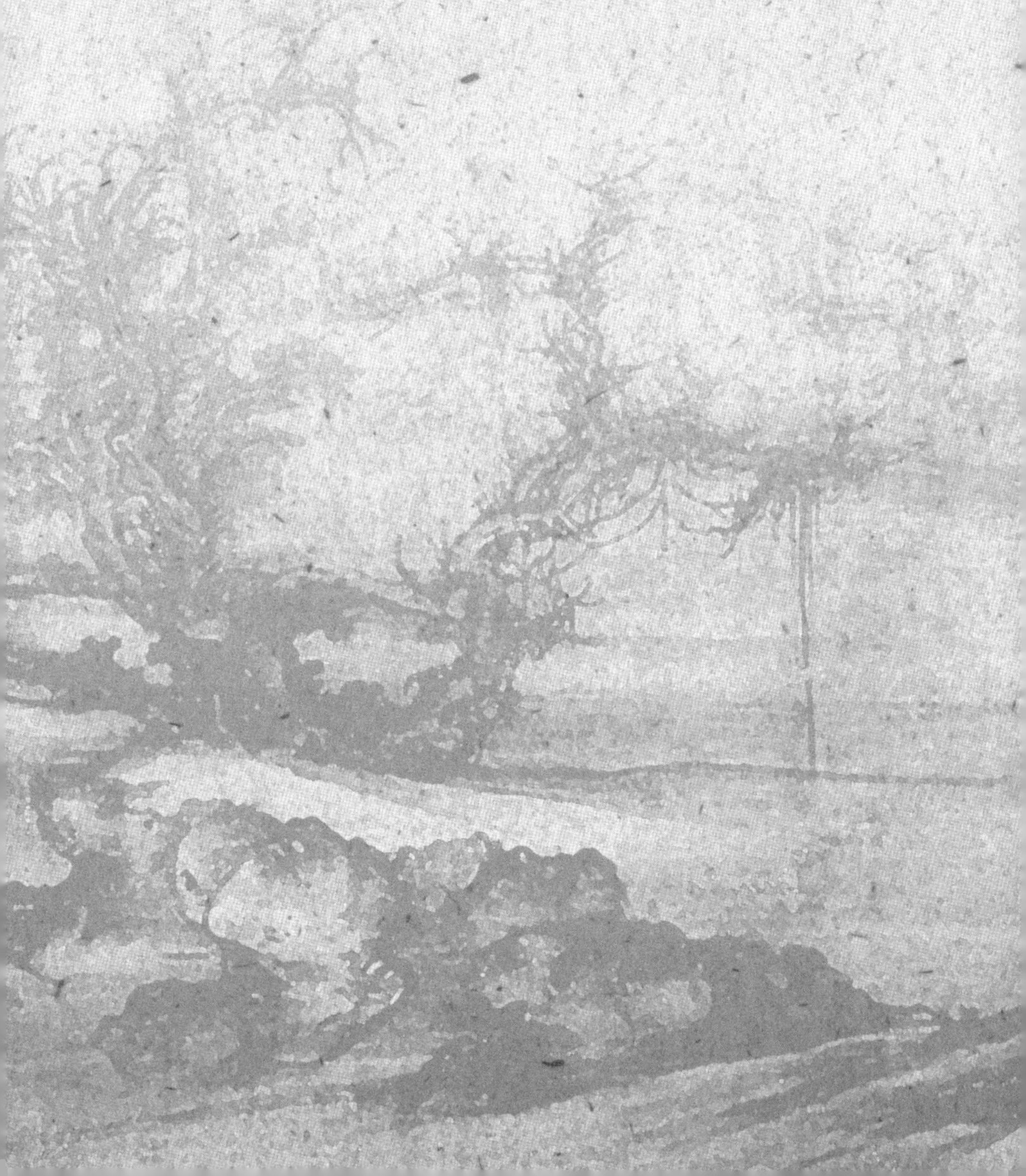

079(7-1) 武公伐翼止欒共子無死
무공이 익을 정벌하고 난공자에게 죽지 말도록 저지하다

무공武公이 익성翼城을 정벌하고 애후哀侯를 죽인 다음, 난공자欒共子를 저지하며 이렇게 말하였다.

"만약 그대가 진晉나라를 위해 죽지 않는다면, 내 그대를 천자에게 모시고 가겠소. 그리하여 그대로 하여금 상경上卿을 삼아 진나라 국정을 제압할 수 있도록 해 주겠소."

난공자가 사양하며 말하였다.

"내成 듣건대 '사람이란 세 가지에서 나서 이를 한결같이 모셔야 한다'라 하였소. 아버지가 낳아 주시고, 스승이 가르쳐 주시며, 임금이 먹여 주셨소. 아버지가 아니었으면 태어나지 못하였을 것이요, 임금이 먹여 주지 않았다면 자라지 못하였을 것이며, 스승이 가르쳐 주지 않았다면 족속을 위해 어떻게 살아야 하는지를 알지 못하게 되었을 것이외다. 그 때문에 하나로 받들어 모시는 것입니다. 따라서 그들이 있는 곳에 바로 나의 죽음이 있는 것입니다. 이렇게 살아온 것을 죽음으로써 보답하며 나에게 베풀어 준 은혜에 힘으로 갚는 것은 사람의 도리입니다. 내가 감히 사사로운 이익을 위해 사람의 도리를 저버린다면 그대는 장차 무엇으로써 교훈을 삼을 수 있겠소? 게다가 그대는 내가 족속을 따르지 않았을 때 그대의 이익만 알 뿐, 곡옥曲沃에서 내가 그대를 모신다면 그 곳 사람들이 신하의 도리를 저버린 나를 어떻게 대접해 줄 것인지에 대해서는 알지 못하고 있군요. 임금을 모시면서 두 마음을 갖는다면 그대는 그러한 사람을 어디에 쓸 것입니까?"

그러고는 드디어 싸움을 벌여 죽고 말았다.

武公伐翼, 殺哀侯, 止欒共子曰:「苟無死, 吾以子見天子, 令子爲上卿, 制晉國之政.」

辭曰:「成聞之:『民生於三, 事之如一.』父生之, 師敎之, 君食之. 非父不生, 非食不長, 非敎不知生之族也, 故壹事之. 唯其所在, 則致死焉. 報生以死, 報賜以力, 人之道也. 臣敢以私利廢人之道, 君何以訓矣? 且君知成之從也, 未知其待於曲沃也. 從君而貳, 君焉用之?」

遂鬪而死.

【武公】曲沃 桓叔의 손자이며 嚴伯의 아들. 이름은 稱.

【翼】晉나라의 도읍. 翼成. 晉나라 선조는 武王의 아들 叔虞로써 처음에는 唐(지금의 山西 太原) 땅을 도읍으로 하였다가, 당숙의 아들 섭보(燮父)가 당을 晉으로 바꾸어 땅 이름과 함께 국호가 되었음. 그로부터 4세 후 成侯에 이르러 다시 곡옥(山西 聞喜縣)으로 남천하였으며, 穆侯 때에 다시 絳으로 천도함. 이 絳이 바로 翼(산서 익성현 동남쪽)이며 곡옥으로부터는 백 여리 거리였음. 魯 惠公 24년(B.C.745) 진 소후가 그 아버지 文侯의 아우 成師를 이 곡옥에 봉하여 桓叔이 되었음. 당시 곡옥은 舊都였으며 익보다 더 강대하여 늘 화근으로 여겨왔음. 그 뒤 과연 곡옥은 자주 익을 공격하여 그 임금을 시살하였음. 이 번의 곡옥 武公이 익성을 공격한 것은 魯 桓公 3년(B.C.709)의 일이었음.

【欒共子】共叔成. 晉 哀侯의 대부. 당초 共叔成의 아버지 欒賓은 武共의 조부 桓叔이 曲沃伯이 될 때 도와 준 공이 있었음.

【族】족류. 족속, 가족, 종족, 혈족, 민족. 고대 귀족 자제는 사부로부터 자신의 종족에 대한 역사와 의무를 배웠으며, 난공자는 대부로써 그 일을 죽음으로 지켜야 한다고 강조한 것임.

참고 및 관련 자료

1. 《史記》 晉世家

武公稱者, 先晉穆侯曾孫也, 曲沃桓叔孫也. 桓叔者, 始封曲沃. 武公, 莊伯子也. 自桓叔初封曲沃以至武公滅晉也, 凡六十七歲, 而卒代晉爲諸侯. 武公代晉二歲, 卒. 與曲沃通年, 卽位凡三十九年而卒. 子獻公詭諸立.

080(7-2) 史蘇論獻公伐驪戎勝而不吉
사소가 헌공이 여융을 쳐서 이기는 것이 불길한 것임을 논하다

진晉 헌공獻公이 여융驪戎 정벌을 두고 점을 치자, 사소史蘇가 점을 친 다음 이렇게 말하였다.

"승리하기는 하나 불길합니다."

헌공이 물었다.

"무슨 뜻이오?"

사소가 대답하였다.

"점괘의 조짐을 보니 뼈를 입에 물고 있는데, 이빨이 이를 서로 놓지 않으려 하고 있습니다. 이는 여융과 우리 하(夏, 중원)가 서로 엇물려 있다는 뜻입니다. 서로 엇물려 있으면 한 번씩 교대로 승리하게 되는 것입니다. 그 때문에 제가 그렇게 풀이한 것입니다. 게다가 점괘가 '입'을 거론한 것이 두렵습니다. 이는 백성이 흩어진다는 것을 의미하는 것으로써 국민의 마음이 옮겨진다는 뜻입니다."

헌공이 말하였다.

"무슨 입이 어떻다는 거요! 과인에게도 입이 있소. 그러한 점괘는 받아들일 수 없소. 누가 감히 그런 말을 하오?"

사소가 대답하였다.

"진실로 백성의 마음이 이반되고자 하면 임금의 귀에는 달콤한 말만 들리게 됩니다. 그 때는 즐겁기만 할 뿐 그 속에 숨은 것을 알지 못합니다. 그러니 어찌 이를 막아드릴 수 있겠습니까?"

헌공은 듣지 않고 드디어 여융을 정벌하여 승리를 거두었다.

그르고 여희驪姬를 포로로 잡아 데리고 와 총애하게 되었으며,

그를 부인夫人으로 세웠다.

헌공이 대부들에게 술자리를 마련하고 사정司正으로 하여금 사소에게 술잔을 주도록 하면서 이렇게 말하였다.

"술만 마시고 안주는 없소. 무릇 여융의 전투에서 그대는 '이기기는 하나 길하지 못하다'라 하였소. 그 때문에 그대에게 상으로 술만 내리고 그 벌로 안주는 없이 하는 거요. 승리를 거두고 여희까지 얻었으니 이보다 더 큰 길사吉事가 어디 있겠소!"

사소가 술잔을 다 비우고 두 번 절하여 머리를 조아렸다.

"점괘의 징조가 있어 신은 감히 속여 말할 수 없었습니다. 징조를 속여 말한다면 이는 저의 직책을 버리는 것이 됩니다. 이러한 두 가지 죄를 범한다면 어떻게 임금을 모시겠습니까? 큰 벌이 장차 이를 텐데 그따위 안주 없는 정도라면 고마운 일이지요. 생각건대 임금께서는 길하다는 말에 즐거움을 느끼는 만큼, 흉하다는 것에도 대비를 하셔야 합니다. 흉하다는 것이 없었다면 무슨 대비할 해로움이 있겠습니까? 그러나 만약 흉하다는 말이 있었다면 이를 대비하면 치료가 되는 것입니다. 나의 점이 믿을 수 없는 것이 되어, 그것으로써 재앙이 없이 나라의 복이 된다면 어찌 감히 벌을 두려워하겠습니까?"

술을 마시고 나가서 사소는 대부들에게 이렇게 말하였다.

"남자의 병사가 있다면 틀림없이 여자의 병사도 있다. 우리 진나라가 남자 군사로 여융을 이겼으니 여융 역시 여자 병사로써 우리 진나라를 이길 것이다. 어찌하면 좋단 말인가!"

이극이 말하였다. "무슨 말이오?"

사소가 말하였다.

"옛날 하夏나라 걸桀이 유시씨有施氏를 정벌하자, 유시씨에서 말희妺喜를 주었다. 말희는 걸에게 총애를 받아 이윤伊尹과 함께 하나라 멸망을 두고 다투었다. 그리고 은殷나라 말왕 신(辛, 帝辛, 紂)이 유소씨有蘇氏를 정벌하자, 유소씨에게 달기妲己를 들여보냈다. 달기妲己는 주에게 총애를 입어 이에 교격膠鬲과 함께 은나라 멸망을 두고 줄다리기를 해야 했다.

한편 주周 유왕幽王이 유포有褒를 정벌하자, 포나라 사람들이 포사褒姒를 들여보내어 포사는 유왕에게 총애를 입어 백복伯服을 낳았다. 그리하여 괵석보虢石甫와 한 당이 되어 태자 의구宜臼를 쫓아내고 백복을 세웠으며, 태자가 신申나라로 도망하자, 신나라와 증鄫나라 사람들이 서융西戎을 불러들여 주나라를 공격, 결국 주나라가 망하고 말았다. 지금 우리 진나라는 덕은 적으면서 포로로 끌고 온 여희에게 안주하고 있으며 게다가 총애를 옛 왕들보다 더하고 있으니 비록 하·은·주 삼대 말왕과 똑같이 된다 해도 역시 그럴 수밖에 없지 않겠는가? 게다가 점괘의 징조에 '입에 뼈를 물고 있으며 이빨이 서로 씹고 있다'라 하였다. 내가 여융 정벌을 두고 점을 쳤더니, 귀갑龜甲이 백성이 이산할 것이라고 내게 응답을 주었다. 이와 같다면 이는 적해가 있을 징조라는 것이다. 우리가 집에서 편히 살 수 없어 버리고 떠나야 할 일이 오게 마련이다. 그런데 온 나라에 걸쳐 그럴 것이 아니라면 그 점괘가 '엇물려 있다'(挾)라 하였겠는가? 그 임금에게 총애를 받지 않을 것이라면 능히 '뼈를 물고 있다'(銜骨)라 하였겠는가? 온 나라에 걸쳐 있고 그 임금으로부터 총애를 받는다면 비록 이빨로 물고 그 속에서 제멋대로 한다 해도 그 누가 그 여인의 요구를 듣지 않을 수 있겠는가? 제하諸夏의 우리 중원이 융에게 복종한다면 실패한 일이 아니고 무엇이겠는가? 정치에 종사하는 자는 경계로 삼지 않을 수 없다. 망할 날이 얼마 남지 않았다."

그러자 곽언郭偃의 풀이는 조금 달랐다.

"무릇 하·은·주 삼대 말왕이 망한 것은 당연한 일이었소. 자신이 백성의 주인이라면서 미혹함에 빠져 이를 병인 줄 모르고, 방자함과 사치를 부리면서 돌아설 줄 모르며, 뜻을 마구 풀어놓고 행동하였으며, 병들지 않은 곳이 없었으니 이 까닭으로 망할 때에 이르러서도 옛일을 거울로 삼지 못했던 것입니다. 지금 진나라는 겨우 편후偏侯에 불과합니다. 그 영토도 좁고 대국이 곁에 있으니 비록 미혹함에 빠지고 싶어도 그렇게 할 수가 없습니다. 주나라 종실의 대가大家나 이웃 나라가 장차 무력으로 보호해 줄 것이며, 많아야 임금을 자주 바꾸어 주는 정도이며,

멸망에까지는 이르지 않도록 할 것입니다. 비록 새 임금을 자주 세워 준다 해도 다섯 번 정도를 넘어서지 않을 것입니다. 무릇 '입口'이라고 하는 것은, 삼신三辰과 오행五行을 말로 표현하는 문입니다. 따라서 입으로 참소하여 일어나는 난은 셋이나 다섯 번을 넘지 못합니다. 다시 말해 '뼈를 물고 엇갈려 있다'(挾)라 한 것은 작은 생선 가시에 불과하여 작은 상처를 줄 뿐으로 나라를 잃게 하지는 않습니다. 그 가시에 찔린 자만 상처를 입으면 그 뿐, 진나라에 무슨 큰 상해가 되겠습니까? 비록 '엇물려 있다'(挾)라 하였지만 이를 이빨로 씹고 있으니 입이 감당하고 있지 못한다 해도 얼마나 오래 끌겠습니까? 진나라가 겁을 내는 것은 심합니다. 망하는 일은 없을 것입니다. 상商나라가 쇠미해질 때 명문銘文에 이렇게 경계하였습니다. '작은 덕행은 쫓아가지 말라. 이를 자랑으로 여기지 말라. 그랬다가는 단지 우환만 살뿐이다. 작은 양의 음식을 두고 욕심부리지 말라. 배가 부를 수도 없을뿐더러 허물만 뒤집어쓰게 된다'라고 말입니다. 여희가 비록 난을 일으킨다 해도 그처럼 허물만 뒤집어쓰게 될 것인데 누가 그에게 복종하겠습니까? 내 듣기로 난亂으로 재물을 모은 자는 모책을 잘 세우지 않으면 그 끝을 잘 맺을 수 없고, 사람을 얻지 못하면 난難을 면할 수 없고, 예禮를 갖추지 않으면 좋은 죽음을 얻을 수 없고, 의義로써 하지 않으면 수명을 누릴 수 없고, 덕德으로 베풀지 않으면 후세에 전할 수 없고, 하늘의 도움이 없으면 장구히 이어갈 수가 없다 하더이다. 그런데 여희는 지금 안전함을 근거로 하지 않으니 모책에 능하다 할 수 없고, 이빨(참언)로 일을 벌이고 있으니 사람을 얻었다 할 수 없으며, 나라를 망치면서 자신의 뜻대로 하고 있으니 예禮라 할 수 없고, 헤아리지 아니하고 멀리 구하고 있으니 의義라 할 수 없으며, 총애를 믿고 원한을 사고 있으니 덕德이라 할 수 없고, 자신에 동조하는 무리는 적고 적은 많으니 천天이라 할 수 없습니다. 덕의德義를 실행하지 못하고 예의禮義를 법으로 삼고 있지 않으며, 사람을 버리고 모책을 잃고 있으며, 하늘조차 그를 돕지 않고 있습니다. 내가 보기에 군부인君夫人 여희가 만약 난을 일으킨다 해도 그저 노예나 농부가 하는 짓과 같게 될 것입니다. 비록 옥토를 열심히 갈아 부지런히 농사짓는다 해도 장차 그 자신은 제대로 먹지도 못하고 남만 위하는 꼴이 되고 말 것입니다."

그러자 사위士蔿는 이렇게 말하였다.

"말로 경고하는 것은 미리 예비하느니만 못합니다. 방비를 한 다음에 일이 닥치면 그 때 처리하면 됩니다. 그대의 경고는 물론 생각건대 두 사람의 말이 모두 이치로는 맞습니다."

이윽고 여희의 음모는 먹혀들지 않았고, 진나라는 진秦나라에 의해 바르게 잡혀 세워졌고, 그로부터 다섯 임금 뒤에야 평온하게 되었다.

獻公卜伐驪戎, 史蘇占之, 曰:「勝而不吉.」

公曰:「何謂也?」

對曰:「遇兆, 挾以銜骨, 齒牙爲猾, 戎·夏交捽. 交捽, 是交勝也, 臣故云. 且懼有口, 攜民, 國移心焉.」

公曰:「何口之有! 口在寡人, 寡人弗受, 誰敢興之?」

對曰:「苟可以攜, 其入也甘受, 逞而不知, 胡可壅也?」

公弗聽, 遂伐驪戎, 克之.

獲驪姬以歸, 有寵, 立以爲夫人.

公飮大夫酒, 令司正實爵與史蘇曰:「飮而無肴. 夫驪戎之役, 女曰『勝而不吉』, 故賞女以爵, 罰女以無肴. 克國得妃, 其有吉孰大焉!」

史蘇卒爵, 再拜稽首曰:「兆有之, 臣不敢蔽. 蔽兆之紀, 失臣之官, 有二罪焉, 何以事君? 大罰將及, 不唯無肴. 抑君亦樂其吉而備其凶, 凶之無有, 備之何害? 若其有凶, 備之爲瘳. 臣之不信, 國之福也, 何敢憚罰?」

飮酒出, 史蘇告大夫曰:「有男戎必有戎. 若晉以男戎勝戎, 而戎亦必以女戎勝晉, 其若之何!」

里克曰:「何如?」

史蘇曰:「昔夏桀伐有施, 有施人以妹喜女焉, 妹喜有寵, 於是乎與伊尹比而亡夏. 殷辛伐有蘇, 有蘇氏以妲己女焉, 妲己有寵, 於是乎與膠鬲比而亡殷. 周幽王伐有褒, 褒人以褒姒女焉, 褒姒有寵, 生伯服, 於是乎與虢石甫比, 逐太子宜臼, 而立伯服. 太子出奔申, 申人·鄫人召西戎以伐周, 周於是乎亡. 今晉寡德而安俘女, 又增其寵, 雖當三季之王, 不亦可乎? 且其兆云:『挾以銜骨, 齒牙爲猾.』我卜伐驪, 龜往離散以應我. 夫若是, 賊之兆也, 非吾宅也, 離則有之. 不跨其國, 可謂挾乎? 不得其君, 能銜骨乎? 若跨其國而得其君, 雖逢齒牙, 以猾其中, 誰云不從? 諸夏從戎, 非敗而何? 從政者不可以不戒, 亡無日矣.」

郭偃曰:「夫三季王之亡也宜. 民之主也, 縱惑不疚, 肆侈不違, 流志而行, 無所不疚, 是以及亡而不獲追鑑. 今晉國之方, 偏侯也. 其土又小, 大國在側, 雖欲縱惑, 未獲專也. 大家·鄰國將師保之, 多而驟立, 不其集亡. 雖驟立, 不過五矣. 且夫口, 三五之門也. 是以讒口之亂, 不過三五. 且夫挾, 小鯁也. 可以小戕, 而不能喪國. 當之者戕焉, 於晉何害? 雖謂之挾, 而猾以齒牙, 口弗堪也, 其與幾何? 晉國懼則甚矣, 亡猶未也. 商之衰也, 其銘有之曰:『嗛嗛之德, 不足就也, 不可以矜, 而祗取憂也. 嗛嗛之食, 不足狃也, 不能爲膏, 而祗罹咎也.』雖驪之亂, 其罹咎而已, 其何能服? 吾聞以亂得聚者, 非謀不卒時, 非人不免難, 非禮不終年, 非義不盡齒, 非德不及世, 非天不離數. 今不據其安, 不可謂能謀; 行之以齒牙, 不可謂得人; 廢國而向己, 不可謂禮; 不度而迂求, 不可謂義; 以寵賈怨, 不可謂德; 少族而多敵, 不可謂天. 德義不行, 禮義不則, 棄人失謀, 天亦不贊. 吾觀君夫人也, 若爲亂,其猶隷農也. 雖獲沃田而勤易之, 將不克饗, 爲人而已.」

士蔿曰: 「誡莫如豫, 豫而後給. 夫子誡之, 抑二大夫之言其皆有焉.」

旣, 驪姬不克, 晉正於秦, 五立而後平.

【獻公】 晉 武公의 아들이며 이름은 詭諸. B.C.676~651년까지 26년간 재위함.
【驪戎】 西戎의 한 종족으로 驪山에 살았으며 작위는 男爵. 姬姓이었음.
【史蘇】 晉나라 대부. 占卜을 관장하였음.
【夏】 중원. 중국. 여기서는 晉나라를 가리킴.
【猾】 서로 엇물려 놓지 않으면서 깨물고 있음.
【捽】 서로 겨룸. 충돌함. 대등하게 맞물려 당기고 있음.
【攜民】 백성이 離叛함. 흩어짐.
【司正】 賓主의 예를 집전하는 관원.
【里克】 里季子. 晉나라 대부.
【有施】 夏나라 末王 桀(夏癸) 때의 나라 이름. 喜姓이었음.
【妹姬】 有施氏 군주의 딸로 桀王의 寵妃.
【伊尹】 伊摯. 商湯의 재상.
【殷辛】 殷(商)의 마지막 임금 紂.
【有蘇】 己姓의 옛날 나라 이름.
【妲己】 有蘇氏의 미녀로 紂王의 총비.
【膠鬲】 商나라의 현신. 殷을 떠나 周나라에 이르러 周 武王을 도와 紂를 멸함.
【有褒】 姒姓의 옛 나라 이름. 지금의 陝西 勉縣 동남에 있었음.
【褒姒】 '褒姒'로도 표기하며 有褒氏의 미녀로 幽王의 총애를 입어 나라를 망침.
【伯服】 幽王과 褒姒 사이에 난 아들.
【石甫】 虢公.
【宜臼】 申后의 아들로 뒤에 周 平王이 됨. 洛邑(雒邑, 洛陽)으로 동천하여 이때부터 東周가 됨. B.C.770~720년까지 51년간 재위함.
【申】 고대 나라 이름. 姜姓이며 伯夷의 후대라 함. 지금의 陝西와 山西 사이에 있다가 周 宣王 때 일부가 동천하여 謝(지금의 河南 唐河縣)에 이르러 申國을 세웠음. 宜臼의 어머니는 이 나라 출신이었음.

【鄫】 고대 나라 이름. 지금의 山東 棗莊市 근처.
【周亡】 西戎이 침범하여 幽王을 戲山에서 죽임으로써 西周가 멸망함. B.C.771년.
【三季】 夏桀, 殷紂, 周幽 세 末王을 일컬음.
【郭偃】 아주 뛰어난 점술가로 卜偃이라고도 부름. 晉나라 대부.
【偏侯】 겨우 畿內에 봉을 받은 小諸侯.
【口, 三五之門】 '사람의 입이란 상징으로 보아 日·月·星과 金·木·水·火·土를 표현해 내는 문'이라는 뜻. '三五'는 三辰과 五行. 적어도 三君이며 많으면 五君이라는 뜻. 韋昭 주에 "口所以紀三辰·宣五行, 故謂之門"이라 하였으며, 郭偃이 점술에 뛰어난 인물로 보아 이는 점괘 풀이의 용어인 듯함.
【離數】 '離'는 '歷'. 雙聲互訓. 數는 世數. 장구하여 끊임이 없음을 말함.
【士蔿】 晉나라 대부 子輿. 劉累의 후손이며 隰叔의 아들.
【夫子】 郭偃을 가리킴.
【二大夫】 史蘇와 郭偃.
【五立】 魯 僖公 9년(B.C.651) 晉 獻公이 병으로 죽으면서 임종에 荀息에게 奚齊를 보좌하여 임금으로 세워 줄 것을 부탁하였으나, 해제가 里克에게 살해되자 순식은 다시 公子 卓을 세었음. 그러나 그 해 11월 이극이 다시 조정에서 공자 탁을 시해하였으며, 순식은 그 때 함께 죽음을 당하고 말았음. 공자 夷吾가 秦나라의 힘을 빌려 이극을 죽이고 왕위에 올랐음. 이가 惠公(B.C.650~637 재위)이며, 그 뒤 혜공은 진나라를 배신하여 재위 14년 만에 죽고, 그 아들 子圉가 왕위를 계승하여 懷公이 되었으나 즉시 晉나라 사람에게 高梁에서 피살되고, 公子 重耳가 역시 秦나라 힘을 빌려 귀국하여 왕위에 오름. 이가 晉 文公(B.C.636~628 재위)이며 春秋五霸의 하나가 됨. 이때 이르러 비로소 晉나라가 안정을 얻음.

참고 및 관련 자료

1. 《左傳》 僖公 4年

或謂太子:「子辭, 君必辯焉.」太子曰:「君非姬氏, 居不安, 食不飽. 我辭, 姬必有罪. 君老矣, 吾又不樂.」曰:「子其行乎!」太子曰:「君實不察其罪, 被此名也以出, 人誰納我?」十二月戊申, 縊於新城.

2.《穀梁傳》僖公 10年

世子之傅里克謂世子曰:「入自明. 入自明則可以生, 不入自明, 則不可以生.」世子曰:「吾君已老矣, 已昏矣, 吾若此而入自明, 則麗姬必死; 麗姬死, 則吾君不安, 所以使吾君不安者, 吾不若自死. 吾寧自殺以安吾君, 以重耳爲寄矣.」刎脰而死.

3.《說苑》立節篇

晉驪姬譖太子申生於獻公, 獻公將殺之, 公子重耳謂申生曰:「爲此者非子之罪也, 子胡不進辭, 辭之必免於罪.」申生曰:「不可. 我辭之, 驪姬必有罪矣, 吾君老矣, 微驪姬寢不安席, 食不甘味, 如何使吾君以恨終哉!」重耳曰:「不辭則不若速去矣.」申生曰:「不可, 去而免於死, 是惡吾君也; 夫彰父之過而取美諸侯, 孰肯內之? 入困於宗, 出困於逃, 是重吾惡也. 吾聞之, 忠不暴君, 智不重惡, 勇不逃死, 如是者, 吾以身當之.」遂伏劍死. 君子聞之曰:「天命矣! 夫世子!」詩曰:『萋兮斐兮, 成是貝錦. 彼譖人者, 亦已太甚!』

4.《列女傳》孽嬖傳「晉獻驪姬」

驪姬者, 驪戎之女, 晉獻公之夫人也. 初, 獻公娶於齊, 生秦穆夫人及太子申生. 又娶二女於戎, 生公子重耳·夷吾. 獻公伐驪戎, 克之, 獲驪姬以歸, 生奚齊·卓子. 驪姬嬖於獻公, 齊姜先死, 公乃立驪姬以爲夫人. 驪姬欲立奚齊, 乃與弟謀曰:「一朝不朝, 其閒用刀. 逐太子與二公子, 而可閒也.」於是驪姬乃說公曰:「曲沃, 君之宗邑也, 蒲與二屈, 君之境也, 不可以無主. 宗邑無主, 則民不畏; 邊境無主, 則開寇心; 夫寇生其心, 民慢其政, 國之患也. 若使太子主曲沃, 二公子主蒲與二屈, 則可以威民而懼寇矣.」遂使太子居曲沃, 重耳居蒲, 夷吾居二屈. 驪姬旣遠太子, 乃夜泣. 公問其故, 對曰:「吾聞申生爲人甚好仁而强, 甚寬惠而慈於民, 今謂君惑於我, 必亂國. 無乃以國民之故行强於君, 果未終命而歿? 君其奈何? 胡不殺我, 無以一妾亂百姓?」公曰:「惠其民而不惠其父乎?」驪姬曰:「爲民與爲父異. 夫殺君利民, 民孰不戴? 苟父利而得寵, 除亂而衆說, 孰不欲焉? 雖其愛君, 欲不勝也. 若紂有良子, 而先殺紂, 毋章其惡, 鈞死也, 毋必假手於武王以廢其祀? 自吾先君武公兼翼而楚穆弑成, 此皆爲民而不顧親, 君不早圖, 禍且及矣.」公懼曰:「奈何而可?」驪姬曰:「君何不老而授之政, 彼得政而治之, 殆將釋君乎?」公曰:「不可, 吾將圖之.」由此疑太子. 驪姬乃使人以公命告太子曰:「君夢見齊姜, 亟往祀焉.」申生祭於曲沃, 歸福於絳, 公田不在. 驪姬受福乃寘鴆於酒, 施毒於脯. 公至, 召申生, 將胙, 驪姬曰:「食自外來, 不可不試也.」覆酒於地, 地墳. 申生恐而出. 驪姬與犬, 犬死. 飲小臣, 小臣死之. 驪姬乃仰天叩心以泣, 見申生哭曰:「嗟乎! 國, 子之國, 子何遲爲君? 有父恩忍之, 況國人乎? 弑父以求利, 人孰利之?」獻公使人謂太子曰:「爾其圖之!」太傅里克曰:「太子入自明, 可以生; 不則不可以生.」太子曰:「吾君老矣! 若入而自明, 則驪姬死, 吾君不安.」遂自經於新城廟, 公遂殺少傅杜原款, 使閹楚刺重耳, 重耳奔狄. 使賈華刺夷吾, 夷吾奔梁. 盡逐群公子, 乃立奚齊. 獻公卒, 奚齊立, 里克殺之, 卓子立, 又殺之. 乃戮驪姬, 鞭而殺之. 於是秦立夷吾, 是爲惠公. 惠公死, 子圉立, 是爲懷公, 晉人殺懷公於高梁, 立重耳, 是爲文公. 亂及五世然後定. 詩曰:『婦有長舌, 惟厲之階.』又曰:『哲婦傾城.』此之謂也. 頌曰:『驪姬繼母, 惑亂晉獻. 謀譖太子, 毒酒爲權. 果弑申生, 公子出奔. 身又伏辜, 五世亂昏.』

5.《禮記》檀弓(上)

晉獻公將殺其世子申生. 公子重耳謂之曰:「子蓋言子之志於公乎?」世子曰:「不可. 君安驪姬, 是我傷公之心也.」曰:「然則蓋行乎?」世子曰:「不可, 君謂我欲弑君也, 天下豈有無父之國哉? 吾何行如之.」使人辭於狐突曰:「申生有罪, 不念伯氏之言也, 以至於死, 申生不敢愛其死, 雖然, 吾君老矣, 子少, 國家多難. 伯氏不出而圖吾君, 伯氏苟出而圖吾君, 申生受賜而死.」再拜稽首乃卒, 是以爲恭世子也.

6.《史記》晉世家

或謂太子曰:「爲此藥者, 乃驪姬也, 太子何不自辭明之.」太子曰:「吾君老矣, 非驪姬, 寢不安, 食不甘, 卽辭之, 君且怒之. 不可.」或謂太子曰:「可奔他國.」太子曰;「被此惡名以出, 人誰內我, 我自殺耳.」十二月戊申, 申生自殺於新城.

7.《呂氏春秋》上德篇

晉獻公爲麗姬遠太子. 太子申生居曲沃, 公子重耳居蒲, 公子夷吾居屈. 麗姬謂太子曰, 往昔君夢見姜氏. 太子祠而膳於公, 麗姬易之. 公將嘗膳, 姬曰:「所由遠, 請使人嘗之. 嘗人人死, 食狗狗死, 故誅太子.」太子不肯自釋, 曰:「君非麗姬, 居不安, 食不甘.」遂以劍死. 公子夷吾自屈奔梁. 公子重耳自蒲奔翟. 去翟過衛, 衛文公無禮焉.

8.《十八史略》卷一

後世至文公, 霸諸侯. 文公名重耳, 獻公之次子也. 獻公嬖於驪姬, 殺太子申生, 而伐重耳於蒲. 重耳出奔, 十九年而後反國. 嘗餒於曹, 介子推割股以食之. 及歸賞從亡者, 孤偃·趙衰·顚頡·魏犨, 而不及子推.

081(7-3) 史蘇論驪姬必亂晉
사소가 여희가 틀림없이 진나라를 어지럽힐 것임을 논하다

진晉 헌공獻公이 여융驪戎을 쳐서 승리하고 여융국 군주를 멸한 다음, 그 딸 여희驪姬를 사로잡아 돌아왔다.

그리하여 그를 부인夫人으로 삼아 해제奚齊를 낳았으며, 여희의 여동생이 탁자卓子를 낳았다. 여희는 태자 신생申生을 곡옥曲沃으로 보내어 그곳을 맡게 함으로써 속히 임금과 태자의 정을 끊어 놓고자 하였으며, 중이重耳는 포성蒲城으로, 이오夷吾는 굴읍屈邑으로, 해제는 수도 강읍絳邑에 살게 하여 융적에 대비하여 치욕을 당하지 않아야 한다는 구실로 보내어 배치하도록 청하였고 헌공은 이를 허락하였다.

그러자 사소史蘇가 조정에 와서 대부들에게 이렇게 고하였다.

"여러 대부들께서는 경계하시오! 난의 근본이 생겼습니다! 지난 날, 임금이 여희를 부인으로 삼을 때 백성들이 질색을 하던 마음이 진실로 누구에게나 지극했었소. 옛날 임금들의 정벌에서 백성을 동원했지만 백성을 위해 그렇게 한 것이었소. 그 까닭으로 백성은 흔연히 찬동하였고 충성을 다하고 힘을 다하여 죽음을 바치지 아니한 자가 없었던 것이오. 그러나 지금 임금은 백성을 동원하되 이는 자신을 감싸기 위한 것이며, 백성은 밖으로는 그 이익을 얻어볼 수 없으며, 안으로는 임금의 탐욕을 증오하게 된 것이오. 그렇다면 상하가 이미 판연히 갈라 선 것이오. 그런데도 여희가 사내를 낳았으니 이는 하늘의 뜻인가 하오. 하늘이 그 독을 더욱 강하게 하고, 백성은 임금의 태도에 질고를 당하고 있으니 난은 이미 시작된 것이오! 내 듣기로 임금이 좋은 것을 좋아하고 싫은 것은 싫어하며, 즐길 것은 즐기고 편안히 여길 것은 편안히 여기는 것은, 능히 항상 누구에게나 그럴 수 있는 것이라 하였소. 그러나 나무를 베면서 그 근본을 자르지 않으면 다시 살아나는 법이며, 물을 막으면서 그 근원을 막지 않으면 반드시 다시 흐르는 법이며, 재앙을 없애면서 그 바탕을 없애지 않으면 다시 난이 일어나게 되는 법이오. 지금 임금께서는 그 여융의 아버지를 죽이고 그 딸을 키우고 있으니 이것이 화의 바탕이오. 그 딸을 키우고 있는 한 그 딸이 하자는 대로 해 주어야 할 것이며, 그 딸은 아버지의 원수를 갚기 위해 자신의 욕망을 펼쳐 나갈 것이오. 얼굴이 아무리 미색이라 해도 그 마음은 틀림없이 악할 것이오. 그러니 아름답다 이를 수 없소. 그의 미색을 좋아하는 한 반드시 그의 요구를 다 들어 주어야 할 것이며, 그가 그 요구를 얻으면 다시 그 요구를 더욱 키워 나갈 것이니 그 악심을 따라가다 보면 틀림없니 나라는 망하고 난은 깊어질 것입니다. 난은 반드시 여자로 인해 시작됩니다. 삼대三代가 모두 그랬습니다."

여희는 과연 난을 일으켜 태자 신생을 죽이고 두 공자를 축출하였다.

군자가 말하였다.

"사소는 난의 근본을 알았도다."

獻公伐驪戎, 克之, 滅驪子. 獲驪姬以歸, 立以爲夫人, 生奚齊, 其娣生卓子. 驪姬請使申生主曲沃以速懸, 重耳處蒲城, 夷吾處屈, 奚齊處絳, 以儆無辱之故. 公許之.

史蘇朝, 告大夫曰:「二三大夫其戒之乎! 亂本生矣! 日, 君以驪姬爲夫人, 民之疾心固皆至矣. 昔者之伐也, 興百姓以爲百姓也, 是以民能欣之, 故莫不盡忠極勞以致死也. 今君起百姓以自封也, 民外不得其利, 而內惡其貪, 則上下既有判矣; 然而又生男, 其天道也? 天彊其毒, 民疾其態, 其亂生矣! 吾聞君之好好而惡惡, 樂樂而安安, 是以能有常. 伐木不自其本, 必復生; 塞水不自其源, 必復流; 滅禍不自其基, 必復亂. 今君滅其父而畜其子, 禍之基也. 畜其子, 又從其欲, 子思報父之恥而信其欲, 雖好色, 必惡心, 不可謂好. 好其色, 必授之情. 彼得其情以厚其欲, 從其惡心, 必敗國且深亂. 亂必自女戎, 三代皆然.」

驪姬果作難, 殺太子而逐二公子.

君子曰:「知難本矣.」

【獻公】晉 武公의 아들이며 이름은 詭諸. B.C.676~651년까지 26년간 재위함.
【驪戎】西戎의 한 종족으로 驪山에 살았으며 작위는 男爵. 姬姓이었음.
【驪子】驪나라의 군주. 원래 男爵이었으나, 子爵으로 불러 '子'자를 붙인 것임.
【娣】여동생. '妹'와 같음. 여희의 여동생.
【申生】진나라 태자. 齊姜 소생이었음.
【曲沃】晉나라가 發祥한 곳으로 진나라 종묘가 있었음. 지금의 山西 聞喜縣 동북쪽.
【速懸】급히 두절되도록 함. 부자의 정을 끊어 없애려 한 것임.
【重耳】진나라 公子로 申生과는 異母弟였으며 大戎 胡姬 소생이었음. 뒤에 文公이 되어 春秋五霸의 반열에 오름.
【蒲城】지금의 山西 永濟縣 서북.
【夷吾】역시 진나라 공자로 신생과는 배다른 아우. 小戎子의 소생.
【屈】北屈과 南屈이 있었으며, 北屈은 지금의 山西 吉縣 동북, 男屈은 그 남쪽.
【絳】晉나라의 도읍. 지금의 山西 翼城縣, 혹 侯馬市. 자신의 아들 해제만 수도에 남겨 두어 태자로 바꿀 계획을 세운 것임.
【史蘇】晉나라 대부. 占卜을 관장하였음.
【信其欲】'信'은 古文에 흔히 '伸'자를 대신하여 썼음. '그 욕망을 펴다'의 뜻.
【三代】夏(禹)·殷(湯)·周(文王과 武王). 그 삼대의 말기가 모두 여자들 때문에 망했음을 말함. 즉 夏는 妺姬, 殷은 妲己, 周는 褒姒 때문이었음.

참고 및 관련 자료

1. 《史記》 晉世家

五年, 伐驪戎, 得驪姬·驪姬弟, 俱愛幸之.

2. 기타 사항은 앞장의 여러 자료를 참고할 것.

082(7-4) 獻公將黜太子申生而立奚齊
헌공이 태자 신생을 폐출하고 해제를 세우려 하다

여희驪姬는 해제奚齊를 낳고 여희의 여동생은 탁자卓子를 낳았다. 헌공獻公은 장차 태자太子 신생申生을 폐출하고 해제를 태자로 세우고자 하였다.

이극里克, 비정丕鄭, 순식荀息 세 사람이 만나자 이극이 이렇게 말하였다.

"사소史蘇의 예언이 맞아떨어지고 있소! 어찌하면 좋겠소?"

순식이 말하였다.

"내 듣기로 임금을 모신 자는 온 힘을 다해 그의 부림에 응할 뿐, 그 명령을 어겨도 된다는 말은 듣지 못하였소. 임금이 세우면 신하는 따르는 것, 어찌 두 마음을 가질 수 있겠소?"

비정이 말하였다.

"내 듣기로 임금을 모신 자는 그 의로움은 따르되 미혹한 것에 대해서는 아부하면 안 된다 하였소. 임금이 미혹하게 되면 백성을 오도하게 되고, 백성이 그릇되면 덕을 잃는 것으로 이는 백성을 버리는 것이오. 백성에게 임금이 있다는 것은 그로써 의義를 다스리기 위한 것이오. 의는 이익을 낳고 이익은 백성을 풍족하게 하오. 이와 같거늘 어찌 백성과 함께 처하면서 그들을 버릴 수 있다는 것이오? 반드시 지금 태자를 그대로 두어야 마땅하오."

이극이 말하였다.

"나는 똑똑하지 못하여 비록 의에 대해서는 알지 못하지만, 역시 미혹함에 대해 아부하지도 않겠소. 나는 조용히 있겠소."

세 대부는 각기 헤어졌다.

무공武公의 사당에서 겨울 제사인 증제蒸祭를 올릴 때, 헌공은 병을 핑계로 참여하지 아니하고 대신 해제로 하여금 그 일을 맡아 처리하도록 하였다.

이때 맹족猛足이 태자 신생에게 이렇게 말하였다.

"맏이인 태자께서 나가시지 않으면 해제가 사당에 나가 제사를 주관할 것입니다. 그대는 어찌 고려해 보지 않으십니까?"

태자가 말하였다.

"내 양설羊舌 대부께 들었다. '임금은 공경으로 모시고 아버지는 효도로써 모신다'라고. 명을 받으면 이를 바꾸지 않는 것이 경이며, 공경하게 순종하여 편안히 해 드리는 것이 효이다. 명령을 버리고 공경하지 않거나, 내 마음대로 법령을 만들어 불효하는 일이라면 무슨 고려할 일이 있겠느냐? 게다가 아버지의 사랑을 멀리하면서 도리어 그 넉넉한 물건을 좋아한다면 이는 충성되지 못함이 그 곳에 있는 것이요, 남을 폐하고 자신이 서고자 한다면 정결함이 그 속에 없는 것이다. 효孝·경敬·충忠, 정貞은 임금과 아버지께 해 드려야 할 품덕이다. 그러한 품덕을 버리고 무엇을 고려한다는 것은 효에서 먼 것이다. 나는 이렇게 멈추어 있겠다."

驪姬生奚齊, 其娣生卓子. 公將黜太子申生而立奚齊.

里克·丕鄭·荀息相見, 里克曰:「夫史蘇之言將及矣! 其若之何?」

荀息曰:「吾聞事君者, 竭力以役事, 不聞違命. 君立臣從, 何貳之有?」

丕鄭曰:「吾聞事君者, 從其義, 不阿其惑. 惑則誤民, 民誤失德, 是棄民也. 民之有君, 以治義也. 義以生利, 利以豐民, 若之何其民之與處而棄之也? 必立太子.」

里克曰:「我不佞, 雖不識義, 亦不阿惑, 吾其靜也.」

三大夫乃別.

蒸于武公, 公稱疾不與, 使奚齊莅事.

猛足乃言於太子曰:「伯氏不出, 奚齊在廟, 子盍圖乎?」

太子曰:「吾聞之羊舌大夫曰:『事君以敬, 事父以孝.』受命不遷爲敬, 敬順所安爲孝. 棄命不敬, 作令不孝, 又何圖焉? 且夫閒父之愛而嘉其貺, 有不忠焉; 廢人以自成, 有不貞焉. 孝·敬·忠·貞, 君父之所安也. 棄安而圖, 遠於孝矣, 吾其止也.」

【里克, 丕鄭, 荀息】 모두 晉나라 대부이며, 里克은 里季, 荀息은 荀叔을 가리킴. 丕鄭은 《史記》 등에는 '邳鄭'으로 되어 있음.

【史蘇】 晉나라 대부. 占卜을 관장하였음. 사소가 불길하다고 여긴 것은 080을 참조할 것.

【阿】 아부하며 따름.

【佞】 재능이 있음. 똑똑함.

【武公】 '武宮'이어야 맞음. 武公의 사당을 말하며 무공은 晉나라 中興祖. 曲沃에 그 사당이 있었음.

【猛足】 태자 申生의 신하 이름.

【伯氏】 맏이. 태자 申生을 가리킴.

【羊舌大夫】 羊舌突. 羊舌職의 아버지이며 叔向의 조부.

【閒】 거리가 멀어짐. 떠남. 간격이 생김. 틈이 벌어짐.

【安】 '善'과 같음. 편안히 해 드림. 혹 아름다운 품덕.

참고 및 관련 자료

1. 《史記》 晉世家

十二年, 驪姬生奚齊. 獻公有意廢太子, 乃曰:「曲沃吾先祖宗廟所在, 而蒲邊秦, 屈邊翟, 不使諸子居之, 我懼焉.」於是使太子申生居曲沃, 公子重耳居蒲, 公子夷吾居屈. 獻公與驪姬子奚齊居絳. 晉國以此知太子不立也. 太子申生, 其母齊桓公女也, 曰齊姜, 早死. 申生同母女弟爲秦穆公夫人. 重耳母, 翟之狐氏女也. 夷吾母, 重耳母女弟也. 獻公子八人, 而太子申生·重耳·夷吾皆有賢行. 及得驪姬, 乃遠此三子.

2. 기타 여러 자료는 앞장 여러 자료를 참조할 것.

083(7-5) 獻公伐翟柤
헌공이 적사를 정벌하다

헌공獻公이 사냥을 나섰다가 적사翟柤 지역에 흉기를 띤 구름이 맴도는 것을 보게 되었다. 헌공은 불안을 느껴 돌아와 잠도 이루지 못하였다.

각숙호郤叔虎가 아침 인사를 오자, 헌공은 잠도 자지 못했음을 말했다.

이에 각숙호가 여쭈었다.

"잠자리가 불편하셨습니까? 아니면 여희驪姬가 곁에 없었습니까?"

헌공은 그를 물러가도록 하였다.

그가 나오다가 사위士蔿와 마주치자 이렇게 말하였다.

"엊저녁 임금께서 잠을 이루지 못하셨다 하니 이는 틀림없이 적사의 사건 때문일 것이오. 무릇 적사 나라의 임금은 오직 이로움만 좋아하면서 그 어떤 거리낌도 가지고 있지 않으며, 그의 신하들은 다투어 아첨을 하면서 그에게 총애를 구하고 있소. 간신은 임금 앞으로 달려나가 임금 주위를 가득 메우고 있고, 충신은 임금으로부터 멀어져 거부당하며 멀어지고 있소. 윗사람은 탐욕과 잔인함으로 가득 차 있고, 아랫사람은 눈치만 보며 요행만 바라고 있소. 방종한 임금만 있고 충간하는 신하는 없으며, 제멋대로 하는 윗사람만 있고 충성된 아랫사람은 없소. 그리하여 군신 상하가 각기 자신의 사욕이나 실컷 채우겠다고 하면서 자신들의 왜곡을 마구 방종하게 풀어놓고 있소. 이러한 지경을 만들어 놓고 나라를 다스리겠다고 하니 역시 어렵지 않겠소? 임금께서 만약 이러한 나라를 정벌한다면 가히 이길 수 있을 것이오. 내 이러한 말은 하지 못하였으니 그대가 반드시 말씀드려 주시오."

사위가 이 말을 임금에게 고하자, 헌공은 좋아하며 이에 적사를 쳐들어갔다.

그 전투에서 각숙호가 성에 오르려 하자 그 부하가 이렇게 말하는 것이었다.

"본래 직무인 정치를 버리고 전투에 참가한다는 것은 그 임무가 아닙니다."

각숙호는 이렇게 말하였다.

"내 늙은이로서 모책도 없는데 장년 같은 전적도 없다면 무엇으로써 임금을 섬기겠느냐?"

그리하여 우기羽旗를 메고 남보다 먼저 올라가 드디어 적사에게 승리를 거두게 되었다.

獻公田, 見翟柤之氛, 歸寢不寐. 郤叔虎朝, 公語之.

對曰:「牀笫之不安邪? 抑驪姬之不存側邪?」

公辭焉.

出遇士蔿, 曰:「今夕君寢不寐, 必爲翟柤也. 夫翟柤之君, 好專利而不忌, 其臣競諂以求媚, 其進者壅塞, 其退者拒違. 其上貪以忍, 其下偷以幸, 有縱君而無諫臣, 有冒上而無忠下. 君臣上下各饜其私, 以縱其回, 民各有心而無所據依. 以是處國, 不亦難乎? 君若伐之, 可克也. 吾不言, 子必言之.」

士蔿以告, 公悅, 乃伐翟柤.

郤叔虎將乘城, 其徒曰:「棄政而役, 非其任也.」

郤叔虎曰:「旣無老謀, 而又無壯事, 何以事君?」

被羽先升, 遂克之.

【翟柤之氛】 翟柤는 狄柤로도 표기하며, 북방 狄國의 부락 이름. 氛은 흉조를 나타내는 구름의 모습. 吉을 祥이라 하고 凶을 氛이라 함.

【郤叔虎】 郤豹. 晉나라 대부이며 郤芮의 아버지.

【牀笫】 '상자'로 읽으며 침대 위의 자리. '牀'은 '床'과 같음.

【士蔿】 晉나라 대부 子輿. 劉累의 후손이며 隰叔의 아들.

【拒違】 거부당하여 스스로 멀어짐.

【羽】 韋昭 주에 "鳥羽, 繫於背, 若今軍將負眊矣"라 하여 '새의 깃이며, 등에 매는 것으로써 지금의 군장들이 짊어지는 眊와 같은 것'이라 하였다. '眊'는《說文通訓定聲》에 "眊假借爲旄, 通俗文, 毛飾曰眊. 梢上垂毛也. 與旄通"이라 하여 장대 끝에 매어 늘어뜨린 깃털로 旄와 같으며 깃발 역할을 한 것이었음을 알 수 있다.

참고 및 관련 자료

1. 《史記》 晉世家

八年, 士蔿說公曰:「故晉之群公子多, 不誅, 亂且起.」乃使盡殺諸公子, 而城聚都之, 命曰絳, 始都絳. 九年, 晉群公子旣亡奔虢, 虢以其故再伐晉, 弗克. 十年, 晉欲伐虢, 士蔿曰:「且待其亂.」

084(7-6) 優施敎驪姬遠太子
우시가 여희로 하여금 태자를 멀리하도록 가르치다

헌공獻公의 배우로 시施라는 자가 있었는데, 여희驪姬와 사통하고 있었다. 여희가 그에게 물었다.

"내 큰일을 벌이려 하는데 세 공자의 무리가 가장 어렵소. 어떻게 하면 좋겠소?"

우시가 대답하였다.

"서둘러 그들을 각기 제자리에 살도록 하여 그들로 하여금 자신들이 최고의 지위에 있다고 여기도록 하십시오. 무릇 사람이란 최고의 자리에 있다고 여기면, 감히 다시 더 바라는 교만한 마음이 줄어듭니다. 교만한 마음이 생긴다면 그 때는 쉽게 없앨 수 있습니다."

여희가 물었다.

"내가 일을 저지른다면 누구로부터 시작하는 것이 좋겠소?"

우시가 대답하였다.

"반드시 신생申生부터 하셔야 합니다. 그는 사람됨이 소심하고 정결하며, 자라서는 뜻이 진중하며 차마 남에게 하지 못하는 성격을 가지고 있습니다. 정결한 자는 쉽게 모욕을 줄 수 있고, 진중한 자에게는 뻣뻣함을 이용하여 급히 몰아붙일 수 있으며, 남에게 차마 못하는 자는 스스로에게는 지독합니다. 신변의 아무것도 아닌 일로 치욕을 줄 수 있습니다."

여희가 물었다.

"진중하게 있다가는 오히려 그를 변화시키기가 어렵지 않겠소?"

우시가 말하였다.

"치욕을 아는 자에게 치욕을 줄 수 있고, 치욕을 줄 수 있으면 변하고 맙니다. 만약 치욕을 모르는 자라면 역시 틀림없이 고집된 항심을 가질 줄도 모르지요. 지금 그대는 안으로 위치가 견고하고 밖으로 그 총애를 바탕으로 어떤 일이든 할 수 있습니다. 게다가 옳고 그름을 떠나 임금은 그대 말이라면 믿지 않는 것이 없습니다. 만약 밖으로 신생에게 지극히 친한 척 대하고 안으로는 몰래 그를 모욕할 수 있습니다. 그렇게 되면 바뀌지 않을 것이 없습니다. 게다가 제가 듣기로 너무 정확한 자는 도리어 우직한 구석이 있다 하였습니다. 정확한 자는 도리어 쉽게 치욕에 얽매이고, 우직한 자는 어려움을 피할 줄 모릅니다. 그러한 신생이 비록 변하고 싶지 않다고 해서 그렇게 될 수 있겠습니까?"

이렇게 하여 여희는 우선 신생을 임금에게 참언하기 시작하였다.

여희는 헌공이 아끼는 두 신하 양오梁五와 동관오東關五에게 뇌물을 주어 임금에게 이렇게 말하도록 시켰다.

"무릇 곡옥曲沃은 임금의 종묘가 있는 곳이며, 포蒲와 이굴二屈 두 곳은 임금의 변방 요새입니다. 그런 중요한 곳에 지키는 자가 없어서는 안 됩니다. 종묘가 있는 읍에 지키는 자가 없으면 백성이 종실의 위엄을 알지 못하게 되며, 변방 요새에 지키는 자가 없으면 융적戎狄이 열고 들어올 야심을 갖게 됩니다. 융적이 야심을 갖게 되면 백성은 생업에 태만하게 되어 나라의 걱정거리가 됩니다. 만약 태자로서 곡읍을 지키게 하고 두 공자 중이重耳와 이오夷吾를 포와 굴 땅으로 보내어 맡긴다면 백성에게 종실의 위엄도 알릴 수 있을뿐더러 융적에게 두려움을 줄 수 있고 나아가 임금의 국토를 공고히 한다는 자랑거리가 될 것입니다."

그러고는 두 사람이 함께 이렇게 말하도록 하였다.

"적狄은 광막한 땅으로 진나라의 통치에 들어가야 합니다. 진나라가 그렇게 국토를 넓혀 간다면 이 역시 마땅한 것이 아닙니까?"

헌공은 그 의견을 즐겁게 받아들이고 이에 곡옥에 성을 쌓고 태자 신생을 살도록 하였다. 그리고 다시 포 땅에 성을 쌓아 공자 중이가 살도록 하고, 이굴에 성을 쌓아 공자 이오에게 책임을 맡겼다.

여희는 이윽고 태자를 멀리 보내고 나자 이에 참언을 꾸미기 시작하였으며, 태자는 이로써 헌공에게 죄로 몰리기 시작하였다.

公之優曰施, 通於驪姬. 驪姬問焉, 曰: 「吾欲作大事, 而難三公子之徒, 如何?」

對曰: 「早處之, 使知其極. 夫人知極, 鮮有慢心; 雖其慢, 乃易殘也.」

驪姬曰: 「吾欲爲難, 安始而可?」

優施曰: 「必於申生. 其爲人也, 小心精潔, 而大志重, 又不忍人. 精潔易辱, 重僨可疾, 不忍人, 必自忍也. 辱之近行.」

驪姬曰: 「重, 無乃難遷乎?」

優施曰: 「知辱可辱, 可辱遷重; 若不知辱, 亦必不知固秉常矣. 今子內固而外寵, 且善否莫不信. 若外殫善而內辱之, 無不遷矣. 且吾聞之: 甚精必愚. 精爲易辱, 愚不知避難. 雖欲無遷, 其得之乎?」

是故先施讒於申生.

驪姬賂二五, 使言於公曰: 「夫曲沃, 君之宗也; 蒲與二屈, 君之疆也, 不可以無主. 宗邑無主, 則民不威; 疆埸無主, 則啓戎心. 戎之生心, 民慢其政, 國之患也. 若使太子主曲沃, 而二公子主蒲與屈, 乃可以威民而懼戎, 且旌君伐.」

使俱曰: 「狄之廣莫, 於晉爲都. 晉之啓土, 不亦宜乎?」

公說, 乃城曲沃, 太子處焉; 又城蒲, 公子重耳處焉; 又城二屈, 公子夷吾處焉.

驪姬旣遠太子, 乃生之言, 太子由是得罪.

【優】俳優, 倡優, 優伶. 음악과 기예로 연회 등에서 활동하는 藝人. 施는 그의 이름이며 흔히 이를 묶어 優施라 부름.
【僨】 뻣뻣한 모습. 너무 강직하여 도리어 쉽게 꺾임을 뜻함.
【殫】 다함. 盡殫함.
【二五】 獻公의 폐신(嬖臣) 梁五와 東關五 두 사람.
【威】 '畏'와 같음. 종실에 대한 위엄을 알도록 함.
【旌君伐】 임금이 국토를 공고히 한다는 자랑거리가 됨.
【於晉爲都】 진나라에게 아주 가까운 관할 지역이 되어야 함. 즉 진나라가 차지할 땅이라는 뜻. 都는 통치, 관할의 뜻으로 보았음.
【言】 여기서는 讒言을 뜻함.

〈紅衣舞女壁畫〉(唐) 1957 陝西 長安 唐墓 벽화

085(7-7) 獻公作二軍以伐霍
헌공이 이군을 편성하여 적을 정벌하다

헌공獻公 16년, 임금은 군대를 이군二軍으로 편제를 정비하고, 임금은 직접 상군上軍을 거느리고 태자 신생申生은 하군下軍을 거느리도록 하여 곽霍을 정벌하고자 하였다.

군사가 아직 출정하기 전에 사위士蔿가 여러 대부들에게 이렇게 말하였다.

"무릇 태자란 임금의 후계자입니다. 공경히 받들어 다음 임금이 되도록 기다려 주어야 합니다. 그런데 그에게 무슨 관직을 준다는 것입니까? 임금은 지금 그에게 채읍을 나누어 주어 관직을 삼으려 하는데 이는 그를 안중에 두지 않은 것입니다. 내 장차 임금에게 간언하여 임금의 의중을 살펴보겠소."

그리고 헌공에게 이렇게 말하였다.

"무릇 태자란 임금의 후계자입니다. 그런데 그에게 하군을 인솔하라 하시니 불가한 것 아닙니까?"

헌공이 말하였다.

"하군은 상군의 보좌입니다. 내가 상군을 거느리고 신생이 하군을 거느리는 것이 역시 불가한 것입니까?"

사위가 대답하였다.

"하군이 상군의 보좌가 될 수 없습니다."

헌공이 물었다.

"무슨 뜻이오?"

사위가 설명하였다.

"보좌란 몸과 같습니다. 상하좌우가 있어 마음과 눈을 돕고 있어 그들로 인해 피곤하지 않게 되는 것이며 신체가 이익을 얻게 되는 것입니다. 위쪽에서 돕는 것이 바로 두 손으로 마음과 눈을 대신하여 움직여 주는 것이며, 아래쪽에서 두 다리가 마음과 눈을 대신하여 걷고 서는 일을 대신하는 것입니다. 그리하여 두루 돌리고 변화의 동작을 하여 마음과 눈의 부림을 수행함으로써 능히 일을 처리하고 만물을 제어하는 것입니다. 그런데 만약 아래의 다리가 손의 일을 대신하거나 위의 팔이 아래 다리의 일을 대신하라 하면 두루 돌고 움직이고 하는 일을 할 수 없어 마음과 눈의 뜻을 위배하게 되고 말 것이며, 만물의 작용에 반대가 될 것이니, 어찌 일을 능히 처리할 수 있겠습니까? 그러므로 옛날의 군대는 좌우 두 군이 있어 서로 그 결점을 보완하여 따릅니다. 그리하여 각기 하는 일을 서로 알지 못하였으며 그 때문에 패배가 적었던 것입니다. 그런데 만약 하군으로 상군의 보좌를 삼는다면 결점이 있어도 변화할 수 없고 패배를 해도 보완할 수 없습니다. 변동이 있어도 이를 알릴 소리도 깃발도 없어 군대가 이동할 수 없습니다. 소리와 깃발이 그 수를 넘어서면 틈이 생기고 틈이 생기면 적이 그 틈을 뚫고 들어오게 될 것이며, 적이 들어오면 실패하고 말 것이며 패배에서 구출할 겨를도 없게 되니 누가 능히 적을 물리칠 수 있겠습니까? 적이 자기 뜻대로 할 수 있도록 해 준다는 것은 나라의 근심입니다. 작은 적을 능멸하는 데에는 이러한 것이 가능하겠지만 큰 나라를 정복하는 데는 어렵습니다. 임금께서는 잘 헤아려 보시기 바랍니다!"

헌공이 말하였다.

"과인이 이미 아들을 그 편제에 넣었소. 그대가 걱정할 일이 아니오."

사위가 말하였다.

"태자는 나라의 동량입니다. 동량이 이미 성장하였는데 그에게 군대를 거느리도록 하는 것은 역시 위태롭게 하는 것이 아니겠습니까!"

헌공이 말하였다.

"그 말은 임무가 가벼운데 비록 위험하다 해도 무슨 큰 상해를 입겠소?"

사위가 나와서 사람들에게 이렇게 말하였다.

"태자는 임금의 뒤를 잇지 못할 것이다. 임금이 제도를 바꾸어 그를 괴롭히면서도 그의 어려움을 걱정도 하지 않고 있으며, 그 임무를 가볍게 해 준다면서 도리어 그의 위험에 대해서는 근심도 하지 않고 있다. 임금이 두 마음을 가지고 있으니 어찌 그가 뒤를 이을 수 있겠는가? 그가 이번 전투에 승리를 거두어도 장차 해를 입을 것이며, 만약 진다면 그 책임을 물어 죄를 뒤집어쓰게 될 것이다. 이기거나 이기지 못하거나 그 죄를 피할 수 없다. 온힘을 다해 임금의 마음에 들지 못하는 것으로써 죄를 피하는 것보다는 차라리 도망가는 편이 나으리라. 이렇게 하여 임금으로 하여금 그를 멀리하고 싶어하는 욕구를 채워 주어 태자가 멀리 가서 죽음으로써 장차 아름다운 이름을 남겨 오태백吳太伯처럼 되는 것이 역시 낫지 않겠는가?"

태자가 이를 듣고 이렇게 말하였다.

"사위子輿가 나를 위해 모책을 세워 준 것은 충성이기는 하다. 그러나 내 듣기로 사람의 아들된 자는 아버지 의견을 따르지 않는 것을 걱정할 일이지 이름이 나지 않는 것은 걱정하지 않으며, 남의 신하가 된 자는 부지런히 충성하지 못하는 것을 걱정할 뿐 녹이 없는 것을 걱정하지는 않는다 하였다. 지금 나는 재주가 없으니 임금을 위해 힘을 다 바치고 그 뜻을 따라가면 될 뿐 다시 무엇을 바라겠는가? 내 어찌 오태백에게 미치겠는가?"

태자는 드디어 원정길에 올랐으며 곽나라를 이기고 돌아왔다. 그러자 과연 태자에 대한 참언이 갈수록 많아졌다.

十六年, 公作二軍, 公將上軍, 太子申生將下軍以伐霍.

師未出, 士蔿言於諸大夫曰:「夫太子, 君之貳也. 恭以俟嗣, 何官之有? 今君分之土而官之, 是左之也. 吾將諫以觀之.」

乃言於公曰:「夫太子, 君之貳也, 而帥下軍, 無乃不可乎?」

公曰:「下軍, 上軍之貳也. 寡人在上, 申生在下, 不亦可乎?」

士蔿對曰:「下不可以貳上.」

公曰:「何故?」

對曰:「貳若體焉, 上下左右, 以相心目, 用而不倦, 身之利也. 上貳代擧, 下貳代履, 周旋變動, 以役心目, 故能治事, 以制百物. 若下攝上, 與上攝下, 周旋不動, 以違心目, 其反爲物用也, 何事能治? 故古之爲軍也, 軍有左右, 闕從補之, 成而不知, 是以寡敗. 若以下貳上, 闕而不變, 敗弗能補也. 變非聲章, 弗能移也. 聲章過數則有釁, 有釁則敵入, 敵入而凶, 救敗不暇, 誰能退敵? 敵之如志, 國之憂也. 可以陵小, 難以征國. 君其圖之!」

公曰:「寡人有子而制焉, 非子之憂也.」

對曰:「太子, 國之棟也. 棟成乃制之, 不亦危乎!」

公曰:「輕其所任, 雖危何害?」

士蔿出語人曰:「太子不得立矣. 改其制而不患其難, 輕其任而不憂其危, 君有異心, 又焉得立? 行之克也, 將以害之; 若其不克, 其因以罪之. 雖克與否, 無以避罪. 與其勤而不入, 不如逃之. 君得其欲, 太子遠死, 且有令名, 爲吳太伯, 不亦可乎?」

太子聞之, 曰:「子輿之爲我謀, 忠矣. 然吾聞之: 爲人子者, 患不從, 不患無名; 爲人臣者, 患不勤, 不患無祿. 今我不才而得勤與從, 又何求焉? 焉能及吳太伯乎?」

太子遂行, 克霍而反, 讒言彌興.

【十六年】 진 헌공 16년. B.C.661년.
【二軍】 晉나라 曲沃의 武公이 晉나라 전체를 병탄하자, 周 왕실에서 武公을 晉侯로 책봉하였고 一軍을 둘 수 있도록 허락함.(B.C.678) 다시 B.C.661년 晉 獻公은 2군으로 확대하여 建軍하였음.
【霍】 周나라와 同姓(姬)의 나라. 周 文王의 아들 叔武가 봉해졌으며, 지금의 山西 霍城縣 서남쪽이었음.
【貳】 '副'와 같은 뜻임.
【左之】 우대하지 않음. 태자를 안중에 두지 않음. 태자를 태자로 여기지 않음.
【聲章】 樂器와 旌旗.
【釁】 틈. 隙과 같음.
【吳太伯】 吳 泰伯. 周 文王(昌)의 伯父. 본래 太子였으나 古公亶甫의 뜻에 의해 季歷을 거쳐 昌(文王)에게 왕위가 계승되도록 스스로 물러나 吳나라로 도망하여 왕위를 양보한 훌륭한 이름을 남김. 吳나라의 시조이며《論語》泰伯篇 첫머리에 "子曰:「泰伯, 其可謂至德也已矣. 三以天下讓, 民無得而稱焉.」"라 하였음. 그 외《史記》吳泰伯世家를 참조할 것.
【子輿】 士蔿의 字.
【言】 여기서는 참언을 뜻함. 태자가 霍을 이기고 나서 군사력을 가짐으로써 임금을 위협하게 될 것이라는, 驪姬의 무리가 퍼뜨리는 무고와 참언을 말함.

참고 및 관련 자료

1.《左傳》閔公 元年
晉侯作二軍, 公將上軍, 大子申生將下軍. 趙夙御戎, 畢萬爲右, 以滅耿·滅霍·滅魏. 還, 爲大子城曲沃. 賜趙夙耿, 賜畢萬魏, 以爲大夫. 士蔿曰:「大子不得立矣. 分之都城, 而位以卿, 先爲之極, 又焉得立? 不如逃之, 無使罪至. 爲吳大伯, 不亦可乎? 猶有令名, 與其及也. 且諺曰: '心苟無瑕, 何恤乎無家?' 天若祚大子, 其無晉乎?」卜偃曰:「畢萬之後必大. 萬, 盈數也; 魏, 大名也, 以是始賞, 天啓之矣. 天子曰兆民, 諸侯曰萬民. 今名之大, 以從盈數, 其必有衆.」初, 畢萬筮仕於晉, 遇屯䷂之比䷇. 辛廖占之, 曰:「吉. 屯固·比入, 吉孰大焉? 其必蕃昌. 震爲土, 車從馬, 足居之, 兄長之, 母覆之, 衆歸之, 六體不易, 合而能固, 安而能殺, 公侯之卦也. 公侯之子孫, 必復其始.」

2.《史記》晉世家

十六年, 晉獻公作二軍. 公將上軍, 太子申生將下軍, 趙夙御戎, 畢萬爲右, 伐滅霍, 滅魏, 滅耿. 還, 爲太子城曲沃, 賜趙夙耿, 賜畢萬魏, 以爲大夫. 士蔿曰:「太子不得立矣. 分之都城, 而位以卿, 先爲之極, 又安得立! 不如逃之, 無使罪至. 爲吳太伯, 不亦可乎, 猶有令名.」太子不從. 卜偃曰:「畢萬之後必大. 萬, 盈數也; 魏, 大名也. 以是始賞, 天開之矣. 天子曰兆民, 諸侯曰萬民, 今命之大, 以從盈數, 其必有衆.」初, 畢萬卜仕於晉國, 遇屯之比. 辛廖占之曰:「吉. 屯固比入, 吉孰大焉. 其後必蕃昌.」

086(7-8) 優施教驪姬譖申生
우시가 여희에게 신생을 참소할 것을 가르치다

우시優施가 여희驪姬로 하여금 밤에 울면서 헌공獻公에게 이렇게 말하도록 시켰다.

"내 듣기로 신생申生은 심히 인仁을 좋아하고 강직하며, 심히 관대하게 은혜를 베풀면서 백성에게 자애롭다고 하던데 이는 모두가 의도가 있는 것입니다. 그러면서 임금께서 지금 나에게 미혹되어 틀림없이 나라를 혼란하게 할 것이라 하고 있으니 이것이야말로 나라를 핑계로 임금에게 강하게 나오는 것이 아니겠습니까? 임금께서 아직 살아 계셔서 돌아가신 것도 아닌데 임금께서는 그를 어떻게 하실 것입니까? 어찌 나를 죽여서 하나의 첩으로 인해 백성을 난으로 몰아넣는 그러한 일이 없도록 하지 않습니까?"

헌공이 말하였다.

"그 백성에게 자혜를 베풀면서 그 아버지에게는 어찌 자혜를 베풀지 않을 수 있겠는가?"

여희가 말하였다.

"저도 역시 두렵습니다. 제가 바깥사람으로부터 듣건대 인을 행하는 것과 나라를 다스리는 것은 다른 것이라 하더이다. 인을 행하는 것은 혈친일 경우 그를 사랑하는 것을 '인'이며, 나라를 다스리는 것일 경우 나라를 이롭게 하는 것을 '인'이라 한다는 것입니다. 그러므로 백성의 우두머리가 되려는 자는 혈친에게는 제대로 하지 못하며 자신을 따르는 많은 무리를 혈친으로 여깁니다. 만약 민중을 이롭게 하고 백성이 그와 화합한다면 어찌 능히 임금을 시해하기를 꺼려하겠습니까? 민중이

많다는 이유로 감히 혈친을 사랑하지 않으면 민중은 더욱 그에게 달려갈 것입니다. 그러한 행동은 악으로 시작을 삼았으나, 그 끝은 아름다움으로 변하는 것으로써 마지막 선행이 모든 것을 덮어 미화해 주는 것이 됩니다. 무릇 백성의 이로움이 여기에서 생겨나고 임금을 죽임으로써 무리에게 그 이익이 더욱 두터워진다면 무리 중에 누가 이를 저지하겠습니까? 혈친을 죽이되 백성에게는 악함이 없다면 누가 그를 떠나겠습니까? 진실로 이익으로 교차하고 사랑까지 받으며, 뜻이 행동으로 옮겨져 백성이 즐거워한다면 그의 욕망은 더욱 심해질 것이니 누가 그런 자에게 미혹되지 않을 수 있겠습니까? 비록 그들이 임금을 사랑하고자 하나 미혹함에서 벗어날 수 없을 것입니다. 임금을 지금 폭군 주紂라 여겨 보겠습니다. 만약 그 주에게 훌륭한 아들이 있다고 칩시다. 그 아들이 먼저 아버지 주를 죽여 없앴다면 그 아버지의 악함을 드러내거나 그 학정을 더욱 두텁게 하지 않은 셈이 됩니다. 이렇게 되면 주가 죽기는 한 가지이지만 무왕武王의 손을 빌려 죽을 필요가 없었을 것이며, 나아가 그 후손도 끊어짐이 없이 이제껏 제사가 이어졌을 것이니, 지금 우리가 어찌 그 주가 선한 지의 여부를 알 수 있겠습니까? 임금께서 이를 걱정하지 않고자 하지만 그것이 가능하겠습니까? 만약 큰 어려움이 닥쳐 그 때 걱정하신다면 어찌 대처할 수 있겠습니까!"

헌공이 두려움을 느끼며 물었다.

"어떻게 하면 되겠는가?"

여희가 말하였다.

"임금께서는 어찌 늙었다는 이유로 그에게 정권을 넘겨 주지 않으십니까? 제가 정권을 얻게 되면 그 하고 싶은 대로 할 것이며 그가 찾고자 하는 것을 얻으면 그 때는 임금을 놓아 줄 것입니다. 게다가 임금께서는 잘 헤아려 보십시오. 환숙桓叔 이래로 누가 능히 혈친을 사랑한 자가 있었습니까? 오직 혈친을 없애야만 능히 익성翼城을 겸병할 수 있었습니다."

헌공이 말하였다.

"그에게 정권을 넘겨 줄 수 없다. 나는 '무武'로써 '위威'를 삼고 있으며,

이로써 제후에게 임하고 있다. 내 죽지도 않은 채 정권을 잃어버린다면 이는 '무'라 할 수 없고, 아들이 있으면서 그 아들 하나를 이겨내지 못한다면 이는 '위'라 할 수 없다. 내가 정권을 아들에게 넘겨 주면 제후들은 틀림없이 나를 끊을 것이며, 능히 나를 끊고 나면 틀림없이 나를 해칠 것이다. 정권을 잃고 나라를 해치게 하는 일이라면 내 차마 할 수 없다. 너는 걱정하지 말라. 내 장차 알아서 할 것이니라."

그러자 여희가 이렇게 말하였다.

"고락皐落의 적인狄人들이 아침저녁으로 우리 변방을 괴롭히고 있어 변방 백성들이 들에서 제대로 가축을 기를 수 없습니다. 이 때문에 임금의 창고는 제대로 차지 않으며, 다시 나라의 강역까지 침삭당하지나 않을까 두렵습니다. 임금께서는 어찌 신생으로 하여금 그 적인을 토벌하도록 하면서, 그가 무리에게 어떻게 하는 지를 살피며, 무리들에 대한 믿음과 화목함이 어떻게 집중되는지를 살필 기회로 삼지 않으십니까? 만약 그가 적인을 이겨내지 못하면 그 때 비록 그의 패전을 문제삼아 죄를 다스리더라도 될 것이며, 만약 그가 적인에게 승리를 거둔다면 그 때는 무리를 잘 다룬다는 것이 밝혀진 것이며, 그에 따라 그는 더욱 욕망을 펴 나갈 것이니, 그 때 더 튼튼한 계획을 세우면 될 것입니다. 무릇 적인을 이기게 되면 제후들은 우리 진나라의 힘에 놀라고 두려워할 것이며, 우리의 변방도 경계심을 풀어도 되고 창고는 가득 찰 것이며, 사방 이웃들이 복종해 올 것이며, 강역도 안전하여 미덥게 될 것이며, 임금께서는 이를 의지하게 될 수 있을 뿐더러 나아가 신생의 백성에 대한 결탁 여부도 알아 낼 수 있어 그 이익은 많습니다. 임금께서는 헤아려 보시기 바랍니다!"

헌공은 즐겁게 여겼다.

이를 근거로 헌공은 신생으로 하여금 동산東山의 고락 적인을 정벌하도록 명하면서 편독偏裻의 옷과 금결金玦의 옥을 내렸다.

신생의 복인僕人 찬贊이 이를 듣고 이렇게 말하였다.

"태자께서 위험하도다! 임금이 기이한 물건을 내려 주셨으니, 기이함은

괴이함을 낳고, 괴이함은 평상시와 다른 상황을 낳는다. 평상대로 가지 않는다는 것은 그를 태자로 세울 의사가 없다는 뜻이다. 그를 출정시켜놓고 먼저 그의 하는 일을 관찰하고자 그 때문에 편독으로써 마음을 이반시키고자 함을 예고한 것이며, 굳건히 참아낸다는 뜻의 금결로써 예시하였으니, 그렇다면 틀림없이 그 마음을 미워하여 그 몸을 해치려는 것이다. 그를 미워하니 틀림없이 속으로 그를 해칠 험한 마음을 가지게 될 것이며, 그 몸을 해치고자 하니 틀림없이 밖으로 그를 위험한 전쟁으로 내모는 것이다. 위험이 안으로부터 일어나고 있으니 어렵도다! 게다가 편독이라는 이 옷은 방상씨方相氏가 역질을 쫓으며 저주의 주문을 외울 때 입는 옷이다. 그 주문에 '적을 다 물리치고 나서야 돌아올 수 있으리라'라 하였다. 그런데 비록 태자가 적을 진멸한다 해도 안에서 일어나는 참언이야 어쩐단 말이냐!"

신생이 적인에게 승리를 하고 돌아오자 나라 안에 과연 참언이 일어나고 있었다.

군자가 말하였다.

"복인 찬은 미세한 징조를 알아내었구나."

優施敎驪姬夜半而泣謂公曰:「吾聞申生甚好仁而彊, 甚寬惠而慈於民, 皆有所行之. 今謂君惑於我, 必亂國, 無乃以國故而行彊於君? 君未終命而不歿, 君其若之何? 盍殺我, 無以一妾亂百姓?」

公曰:「夫豈惠其民而不惠於其父乎?」

驪姬曰:「妾亦懼矣. 吾聞之外人之言曰: 爲仁與爲國不同. 爲仁者, 愛親之謂仁; 爲國者, 利國之謂仁. 故長民者無親, 衆以爲親. 苟利衆而百姓和, 豈能憚君? 以衆故不敢愛親, 衆況厚之, 彼將惡始而美終, 以晩蓋者也. 凡民利是生, 殺君而厚利衆,衆孰沮之? 殺親無惡於人, 人孰去之? 苟交利而得寵, 志行而衆悅, 欲其甚矣, 孰不惑焉? 雖欲愛君, 惑不釋也. 今夫以君爲紂, 若紂有良子, 而先喪紂, 無章其惡而厚其敗. 鈞之死也, 無必假手於武王, 而其世不廢, 祀至于今, 吾豈知紂之善否哉? 君欲勿恤, 其可乎? 若大難至而恤之, 其何及矣!」

公懼曰:「若何而可?」

驪姬曰:「君盍老而授之政? 彼得政而行其欲, 得其所索, 乃釋其君. 且君其圖之, 自桓叔以來, 孰能愛親? 唯無親, 故能兼翼.」

公曰:「不可與政. 我以武與威, 是以臨諸侯. 未歿而亡政, 不可謂武; 有子而弗勝, 不可謂威. 我授之政, 諸侯必絶; 能絶於我, 必能害我. 失政而害國, 不可忍也. 爾勿憂, 吾將圖之.」

驪姬曰:「以皐落狄之朝夕苛我邊鄙, 使無日以牧田野, 君之倉廩固不實, 又恐削封疆. 君盍使之伐狄, 以觀其果於衆也, 與衆之信輯睦焉? 若不勝狄, 雖濟其罪, 可也;若勝狄, 則善用衆矣, 求必益廣, 乃可厚圖也. 且夫勝狄, 諸侯驚懼, 吾邊鄙不儆, 倉廩盈, 四鄰服, 封疆信, 君得其賴, 又知可否, 其利多矣. 君其圖之!」

公說.

是故使申生伐東山, 衣之偏裻之衣, 佩之以金玦.

僕人贊聞之曰:「太子殆哉! 君賜之奇, 奇生怪, 怪生無常, 無常不立. 使之出征, 先以觀之, 故告之以離心, 而示之以堅忍之權, 則必惡其心而害其身矣. 惡其心, 必內險之; 害其身, 必外危之. 危自中起, 難哉! 且是衣也, 狂夫阻衣也. 其言曰:『盡敵而反.』雖盡敵, 其若內讒何!」

申生勝狄而反, 讒言作於中.

君子曰:「知微.」

【優施】優는 俳優, 倡優, 優伶. 음악과 기예로 연회 등에서 활동하는 藝人. 施는 그의 이름이며 흔히 이를 묶어 優施라 부름. 헌공이 여희의 환심을 사기 위해 이를 구해 주자 여희가 이와 사통하고 있었음. 084 참조.

【兼翼】獻公의 조상은 曲沃 桓叔으로 晉 昭侯의 숙부였음. 昭侯는 晉나라 땅 翼을 도읍으로 하였으며, 桓叔은 曲沃에 봉하였음. 곡옥의 그 지파는 계속 翼을 정벌하였으며, 그 처음이 환숙의 정벌이었음. 그 때 진나라 사람 반보(潘父)가 昭侯를 죽이고 환숙을 받아들여 뜻을 이루지 못하였음. 뒤에 다시 진나라가 소후의 아들 孝侯를 임금으로 삼자, 환숙의 아들 莊伯(嚴伯)이 다시 翼을 쳐 효후를 죽이고 말았음. 이에 진나라가 다시 효후의 아우 鄂侯를 세웠으며, 악후가 哀侯를 낳았음. 그러자 장백의 아들 武公이 다시 익을 쳐서 애후를 살해하고 익을 겸병, 마침내 자립하여 晉君이 되었음.

【皐落】東山의 부족 이름으로 赤狄의 별종. 지금의 山西 垣曲縣 동남 皐落鎭과 山西 昔陽縣 동남에 역시 皐落鎭이 있어 이곳이 그들의 근거지였음.

【輯睦】和睦과 같음.

【賴】'利'와 같음. 雙聲互訓.

【東山】皐落氏 狄人 부족의 근거지. 지금의 山西 垣曲 일대.

【偏裻之衣】독(裻)은 의복의 등 솔기. 이를 한쪽으로 치우치게 바느질을 한 옷. 여기서는 그러한 옷을 통해 離叛의 마음을 가졌음을 상징함.

【金玦】옷에 수식으로 달고 다니는 패물. 옥으로 만듦. 여기서 '玦'은 '訣', '別'과 雙聲, 혹은 疊韻互訓으로 '訣別'은 배반을 뜻하며, '金'은 '堅忍'을 뜻하는 말로 상징적인 의미를 가지고 있음.

【僕人贊】僕人은 수종하는 임무를 맡은 관원. 贊은 그의 이름.

【狂夫】方相氏를 말함. 周代 관직 이름으로 귀신과 역질을 몰아내는 임무를 수행하던 巫師.

【阻】'詛'와 같음. 방상씨가 역질이 물러나도록 저주의 주문을 외움.

참고 및 관련 자료

1.《史記》晉世家

獻公私謂驪姬曰:「吾欲廢太子, 以奚齊代之.」驪姬泣曰:「太子之立, 諸侯皆已知之, 而數將兵, 百姓附之, 柰何以賤妾之故廢適立庶? 君必行之, 妾自殺也.」驪姬詳譽太子, 而陰令人譖惡太子, 而欲立其子.

二十一年, 驪姬謂太子曰:「君夢見齊姜, 太子速祭曲沃, 歸釐於君.」太子於是祭其母齊姜於曲沃, 上其薦胙於獻公. 獻公時出獵, 置胙於宮中. 驪姬使人置毒藥胙中. 居二日, 獻公從獵來還, 宰人上胙獻公, 獻公欲饗之. 驪姬從旁止之, 曰:「胙所從來遠, 宜試之.」祭地, 地墳; 與犬, 犬死; 與小臣, 小臣死. 驪姬泣曰:「太子何忍也! 其父而欲弑代之, 況他人乎? 且君老矣, 旦暮之人, 曾不能待而欲弑之!」謂獻公曰:「太子所以然者, 不過以妾及奚齊之故. 妾願子母辟之他國, 若早自殺, 毋徒使母子爲太子所魚肉也. 始君欲廢之, 妾猶恨之; 至於今, 妾殊自失於此.」太子聞之, 奔新城. 獻公怒, 乃誅其傅杜原款. 或謂太子曰:「爲此藥者乃驪姬也, 太子何不自辭明之?」太子曰:「吾君老矣, 非驪姬, 寢不安, 食不甘. 卽辭之, 君且怒之. 不可.」或謂太子曰:「可奔他國.」太子曰:「被此惡名以出, 人誰內我? 我自殺耳.」十二月戊申, 申生自殺於新城.

087(7-9) 申生伐東山
신생이 동산을 정벌하다

진晉 헌공獻公 17년 겨울, 헌공이 태자 신생申生으로 하여금 동산東山을 정벌하도록 하였다.

이극里克이 이렇게 간언하였다.

"제가 듣건대 고락족皐落族은 태자와 맞붙어 싸울 것이라 합니다. 임금께서는 신생을 보내지 않아야 합니다!"

헌공이 말하였다.

"계획대로 행하라!"

이극이 대답하였다.

"옛날에는 이렇게 하지 않았습니다. 임금이 출정하면 태자는 국내에 남아 나라를 감독하였습니다. 그리고 임금이 출정할 때 태자가 따라나서야 할 경우는 군사를 위무하기 위함이었습니다. 그런데 지금 임금께서는 남아 있고 태자를 출정시킨다니 이런 예는 없었습니다."

헌공이 말하였다.

"이는 그대가 알 바 아니오. 과인이 듣기로 태자를 세우는 조건은 세 가지가 있다 하였소. 품덕이 같을 때는 나이로 하고, 나이가 비슷하면 임금이 누구를 사랑하는가에 따라 하며, 임금의 사랑으로도 결정을 내리기 어려울 때는 점을 쳐서 하는 것이오. 그대는 우리 부자지간의 문제에 대해 이러쿵저러쿵하지 마시오. 내 이번 그가 하는 일을 통해 살펴볼 것이오."

헌공이 이처럼 불쾌하게 여기자, 이극은 물러나 태자를 만났다.

태자가 먼저 물었다.

"임금께서 나에게 편의偏衣와 금결金玦을 하사하셨는데 무슨 의미입니까?"

이극이 설명하였다.

"그대는 두렵소? 직접 편의를 입혀 주시고, 손에 금결을 쥐어 주신 것은 그대로 하여금 대충 일을 처리하지 말라는 뜻이라오. 무릇 사람의 아들로서 효도를 다하지 못함을 겁낼 것이니 무엇을 얻지 못할까 걱정해서는 안 되는 것이오. 게다가 내 듣기로 '공경하는 것은 간청하는 것보다 현명하다'라 하였소. 그대는 힘쓰시오!"

군자가 이렇게 평하였다.

"부자 사이의 갈등을 잘 처신하도록 한 말이로다."

태자가 드디어 출정에 나섰고 호돌狐突이 태자의 전차를 몰았으며, 선우先友가 그 오른쪽을 맡았다. 태자는 편의를 입고 금결을 찼다.

태자가 출정길에 나서면서 선우에게 이렇게 일렀다.

"임금께서 나에게 이것을 내려 주셨으니 무슨 뜻일까요?"

선우가 대답하였다.

"그 반을 나누어 금결의 권한을 주셨으니, 이번 행자에 태자의 앞길이 달려 있습니다. 그대께서는 힘쓰시오!"

그러자 호돌은 이렇게 탄식하였다.

"잡색으로써 순색의 옷을 대신하고, 금결로써 임금의 차가운 정을 대신하고 있으니 차갑기가 심하도다. 어찌 믿을 수 있겠는가? 비록 힘쓴다 해도 적인狄人을 남김없이 없앨 수 있겠는가?"

선우가 말하였다.

"몸소 편의를 입혀 주고 병권을 쥐어 주었으니 이번 일에 모든 것이 달렸소. 힘써 행하면 그 뿐이오. 편의를 입혀 주신 것은 사특한 뜻은 없을 것이며, 병권을 쥐어 준 것은 재앙을 멀리 하라는 것입니다. 몸소 재해가 없도록 하였으니 다시 무엇을 걱정하겠습니까?"

이들이 직상稷桑에 이르자 적인이 나와 마주하였다. 신생이 전투를 벌이려 하자 호돌이 이렇게 간하였다.

"안 되오. 내 듣기로 나라의 임금이 간신을 좋아하면 대부가 위태롭고, 안으로 첩을 좋아하면 태자가 위태롭고 사직이 위험하다 하였소. 만약 아버지의 뜻에 순종하겠다고 멀리서 죽고 마는 것과, 아버지의 뜻을 거역할지언정 백성에게 혜택을 주고, 사직을 이롭게 하기 위해 전투를 하지 않을 수 있는, 이 두 가지 경우를 가히 도모해 볼 수 있지 않겠습니까? 더구나 지금 태자께서 적인의 이 땅에서 위험에 처해 있음을 기회로 국내에서는 참언이 일어나고 있는데요?"

그러나 신생은 이렇게 말하였다.

"안 됩니다. 임금께서 나에게 임무를 주신 것은 나를 좋아해서가 아닙니다. 생각건대 내 마음을 헤아려 보고자 하신 것일 것입니다. 이 까닭으로 내게 기이한 복장을 하사하시고 나에게 병권으로 권고한 것입니다. 그리고 좋은 말씀도 주셨습니다. 말씀이 너무 듣기 좋았다는 것은 그 중에 틀림없이 쓴 고통이 있게 마련입니다. 안에서 나에 대한 참언이 일어나 임금께서 그 때문에 나쁜 마음이 생겨나신 것입니다. 비록 전갈과 같이 독한 참언이라 해도 어찌 내가 그것을 피하고자 해서야 되겠습니까? 싸우느니만 못합니다. 싸우지 아니하고 돌아간다면 나의 죄만 더욱 커지겠지만, 싸우다가 죽는다면 그나마 아름다운 이름이라도 남기게 되겠지요."

태자는 과연 직상에서 적인을 크게 깨뜨리고 귀국하게 되었다.

참언은 더욱 기승을 부렸고, 호돌은 이에 문을 잠그고 밖으로 나오지 않았다.

군자가 이렇게 평하였다.

"호돌의 깊은 모책은 훌륭하였다."

十七年冬, 公使太子伐東山.

里克諫曰:「臣聞皐落氏將戰, 君其釋申生也!」

公曰:「行也!」

里克對曰:「非故也, 君行, 太子居, 以監國也; 君行, 太子從, 以撫軍也. 今君居, 太子行, 未有此也.」

公曰:「非子之所知也. 寡人聞之, 立太子之道三: 身鈞以年, 年同以愛, 愛疑決之以卜筮. 子無謀吾父子之間, 吾以此觀之.」

公不說.

里克退, 見太子.

太子曰:「君賜我以偏衣·金玦, 何也?」

里克曰:「孺子懼乎? 衣躬之偏, 而握金玦, 令不偷矣. 孺子何懼! 夫爲人子者, 懼不孝, 不懼不得. 且吾聞之曰:『敬賢於請.』孺子勉之乎!」

君子曰:「善處父子之間矣.」

太子遂行, 狐突御戎, 先友爲右, 衣偏衣而佩金玦.

出而告先友曰:「君與我此, 何也?」

先友曰:「中分而金玦之權, 在此行也. 孺子勉之乎!」

狐突歎曰:「以厖衣純, 而玦之以金銑者, 寒之甚矣, 胡可恃也? 雖勉之, 狄可盡乎?」

先友曰:「衣躬之偏, 握兵之要, 在此行也, 勉之而已矣. 偏躬無慝, 兵要遠災, 親以無災, 又何患焉?」

至于稷桑, 狄人出逆, 申生欲戰.

狐突諫曰:「不可. 突聞之: 國君好艾, 大夫殆; 好內, 適子殆, 社稷危. 若惠於父而遠於死, 惠於衆而利社稷, 其可以圖之乎? 況其危身於狄以起讒於內也?」

申生曰:「不可. 君之使我, 非歡也, 抑欲測吾心也. 是故賜我奇服, 而告我權. 又有甘言焉. 言之大甘, 其中必苦. 譖在中矣,君故生心. 雖蝎譖, 焉避之? 不若戰也. 不戰而反, 我罪滋厚; 我戰死, 猶有令名焉.」

果敗狄於稷桑而反. 讒言益起, 狐突杜門不出.

君子曰:「善深謀也.」

【十七年】 진 헌공 17년. B.C.660년.

【東山】 皐落 狄人의 근거지. 지금의 山西 垣曲 일대.

【里克】 晉나라 대부.

【釋】 풀어 줌. 여기서는 태자에게 東山 정벌을 명하면서 獻公이 다시 그에게 더 이상 위해를 가하지 않을 것임을 암시한 것임.

【偏衣·金玦】 偏裻과 金玦. 헌공이 태자에게 동산을 치러 떠날 때 내려 준 물건. 앞장 참조.

【孺子】 어린아이. 여기서는 이극이 자신보다 어린 태자 신생을 가엽게 여겨 이렇게 부른 것.

【偷】 '薄'과 같음. 그러나 여기서는 '偷安'의 의미로 보아 '그대의 임무를 대충, 혹은 편안히 생각하지 말라'는 뜻으로 보았음.

【狐突】 狐偃의 아버지. 晉나라와 동성으로 唐叔의 후대.

【先友】 晉나라 대부. 先丹木의 일족. 당시 申生이 戎車의 중앙에, 狐突이 御車로써 왼쪽에, 先友가 오른 쪽에서 위치하였음을 말함.

【以尨衣純】 '尨'은 '尨'과 같음. 여러 색이 뒤섞인 모습. 순색이 아님. 원래 태자의 출정에는 純色 옷을 입혀야 하나 偏裻의 잡색을 입혔음을 말함.

【金銑】 銑은 쇠붙이의 차가움을 뜻함. 임금이 태자에게 차가운 정을 가지고 있음을 뜻함.

【稷桑】 皐落狄 경내의 지명.

【艾】 韋昭 주에 "艾當爲外, 聲相似誤也. 好外, 多嬖臣也. 嬖臣害正, 故大夫殆. 殆, 危也"라 함.

【適子】 嫡子와 같음.

참고 및 관련 자료

1.《左傳》閔公 2年

晉侯使大子申生伐東山皐落氏. 里克諫曰:「大子奉冢祀·社稷之粢盛, 以朝夕視君膳者也, 故曰冢子. 君行則守, 有守則從. 從曰撫軍, 守曰監國, 古之制也. 夫帥師, 專行謀, 誓軍旅, 君與國政之所圖也. 非大子之事也. 師在制命而已, 稟命則不威, 專命則不孝, 故君之嗣適不可以帥師. 君失其官, 帥師不威, 將焉用之? 且臣聞皐落氏將戰. 君其舍之!」公曰:「寡人有子, 未知其誰立焉!」不對而退. 見大子. 大子曰:「吾其廢乎?」對曰:「告之以臨民, 敎之以軍旅, 不共是懼, 何故廢乎? 且子懼不孝, 無懼弗得立. 修己而不責人, 則免於難.」大子帥師, 公衣之偏衣, 佩之金玦. 狐突御戎, 先友爲右. 梁餘子養御罕夷, 先丹木爲右. 羊舌大夫爲尉. 先友曰:「衣身之偏, 握兵之要. 在此行也, 子其勉之! 偏躬無慝, 兵要遠災, 親以無災, 又何患焉?」狐突歎曰:「時, 事之徵也; 衣, 身之章也; 佩, 衷之旗也. 故敬其事, 則命以始; 服其身, 則衣之純; 用其衷, 則佩之度. 今命以時卒, 閟其事也; 衣之尨服, 遠其躬也; 佩以金玦, 棄其衷也. 服以遠之, 時以閟之, 尨, 凉; 冬, 殺; 金, 寒; 玦, 離; 胡可恃也? 雖欲勉之, 狄可盡乎?」梁餘子養曰:「帥師者, 受命於廟, 受脤於社, 有常服矣. 不獲而尨, 命可知也. 死而不孝, 不如逃之.」罕夷曰:「尨奇無常, 金玦不復. 雖復何爲? 君有心矣.」先丹木曰:「是服也, 狂夫阻之. 曰'盡敵而反', 敵可盡乎? 雖盡敵, 猶有內讒, 不如違之.」狐突欲行. 羊舌大夫曰:「不可. 違命不孝, 棄事不忠. 雖知其寒, 惡不可取. 子其死之!」大子將戰, 狐突諫曰:「不可. 昔辛伯諗周桓公云, '內寵並后, 外寵二政, 嬖子配適, 大都耦國, 亂之本也.' 周公弗從, 故及於難. 今亂本成矣, 立可必乎? 孝而安民, 子其圖之! 與其危身以速罪也.」

2.《史記》晉世家

十七年, 晉侯使太子申生伐東山. 里克諫獻公曰:「太子奉冢祀社稷之粢盛, 以朝夕視君膳者也, 故曰冢子. 君行則守, 有守則從, 從曰撫軍, 守曰監國, 古之制也. 夫率師, 專行謀也; 誓軍旅, 君與國政之所圖也: 非太子之事也. 師在制命而已, 稟命則不威, 專命則不孝, 故君之嗣適不可以帥師. 君失其官, 率師不威, 將安用之?」公曰:「寡人有子, 未知其太子誰立.」里克不對而退, 見太子. 太子曰:「吾其廢乎?」里克曰:「太子勉之! 敎以軍旅, 不共是懼, 何故廢乎? 且子懼不孝, 毋懼不得立. 修己而不責人, 則免於難.」太子帥師, 公衣之偏衣, 佩之金玦. 里克謝病, 不從太子. 太子遂伐東山.

卷八 晉語(二)

088(8-1) 驪姬譖殺太子申生
여희가 태자 신생을 참언하여 죽이다

태자 신생申生이 직상稷桑으로부터 개선하고 돌아와 방치된 채 5년의 세월이 흘렀다. 이에 여희驪姬가 헌공獻公에게 이렇게 말하였다.

"들리는 소문에 신생은 음모를 더욱 깊고 험하게 짜고 있다고 합니다. 당초 제가 임금께 그가 무리로부터 신임을 얻게 될 것이라 말씀드렸었습니다. 그가 무리에게 이익을 베풀지 않았다면 어찌 그 적인狄人을 이길 수 있었겠습니까? 지금 그는 적인을 칠 때 자신이 뛰어난 용병이 있었노라 자랑하며 그 뜻을 더욱 넓혀 나가고 있습니다. 호돌狐突은 그의 뜻에 순종할 수가 없어 그 때문에 얼굴을 나타내지 않고 있는 것입니다. 제가 듣기로 신생은 믿음을 좋아하며 강직한 사람임에도 무리들에게 실언을 한 것이 있다 하더이다. 비록 그 말을 거두고 싶지만 무리들이 그 말대로 하자고 채근하고 있다는 것입니다. 말이란 삼킬 수 없는 것이며, 무리의 뜻은 막을 수 없는 것이니 이 때문에 깊이 모책을 짜고 있는 것입니다. 임금께서 대책을 세우지 않으면 난이 장차 다가오고 말 것입니다."

헌공이 말하였다.

"내 잊지 않고 있소. 그러나 아직 그에게 뒤집어씌울 죄목을 찾지 못하고 있소."

여희가 몰래 사통하고 있는 우시優施에게 이렇게 고하였다.

"임금께서는 이미 태자를 죽이고 해제奚齊를 세울 것을 허락하셨소. 그런데 이극里克이 어려우니 어쩌면 좋겠소!"

우시가 말하였다.

“내 이극을 불러 주면 하루면 됩니다. 그대는 나를 위해 특양特羊의 잔치를 준비해 주시오. 내 그와 더불어 술을 마시면서 해결하겠소. 나는 희극배우이니 어떤 말을 해도 허물이 되지 않을 것이오.”

여희가 허락하고 이에 잔치를 준비하여 우시로 하여금 이극과 술을 마시도록 자리를 마련하였다.

한창 술자리가 무르익자 우시가 일어나 춤을 추며 이극의 처에게 이렇게 말하였다.

“그대 주인 안사람 맹孟이시여, 나에게 한 숟갈 떠 먹여 주시면 내 그대 남편으로 하여금 어떻게 임금을 편안히 모실지를 가르쳐 드리리다.”

그리고 이렇게 노래를 불렀다.

“편하고 즐겁고자 하나 가까이 접근하기 어려워라.	暇豫之吾吾,
훨훨 나는 참새나 까마귀만도 못한 내 신세,	不如烏烏.
사람들은 모두가 원림으로 모여들건만	人皆集於苑,
나 홀로 죽은 고목에 앉아 있구나.”	己獨集於枯.

이극이 물었다.

“무엇이 원림이오? 또 무엇이 죽은 고목 나무요?”

우시가 말하였다.

“그 어머니는 정식 부인夫人이 되었고, 그 아들은 임금이 될 것이니 원림이라 하지 않을 수 있겠소? 그 어머니는 이미 죽었고 그 아들은 비방을 받고 있으니, 죽은 고목 나무라 하지 않을 수 있겠소? 그런 고목에 의지하고 있다가는 상처를 입게 될 것입니다.”

우시가 나가자 이극은 술상을 물린 채 아무것도 먹지 않고 누워 버렸다.

한 밤중이 되었을 때 이극은 우시를 불러 이렇게 물었다.

“아까 낮에 한 말이 희언戱言인가? 아니면 무슨 소문에 의한 것인가?”

우시가 말하였다.

"사실대로입니다. 임금께서는 이미 여희로 하여금 태자를 죽여 없애고 해제를 태자로 세울 것을 허락하셨습니다. 모책도 이미 다 짜여 있습니다."

이극이 말하였다.

"내가 임금의 명령을 붙잡고 태자를 죽이는 일이라면 나는 차마 할 수 없다. 그렇다고 내가 태자와의 교류를 회복하여 다시 내왕하는 것도 내 감히 할 수 없다. 중립을 지키면 면할 수 있겠는가?"

우시가 말하였다.

"면할 수 있습니다."

이튿날 아침 이극은 비정丕鄭을 만나 이렇게 말하였다.

"무릇 사소史蘇가 말했던 예상이 장차 다가오고 있습니다! 우시가 나에게 일러 주기를 임금의 모책이 완성되어 장차 해제를 세운다고 하더이다."

비정이 물었다.

"그래서 그에게 뭐라 말했소?"

이극이 말하였다.

"나는 중립을 지키겠다고 대답했소이다."

비정이 말하였다.

"안타깝구려! 차라리 '믿지 못하겠다'라고 말하느니만 못하였소. 그리하여 그들의 음모를 흩어 버리고 역시 태자를 견고히 하여 그들을 어그러뜨리고는 그들로 하여금 장벽이 많다는 이유로 그 뜻이 변하도록 한 다음, 그 뜻을 조금씩 소홀하게 하면 가히 이간시킬 수 있었을 텐데 말이오. 지금 그대가 중립을 지키겠다고 하였고, 하물며 그 음모는 굳어져 가고 있으며, 저들이 이미 완성 단계에 이르렀다 하니 이간시키기는 어렵게 되었소."

이극이 말하였다.

"이미 내 뱉은 말은 따라갈 수가 없는 법, 게다가 저들의 마음속에는 더 이상 꺼릴 것도 없는 상태이니 어찌 그들을 허물 수 있겠소! 그대는 장차 어쩔 셈이오?"

비정이 말하였다.

"나는 아무런 생각이 없소. 이 까닭으로 임금을 모시는 자는 임금의 마음을 내 마음으로 삼는 것이며, 이에 대한 조정권한은 나에게 있는 것이 아니오."

이극이 말하였다.

"잘못된 임금이란 죽여도 된다는 것을 염직廉直한 것으로 여기며, 그 염직함을 잘하는 일로 여겨 교만한 마음을 가지며, 그 교만함을 바탕으로 남을 제압하는 일이라면 나는 감히 할 수 없소. 그렇다고 내 뜻을 굽혀 임금의 뜻을 따라 신생을 폐위해 죽이는 것으로써 내 이익을 삼고, 그 이익에 따라 해제를 태자가 되도록 성취시키고자 하는 일도 나는 할 수 없소. 장차 엎드려 숨을 것이오."

이극은 이튿날부터 병을 핑계로 조정에 나타나지 않았다.

이렇게 한 달이 지나자 난은 터지고 말았다.

여희는 임금의 명령이라 하면서 신생에게 이렇게 명하였다.

"지난 밤 임금의 꿈에 그대의 모친 제강齊姜이 보이셨다 한다. 반드시 속히 제사를 올린 다음 그 제사 고기를 가지고 오너라."

신생은 허락하고 이에 곡옥曲沃에 가서 어머니 제사를 올리고 그 제사 고기를 가지고 수도 강絳으로 돌아왔다.

헌공은 그 날 마침 사냥을 나가 있었다. 여희는 신생이 가져온 제사 고기를 받아 술에는 짐독鴆毒을 넣고 고기에는 근독菫毒을 넣었다.

헌공이 돌아오자 신생을 불러 가지고 온 고기를 바치도록 하였다. 그러자 공이 그 술을 땅에 부어 제祭를 올리자 땅이 불끈 솟아올랐다. 신생은 두려워 쫓아 도망하였다. 여희가 그 고기를 개에게 주었더니 개가 그 자리에서 죽었고 그 술을 소신에게 먹이자 역시 죽고 말았다. 헌공은 신생의 스승 두원관杜原款을 죽이도록 명하였다. 신생은 우선 신성新城으로 달아나 몸을 피하였다.

두원관이 죽으면서 소신小臣 어圉로 하여금 신생에게 가서 이렇게 고하도록 하였다.

"나款는 재능이 모자라고 지혜가 부족하며 민첩하지 못하여, 능히 그대를 제대로 가르치고 인도하여 못한 채 이렇게 그대를 사지로 몰아넣고 말았소. 임금의 마음 씀씀이를 깊이 알지 못하여 그대로 하여금 태자의 총애를 잃게 만들었으며, 넓은 땅을 헤매며 숨어살게 하였소. 나는 소심하고 견개狷介하여 감히 행동으로 옮기지 못하는 자였소. 그 때문에 참언이 들릴 때에도 이를 임금 앞에 변론을 하지 못하였던 것이오. 그 때문에 이런 대난大難에 빠지게 한 것이며, 결국 여희의 참언에 걸려들게 된 것이오. 그러나 나는 감히 죽음을 아까워하지는 않소. 오직 여희의 참언에 동조한 자들이 한결같이 악했던 것이오. 내 듣기로 군자는 품었던 충정을 어떠한 경우에도 버리지 아니하며 참언을 반박하지도 않는다 하였소. 참언을 입고 그 몸이 죽어도 오히려 그 아름다운 이름은 남을 것이오. 죽어도 충정을 옮기지 않는 것은 강彊이며, 아들로서 아버지에 대한 정을 지키며 아버지를 즐겁게 해드리는 것은 효孝이며, 자신의 몸을 죽여 뜻을 이루는 것은 인仁이며 죽어도 임금의 은혜를 잊지 않는 것은 경敬이라 하였소. 어린 그대는 힘쓰시오! 죽은 이후에도 반드시 그 사랑은 남을 것이며, 죽은 이후에 백성들의 그리움이 될 것이니 그것만으로도 가하지 않겠소?"

신생은 스승의 뜻을 허락하였다.

그러자 사람들이 신생에게 이렇게 말하였다.

"그대의 죄가 아닌데 어찌 멀리 떠나지 않습니까?"

신생이 말하였다.

"안 된다. 내가 떠나서 죄가 밝혀진다면 틀림없이 그 죄는 임금에게 돌아갈 것이니, 이는 임금을 원망하는 것이 된다. 아버지의 죄악을 드러내어 밝히게 되면, 제후들의 웃음을 사게 될 것이니 내 어느 나라를 향해 들어가겠는가? 안으로 부모로부터 곤액을 입고 밖으로 제후로부터 곤액을 당한다면 이는 곤액을 겹쳐 당하는 셈이 되며, 임금을 버리고 죄를 씻는다면 이는 죽음이 무서워 도망가는 것이 된다. 내 듣기로 '어진 자는 임금을 원망하지 아니하며, 지혜로운 자는 두 번 곤액을 당하지 않으며, 용기 있는 자는 죽음에서 도망가지 않는다'라 하였다. 게다가 죄가 밝혀지지 않는다면 떠나간들 틀림없이 나의 죄는 가중될 것이다. 떠남으로써 죄가 가중된다면 이는 지혜롭지 못한 행동이며, 죽음에서 도망하여 임금을 원망한다면 이는 어질지 못한 것이며, 죄가 있는데도 죽지 않는다면 이는 용기가 없는 것이다. 떠난다면 원망만 두터워지는 것이니 그런 죄악을 겹치게 할 수 없다. 죽음은 피할 수 없다. 내 장차 여기에 엎드려 임금의 명령을 기다리겠다."

여희가 곡옥에 이르러 신생을 보자 울면서 이렇게 말하였다.

"아버지에게도 차마 그렇게 할 수 있는데 하물며 나라 백성들에게랴? 아버지에게 차마 못할 짓을 하면서 남으로부터 호감사기를 바란다면 누가 그대를 좋아하겠는가? 아버지를 죽이고 남으로부터 이익을 얻고자 한다면 누가 그대를 이롭게 해 주겠는가? 모두 백성이 증오하는 짓만 하였으니 명대로 살기 어려우리라!"

여희가 물러나자 신생은 신성의 사당에서 목을 매어 자결하였다.

그는 장차 죽음에 이르자 맹족猛足으로 하여금 호돌狐突에게 이렇게 말을 전하도록 하였다.

"신생이 죄지은 것은 그대 백씨(伯氏, 호돌)의 말을 듣지 않았던 것이며 이로써 죽음에 이르게 되었소. 나 신생은 죽음을 아까워하지는 않소. 그러나 우리 임금께서는 늙으셨고 나라에는 어려운 일도 많소. 백씨가 나오지 않으시면 우리 임금께서 어찌 해 낼 수 있겠소? 백씨께서 만약 나오셔서 우리 임금을 위해 일을 해 주신다면 나 신생은 그대의 은혜를 받고 죽음을 맞이할 수 있겠소. 비록 죽은들 내 무슨 회한을 갖겠소이까!"

이렇게 하여 신생의 시호를 공군共君으로 하였다.

여희는 이윽고 태자 신생을 죽이고 나자, 다시 두 공자 이오夷吾와 중이重耳를 이렇게 참소하였다.

"중이와 이오는 공군 신생과 음모에 함께 하였습니다."

헌공이 엄인閹人 초楚로 하여금 중이를 찔러 죽이도록 하자, 중이는 적狄으로 도망하였다. 그리고 가화賈華로 하여금 이오를 찔러 죽이도록 하자, 이오는 양梁나라로 도망하였다.

여희는 여러 공자들을 축출하자 이에 해제를 태자로 세우고 나서 법령을 내려 그 어떤 공자도 국내에 남아 있지 못하도록 하였다.

反自稷桑, 處五年, 驪姬謂公曰:「吾聞申生之謀愈深. 日, 吾固告君曰得衆, 衆不利, 焉能勝狄? 今矜狄之善, 其志益廣. 狐突不順, 故不出. 吾聞之, 申生甚好信而彊, 又失言於衆矣, 雖欲有退, 衆將責焉. 言不可食, 衆不可弭, 是以深謀. 君若不圖, 難將至矣!」

公曰:「吾不忘也, 抑未有以致罪焉.」

驪姬告優施曰:「君旣許我殺太子而立奚齊矣. 吾難里克, 奈何!」

優施曰:「吾來里克, 一日而已. 子爲我具特羊之饗, 吾以從之飮酒. 我優也, 言無郵.」

驪姬許諾, 乃具, 使優施飮里克酒.

中飮, 優施起舞, 謂里克妻曰:「主孟啗我, 我敎兹暇豫事君.」

乃歌曰:『暇豫之吾吾, 不如鳥烏. 人皆集於苑, 己獨集於枯.』

里克笑曰:「何謂苑? 何謂枯?」

優施曰:「其母爲夫人, 其子爲君, 可不謂苑乎? 其母旣死, 其子又有謗, 可不謂枯乎? 枯且有傷.」

優施出, 里克辟奠, 不飧而寢.

夜半, 召優施, 曰:「曩而言戲乎? 抑有所聞之乎?」

曰:「然. 君旣許驪姬殺太子而立奚齊, 謀旣成矣.」

里克曰:「吾秉君以殺太子, 吾不忍. 通復故交, 吾不敢. 中立其免乎?」

優施曰:「免.」

旦而里克見丕鄭, 曰:「夫史蘇之言將及矣! 優施告我, 君謀成矣, 將立奚齊.」

丕鄭曰:「子謂何?」

曰:「吾對以中立.」

丕鄭曰:「惜也! 不如曰不信以疏之, 亦固太子以攜之, 多爲之故, 以變其志, 志少疏, 乃可間也. 今子曰中立, 況固其謀也, 彼有成矣, 難以得間.」

里克曰:「往言不可及也, 且人中心唯無忌之, 何可敗也! 子將何如?」

丕鄭曰:「我無心. 是故事君者, 君爲我心, 制不在我.」

里克曰:「弑君以爲廉, 長廉以驕心, 因驕以制人家, 吾不敢. 抑撓志以從君, 爲廢人以自利也, 利方以求成人, 吾不能. 將伏也!」

明日, 稱疾不朝.

三旬, 難乃成.

驪姬以君命命申生曰:「今夕君夢齊姜, 必速祠而歸福.」

申生許諾, 乃祭于曲沃, 歸福于絳.

公田, 驪姬受福, 乃寘鴆于酒, 寘堇于肉.

公至, 召申生獻, 公祭之地, 地墳. 申生恐而出. 驪姬與犬肉, 犬斃; 飮小臣酒, 亦斃. 公命殺杜原款. 申生奔新城.

杜原款將死, 使小臣圉告于申生, 曰:「款也不才, 寡智不敏, 不能教導, 以至于死. 不能深知君之心度, 棄寵求廣土而竄伏焉; 小心狷介, 不敢行也. 是以言至而無所訟之也, 故陷於大難, 乃逮于讒. 然款也不敢愛死, 唯與讒人鈞是惡也. 吾聞君子不去情, 不反讒, 讒行身死可也, 猶有令名焉. 死不遷情, 彊也; 守情說父, 孝也; 殺身以成志, 仁也; 死不忘君, 敬也. 孺子勉之! 死必遺愛, 死民之思, 不亦可乎?」

申生許諾.

人謂申生曰:「非子之罪, 何不去乎?」

申生曰:「不可. 去而罪釋, 必歸於君, 是怨君也. 章父之惡, 取笑諸侯, 吾誰鄉而入? 內困於父母, 外困於諸侯, 是重困也, 棄君去罪, 是逃死也. 吾聞之:『仁不怨君, 智不重困, 勇不逃死.』若罪不釋, 去而必重. 去而罪重, 不智; 逃死而怨君, 不仁; 有罪不死, 無勇. 去而厚怨, 惡不可重, 死不可避, 吾將伏以俟命.」

驪姬見申生而哭之, 曰:「有父忍之, 況國人乎? 忍父而求好人, 人孰好之? 殺父以求利人, 人孰利之? 皆民之所惡也, 難以長生!」

驪姬退, 申生乃雉經于新城之廟.

將死, 乃使猛足言於狐突曰:「申生有罪, 不聽伯氏, 以至于死. 申生不敢愛其死, 雖然, 吾君老矣, 國家多難, 伯氏不出, 奈吾君何? 伯氏苟出而圖吾君, 申生受賜以至于死, 雖死何悔!」

是以諡爲共君.

驪姬既殺太子申生, 又譖二公子曰:「重耳·夷吾與知共君之事.」

公令閹楚刺重耳, 重耳逃于狄; 令賈華刺夷吾, 夷吾逃于梁.

盡逐羣公子, 乃立奚齊焉. 始爲令, 國無公族焉.

【弭】'止'와 같음. 막음, 그침.
【特羊】고대 잔치에 犧牲이 하나인 경우 이를 特이라 하며, 두 종류인 경우를 牢라 함. 여기서는 양 한 마리 전체를 말함.
【郵】허물. 자신이 배우이므로 어떤 말도 우스갯소리로 들을 것이며, 그 속에 하고 싶은 말을 할 수 있다는 뜻.
【孟】里克의 아내. 자가 孟이었음.
【吾吾】감히 주동적으로 앞으로 다가가 접근하지 못하는 모습.
【辟奠】잔치를 끝냄. 술을 마시지 않음.
【丕鄭】晉나라 대부. 다른 기록에는 표기가 '邳鄭'으로 되어 있음.
【齊姜】신생의 생모이며 이미 죽고 없음. 齊나라 姜氏 출신이었음.
【福】제사에 올린 胙肉. 祚肉. 이를 귀한 것으로 여겨 반드시 아랫사람에게 나누어 주거나 가지고 와서 함께 먹었음.
【曲沃】진나라가 絳邑으로 오기 전의 도읍으로 宗廟가 있었으며, 申生의 어머니 齊姜의 신위도 그곳에 모셔져 있었음. 지금의 山西 聞喜縣 동북쪽.
【絳】진나라의 당시 도읍. 지금의 山西 翼城縣, 혹 侯馬市라고도 함.
【鴆】올빼미와 비슷한 毒鳥로 그 깃털 뿌리에 독이 있어, 그로써 술을 젓기만 하여도 사람을 죽일 맹독이 분비된다 함.
【堇】식물의 일종으로 독약으로 사용함. 오늘날 명칭의 烏頭. 혹 雞毒이라 함.
【杜原款】태자 申生의 師傅.
【新城】申生을 曲沃에 봉하면서 새로 쌓은 성.
【小臣圉】태자의 신하로 이름이 圉였음.
【雉經】스스로 목을 매어 자결함.
【猛足】신생의 신하.
【狐突】신생의 마부이며 아끼던 신하. 자는 伯行.
【伯氏】狐突의 자가 伯行이어서 높이 부른 것.
【共君】'共'은 '恭'과 같음. 謚號法에 "旣過能改曰恭"이라 함.
【閹楚】閹은 '閹人'. 寺人, 宦官과 같음. 楚는 그 사람의 字.
【狄】北狄. 隗姓이었음.
【賈華】晉나라 대부.
【梁】고대 나라 이름. 秦나라와 같은 嬴姓으로 작위는 伯爵. 秦나라의 附庸國이었

으며 B.C.641년 秦나라에 의해 망하였음. 지금의 陝西 韓城縣 남쪽.
【群公子】獻公의 여러 아들들. 晉 獻公에게는 그밖에도 6명의 공자가 더 있었음.

참고 및 관련 자료

1. 《左傳》僖公 4年

或謂太子:「子辭, 君必辯焉.」太子曰:「君非姬氏, 居不安, 食不飽. 我辭, 姬必有罪. 君老矣, 吾又不樂.」曰:「子其行乎!」太子曰:「君實不察其罪, 被此名也以出, 人誰納我?」十二月戊申, 縊於新城.

2. 《左傳》僖公 15년

晉侯之入也, 秦穆姬屬賈君焉, 且曰:「盡納羣公子.」晉侯烝於賈君, 又不納羣公子, 是以穆姬怨之. 晉侯許賂中大夫, 旣而皆背之. 賂秦伯以河外列城五, 東盡虢略, 南及華山, 內及解梁城, 旣而不與. 晉饑, 秦輸之粟; 秦饑, 晉閉之糴, 故秦伯伐晉. 卜徒父筮之, 吉,「涉河, 侯車敗.」詰之. 對曰:「乃大吉也. 三敗, 必獲晉君. 其卦遇蠱☶☴, 曰:'千乘三去, 三去之餘, 獲其雄狐.' 夫狐蠱, 必其君也. 蠱之貞, 風也; 其悔, 山也. 歲云秋矣, 我落其實, 而取其材, 所以克也. 實落·材亡, 不敗, 何待?」三敗乃韓. 晉侯謂慶鄭曰:「寇深矣, 若之何?」對曰:「君實深之, 可若何?」公曰:「不孫!」卜右, 慶鄭吉. 弗使. 步揚御戎, 家僕徒爲右. 乘小駟, 鄭入也. 慶鄭曰:「古者大事, 必乘其產. 生其水土, 而知其人心; 安其教訓, 而服習其道; 唯所納之, 無不如志. 今乘異產, 以從戎事, 及懼而變, 將與人易. 亂氣狡憤, 陰血周作, 張脈僨興, 外彊中乾. 進退不可, 周旋不能, 君必悔之.」弗聽. 九月, 晉侯逆秦師, 使韓簡視師, 復曰:「師少於我, 鬪士倍我.」公曰:「何故?」對曰:「出因其資, 入用其寵, 饑食其粟, 三施而無報, 是以來也. 今又擊之, 我怠·秦奮, 倍猶未也.」公曰:「一夫不可狃, 況國乎?」遂使請戰, 曰:「寡人不佞, 能合其衆而不能離也. 君若不還, 無所逃命.」秦伯使公孫枝對曰:「君之未入, 寡人懼之; 入而未定列, 猶吾憂也. 若列定矣, 敢不承命.」韓簡退曰:「吾幸而得囚.」壬戌, 戰于韓原. 晉戎馬還濘而止. 公號慶鄭. 慶鄭曰:「愎諫·違卜, 固敗是求, 又何逃焉?」遂去之. 梁由靡御韓簡, 虢射爲右, 輅秦伯, 將止之. 鄭以救公誤之, 遂失秦伯. 秦獲晉侯以歸. 晉大夫反首拔舍從之. 秦伯使辭焉, 曰:「二三子何其慼也! 寡人之從晉君而西也, 亦晉之妖夢是踐, 豈敢以至?」晉大夫三拜稽首曰:「君履后土而戴皇天, 皇天后土實聞君之言, 羣臣敢在下風.」

穆姬聞晉侯將至, 以大子罃·弘與女簡璧登臺而履薪焉. 使以免服衰絰逆, 且告曰:「上天降災, 使我兩君匪以玉帛相見, 而以興戎. 若晉君朝以入, 則婢子夕以死; 夕以入, 則朝以死. 唯君裁之!」乃舍諸靈臺. 大夫請以入. 公曰:「獲晉侯, 以厚歸也; 既而喪歸, 焉用之? 大夫其何有焉? 且晉人慼憂以重我, 天地以要我. 不圖晉憂, 重其怒也; 我食吾言, 背天地也. 重怒, 難任; 背天, 不祥, 必歸晉君.」公子縶曰:「不如殺之, 無聚慝焉.」子桑曰:「歸之而質其大子, 必得大成. 晉未可滅, 而殺其君, 祗以成惡. 且史佚有言曰:'無始禍, 無怙亂, 無重怒.' 重怒, 難任; 陵人, 不祥.」乃許晉平. 晉侯使郤乞告瑕呂飴甥, 且召之. 子金教之言曰:「朝國人而以君命賞. 且告之曰:'孤雖歸, 辱社稷矣, 其卜貳圉也.'」衆皆哭, 晉於是乎作爰田. 呂甥曰:「君亡之不恤, 而羣臣是憂, 惠之至也, 將若君何?」衆曰:「何爲而可?」對曰:「征繕以輔孺子. 諸侯聞之, 喪君有君, 羣臣輯睦, 甲兵益多. 好我者勸, 惡我者懼, 庶有益乎!」衆說, 晉於是乎作州兵. 初, 晉獻公筮嫁伯姬於秦, 遇歸妹䷵之睽䷥. 史蘇占之, 曰:「不吉. 其繇曰:'士刲羊, 亦無衁也; 女承筐, 亦無貺也. 西鄰責言, 不可償也. 歸妹之睽, 猶無相也.' 震之離, 亦離之震. '爲雷爲火, 爲嬴敗姬. 車說其輹, 火焚其旗, 不利行師, 敗于宗丘. 歸妹睽孤, 寇張之弧. 姪其從姑, 六年其逋, 逃歸其國, 而棄其家, 明年其死於高梁之虛.'」及惠公在秦, 曰:「先君若從史蘇之占, 吾不及此夫!」韓簡侍, 曰:「龜, 象也; 筮, 數也. 物生而後有象, 象而後有滋, 滋而後有數. 先君之敗德, 及可數乎? 史蘇是占, 勿從何益? 詩曰:『下民之孽, 匪降自天, 僔沓背憎, 職競由人.』」

3.《穀梁傳》僖公 10年

世子之傅里克謂世子曰:「入自明. 入自明則可以生, 不入自明, 則不可以生.」世子曰:「吾君已老矣, 已昏矣, 吾若此而入自明, 則麗姬必死; 麗姬死, 則吾君不安, 所以使吾君不安者, 吾不若自死. 吾寧自殺以安吾君, 以重耳爲寄矣.」刎脰而死.

4.《禮記》檀弓(上)

晉獻公將殺其世子申生. 公子重耳謂之曰:「子蓋言子之志於公乎?」世子曰:「不可. 君安驪姬, 是我傷公之心也.」曰:「然則蓋行乎?」世子曰:「不可, 君謂我欲弑君也, 天下豈有無父之國哉? 吾何行如之.」使人辭於狐突曰:「申生有罪, 不念伯氏之言也, 以至於死, 申生不敢愛其死, 雖然, 吾君老矣, 子少, 國家多難. 伯氏不出而圖吾君, 伯氏苟出而圖吾君, 申生受賜而死.」再拜稽首乃卒, 是以爲恭世子也.

5.《史記》晉世家

或謂太子曰:「爲此藥者, 乃驪姬也, 太子何不自辭明之.」太子曰:「吾君老矣, 非驪姬, 寢不安, 食不甘, 卽辭之, 君且怒之. 不可.」或謂太子曰:「可奔他國.」太子曰;「被此惡名以出, 人誰內我, 我自殺耳.」十二月戊申, 申生自殺於新城.

6.《史記》秦本紀

十四年, 秦饑, 請粟於晉. 晉君謀之群臣. 虢射曰:「因其饑伐之, 可有大功.」晉君從之. 十五年, 興兵將攻秦. 繆公發兵, 使丕豹將, 自往擊之. 九月壬戌, 與晉惠公夷吾合戰於韓地. 晉君棄其軍, 與秦爭利, 還而馬鷙. 繆公與麾下馳追之, 不能得晉君, 反爲晉軍所圍. 晉擊繆公, 繆公傷. 於是岐下食善馬者三百人馳冒晉軍, 晉軍解圍, 遂脫繆公而反生得晉君. 初, 繆公亡善馬, 岐下野人共得而食之者三百餘人, 吏逐得, 欲法之. 繆公曰:「君子不以畜産害人. 吾聞食善馬肉不飮酒, 傷人.」乃皆賜酒而赦之. 三百人者聞秦擊晉, 皆求從, 從而見繆公窘, 亦皆推鋒爭死, 以報食馬之德. 於是繆公虜晉君以歸, 令於國, 齊宿, 吾將以晉君祠上帝. 周天子聞之, 曰「晉我同姓」, 爲請晉君. 夷吾姊亦爲繆公夫人, 夫人聞之, 乃衰絰跣, 曰:「妾兄弟不能相救, 以辱君命.」繆公曰:「我得晉君以爲功, 今天子爲請, 夫人是憂.」乃與晉君盟, 許歸之, 更舍上舍, 而饋之七牢. 十一月, 歸晉君夷吾, 夷吾獻其河西地, 使太子圉爲質於秦. 秦妻子圉以宗女. 是時秦地東至河.

7.《呂氏春秋》上德篇

晉獻公爲麗姬遠太子. 太子申生居曲沃, 公子重耳居蒲, 公子夷吾居屈. 麗姬謂太子曰, 往昔君夢見姜氏. 太子祠而膳於公, 麗姬易之. 公將嘗膳, 姬曰:「所由遠, 請使人嘗之. 嘗人人死, 食狗狗死, 故誅太子.」太子不肯自釋, 曰:「君非麗姬, 居不安, 食不甘.」遂以劍死. 公子夷吾自屈奔梁. 公子重耳自蒲奔翟. 去翟過衛, 衛文公無禮焉.

8.《列女傳》晉獻驪姬

驪姬者, 驪戎之女, 晉獻公之夫人也. 初, 獻公娶於齊, 生秦穆夫人及太子申生. 又娶二女於戎, 生公子重耳·夷吾. 獻公伐驪戎, 克之, 獲驪姬以歸, 生奚齊·卓子. 驪姬嬖於獻公, 齊姜先死, 公乃立驪姬以爲夫人. 驪姬欲立奚齊, 乃與弟謀曰:「一朝不朝, 其閒用刀. 逐太子與二公子, 而可閒也.」於是驪姬乃說公曰:「曲沃, 君之宗邑也, 蒲與二屈, 君之境也, 不可以無主. 宗邑無主, 則民不畏; 邊境無主, 則開寇心; 夫寇生其心, 民慢其政, 國之患也. 若使太子主曲沃, 二公子主蒲與二屈, 則可以威民而懼寇矣.」遂使太子居曲沃, 重耳居蒲, 夷吾居二屈. 驪姬旣遠太子, 乃夜泣. 公問其故. 對曰:「吾聞申生爲人甚好仁而强, 甚寬惠而慈於民, 今謂君惑於我, 必亂國. 無乃以國民之故行强於君, 果未終命而歿, 君其奈何? 胡不殺我, 無以一妾亂百姓.」公曰:「惠其民而不惠其父乎?」驪姬曰:「爲民與爲父異. 夫殺君利民,民孰不戴? 苟父利而得寵, 除亂而衆說, 孰不欲焉? 雖其愛君, 欲不勝也. 若紂有良子, 而先殺紂, 毋章其惡, 鈞死也, 毋必假手於武王以廢其祀? 自吾先君武公兼翼而楚穆弑成, 此皆爲民而不顧親, 君不早圖, 禍且及矣.」公懼曰:「奈何而可?」驪姬曰:「君何不老而授之政, 彼得政而治之, 殆將釋君乎?」公曰:「不可, 吾將圖之.」由此疑太子. 驪姬乃使人以公命告太子曰:「君夢見齊姜, 亟往祀焉.」申生祭於曲沃, 歸福於絳, 公田不在. 驪姬受福乃寘鴆於酒, 施毒於脯. 公至, 召申生將胙, 驪姬曰:「食自外來, 不可不試也.」覆酒於地, 地墳. 申生恐而出. 驪姬與犬, 犬死. 飮小臣, 小臣死之. 驪姬乃仰天叩心以泣, 見申生哭曰:「嗟乎! 國, 子之國, 子何遲爲君? 有父恩忍之, 況國人乎? 弑父以求利, 人孰利之?」獻公使人謂太子曰:「爾其圖之!」太傅里克曰:「太子入自明, 可以生; 不則不可以生.」太子曰:「吾君老矣! 若人而自明, 則驪姬死, 吾君不安.」遂自經於新城廟, 公遂殺少傅杜原款, 使閹楚刺重耳, 重耳奔狄. 使賈華刺夷吾, 夷吾奔梁. 盡逐群公子, 乃立奚齊.獻公卒, 奚齊立, 里克殺之, 卓子立, 又殺之. 乃戮驪姬, 鞭而殺之. 於是秦立夷吾, 是爲惠公. 惠公死, 子圉立, 是爲懷公, 晉人殺懷公於高梁, 立重耳, 是爲文公. 亂及五世然後定. 詩曰:『婦有長舌, 惟厲之階.』又曰:『哲婦傾城』, 此之謂也. 頌曰:『驪姬繼母, 惑亂晉獻. 謀譖太子, 毒酒爲權. 果弑申生, 公子出奔. 身又伏辜, 五世亂昏.』

9.《說苑》立節篇

晉驪姬譖太子申生於獻公, 獻公將殺之, 公子重耳謂申生曰:「爲此者非子之罪也, 子胡不進辭, 辭之必免於罪.」申生曰:「不可. 我辭之, 驪姬必有罪矣, 吾君老矣, 微驪姬寢不安席, 食不甘味, 如何使吾君以恨終哉!」重耳曰:「不辭則不若速去矣.」申生曰:「不可, 去而免於死, 是惡吾君也; 夫彰父之過而取美諸侯, 孰肯內之? 入困於宗, 出困於逃, 是重吾惡也. 吾聞之, 忠不暴君, 智不重惡, 勇不逃死, 如是者, 吾以身當之.」遂伏劍死. 君子聞之曰:「天命矣! 夫世子!」詩曰:『萋兮斐兮, 成是貝錦. 彼譖人者, 亦已太甚!』

10.《說苑》立節篇

晉獻公之時, 有士焉, 曰狐突, 傅太子申生, 公立驪姬爲夫人, 而國多憂, 狐突稱疾不出. 六年, 獻公以譖誅太子, 太子將死, 使人謂狐突曰:「吾君老矣, 國家多難, 傅一出以輔吾君, 申生受賜以死不恨.」再拜稽首而死. 狐突乃復事獻公, 三年, 獻公卒, 狐突辭於諸大夫曰:「突受太子之詔, 今事終矣, 與其久生亂世也, 不若死而報太子.」乃歸自殺.

089(8-2) 公子重耳夷吾出奔
공자 중이와 이오가 도망하다

진晉 헌공獻公 22년, 공자 중이重耳가 망명길에 나서서 백곡柏谷에 이르러 점을 쳐 보았더니 제齊나라나 초楚나라로 가라는 것이었다.

그러자 호언狐偃이 이렇게 말하였다.

"점을 칠 필요도 없습니다. 무릇 제나라, 초나라는 길도 멀고 그들이 우리에게 바라는 것도 큽니다. 곤궁한 이 상태로 갈 수 있는 곳이 아닙니다. 길이 멀면 통하기 어렵고, 기대가 큰 나라에 우리 몸을 맡기기도 어렵습니다. 곤궁한 이 모습으로 갔다가는 크게 후회할 것입니다. 곤궁하고 게다가 후회할 것이 뻔한 나라는 몸을 맡겨 도움을 기대할 수 없습니다. 제가 고려하건대 적狄으로 가는 것이 어떨까요! 무릇 적은 진晉나라에 가까우면서도 외교가 통하지 않는 곳이며, 우매하고 누추하면서 진나라에 대해 원망도 많이 가지고 있는 곳입니다. 게다가 쉽게 가서 도달할 수 있는 곳입니다. 외교가 통하지 않으니 악을 피해 숨을 수 있고, 진나라에 대해 원망이 많으니 근심을 함께 할 수가 있습니다. 지금 만약 적에게 가서 쉬기도 하고 근심도 함께 나누면서 고국의 정세를 관망하고, 나아가 제후들이 어떻게 움직이는가도 살펴보시면 이루지 못할 것이 없을 것입니다."

이리하여 중이의 무리는 적으로 들어갔다.

그곳에 머문 지 1년, 공자 이오夷吾도 역시 도망쳐 나왔다. 그러면서 이렇게 말하였다.

"어찌 우리 형이 계신 적 땅으로 가서 숨지 않으리오?"

그러자 기예冀芮가 반대하였다.

"안 됩니다. 뒤에 도망친 우리가 그들과 합류하면 죄를 면할 수 없습니다. 게다가 모여서 함께 도망다니면 똑같이 함께 어려움에 빠지게 되며, 같이 살다보면 감정이 달라 미움이 생길 수도 있습니다. 그러니 양梁나라로 가느니만 못합니다. 양나라는 진秦나라에 가까우며, 진나라 임금은 우리 임금의 사위이기도 합니다. 우리 임금이 늙은 지금, 그대가 그곳으로 가면 여희驪姬는 우리가 진나라에게 도움을 청할까 두려워할 것입니다. 이처럼 우리가 그곳에서 진나라의 비호를 받고 있는 한 여희는 틀림없이 후회하고 있다고 통고해 올 것입니다. 그렇게 되면 우리는 난을 면할 수 있습니다."

그리하여 이오의 무리는 양나라로 들어갔다.

그곳에 있은 지 2년, 여희는 과연 엄초奄楚를 통해 옥환玉環을 보내면서 돌아오기를 원한다고 알려왔다.

4년 뒤, 이오는 돌아와 임금이 되었다.

二十二年, 公子重耳出亡, 及柏谷, 卜適齊·楚.

狐偃曰:「無卜焉. 夫齊·楚道遠而望大, 不可以困往. 道遠離通, 望大難走, 困往多悔. 困且多悔, 不可以走望. 若以偃之慮, 其狄乎! 夫狄近晉而不通, 愚陋而多怨, 走之易達. 不通可以竄惡, 多怨可與共憂. 今若休憂於狄, 以觀晉國, 且以監諸侯之爲, 其無不成.」

乃遂之狄.

處一年, 公子夷吾亦出奔, 曰:「盍從吾兄竄於狄乎?」

冀芮曰:「不可. 後出同走, 不免於罪. 且夫偕出偕入難, 聚居異情惡, 不若走梁. 梁近於秦, 秦親吾君. 吾君老矣, 子往, 驪姬懼, 必援於秦. 以吾存也, 且必告悔, 是吾免也.」

乃遂之梁.

居二年, 驪姬使奄楚以環釋言.

四年, 復爲君.

【二十二年】晉 獻公 22년. B.C.655년.
【柏谷】지명. 당시 晉나라 땅. 지금의 河南 靈寶縣 서남쪽 朱陽鎭이라 함.
【狐偃】重耳의 외삼촌이며 狐突의 아들. 자는 子犯. 舅犯이라고도 부름.
【望大】제후의 조공의 바람.
【困】곤궁함. 出路가 없음.
【竄】숨어서 나타나지 않음. 몸을 숨김.
【冀芮】秦나라 대부. 冀缺의 아버지. 公子 夷吾의 師傅.
【梁】고대 나라 이름. 秦나라와 같은 嬴姓으로 伯爵이었으며, 지금의 陝西 韓城縣 남쪽이었음. 秦나라의 附庸國이었음.
【奄楚】인명. 閹楚로도 표기함.
【環】還과 같음. 돌아가고 싶어하는 뜻이 있음.

참고 및 관련 자료

1. 《史記》晉世家

此時重耳·夷吾來朝. 人或告驪姬曰:「二公子怨驪姬譖殺太子.」驪姬恐, 因譖二公子:「申生之藥胙, 二公子知之.」二子聞之, 恐, 重耳走蒲, 夷吾走屈, 保其城, 自備守. 初, 獻公使士 爲二公子築蒲·屈城, 弗就. 夷吾以告公, 公怒士蔿. 士蔿謝曰:「邊城少寇, 安用之?」退而歌曰:「狐裘蒙茸, 一國三公, 吾誰適從!」卒就城. 及申生死, 二子亦歸保其城.

二十二年, 獻公怒二子不辭而去, 果有謀矣, 乃使兵伐蒲. 蒲人之宦者勃鞮命重耳促自殺. 重耳踰垣, 宦者追斬其衣袪. 重耳遂奔翟. 使人伐屈, 屈城守, 不可下.

090(8-3) 虢將亡舟之僑以其族適晉
괵나라가 장차 망하려 함에 주지교가 그 가족을 데리고 진나라로 가다

괵공虢公이 꿈에 사당에 어떤 신인神人이 나타난 모습을 보았는데, 얼굴에 흰 수염이 나 있고, 호랑이 발톱에 도끼를 들고 사당 건물 서쪽 끝에 서 있는 것이었다. 괵공이 무서워 달아나자 그 신은 이렇게 말하는 것이었다.

"달아나지 말라! 하느님이 명하셨다. '진晉나라로 하여금 너희 문으로 습격하도록 하라'고 말이다."

괵공은 머리를 조아리며 절을 하다가 꿈에서 깨어났다.

그리고 사은史嚚을 불러 점을 치게 하였더니 이런 풀이가 나왔다.

"임금의 말대로라면 그 신인은 욕수蓐收라는 분입니다. 하늘에서 형벌을 맡은 신으로써 하늘에는 각기 관직을 맡은 자가 있습니다."

괵공은 불쾌히 여겨 그를 가두어 버리고는 나라 사람들로 하여금 도리어 그 꿈을 축하하도록 일을 꾸미고 말았다.

주지교舟之僑가 이를 듣고 자신의 가족들에게 이렇게 말하였다.

"많은 사람들이 우리 괵나라는 망할 날이 얼마 남지 않았다고 말하고 있었는데 내 지금에서야 이를 알게 되었다. 임금은 신이 내려온 뜻을 제대로 생각해 보지도 않고, 도리어 대국 진나라의 침입을 축하하고 있다니 그렇다고 그것이 자신의 재앙을 감손시켜 주겠는가? 내 듣기로 '대국이 도덕이 있을 때 소국이 그 나라에 들어가는 것을 복종이라 하고, 소국이 오만할 때 대국이 이를 습격하는 것을 주벌이라 한다' 하였다. 백성은 임금의 사치와 방종을 질시하는 것이니, 이 까닭으로 그의 명을 거역하는 지경에 이르는 것이다. 지금 그 꿈을 길한 것으로 여겨 축하를 하고 있으니, 틀림없이 그 재앙이 더 크게 번질 것이다. 이는 하늘이 그 자신의 잘못을 비춰 볼 거울을 빼앗아 그 악질을 더욱 심하게 키워 나가고 있는 것이다. 백성은 그의 태도를 질시하고 하늘 또한 그를 미혹하게 하고 있다. 대국이 다가와 주벌을 행하면 그가 명령을 내린다 해도 백성은 거역할 것이며, 종족과 나라가 이미 비천해지고 나면 제후들도 우리를 멀리할 것이다. 안팎으로 친한 자가 없는데 누가 우리를 구해 준다고 나서겠는가? 내 차마 그러한 광경을 기다리고 있을 수 없다!"

이에 그는 가족을 이끌고 진나라로 가 버렸다.

6년 뒤, 괵나라는 망하고 말았다.

虢公夢在廟, 有神人面白毛虎爪, 執鉞立於西阿, 公懼而走.

神曰:「無走! 帝命曰:『使晉襲於爾門.』」

公拜稽首, 覺, 召史嚚占之, 對曰:「如君之言, 則蓐收也, 天之刑神也, 天事官成.」

公使囚之, 且使國人賀夢.

舟之僑告諸其族, 曰:「衆謂虢亡不久, 吾乃今知之. 君不度而賀大國之襲, 於己也何瘳? 吾聞之曰:『大國道, 小國襲焉曰服. 小國傲, 大國襲焉曰誅.』民疾君之侈也, 是以遂於逆命. 今嘉其夢侈必展, 是天奪之鑒而益其疾也. 民疾其態, 天又誑之; 大國來誅, 出令而逆; 宗國既卑, 諸侯遠己; 內外無親, 其誰云救之? 吾不忍俟也!」

將行, 以其族適晉.

六年, 虢乃亡.

【虢公】周 文王의 아우 虢仲의 후손으로 虢國을 다스리던 임금. 이름은 醜(姬醜). 괵은 여러 곳이 있었으나 여기서의 괵은 지금의 河南 三門峽 부근에 있던 나라임.
【西阿】사당의 서쪽 귀퉁이 언덕. 蓐收가 西方神이었음을 말함.
【史嚚】괵국의 史官.
【蓐收】神의 이름. 서방을 관장하며 형벌을 담당함.
【舟之僑】舟僑. 괵나라 대부.
【瘳】'추'로 읽으며 점점 줄어듦. 감손시킴. 줄임. 덜어 냄.
【虢乃亡】魯 僖公(釐公) 5년(B.C.655) 晉나라가 괵을 멸하였으며, 괵공 姬醜는 나라를 버리고 도망하였음.

참고 및 관련 자료

1. 《左傳》閔公 2年

二年春, 虢公敗犬戎于渭汭. 舟之僑曰:「無德而祿, 殃也. 殃將至矣.」遂奔晉.

2. 《說苑》辨物篇

虢公夢在廟, 有神人面白毛, 虎爪執鉞, 立在西阿. 公懼而走, 神曰:「無走! 帝今日使晉襲于爾門.」公拜頓首. 覺, 召史嚚占之. 嚚曰:「如君之言, 則蓐收也, 天之罰神也. 天事官成.」公使囚之, 且使國人賀夢. 舟之僑告其諸侯曰:「虢不久矣, 吾乃今知之. 君不度, 而嘉大國之襲於己也, 何瘳? 吾聞之曰: 大國無道, 小國襲焉, 曰服; 小國傲, 大國襲焉, 曰誅. 民疾君之侈也, 是以由於逆命. 今嘉其夢, 侈必展, 是天奪之鑑而益其疾也! 民疾其態, 天又誑之; 大國來誅, 出令而逆. 宗國既卑, 諸侯遠己, 外內無親, 其誰云救之? 吾不忍俟, 將行.」以其族適晉, 三年虢乃亡.

3. 《史記》晉世家

是歲也, 晉復假道於虞以伐虢. 虞之大夫宮之奇諫虞君曰:「晉不可假道也, 是且滅虞.」虞君曰:「晉我同姓, 不宜伐我.」宮之奇曰:「太伯·虞仲, 太王之子也, 太伯亡去, 是以不嗣. 虢仲·虢叔, 王季之子也, 爲文王卿士, 其記勳在王室, 藏於盟府. 將虢是滅, 何愛於虞? 且虞之親能親於桓·莊之族乎? 桓·莊之族何罪, 盡滅之. 虞之與虢, 脣之與齒, 脣亡則齒寒.」虞公不聽, 遂許晉. 宮之奇以其族去虞. 其冬, 晉滅虢, 虢公醜奔周. 還, 襲滅虞, 虜虞公及其大夫井伯百里奚以媵秦穆姬, 而修虞祀. 荀息牽曩所遺虞屈產之乘馬奉之獻公, 獻公笑曰:「馬則吾馬, 齒亦老矣!」

091(8-4) 宮之奇知虞將亡
궁지기가 우나라가 장차 망할 것임을 알다

진晉 헌공獻公이 괵虢을 정벌하는 전투에서 군대가 우虞나라 길을 빌어 출정하였다. 이에 궁지기宮之奇가 간언하였지만 우나라 임금은 이를 듣지 않았다.

궁지기는 나와서 아들에게 이렇게 일렀다.

"우나라는 장차 망할 것이다! 오직 충신忠信한 자만이 외국 군대 속에 남아 그 피해를 입지 않을 것이다. 가슴속 우매함을 제거하고 외세에 대응하는 것을 일러 충忠이라 하고, 자신의 몸을 안정시켜 일을 실행하는 것을 일러 신信이라 한다. 지금 임금은 자신이 하기 싫어하는 바를 남에게 베풀고 있으니 그 가슴속 어리석음을 제거하지 못한 것이며, 뇌물에 혹해 친척도 멸해 버리니 이는 자신 몸을 안정되게 갖지 못한 것이다. 무릇 나라란 '충'이 없으면 설 수가 없고, '신'이 없으면 견고할 수가 없다. 이미 이렇게 충과 신이 모두 없어진데다가 외국 군대까지 머물게 되면, 그 외국 군대는 그 틈을 알고 회군해 돌아올 때 우리를 멸망시킬 의도를 드러낼 것이다. 이렇게 자기 자신이 스스로 나서서 그 근본을 뽑아 버리니 어찌 나라가 장구할 수 있겠느냐? 내 이 나라를 떠나지 않으면 화근이 다가올 것이다."

그러고는 처와 가족을 데리고 서산西山으로 가 버렸다.

그로부터 석 달, 우나라는 망하고 말았다.

伐虢之役, 師出於虞, 宮之奇諫而不聽.

出, 謂其子曰:「虞將亡矣! 唯忠信者能留外寇而不害. 除闇以應外謂之忠, 定身以行事謂之信. 今君施其所惡於人, 闇不除矣; 以賄滅親, 身不定矣. 夫國非忠不立, 非信不固. 旣不忠信, 而留外寇, 寇知其釁而歸圖焉. 己自拔其本矣, 何以能久? 吾不去, 懼及焉.」

以其孥適西山.

三月, 虞乃亡.

【伐虢之役】 魯 僖公 5년(B.C.655) 晉 獻公이 제 2차 虢나라 정벌에 나섰음. 진나라 도읍 絳은 지금의 山西 翼城縣이며, 虞나라는 지금의 山西 平陸, 괵은 河南 陝縣에 있어 반드시 우나라를 통과해야 하였음. 이에 우나라 대부 궁지기는 길을 빌려 주어서는 안 된다고 '脣亡齒寒'의 성어를 들어 간언하였으나 虞君은 이를 듣지 않음.

【除闇】 자신의 속에 들어 있는 욕심을 제거하고 공평하게 함.

【滅親】 虞나라는 太王(古公亶甫)의 후손이며 虢나라는 王季(季歷)의 지손으로 같은 姬姓이며 친척인 셈이었음.

【釁】 틈. 하자. 虞나라가 신의도 없고 나라도 굳건하지 못함을 말함.

【孥】 처와 아들을 함께 일컫는 말. 가족 전체를 뜻함.

【虞乃亡】 진나라 군대가 回軍하는 길에 虞나라를 멸망시킴.

참고 및 관련 자료

1. 《左傳》 僖公 2年

晉荀息請以屈產之乘與垂棘之璧假道於虞以伐虢. 公曰:「是吾寶也.」對曰:「若得道於虞, 猶外府也.」公曰:「宮之奇存焉.」對曰:「宮之奇之爲人也, 懦而不能强諫. 且少長於君, 君暱之; 雖諫, 將不聽.」乃使荀息假道於虞, 曰:「冀爲不道, 入自顚軨, 伐鄍三門. 冀之旣病, 則亦唯君故. 今虢爲不道, 保於逆旅, 以侵敝邑之南鄙. 敢請假道, 以請罪于虢.」虞公許之, 且請先伐虢. 宮之奇諫, 不聽, 遂起師. 夏, 晉里克·荀息帥師會虞師, 伐虢, 滅下陽. 先書虞, 賄故也.

2. 《史記》 앞장 참조.

092(8-5) 獻公問卜偃攻虢何月
헌공이 복언에게 괵나라 공격날짜를 묻다

진晉 헌공獻公이 복언卜偃에게 물었다.

"괵虢나라 공격은 어느 달이 좋을까요?"

복언이 대답하였다.

"동요童謠에 이렇게 노래하였지요. '병자일 이른 새벽, 용꼬리가 진辰에 숨으면 군복 입은 군사의 늠름한 모습, 괵나라 깃발을 탈취하리라. 순화鶉火 별이 번쩍이면 천책天策은 빛을 잃고 불꽃이 남쪽에 나타나 군대가 모이면 괵공은 도망치리.' 따라서 순화 별이 아침에 남방에 보이는 날이라면 9월과 10월이 바뀌는 그 날이겠지요?"

獻公問於卜偃曰:「攻虢何月也?」

對曰:「童謠有之曰:『丙之晨, 龍尾伏辰, 均服振振, 取虢之旂. 鶉之賁賁, 天策焞焞, 火中成軍, 虢公其奔.』火中而旦, 其九月十月之交乎?」

【卜偃】郭偃. 晉나라 대부로 점치는 일을 담당하였음.

【丙之晨】병자일 새벽.

【龍尾】별 이름. 尾星. 28수(宿)의 하나.

【辰】해와 달이 운행하면서 만나는 각도.

【均服】戎服. 軍服.

【鶉】 별 이름. 역시 28수 중의 柳星.
【賁賁】 鄭玄 주에 '爭鬪惡貌'라 함.
【天策】 鶉星의 꼬리 부분에 있는 별 이름.
【焞焞】 별빛이 희미해지는 모습.
【火中】 鶉星의 불꽃이 남방에 나타남.

참고 및 관련 자료

1. 《左傳》 僖公 5年

晉侯復假道於虞以伐虢. 宮之奇諫曰: 「虢, 虞之表也; 虢亡, 虞必從之. 晉不可啓, 寇不可翫. 一之謂甚, 其可再乎? 諺所謂'輔車相依, 脣亡齒寒' 者, 其虞, 虢之謂也.」 公曰: 「晉, 吾宗也, 豈害我哉?」 對曰: 「大伯·虞仲, 大王之昭也; 大伯不從, 是以不嗣. 虢仲·虢叔, 王季之穆也, 爲文王卿士, 勳在王室, 藏於盟府. 將虢是滅, 何愛於虞? 且虞能親於桓·莊乎? 其愛之也, 桓·莊之族何罪? 而以爲戮, 不唯偪乎? 親以寵偪, 猶尙害之, 況以國乎?」 公曰: 「吾享祀豐絜, 神必據我.」 對曰: 「臣聞之, 鬼神非人實親, 惟德是依. 故周書曰: '皇天無親, 惟德是輔.' 又曰: '黍稷非馨, 明德惟馨.' 又曰: '民不易物, 惟德繄物.' 如是, 則非德, 民不和, 神不享矣. 神所馮依, 將在德矣. 若晉取虞, 而明德以薦馨香, 神其吐之乎?」 弗聽, 許晉使. 宮之奇以其族行, 曰: 「虞不臘矣. 在此行也, 晉不更擧矣.」 八月甲午, 晉侯圍上陽. 問於卜偃曰: 「吾其濟乎?」 對曰: 「克之.」 公曰: 「何時?」 對曰: 「童謠云, '丙之晨, 龍尾伏辰; 均服振振, 取虢之旂. 鶉之賁賁, 天策焞焞, 火中成軍, 虢公其奔.' 其九月·十月之交乎! 丙子旦, 日在尾, 月在策, 鶉火中, 必是時也.」 冬十二月丙子, 朔, 晉滅虢. 虢公醜奔京師. 師還, 館于虞, 遂襲虞, 滅之. 執虞公及其大夫井伯, 以媵秦穆姬, 而修虞祀, 且歸其職貢於王. 故書曰: 「晉人執虞公」, 罪虞, 且言易也.

093(8-6) 宰周公論齊侯好示
재주공이 제 환공의 과시하기 좋아함을 논하다

제齊 환공桓公이 소집한 규구葵丘의 회맹에, 헌공獻公이 참여하고자 가는 길에 재주공宰周公을 만났더니 그가 이렇게 말하는 것이었다.

"그 회맹에 참가하지 마십시오. 무릇 제나라 군주는 과시하기를 좋아합니다. 힘으로 남에게 보이기는 힘쓰면서 덕을 쌓기에는 힘쓰지 않습니다. 그 때문에 제후들이 올 때는 빈손으로 왔다가 갈 때는 후하게 주어 보내어 자신에게 찾아온 자로 하여금 돌아가 자신을 배반하던 자들에게 권하여 자신을 흠모하도록 하고 있습니다. 이들을 좋은 말로 안정되게 품어 주며 결맹에는 요구를 적게 하고 많은 것을 얻어가게 함으로써 믿음을 과시하였고, 세 번 제후들에게 부탁하여 망해 가는 나라를 세 번 존속시켜 주어 그 시혜를 과시하였습니다. 이렇게 하여 북으로는 산융山戎을 치고, 남으로는 초楚나라를 토벌하였으며, 서쪽에서는 이 회맹을 열게 된 것입니다. 비유하건대 집지을 때 이미 용마루를 얹어 눌러 놓았다면 다시 그 위에 무엇을 더 얹을 것이 있겠습니까? 내 듣기로 은혜는 널리 고르게 베풀기 어렵고, 시혜는 모두 갚아내기가 어렵다 하였습니다. 널리 베풀지 못하고 갚아내지 못한다면 마침내 원수로 변하고 마는 것입니다. 무릇 제후齊侯가 장차 베푸는 시혜는 마치 빚과 같은 것입니다. 그러나 이번 회맹에 그는 남의 받듦을 얻어내지 못할 것입니다. 그렇다면 어느 경황에 귀국 진晉나라를 바로잡겠다고 나설 수 있겠습니까? 비록 지금 그와 회맹을 한다 해도 장차 그는 동쪽에서 다시 회맹을 하고자 할 것입니다. 임금께서는 두려워하지 마십시오. 그 때 힘을 쓰시면 될 것입니다!"

헌공은 이에 발길을 돌려 되돌아왔다.

葵丘之會, 獻公將如會, 遇宰周公, 曰:「君可無會也. 夫齊侯好示, 務施與力而不務德, 故輕致諸侯而重遣之, 使至者勸而叛者慕. 懷之以典言, 薄其要結而厚德之, 以示之信; 三屬諸侯, 存亡國三, 以示之施. 是以北伐山戎, 南伐楚, 西爲此會也. 譬之如室, 旣鎭其甍矣, 又何加焉? 吾聞之, 惠難徧也, 施難報也. 不徧不報, 卒於怨讎. 夫齊侯將施惠如出責, 是之不果奉, 而暇晉是皇? 雖後之會, 將在東矣. 君無懼矣, 其有勤也!」

公乃還.

【葵丘之會】 魯 僖公 9년(B.C.651) 가을 齊 桓公이 제후들을 葵丘로 불러 회맹을 가졌음. 葵丘는 宋나라 땅으로 지금의 河南 蘭考縣 경내.

【宰周公】 周나라 卿 宰孔.

【懷】 안심하도록 품어 줌.

【厚德之】 '德'은 '得'과 같음. 회맹에 참가한 제후들로 하여금 많은 것을 얻어 가도록 함.

【山戎】 北戎이라고도 하며 지금의 河北 근처에 분포하였던 소수 민족. 齊 桓公이 B.C.663년 이를 토벌하였음.

【甍】 집의 대들보. 용마루. 脊梁.

【責】 '債'와 같음.

【果奉】 '果'는 이겨냄. '奉'은 다른 제후들이 제 환공을 받들어 모심. 혹은 '실행됨'을 뜻하는 것으로 봄. 즉 '이번 회담은 좋은 결과를 얻어내지 못할 것'이라는 뜻.

【皇】 '匡'과 같음. '바로잡다'의 뜻. 진나라에게 간섭을 함. 疊韻 互訓.

참고 및 관련 자료

1. 《左傳》 僖公 9年

夏, 會于葵丘, 尋盟, 且修好, 禮也. 王使宰孔賜齊侯胙, 曰: 「天子有事于文·武, 使孔賜伯舅胙.」 齊侯將下·拜. 孔曰: 「且有後命, 天子使孔曰: '以伯舅耋老, 加勞, 賜一級, 無下拜!'」 對曰: 「天威不違顏咫尺, 小白, 余敢貪天子之命, 無下拜? 恐隕越于下, 以遺天子羞. 敢不下拜?」 下, 拜; 登, 受.

094(8-7) 宰周公論晉侯將死
재주공이 진나라 임금이 장차 죽을 것임을 논하다

재공宰孔이 자신의 마부에게 이렇게 일렀다.

"진후晉侯는 장차 죽을 것이다! 경곽산景霍山에 성을 쌓고 분수汾水, 하수河水, 속수涑水, 회수澮水를 그 방어 도랑을 삼으며, 융적戎狄의 백성들이 그 둘레에 가득 차 있다. 이렇게 넓은 토지를 가지고 있으면서도 진실로 그 정도에 위배된 짓을 저지르고 있으니 누가 그러한 나라를 겁내겠는가! 지금 진후는 제齊나라가 얼마나 풍성한 덕을 가지고 있는지 헤아리지도 아니하고, 또 제후들의 세력이 어떠한 지도 따져보지 않으면서 그 관문 지키기를 포기하고 수리하지 아니하며 도리어 도를 행하는 일에는 경홀히 여기고 있으니 이는 그 인심을 잃은 것이다. 군자가 인심을 잃고 일찍 죽지 아니한 자는 드문 법이다."

이 해에 헌공獻公이 죽었다.

그리고 8년 뒤 회淮 땅에서 회맹이 있었다.

그 때 제齊 환공桓公이 죽어 빈상殯喪 중이었는데, 송宋나라가 제나라를 쳐들어갔다.

宰孔謂其御曰:「晉侯將死矣! 景霍以爲城, 而汾·河·涑·澮以爲渠, 戎·狄之民實環之. 汪是土也, 苟違其違, 誰能懼之! 今晉侯不量齊德之豐否, 不度諸侯之勢, 釋其閉修, 而輕於行道, 失其心矣. 君子失心, 鮮不夭昏.」

是歲也, 獻公卒.

八年, 爲淮之會.
桓公在殯, 宋人伐之.

【宰孔】 周나라 대부. 宰周公..
【御】 수레를 모는 마부.
【晉侯】 晉나라 임금. 여기서는 惠公을 가리킴.
【景霍】 진나라 산 이름. 大霍山.
【渠】 성 주위를 둘러싸서 판 垓字.
【夭昏】 일찍 죽음. 요절과 같음.
【淮之會】 魯 僖公(釐公) 16년(B.C.644) 제 환공이 다시 제후를 모아 회맹을 하였으며, 淮는 지금의 江蘇 盱眙縣 경내.
【桓公】 齊 桓公이 魯 僖公 17년(B.C.643)에 죽자 공자들의 권력 쟁탈전이 벌어져 太子는 송나라로 도망하였고, 宋 襄公이 제나라를 쳐서 태자 昭를 귀국시킨 다음 이를 제나라 왕이 되도록 함. 이가 노나라 孝公(B.C.642~633)임.
【宋人伐之】 제 환공이 죽자 宋 襄公이 패자가 될 꿈을 안고 제나라를 쳐들어감. 司馬遷은 《史記》에서 이 宋 襄公을 春秋五霸로 여겼음.

참고 및 관련 자료

1. 《左傳》 僖公 9年

秋, 齊侯盟諸侯于葵丘, 曰: 「凡我同盟之人, 旣盟之後, 言歸于好.」 宰孔先歸, 遇晉侯, 曰: 「可無會也. 齊侯不務德而勤遠略, 故北伐山戎, 南伐楚, 西爲此會也. 東略之不知, 西則否矣. 其在亂乎! 君務靖亂, 無勤於行.」 晉侯乃還.

2. 《史記》 齊太公世家

三十五年夏, 會諸侯于葵丘. 周襄王使宰孔賜桓公文武胙·彤弓矢·大路, 命無拜. 桓公欲許之, 管仲曰「不可」, 乃下拜受賜. 秋, 復會諸侯於葵丘, 益有驕色. 周使宰孔會. 諸侯頗有叛者. 晉侯病, 後, 遇宰孔. 宰孔曰: 「齊侯驕矣, 弟無行.」 從之. 是歲, 晉獻公卒, 里克殺奚齊·卓子, 秦穆公以夫人入公子夷吾爲晉君. 桓公於是討晉亂, 至高梁, 使隰朋立晉君, 還.

095(8-8) 里克殺奚齊而秦立惠公
이극이 해제를 죽이고 진나라가 혜공을 세우다

진晉 헌공獻公 26년, 헌공이 죽었다.

이극里克은 해제奚齊를 죽이고자 먼저 해제의 스승 순식荀息에게 이렇게 말하였다.

"신생申生, 중이重耳, 이오夷吾를 따르던 무리들이 장차 어린 해제를 죽이고자 한다면 그대는 어떻게 하겠소?"

순식이 말하였다.

"모시던 임금이 죽었는데 그 어린 고아를 죽인다면 나도 죽을 뿐입니다. 나는 그런 일에 따르지 않겠습니다!"

이극이 말하였다.

"그대가 죽고 어린아이가 산다면 역시 좋은 일이 아니겠습니까? 그러나 그대도 죽고 해제도 폐위된다면 죽은들 무슨 소용이 있겠습니까?"

순식이 말하였다.

"옛날 임금께서 저에게 신하로서 임금 섬기는 문제를 질문하시기에 저는 '충정忠貞이어야 합니다'라고 대답하였습니다. 그러자 임금께서 '무엇을 말하는 것인가?'라고 물으시기에, 저는 '공실公室을 이롭게 하는 일이라면 힘이 닿는 데까지 하되 하지 못할 일이 없는 것이 충忠이요, 죽은 이는 장례를 치러 주고 산 사람은 길러 주어 죽은 이가 다시 살아나도 후회를 하지 않고, 살아있는 사람도 부끄럽게 여기지 않도록 하는 것이 정貞입니다'라고 대답하였습니다. 제 말씀은 이미 과거의 말이 되었지만, 어찌 능히 내 말을 실천하고자 하면서 내 몸을 아까워하겠습니까? 비록 죽더라도 어찌 피하겠습니까?"

이극이 이번에는 비정丕鄭에게 이 사실을 고하였다.

"세 공자의 무리들이 장차 어린 해제를 죽이려 한다면 그대는 어떻게 하시겠습니까?"

비정이 말하였다.

"순식은 어떻게 말하던가요?"

"순식은 '함께 해제를 위해 죽을 것'이라 하더군요."

비정이 말하였다.

"그대는 힘쓰시오! 무릇 한 나라의 국사國士 두 사람이 하는 일이라면 이루지 못할 것이 없소. 내 그대를 위해 행동하겠소. 그대는 칠여대부七輿大夫를 거느리고 나를 기다리시오. 내 중이重耳가 있는 적인狄人으로 하여금 해제를 흔들게 하고, 이오夷吾가 있는 진秦나라를 끌어들여 이로써 해제의 일당을 흔들어 놓겠소. 우리는 그들 중 덕이 박한 자를 왕으로 삼으면 우리가 큰 이익을 얻을 수 있고, 덕이 후한 사람이라면 들어오지 못하게 하면 되오. 그러면 나라가 누구 것이 되겠소!"

이극이 말하였다.

"안 되오. 내 듣기로 의義란 이익을 족하게 하는 것이며, 탐貪이란 원망의 근본이라 하였습니다. 의를 버리면 이익이 생기지 아니하며, 탐욕을 너무 부리면 원망이 생겨나는 것입니다. 무릇 어린 해제가 백성에게 무슨 죄를 지었습니까? 여희가 임금을 고혹蠱惑하게 하고 백성을 무고하였으며, 참언으로써 여러 공자들을 몰아내어 그 이익을 빼앗았던 것이며, 임금으로 하여금 미란迷亂에 빠지게 하여 임금이 그를 믿었다가 망하게 된 것이며, 죄 없는 신생을 죽여 제후들의 웃음을 사고 말았던 것이며, 백성으로 하여금 그 마음속에 그들을 증오하지 않을 수 없도록 한 것입니다. 이는 마치 큰 냇물을 막아 무너지면 가히 막아낼 수 없도록 한 것과 같습니다. 이 까닭으로 해제를 죽이고 밖에 망명 중인 공자를 세우되 그로써 백성의 근심을 그치게 해 주어 안정시키며, 제후들이 장차 이를 도와 준다면 이는 제후가 의롭게 여겨 도와 주는 것이며, 백성이 흔쾌히 받들어 모셔 나라가 가히 안정된 것이라 말할 수 있을 것입니다. 그러나 임금을 죽이고 지금 그 부유함을 얻고자 한다면, 이는 탐욕으로 의에 반하는 행위가 됩니다. 탐욕을 부리면 백성들이 원망할 것이며, 의에 반하는 행동을 하면 그로써 얻는 부귀란 이익이라 여길 수 없습니다. 나라를 어지럽히면서 자신에게도 위태롭고 제후들도 이를 기록으로 남길 것이니 상도常道가 될 수 없습니다."

비정이 그의 의견을 들었다.

이에 해제와 탁자卓子 및 여희를 살해하고, 진秦나라에게 새 임금을 세워 줄 것을 청하였다.

한편 해제가 이윽고 살해되자, 그 스승 순식도 순직하고자 하였다.

어떤 이가 말하였다.

"죽느니 해제의 아우를 세워 그를 보좌하느니만 못합니다."

그리하여 순식이 탁자를 세웠지만, 이극은 탁자마저 살해하고 말았다. 이에 순식은 그만 죽고 말았다.

군자가 평하였다.

"순식은 자신의 말을 식언하지 않았다."

이윽고 해제와 탁자를 죽이고 나자, 이극과 비정은 도안이屠岸夷를 공자 중이가 있는 적나라로 보내어 이렇게 말하였다.

"나라는 혼란스럽고 백성은 흔들리고 있습니다. 나라란 어지러울 때 차지하는 것이며, 백성이란 흔들릴 때 다스리는 것입니다. 공자께서는 어찌 귀국하지 않습니까? 제가 청컨대 그대의 바늘이 되어 드리겠습니다."

중이가 구범에게 의견을 물었다.

"이극이 나를 불러들이려 하오."

구범이 말하였다.

"안 됩니다. 무릇 나무를 심는 것은 그 처음 심을 때가 중요합니다. 처음 심을 때 그 근본을 잘 심지 않으면 끝내 반드시 말라 시들어 잎이 떨어져 죽고 맙니다. 무릇 나라의 우두머리란 오직 희로애락의 예절을 알아야 이로써 백성을 인도할 수 있는 것입니다. 나라에 국상國喪이 벌어졌는데 이를 애도하지 않고 나라를 차지하겠다고 하는 것은 어렵습니다. 그리고 난이 한창인데 들어가는 것은 위험합니다. 국상을 이용하여 나라를 차지하게 되면 그 국상을 즐겁게 여기는 것이 되며, 국상을 즐겁게 여긴다면 반드시 슬픈 일이 생기고 말 것입니다. 그리고 난이 한창일 때 들어가면 틀림없이 그 난을 즐겁게 여기는 것이 되며, 난을 즐겁게 여기는 것이 되면 반드시 덕이 태만하게 됩니다. 이처럼 희로애락을 바꾼다면 어떻게 백성을 인도할 수 있겠습니까? 그리고 백성이 나의 인도를 따라 주지 않는다면 어찌 우두머리가 될 수 있겠습니까?"

중이가 말하였다.

"이러한 국상이 있지 않으면 어찌 뒤를 이을 임금이 있을 수 있겠습니까? 그리고 난이 일어나지 않으면, 누가 나를 들어오게 해 주겠습니까?"

구범이 말하였다.

"제가 듣기로 상과 난에는 대소의 차이가 있으니, 대상大喪과 대란大亂의 날카로운 칼날 앞에는 감히 나서지 않는 것이라 하였습니다. 부모가 죽은 것은 대상이며, 형제가 참언에 휩쓸려 있는 상태는 대란입니다. 지금이 바로 그러한 때이니 그 까닭으로 어렵다는 것입니다."

이에 공자 중이는 나아가 그 사자를 만나 이렇게 거절하였다.

"그대가 이 망명 중인 나를 돌아보아 주신 은혜는 고맙습니다만 아버지가 살아 계실 때에는 비로 쓸고 물 뿌려 청소하는 일도 해 드리지 못하였고, 돌아가신 다음에는 다시 그 영전에 나타나지도 못하니 거듭 죄를 짓고 있는 셈입니다. 게다가 여러 대부들을 나로 하여금 욕되게 하였으니 감히 사양합니다. 무릇 나라를 견고하게 할 수 있는 자는 여러 무리를 친히 여기고 이웃 나라와 친밀한 관계를 유지하여야 하며, 백성을 통해 이를 순조롭게 실천해야 하는 것입니다. 만약 진실로 백성들이 내가 들어서는 것을 이롭게 여기고 이웃 나라가 나를 세워 주며 대부들이 따라 준다면 나도 감히 거절하지는 않을 것입니다."

한편 여생呂甥과 극칭郤稱도 역시 포성오蒲城午를 양梁나라에 망명 중인 이오에게 보내어 이렇게 말하였다.

"그대는 진秦나라에 많은 재물을 주어 귀국을 도와달라고 하십시오. 우리가 그대를 임금으로 세워드리겠습니다."

이오가 기예冀芮에게 물었다.

"여생이 나를 귀국하라 하오."

기예가 말하였다.

"그대는 힘쓰시오. 나라에 난이 일어나고 백성이 동요하고 있으며 대부들은 우왕좌왕하고 있으니 이러한 기회를 놓칠 수 없습니다. 난이 일어나지 않으면 어찌 들어갈 수 있겠습니까? 또 위험이 아니라면 어찌 안정시킬 수 있겠습니까? 다행스럽게도 그대는 임금의 아들이니 오직 찾는 자는 그대입니다. 바야흐로 난이 일어나고 소요가 일어나고 있으니 누가 우리를 막아서겠습니까? 대부들은 우왕좌왕하고 있는데 진실로 많은 사람이 임금자리에 앉혀 준다면 누가 복종하지 않겠습니까? 그대는 어찌 나라 전체의 재물을 외국 제후와 국내 대부들에게 뇌물로 주지 않습니까? 나라의 창고가 비는 것을 아까워하지 마시고 사람을 구하십시오. 그리하여 귀국하여 왕이 되면 그 때 다시 모으면 됩니다."

공자 이오는 나가 사절을 만나 두 번 절하고 머리를 조아려 허락하였다.

여생은 대부들에게 이렇게 고하였다.

"임금이 죽었는데 자신이 나서서 임금이 되겠다는 것은 감히 바랄 수 없을 것이오. 그렇다고 시간을 오래 끌면 제후들이 다른 모의를 할까 두렵소. 그러나 곧바로 밖에서 임금 될 자를 불러온다면 백성들이 각기 생각이 달라 심한 혼란이 생길까 두렵소. 어찌 진나라에게 청하여 임금 될 자를 세워달라고 하지 않을 수 있겠소?"

대부들이 허락하였다.

이에 양유미梁由靡를 진秦 목공穆公에게 사절로 보내어 이렇게 말하였다.

"하늘이 우리 진나라에게 재앙을 내려 참언이 이토록 일을 크게 저지르고 말았습니다. 그 일이 우리 임금의 뒤를 이을 형제들에게 미쳐 그들은 근심과 두려움을 품은 채 멀리 흩어져 초망草莽에 의탁하여 아직 기댈 곳이 없습니다. 게다가 지금 우리 임금의 죽음을 만나 상喪과 난亂이 함께 몰려들었습니다. 이에 귀국 임금의 신령스러움과 귀신의 도움으로 죄인들은 그 죄를 법대로 다스렸으나, 우리 신하들은 감히 안녕을 얻지 못한 채 장차 임금의 명령을 기다리고 있는 상태입니다. 임금께서 만약 우리나라 사직을 은혜롭게 돌아보아 주시며 양국 선군들의 우호를 잊지 않으셔서, 욕됨을 무릅쓰고 우리 도망하여 망명하고 있는 우리 후손을 거두어 임금을 세워, 나라의 제사를 주관하게 해 주시고 아울러 그 국가와 백성을 진무하여 위로해 주신다면, 비록 사방의 이웃 제후들일지라도 이를 들으면 그 누가 임금의 위엄을 두려워하지 않을 자가 있겠으며, 임금의 덕을 기뻐하지 않을 자 있겠습니까? 그리고 삶을 마친 임금을 더욱 아껴 주시고 새롭게 오른 임금을 더욱 덕을 내려 주시어서 우리 여러 신하들이 그 큰 덕을 받는다면 우리나라 누구 하나 감히 임금의 노예가 되어 신복하기를 거부하는 자가 있겠습니까?"

진 목공이 이를 허락하였다.

그리하여 그 사신들을 돌려보내고 대부 자명子明, 孟明視과 공손지公孫枝를 불러 이렇게 말하였다.

"무릇 진나라에 난이 일어났는데 누구를 보낼 것이며, 두 공자 중 누구에게 먼저 보내고, 그들 중 누구를 진나라 임금으로 세워야 하겠소? 조석지간의 급한 일이라 여겨 주시오."

대부 자명이 말하였다.

"임금께서는 공자 집縶을 사신으로 보내십시오. 집은 민첩하고 예의도 알며, 남을 공경할 줄도 알고 미세한 속뜻도 알아차리는 능력이 있습니다. 민첩하면 능히 모책을 숨길 수 있고 예절을 알면 가히 부릴 수 있으며, 남을 공경할 줄 알면 임금의 명령을 잘못 수행하지 않으며, 미세한 것을 통해 가부를 알아낼 수 있을 것입니다. 임금께서는 그를 시키십시오."

이에 공자 집을 중이가 있는 적狄나라로 보내어 먼저 조문을 하였다.

"우리 임금께서 그대의 망명 설움을 위문토록 하셨으며, 아울러 아버지 잃은 상을 조문하라 하셨습니다. 제가 듣기로 나라를 얻을 기회는 항상 국내에 상이 났을 때이며, 나라를 잃는 것도 상이 났을 때라 하였습니다. 때란 놓칠 수 없는 것이니 공자께서는 잘 헤아려 주십시오!"

중이가 구범에게 이를 고하자 구범이 말하였다.

"안 됩니다. 망명 중인 자는 친척이 없습니다. 오직 믿음과 어짊만이 친척일 뿐입니다. 이 까닭으로 그 믿음을 두면 위험하지 않습니다. 지금 아버지가 죽어 시신이 빈소에 있는데 이를 이용하여 이익을 얻고자 한다면 누가 우리를 어질다 여기겠습니까? 사람마다 기회가 있는데 우리가 요행만으로 그런 일을 얻는다면 누가 우리를 믿음이 있다고 여겨 주겠습니까? 어질지도 못하고 믿음도 없다면 어찌 이익을 길이 누릴 수 있겠습니까?"

공자 중이가 나가 사신 집을 만나 이렇게 말하였다.

"임금께서 망명 중인 저를 그토록 위로해 주시고, 나아가 저에게 큰 임무를 맡도록 지지해 주시니 고맙습니다. 저는 망명한 몸이며, 아버지가 돌아가셨는데도 그 앞에서 곡읍哭泣할 위치도 얻지 못하고 있습니다. 그러니 어찌 감히 다른 뜻을 가지고 임금의 의로움에 욕을 끼쳐드릴 수 있겠습니까?"

그리고 재배만 하고 머리를 조아리지는 않았으며, 일어나 죽은 아버지를 위해 곡을 하고, 물러나 사사롭게 다시 공자 집을 만나지도 않았다.

공자 집은 물러나 이번에는 양나라로 가서 공자 이오를 위로하면서 중이에게 했던 말을 그대로 하였다.

이오가 이를 기예에게 고하며 이렇게 말하였다.

"진나라에서 나를 왕으로 삼아주려 하오!"

그러자 기예가 말하였다.

"공자께서는 힘쓰시오. 망명 중인 사람은 견결狷潔할 수가 없습니다. 너무 견결하면 일을 할 수가 없습니다. 두터운 예물은 덕의 짝이 되는 것이니, 공자께서는 예물을 모두 쓰십시오. 재물을 아끼지 마십시오! 사람마다 기회가 있는 것이니 우리가 요행으로써 이를 얻는다고 해서 안 될 일도 아니지 않습니까?"

공자 중이가 나가 사신 공자 집을 만나 두 번 절하고 머리까지 조아렸으며, 일어나면서 곡은 하지 않았다. 그리고 물러서 사사롭게 공자 집을 만나 이렇게 말하였다.

"중대부中大夫 이극이 내 편을 들어 준다면 내 그에게 분양汾陽 땅 백만 무를 주도록 할 것이며, 비정이 내 편을 들어 준다면 내 그에게 부채負蔡의 농지 70만 무를 주도록 명할 것이오. 그리고 귀국의 임금이 진실로 나를 도와 준다면 나는 천명天命 따위는 없어도 되오! 망명하는 자가 만약 귀국하여 종묘를 청소할 수 있고 사직을 안정시킬 수 있다면, 망명한 자로써 나라의 무슨 땅인들 내가 주지 못할 것이 있겠소? 그렇게 되면 귀국의 임금은 우리를 군현郡縣으로 여겨 소유하는 것이 되며, 게다가 하외河外의 이어진 다섯 성까지 들어올 수가 있을 것이오. 내 어찌 귀국 임금에게 내 땅은 없느냐고 말하겠소? 귀국 임금께서 하동의 진량津梁으로 놀이 나왔을 때 어렵거나 급한 일이 없도록 해 드리면 그 뿐일 것이오. 그 때는 이 망명 중이던 저로서는 임금에 대한 고마움을 가슴에 품은 채 말고삐와 말 복대를 잡고 멀리서 임금의 먼지를 바라보게 될 것이오. 황금 40일鎰과 백옥白玉의 형옥珩玉 6쌍을 감히 공자께 직접 드리지는 못하고 좌우에게 받도록 해 주시기를 청합니다."

공자 집이 돌아와 목공에게 사실대로 보고하였다.

목공이 말하였다.

"나는 공자 중이를 보내고자 한다. 중이는 어질다. 두 번 절하고 머리를 조아리지 않았으니 임금의 계승자가 되겠노라 골몰하고 있지는 않다는 것이다. 일어나면서 아버지 죽음에 곡을 한 것은 그 아비를 사랑한다는 것이며, 물러나 사사롭게 공자를 만나지 않은 것은 이익에 골몰히 빠지지는 않았다는 뜻이다."

공자 집이 말하였다.

"임금의 말씀은 지나치십니다. 임금께서 만약 진나라에 임금을 두어 그 나라를 온전히 하고자 하신다면 어진 자를 보내는 것이 역시 옳지 않겠습니까? 그러나 임금께서 만약 진나라 임금 세우는 일을 이루어 주시고 천하에 명성을 얻으려면, 어질지 못한 자를 두어 그 내부를 혼란시키느니만 못합니다. 게다가 뒤에는 다시 마음대로 그들의 진퇴를 장악할 수 있습니다. 제가 듣기로 '어짊을 기준으로 세워 줄 수도 있고, 무위를 나타내기 위해 세워 줄 수도 있다. 어짊을 자랑하고 싶으면 덕 있는 자를 세워 주고, 무위를 자랑하고 싶으면 나에게 복종하는 자를 세워 놓아야 한다'라 하였습니다."

이를 근거로 목공은 먼저 공자 이오를 보내어 진나라 임금으로 세워 주었다. 이가 진晉 혜공惠公이다.

二十六年, 獻公卒.

里克將殺奚齊, 先告荀息曰:「三公子之徒將殺孺子, 子將如何?」

荀息曰:「死吾君而殺其孤, 吾有死而已, 吾蔑從之矣!」

里克曰:「子死, 孺子立, 不亦可乎? 子死, 孺子廢, 焉用死?」

荀息曰:「昔君問臣事君於我, 我對以忠貞. 君曰:『何謂也?』我對曰:『可以利公室, 力有所能, 無不爲, 忠也. 葬死者, 養生者, 死人復生不悔, 生人不媿, 貞也.』吾言旣往矣, 豈能欲行吾言而又愛吾身乎? 雖死, 焉避之?」

里克告丕鄭曰:「三公子之徒將殺孺子, 子將何如?」

丕鄭曰:「荀息謂何?」

荀息曰:「死之』.」

丕鄭曰:「子勉之! 夫二國士之所圖, 無不遂也. 我爲子行之. 子帥七輿大夫以待我. 我使狄以動之, 援秦以搖之. 立其薄者可以得重賂, 厚者可使無入. 國, 誰之國也!」

里克曰:「不可. 克聞之, 夫義者, 利之足也; 貪者, 怨之本也. 廢義則利不立, 厚貪則怨生. 夫孺子豈獲罪於民? 將以驪姬之惑蠱君而誣國人, 讒羣公子而奪之利, 使君迷亂, 信而亡之, 殺無罪以爲諸侯笑, 使百姓莫不有藏惡於其心中, 恐其如壅大川, 潰而不可救禦也. 是故將殺奚齊而立公子之在外者, 以定民弭憂, 於諸侯且爲援, 庶幾曰諸侯義而撫之, 百姓欣而奉之, 國可以固. 今殺君而賴其富, 貪且反義. 貪則民怨, 反義則富不爲賴. 賴富而民怨, 亂國而身殆, 懼爲諸侯載, 不可常也.」

丕鄭許諾.

於是殺奚齊·卓子及驪姬, 而請君于秦.

旣殺奚齊, 荀息將死之.

人曰:「不如立其弟而輔之.」

荀息立卓子. 里克又殺卓子, 荀息死之.

君子曰:「不食其言矣.」

旣殺奚齊·卓子, 里克及丕鄭使屠岸夷告公子重耳於狄, 曰:「國亂民擾, 得國在亂, 治民在擾, 子盍入乎? 吾請爲子鉥.」

重耳告舅犯曰:「里克欲納我.」

舅犯曰:「不可. 夫堅樹在始, 始不固本, 終必槁落. 夫長國者, 唯知哀樂喜怒之節, 是以導民. 不哀喪而求國, 難; 因亂以入, 殆. 以喪得國, 則必樂喪, 樂喪必哀生. 因亂以入, 則必喜亂, 喜亂必怠德. 是哀樂喜怒之節易也, 何以導民? 民不我導, 誰長?」

重耳曰:「非喪誰代? 非亂誰納我?」

舅犯曰:「偃也聞之, 喪亂有小大. 大喪大亂之剡也, 不可犯也. 父母死爲大喪, 讒在兄弟爲大亂. 今適當之, 是故難.」

公子重耳出見使者, 曰:「子惠顧亡人重耳, 父生不得供備洒掃之臣, 死又不敢涖喪以重其罪, 且辱大夫, 敢辭. 夫固國者, 在親衆而善鄰, 在因民而順之. 苟衆所利, 鄰國所立, 大夫其從之, 重耳不敢違.」

呂甥及郤稱亦使蒲城午告公子夷吾于梁, 曰:「子厚賂秦人以求入, 吾主子.」

夷吾告冀芮曰:「呂甥欲納我.」

冀芮曰:「子勉之. 國亂民擾, 大夫無常, 不可失也. 非亂何入? 非危何安? 幸苟君之子, 唯其索之也. 方亂以擾, 孰適禦我? 大夫無常, 苟衆所置, 孰能勿從? 子盍盡國以賂外內? 無愛虛以求人, 旣入而後圖聚.」

公子夷吾出見使者, 再拜稽首許諾.

呂甥出告大夫曰:「君死自立則不敢, 久則恐諸侯之謀, 徑召君於外也, 則民各有心, 恐厚亂, 盍請君于秦乎?」

大夫許諾.

乃使梁由靡告于秦穆公曰:「天降禍于晉國, 讒言繁興, 延及寡君之紹續昆裔, 隱悼播越, 託在草莽, 未有所依. 又重之以寡君之不祿, 喪亂幷臻. 以君之靈, 鬼神降衷, 罪人克伏其辜, 羣臣莫敢寧處, 將待君命. 君若惠顧社稷, 不忘先君之好, 辱收其逋遷裔冑而建立之, 以主其祭祀, 且鎭撫其國家及其民人, 雖四鄰諸侯之聞之也, 其誰不儆懼於君之威, 而欣喜於君之德? 終君之重愛, 受君之重貺, 而羣臣受其大德, 晉國其誰非君之羣隸臣也?」

秦穆公許諾.

反使者, 乃召大夫子明及公孫枝, 曰:「夫晉國之亂, 吾誰使先, 若夫二公子而立之? 以爲朝夕之急.」

大夫子明曰:「君使縶也. 縶敏且知禮, 敬以知微. 敏能竄謀, 知禮可使, 敬不墜命, 微知可否. 君其使之.」

乃使公子縶弔公子重耳于狄, 曰:「寡君使縶弔公子之憂, 又重之以喪. 寡人聞之, 得國常於喪, 失國常於喪. 時不可失, 喪不可久, 公子其圖之!」

重耳告舅犯. 舅犯曰:「不可. 亡人無親, 信仁以爲親, 是故置之者不殆. 父死在堂而求利, 人孰仁我? 人實有之, 我以徼倖, 人孰信我? 不仁不信, 將何以長利?」

公子重耳出見使者, 曰:「君惠弔亡臣, 又重有命. 重耳身亡, 父死不得與於哭泣之位, 又何敢有他志以辱君義?」

再拜不稽首, 起而哭, 退而不私.

公子縶退, 弔公子夷吾于梁, 如弔公子重耳之命.

夷吾告冀芮曰:「秦人勤我矣!」

冀芮曰:「公子勉之! 亡人無狷潔, 狷潔不行. 重賂配德, 公子盡之, 無愛財! 人實有之, 我以徼倖, 不亦可乎?」

公子夷吾出見使者, 再拜稽首, 起而不哭, 退而私於公子縶曰:「中大夫里克與我矣, 吾命之以汾陽之田百萬. 丕鄭與我矣, 吾命之以負蔡之田七十萬. 君苟輔我, 蔑天命矣! 亡人苟入掃宗廟, 定社稷, 亡人何國之與有? 君實有郡縣, 且入河外列城五. 豈謂君無有? 亦爲君之東游津梁之上, 無有難急也. 亡人之所懷挾纓纕, 以望君之塵垢者. 黃金四十鎰, 白玉之珩六雙, 不敢當公子, 請納之左右.」

公子縶反, 致命穆公.

穆公曰:「吾與公子重耳. 重耳仁. 再拜不稽首, 不沒爲後也. 起而哭, 愛其父也. 退而不私, 不沒於利也.」

公子縶曰:「君之言過矣. 君若求置晉君而載之, 置仁不亦可乎? 君若求置晉君以成名於天下, 則不如置不仁以猾其中, 且可以進退. 臣聞之曰:『仁有置, 武有置. 仁置德, 武置服.』」

是故先置公子夷吾, 寔爲惠公.

【二十六年】晉 獻公 26년(B.C.651).

【里克】里季子. 晉나라 대부.

【奚齊】獻公과 驪姬 사이에 난 막내아들이며, 驪姬가 태자 신생을 죽이고 重耳와 夷吾까지 몰아낸 다음 태자로 세운 인물.

【荀息】奚齊의 스승.

【三公子】申生·重耳·夷吾 셋을 가리킴. 당시 重耳는 狄에 있었고, 夷吾는 秦나라 附庸國인 梁나라에 있었음.

【蔑】'無'와 같음. 古音으로 雙聲互訓.

【丕鄭】역시 晉나라 대부. '邳鄭'으로도 표기함.

【二國士】里克과 丕鄭 자신을 가리킴. 결국 힘을 합해 해제를 죽이겠다고 동의한 것임.

【七輿大夫】申生이 거느렸던 下軍大夫들. 左行共華·右行賈華·叔堅·騅歂·纍虎·特宮·山祁 등.

【載】제후들이 그 사실을 역사책에 실어 기록함.

【屠岸夷】진나라 대부.

【銶】 바늘. 실을 이끌고 나가듯이 前導함을 말함.
【舅犯】 狐偃. 자는 子犯으로 重耳의 외삼촌(舅)이었음. 그 때문에 '구범'으로 부른 것.
【冀芮】 秦나라 대부. 冀缺의 아버지.
【呂甥, 郤稱】 夷吾의 黨人.
【蒲城午】 진나라 대부.
【梁由靡】 역시 진나라 대부.
【秦穆公】 春秋五霸의 하나. 秦나라 伯益의 후손이며 德公의 아들. 이름은 任好. B.C.659~621년까지 39년간 재위함.
【昆裔】 昆은 맏이 裔는 말손. 후손을 말함.
【隱悼播越】 '隱'은 憂, '悼'는 懼, '播'는 散, '越'은 遠의 뜻임.
【逋遷裔胄】 逋는 亡, 遷은 徙, 胄는 후손.
【子明】 孟明視.
【公孫枝】 公孫子桑
【縶】 公子 縶. 子顯. 秦 穆公의 아들.
【狷潔】 자신을 깨끗이 하여 잘 지켜냄.
【汾陽】 晉나라 지명. 汾水가 흐르고 있음.
【負蔡】 역시 晉나라 땅 이름.
【津梁】 하동 하수의 나루나 다리. 진 목공이 이곳으로 마음 놓고 놀이를 나올 수 있다는 뜻.
【纓纕】 말의 고삐와 말의 腹帶.
【鎰】 돈이나 무게를 다는 단위. 20兩이 1鎰이었다 함.
【猾】 내부를 혼란시킴. 내란을 조성함.
【惠公】 헌공의 아들(申生, 重耳, 夷吾) 중 막내인 夷吾. 驪姬의 난으로 梁나라로 도망하였다가, 獻公이 죽자 秦의 도움으로 돌아와 왕위에 오름. B.C.650~637년까지 14년간 재위하였으며, 중이를 기다리는 민의를 제대로 파악하지 못한 채 불안한 통치를 하였고, 그 때문에 본문과 같은 저주와 폄훼의 내용이 나타나게 된 것임. 결국 14년 뒤 혜공이 죽고 태자 子圉가 들어섰으나(懷公) 즉시 피살되었으며, 뒤를 이어 文公(重耳)이 들어섬.

참고 및 관련 자료

1.《左傳》僖公 9年

九月, 晉獻公卒. 里克·丕鄭欲納文公, 故以三公子之徒作亂. 初, 獻公使荀息傅奚齊. 公疾, 召之, 曰:「以是藐諸孤辱在大夫, 其若之何?」稽首而對曰:「臣竭其股肱之力, 加之以忠·貞. 其濟, 君之靈也; 不濟, 則以死繼之.」公曰:「何謂忠·貞?」對曰:「公家之利, 知無不爲, 忠也; 送往事居, 耦倶無猜, 貞也.」及里克將殺奚齊, 先告荀息曰:「三怨將作, 秦·晉輔之, 子將何如?」荀息曰:「將死之.」里克曰:「無益也.」荀叔曰:「吾與先君言矣, 不可以貳. 能欲復言而愛身乎? 雖無益也, 將焉辟之? 且人之欲善, 誰不如我? 我欲無貳, 而能謂人已乎?」冬十月, 里克殺奚齊于次. 書曰「殺其君之子」, 未葬也. 荀息將死之, 人曰:「不如立卓子而輔之.」荀息立公子卓以葬. 十一月, 里克殺公子卓于朝. 荀息死之. 君子曰:「詩所謂'白圭之玷, 尙可磨也; 斯言之玷, 不可爲也', 荀息有焉.」

2.《史記》秦本紀

晉獻公卒. 立驪姬子奚齊, 其臣里克殺奚齊. 荀息立卓子, 克又殺卓子及荀息. 夷吾使人請秦, 求入晉. 於是繆公許之, 使百里傒將兵送夷吾. 夷吾謂曰:「誠得立, 請割晉之河西八城與秦.」及至, 已立, 而使丕鄭謝秦, 背約不與河西城, 而殺里克. 丕鄭聞之, 恐, 因與繆公謀曰:「晉人不欲夷吾, 實欲重耳. 今背秦約而殺里克, 皆呂甥·郤芮之計也. 願君以利急召呂·郤, 呂·郤至, 則更入重耳便.」繆公許之, 使人與丕鄭歸, 召呂·郤. 呂·郤等疑丕鄭有間, 乃言夷吾殺丕鄭. 丕鄭子丕豹奔秦, 說繆公曰:「晉君無道, 百姓不親, 可伐也.」繆公曰:「百姓苟不便, 何故能誅其大臣? 能誅其大臣, 此其調也.」不聽, 而陰用豹.

096(8-9) 冀芮答秦穆公問
기예가 진 목공의 질문에 답하다

진秦 목공穆公이 기예冀芮에게 물었다.

"공자公子 이오夷吾는 진晉나라 안에 어떤 믿을 사람을 심어놓고 있소?"

기예가 대답하였다.

"제가 듣기로 망명 중인 자는 당黨을 만들어서는 안 되며, 당을 가졌다가는 반드시 어려움을 당한다 하였습니다. 공자 이오는 어릴 때에는 농담이나 희언을 좋아하지 않았고, 보복도 과분하게 하지는 않았으며, 노한 기색도 얼굴에 나타내지 않았습니다. 지금 어른으로 자라서도 역시 그러한 성품을 바꾸지 않고 있습니다. 그 때문에 나라를 떠나 망명하고 있어도 그 고국에 아무런 원망을 남겨두지 않게 된 것이며, 그 곳 무리들이 그에 대해서 안심하고 있는 것입니다. 그렇지 않다면 이오는 특별한 재능도 없는데 누가 그를 믿어 주겠습니까?"

군자가 말하였다.

"기예는 미세한 것으로써 남에게 권하는 말솜씨가 뛰어나도다."

穆公問冀芮曰:「公子誰恃於晉?」

對曰:「臣聞之, 亡人無黨, 有黨必有難. 夷吾之少也, 不好弄戲, 不過所復, 怒不及色, 及其長也弗改. 故出亡無怨於國, 而衆安之. 不然, 夷吾不佞, 其誰能恃乎?」

君子曰:「善以微勸也.」

【穆公】 秦 穆公(繆公). 春秋五霸의 하나. 秦나라 伯益의 후손이며 德公의 아들. 이름은 任好. B.C.659~621년까지 39년간 재위함.

【冀芮】 秦나라 대부. 冀缺의 아버지.

【公子】 夷吾를 가리킴. 당시 망명으로 떠돌았으며 이때 秦나라에 와 있었음. 뒤에 秦나라의 도움으로 귀국하여 晉 惠公이 됨.

【君子】 흔히 史書의 끝에 총평이나 찬의 말을 덧붙일 때 임의로 내세우는 評者. 孔子나 기록한 자 자신의 의견일 경우가 많음.

【微勸】 미세한 내용으로 남을 권고하거나 깨우쳐 줌.

참고 및 관련 자료

1. 《左傳》 僖公 9年

晉郤芮使夷吾重賂秦以求入, 曰: 「人實有國, 我何愛焉? 入而能民, 土於何有?」 從之. 齊隰朋帥師會秦師納晉惠公. 秦伯謂郤芮曰: 「公子誰恃?」 對曰: 「臣聞亡人無黨, 有黨必有讎. 夷吾弱不好弄, 能鬪不過, 長亦不改, 不識其他.」 公謂公孫枝曰: 「夷吾其定乎?」 對曰: 「臣聞之, '唯則定國'. 詩曰'不識不知, 順帝之則', 文王之謂也. 又曰'不僭不賊, 鮮不爲則', 無好無惡, 不忌不克之謂也. 今其言多忌克, 難哉!」 公曰: 「忌則多怨, 又焉能克? 是吾利也.」

2. 《史記》 晉世家

邳鄭使秦, 聞里克誅, 乃說秦繆公曰: 「呂省·郤稱·冀芮實爲不從. 若重賂與謀, 出晉君, 入重耳, 事必就.」 秦繆公許之, 使人與歸報晉, 厚賂三子. 三子曰: 「幣厚言甘, 此必邳鄭賣我於秦.」 遂殺邳鄭及里克·邳鄭之黨七輿大夫. 邳鄭子豹奔秦, 言伐晉, 繆公弗聽.

卷九 晉語(三)

097(9-1) 惠公入而背外內之賂
혜공이 입국하여 내외의 약속을 저버리다

혜공惠公이 귀국하고 나서 안팎으로 했던 약속을 모두 저버리자 여론을 형성하는 많은 사람들이 이렇게 노래를 지어 불렀다.

"위선은 위선자에게 당하나니 과연 그 전지를 잃을 것이로다.
속임은 다시 속임을 당하나니 과연 그 도움을 잃으리라.
나라를 얻고 나서 탐욕을 부리니 마침내 그 허물을 만나리라.
토지를 잃고도 그러한 자를 징벌하지 아니하니 화란이 곧 일어나리라."

이윽고 이극里克과 비정丕鄭이 죽고 화란이 일어났으며, 혜공은 한韓에서 포로가 되고 말았다.

곽언郭偃이 이를 두고 이렇게 말하였다.

"훌륭하도다! 무릇 많은 입은 화복의 문이로다. 이 까닭으로 군자는 많은 사람의 여론을 살펴 행동하는 것이며, 계율을 잘 살펴 모책을 짜는 법이며, 모책을 짜고 따져본 다음 실행에 옮기는 것이다. 그 때문에 성공하지 못하는 것이 없는 것이다. 안으로 모책을 짜고 밖으로 일을 따져보며 생각하고 살피기를 권태롭게 여기지 아니하며, 날마다 상고하여 습관이 되도록 한다면 경계와 대비는 다 갖추어진 셈이다."

惠公入而背外內之賂, 輿人誦之曰:『佞之見佞, 果喪其田. 詐之見詐, 果喪其賂. 得國而狃, 終逢其咎. 喪田不懲. 禍亂其興.』

既里·丕死, 禍, 公隕於韓.

郭偃曰:「善哉! 夫衆口禍福之門. 是以君子省衆而動, 監戒而謀, 謀度而行, 故無不濟. 內謀外度, 考省不倦, 日考而習, 戒備畢矣.」

【惠公】獻公의 아들(申生, 重耳, 夷吾) 중 막내인 夷吾. 驪姬의 난으로 梁나라로 도망하였다가, 獻公이 죽자 秦의 도움으로 돌아와 왕위에 오름. B.C.650~637년까지 14년간 재위하였으며, 중이를 기다리는 민의를 제대로 파악하지 못한 채 불안한 통치를 하였고, 그 때문에 본문과 같은 저주와 폄훼의 내용이 나타나게 된 것임. 결국 14년 뒤 혜공이 죽고 태자 子圉가 들어섰으나(懷公) 즉시 피살되었으며 뒤를 이어 文公(重耳)이 들어섬.

【外內之賂】惠公이 즉위하기 전에 秦나라와 里克, 丕鄭 등에게 자신을 왕이 되도록 도와 주면 뒷날 후한 보답을 하겠노라 약속하고 허락한 일을 말함. '賂'는 도움, 이익을 뜻함.

【輿人】輿論을 형성하는 많은 사람들.

【佞】옳지 못한 僞善의 행동. 里克과 丕鄭이 혜공의 뇌물을 받고 이들을 받아들인 것이 옳지 못한 일이었으며, 아울러 혜공이 당초의 약속을 어긴 것도 역시 옳지 못하다는 뜻.

【狃】탐욕을 부림.

【里丕】里克과 丕鄭. 모두 夷吾를 따라다니며 충성을 다한 인물.

【公隕於韓】魯 僖公 15년(B.C.645) 秦나라가 晉나라를 공격하여 韓에서 전투를 벌였으며 이때 晉 惠公은 포로가 되었음.

【郭偃】아주 뛰어난 점술가로 卜偃이라고도 부름. 晉나라 대부.

참고 및 관련 자료

1.《史記》晉世家

惠公之立, 倍秦地及里克, 誅七輿大夫, 國人不附. 二年, 周使召公過禮晉惠公, 惠公禮倨, 召公譏之.

098(9-2) 惠公改葬共世子
혜공이 공세자의 무덤을 개장하다

혜공惠公이 즉위하자 공세자共世子, 太子 申生의 무덤을 열어 개장하려 하였다. 그런데 시신썩는 냄새가 밖에까지 퍼져 나오는 것이었다. 나라 사람들은 이를 두고 이렇게 노래하였다.

"아무리 잘 개장해 준다 해도 보답은 없을 터,
누가 이 사람을 이렇게 만들었기에
이렇게 썩은 냄새가 진동을 할까?
곧다고 자랑해도 듣지 않겠소. 신의를 표방해도 믿을 수 없소.
나라에 이렇게 법이 없어서, 임금자리 훔치고도 요행으로 살아남네.
악정을 고치지 않으면 나라는 엎어지고 말리라.
두려운 혜공이여, 그리운 중이重耳여.
각자 우리는 가진 것을 모아놓고 중이께서 오시기만 기다린다네.
아, 떠나시오, 혜공아. 돌아오지 못하는 중이의 애통함이여.
세월이 흘러 14년 뒤에는 혜공의 후사는 끊어지리라.
그 때 적狄 땅에 있는 중이重耳께서 온다면
우리는 그에게 의탁하리라.
그분이 나라를 다스린다면
마치 왕비처럼 천자를 모실 텐데."

곽언郭偃이 말하였다.

"심하도다. 선한 일하기의 어려움이여! 혜공이 신생의 무덤을 개장해 주어 영예로 삼고자 하였으나 도리어 자신의 죄악만 드러내는 꼴이 되고 말았구나. 무릇 사람이 가슴속에 아름다움을 품고 있으면 반드시 그것이 겉으로 드러나게 마련이며, 그럴수록 백성에게 널리 퍼져 결국 백성은 그를 추대하게 되는 것이다. 죄악도 마찬가지이다. 그러므로 행동은 신중히 하지 않을 수 없는 것이다. 이 노래는 틀림없이 어떤 자가 미리 예언을 한 것이다. 14년이 지나면 혜공의 후사後嗣가 끊어져 임금이 교체될 것이라 하였으니, 이는 그 수數가 백성에게 일러 준 것이다. 공자 중이가 들어설 것임이라 한 것은, 신생의 백魄이 백성에게 예조를 보여 준 것이다. 만약 그가 돌아와 왕이 된다면 틀림없이 제후의 패자가 되어 천자를 뵙게 될 것은 그의 광光이 이미 백성에게 비취고 있었던 것이다. '수'란 말의 기록이며, '백'이란 뜻의 표현이며, '광'이란 밝음의 빛남이다. 노래는 말을 기록하여 서술하였고, 뜻을 기술하여 인도하였으며, 밝음을 드러내어 밝혀놓았으니 그러한 그가 오지 않고 무엇을 더 기다리겠는가? 그를 위해 선도가 되어 행동하겠다고 나서고 있는 것이니 그는 장차 오고 말리라!"

惠公卽位, 出共世子而改葬之, 臭達於外.

國人誦之曰:

『貞之無報也. 孰是人斯, 而有是臭也?
貞爲不聽, 信爲不誠.
國斯無刑, 偸居倖生.
不更厥貞, 大命其傾.
威兮懷兮, 各聚爾有, 以待所歸兮.
猗兮違兮, 心之哀兮.
歲之二七, 其靡有徵兮.
若狄公子, 吾是之依兮.
鎭撫國家, 爲王妃兮.』

郭偃曰:「甚哉, 善之難也! 君改葬共君以爲榮也, 而惡滋章. 夫人美於中, 必播於外, 而越於民, 民實戴之. 惡亦如之. 故行不可不愼也. 必或知之, 十四年, 君之冢嗣其替乎? 其數告於民矣. 公子重耳其入乎? 其魄兆於民矣. 若入, 必伯諸侯以見天子, 其光耿於民矣. 數, 言之紀也. 魄, 意之術也. 光, 明之曜也. 紀言以敍之, 述意以導之, 明曜以昭之. 不至何待? 欲先導者行乎, 將至矣!」

【惠公】 헌공의 아들(申生, 重耳, 夷吾) 중 막내인 夷吾. 驪姬의 난으로 梁나라로 도망하였다가, 獻公이 죽자 秦의 도움으로 돌아와 왕위에 오름. B.C.650~637년까지 14년간 재위하였으며, 중이를 기다리는 민의를 제대로 파악하지 못한 채 불안한 통치를 하였고, 그 때문에 본문과 같은 저주와 폄훼의 내용이 나타나게 된 것임. 결국 14년 뒤 혜공이 죽고 태자 子圉가 들어섰으나(懷公) 즉시 피살되었으며 뒤를 이어 文公(重耳)이 들어섬.

【共世子】 太子 申生. 시호는 共. 恭世子로도 표기함. 夷吾의 형으로 태자였으나, 驪姬의 모함에 의해 죽어 왕위에 올라보지 못하였음.

【貞】 正과 같음. 禮를 바르게 하여 정식 장례를 치러 줌을 말함. 태자 신생이 여희의 모함을 죽었을 때, 정식 葬禮를 치르지 못하고 매장된 것을 다시 개장하여 바른 절차를 거치고자 한 것이며, 이로써 혜공은 자신의 정당성을 확보하려 한 것임.

【其靡有微兮】 '其'는 惠公의 아들 태자 子圉. '靡'는 '無'와 같음. '微'는 일부 판본에는 '徵'으로 되어 있으나 이는 오기임. '微'는 '尾'와 같으며 後嗣없음(꼬리를 잇지 못함)을 의미함. 公序本에는 '微'로 되어 있으며, 《札記》에는 "當以別本作微"라 함. 그리고 黃丕烈은 "此以威, 懷, 歸, 猗, 違, 哀, 微, 依, 妃爲韻. 韋解'無有微者亦亡, 謂子圉也.' 是讀'微'爲'尾'而解之也. '微'·'尾'古同字, 孳'尾'爲字'微', '微生'爲'尾生', 皆其證也"라 하였다. 한편 《史記》 晉世家에 "十四年九月, 惠公卒, 太子圉立, 是爲懷公"이라 하여 회공이 들어섰으나, 같은 해 즉시 피살되어 혜공에게 후사가 없는 꼴이 되었다고 설명하였다.

【猗】 감탄사.
【狄公子】 狄 땅으로 피신해 있던 공자 重耳(文公)를 가리킴.
【冢嗣】 태자를 가리킴.

참고 및 관련 자료

1. 《左傳》 僖公 10년

晉侯改葬共大子. 秋, 狐突適下國, 遇大子. 大子使登, 僕, 而告之曰: 「夷吾無禮, 余得請於帝矣, 將以晉畀秦, 秦將祀余.」 對曰: 「臣聞之, '神不歆非類, 民不祀非族.' 君祀無乃殄乎? 且民何罪? 失刑·乏祀, 君其圖之!」 君曰: 「諾. 吾將復請. 七日, 新城西偏將有巫者而見我焉.」 許之, 遂不見. 及期而往, 告之曰: 「帝許我罰有罪矣, 敝於韓.」 丕鄭之如秦也, 言於秦伯曰: 「呂甥·郤稱·冀芮實爲不從, 若重問以召之, 臣出晉君, 君納重耳, 蔑不濟矣.」 冬, 秦伯使泠至報·問, 且召三子. 郤芮曰: 「幣重而言甘, 誘我也.」 遂殺丕鄭·祁擧及七輿大夫, 左行共華·右行賈華·叔堅·騅歂·累虎·特宮·山祁, 皆里·丕之黨也. 丕豹奔秦, 言於秦伯曰: 「晉侯背大主而忌小怨, 民弗與也. 伐之, 必出.」 公曰: 「失衆, 焉能殺? 違禍, 誰能出君?」

2. 《史記》 晉世家

晉君改葬恭太子申生. 秋, 狐突之下國, 遇申生, 申生與載而告之曰: 「夷吾無禮, 余得請於帝, 將以晉與秦, 秦將祀余.」 狐突對曰: 「臣聞神不食非其宗, 君其祀毋乃絶乎? 君其圖之.」 申生曰: 「諾, 吾將復請帝. 後十日, 新城西偏將有巫者見我焉.」 許之, 遂不見. 及期而往, 復見, 申生告之曰: 「帝許罰有罪矣, 弊於韓.」 兒乃謠曰: 「恭太子更葬矣, 後十四年, 晉亦不昌, 昌乃在兄.」

099(9-3) 惠公悔殺里克
혜공이 이극을 죽인 것을 후회하다

혜공惠公이 이읏고 이극里克을 죽여 놓고는 후회하면서 말하였다.

"기예冀芮란 자가 과인으로 하여금 우리 사직의 중진을 죽이는 과실을 저지르도록 하였구나."

곽언郭偃이 이를 듣고 말하였다.

"모책을 세우지 아니한 채 간언한 자는 기예이며, 아무런 계획도 없이 사람을 죽인 자는 혜공이다. 모책 없이 간언하는 것은 불충不忠이며, 계획 없이 사람을 죽이는 것은 불상不祥이다. 불충은 임금으로부터 벌을 받아 죽음을 면치 못하고, 불상은 하늘로부터 재앙을 받아 후손이 없게 된다. 도에 뜻을 둔 자는 잊지 말 것이니라. 장차 그러한 일이 다가오리라!"

뒤에 문공文公이 들어서자 진秦나라 사람이 기예를 죽여 그 시신을 전시하였다.

惠公旣殺里克而悔之, 曰:「芮也, 使寡人過殺我社稷之鎭.」

郭偃聞之, 曰:「不謀而諫者, 冀芮也; 不圖而殺者, 君也. 不謀而諫, 不忠; 不圖而殺, 不祥. 不忠, 受君之罰; 不祥, 罹天之禍. 受君之罰, 死戮; 罹天之禍, 無後. 志道者勿忘, 將及矣!」

及文公入, 秦人殺冀芮而施之.

【惠公】 魯 僖公 10년(B.C.650) 夷吾가 돌아와 혜공이 되고 나서, 里克에게 “그대가 없었더라면 내가 왕으로 올라설 수 없었소. 그러나 그대는 두 임금과 한 대신을 죽였으니 내가 그대 앞에서 임금 노릇하기가 쉽지 않을 것 같소”라 하자, 이극은 이 말을 듣고 칼에 엎어져 자결함. 《左傳》 僖公 10년에 “夏四月, 周公忌父·王子黨會齊隰朋立晉侯. 晉侯殺里克以說. 將殺里克, 公使謂之曰: 「微子, 則不及此. 雖然, 子弑二君與一大夫, 爲子君者, 不亦難乎?」 對曰: 「不有廢也, 君何以興? 欲加之罪, 其無辭乎? 臣聞命矣.」 伏劍而死. 於是丕鄭聘於秦, 且謝緩賂, 故不及”라 함.

【芮】 冀芮. 重耳가 귀국하여 왕(文公)이 되자 기예는 모반을 꾀하였고, 이에 伯이 그를 유인하여 죽인 다음 그 시신을 전시함.

【文公】 공자 重耳. 19년간 해외 망명 생활을 거쳐 귀국하여 혜공을 뒤이어 왕이 되었으며 春秋五霸의 하나. B.C.636~B.C.628년까지 9년간 재위함.

참고 및 관련 자료

1. 《左傳》 僖公 10年

夏四月, 周公忌父·王子黨會齊隰朋立晉侯. 晉侯殺里克以說.

100(9-4) 惠公殺丕鄭
혜공이 비정을 죽이다

진晉 혜공惠公이 이윽고 즉위하자, 진秦나라와의 약속을 배신하고 비정丕鄭을 진나라에 그 사정을 통고하도록 보내 놓고는 이극里克을 죽이면서 이렇게 말하였다.

“그대는 두 임금과 하나의 대부를 죽였으니, 그대를 위해 임금 노릇한다는 것이 역시 어렵지 않겠소?”

한편 비정은 진나라에 가서, 주기로 한 땅을 아직 연기하고 있는 사정을 말하면서 진 목공穆公에게 이렇게 말하였다.

“임금께서는 후한 예물로 진晉나라에 답방을 보내어 그 때 여생呂甥과 극칭郤稱, 기예冀芮를 진秦나라에 오도록 불러 그들을 잡아 가두십시오. 그리고 군사를 내어 공자 중이重耳를 호위해 들어가면 제가 안에서 내응할 것이고 그렇게 되면 혜공은 틀림없이 축출당하고 말 것입니다.”

진 목공이 영지泠至를 진나라에 보빙報聘으로 보내어 세 대부를 불렀다. 그 때 비정 역시 영지와 함께 장차 일을 거행할 참이었다.

그런데 기예가 이렇게 의심을 하는 것이었다.

“비정은 사신으로 갈 때는 아주 미약한 선물을 가지고 갔는데, 그 보빙은 이렇게 후한 것을 보면 틀림없이 우리를 진나라에 고해 바친 것이리라. 그리하여 틀림없이 우리를 유혹하기 위한 것으로 우리를 죽이거나 그렇지 않으면 틀림없이 난을 일으키리라.”

이리하여 거꾸로 비정과 칠여대부七輿大夫 즉 공화共華, 가화賈華, 숙견叔堅, 추천騅歂, 유호纍虎, 특궁特宮, 산기山祁 등을 죽였다. 이들 모두가 이극과 비정의 당이었다. 비정의 아들 비표丕豹는 진나라로 도망을 하였다.

그에 앞서 비정이 진秦나라로부터 돌아올 때 이극이 죽음을 당하였다는 것을 듣고 공화에게 이렇게 말한 적이 있었다.

"귀국해도 될까?"

그 때 공화는 이렇게 말했다.

"여러 사람들이 국내에 있으면서도 화가 우리에게 미치지 않았는데 그대는 진나라에 사신으로까지 갈 정도였으니 당연히 들어가도 되겠지요!"

그리하여 비정은 귀국하게 된 것이며 결국 혜공은 그를 죽이고 만 것이다.

그러자 공사共賜가 공화에게 물었다.

"그대는 어서 도망치시오! 다음은 화가 당신에게 미칠 것이오!"

공화는 이렇게 말하였다.

"비정을 들어가도록 한 것은 내가 그렇게 판단한 것이었다. 장차 내가 들어가 차례를 기다리겠다."

공사가 말하였다.

"당신이 그를 들어가게 했다는 것을 누가 알고 있겠소?"

공화가 말하였다.

"안 되오. 번연히 내가 알면서 배신하는 것은 불신不信이며, 모책을 세운답시고 남을 곤궁에 몰아넣은 것은 부지不智이며 곤궁에 처한 자를 두고 나만 죽지 않는 것은 무용無勇이오. 이 세 가지 악을 가지고 내 장차 어디로 가겠소? 그대는 떠나시오. 나는 어쨌거나 죽음을 기다리겠소."

비정의 아들이 비표였는데 그는 진나라로 도망하여 목공에게 이렇게 말하였다.

"진나라 임금은 그 무리를 크게 잃었으며, 더구나 귀하께 주기로 한 땅도 약속을 배신하였고, 이극까지 죽이고 국내 남아 있는 자들은 증오하고 있습니다. 이 때문에 그 나라 백성은 누구나 임금을 싫어합니다. 지금 다시 저의 부친과 칠여대부들까지 죽였으니 이는 그러한 왕을 지지하는 자는 나라의 반밖에 되지 않습니다. 임금께서 만약 정벌하신다면 그 임금은 틀림없이 축출당하고 말 것입니다."

목공이 말하였다.

“민심을 잃고도 그렇게 많은 사람을 죽일 수 있는가? 게다가 그 난에 아직 죽지 않은 사람 중에 족히 죽음에 해당하는 자라면 그 나라에 남아 있지 않을 것이며, 그 나라에 남아 있을 수 있는 자라면 죽을죄를 짓지 않은 사람들일 것이다. 승패는 이처럼 변화가 심한 것이다. 죽을죄를 지은 자가 도망을 나왔다면 누가 능히 그 임금을 축출할 수 있다는 것인가? 그대는 나에게 생각할 시간을 주어 기다리라!”

惠公旣卽位, 乃背秦賂. 使丕鄭聘於秦, 且謝之, 而殺里克, 曰:「子殺二君與一大夫, 爲子君者, 不亦難乎?」

丕鄭如秦謝緩賂, 乃謂穆公曰:「君厚問以召呂甥·郤稱·冀芮而止之, 以師奉公子重耳, 臣之屬內作, 晉君必出.」

穆公使泠至報問, 且召三大夫. 鄭也與客將行事, 冀芮曰:「鄭之使薄而報厚, 其言我於秦也, 必使誘我. 弗殺, 必作難.」

是故殺丕鄭及七輿大夫: 共華·賈華·叔堅·騅歂·纍虎·特宮·山祁, 皆里·丕之黨也. 丕豹出奔秦.

丕鄭之自秦反也, 聞里克死, 見共華曰:「可以入乎?」

共華曰:「二三子皆在而不及, 子使於秦, 可哉!」

丕鄭入, 君殺之.

共賜謂共華曰:「子行乎! 其及也!」

共華曰:「夫子之入, 吾謀也, 將待也.」

賜曰:「孰知之?」

共華曰:「不可. 知而背之不信, 謀而困人不智, 困而不死無勇. 任大惡三, 行將安入? 子其行矣, 我姑待死.」

丕鄭之子曰豹, 出奔秦, 謂穆公曰:「晉君大失其衆, 背君賂, 殺里克, 而忌處者, 衆固不說. 今又殺臣之父及七輿大夫, 此其黨半國矣. 君若伐之, 其君必出.」

穆公曰:「失衆安能殺人? 且夫禍唯無斃, 足者不處, 處者不足, 勝敗若化. 以禍爲違, 孰能出君? 爾俟我!」

【惠公】 헌공의 아들(申生, 重耳, 夷吾) 중 막내인 夷吾. 驪姬의 난으로 梁나라로 도망하였다가, 獻公이 죽자 秦의 도움으로 돌아와 왕위에 오름. B.C.650~637년까지 14년간 재위하였으며, 중이를 기다리는 민의를 제대로 파악하지 못한 채 불안한 통치를 하였고, 그 때문에 본문과 같은 저주와 폄훼의 내용이 나타나게 된 것임. 결국 14년 뒤 혜공이 죽고 태자 子圉가 들어섰으나(懷公), 즉시 피살되었으며 뒤를 이어 文公(重耳)이 들어섬.

【秦賂】 惠公 夷吾가 梁(秦나라 附庸國)나라에 망명할 때 秦나라가 자신을 귀국시켜 晉나라 왕이 되도록 해 주면 황하 동쪽의 다섯 개 성을 주기로 했던 약속.

【二君】 奚齊와 卓子 두 公子를 죽였음을 말함.

【一大夫】 荀息을 죽인 것을 말함.

【泠至】 秦나라 대부.

【丕豹】 丕鄭의 아들.

【七輿大夫】 춘추시대 侯伯의 신분으로서 출행할 때 곁에 副車로 따르는 일곱 대부. 임금과 매우 가까운 신하임을 말함.

【共賜】 晉나라 대부. 共華와 같은 가문임.

【處者】 국내에 남아 있던 대부들.

【禍唯無斃】 그 화란 속에 오직 죽음을 당하지 아니한 사람들. 그러나 많은 백화어 해석에는 "죽음에 이르지 않으려면 그래도 참아내어야 한다", 혹은 "아직 죽음의 재앙을 입지 않은 대부들은 반란을 일으키지 않는다", "죄가 죽을 정도가 아니라면 백성은 반란을 일으키지 않는다"로 보았음.

【足】 그들에게 책임을 물어 죽이기에 충분함.

【以禍爲違】 자신에게 화가 닥칠 것으로 여긴 자들은 모두 도망하여 국내에는 惠公에 반대할 자들이 전혀 없음.

참고 및 관련 자료

1. 《左傳》 僖公 10年

夏四月, 周公忌父·王子黨會齊隰朋立晉侯. 晉侯殺里克以說. 將殺里克, 公使謂之曰: 「微子, 則不及此. 雖然, 子弑二君與一大夫, 爲子君者, 不亦難乎?」 對曰: 「不有廢也, 君何以興? 欲加之罪, 其無辭乎? 臣聞命矣.」 伏劍而死. 於是丕鄭聘於秦, 且謝緩賂, 故不及.

2. 《史記》 晉世家

惠公夷吾元年, 使邳鄭謝秦曰: 「始夷吾以河西地許君, 今幸得入立. 大臣曰: '地者先君之地, 君亡在外, 何以得擅許秦者?' 寡人爭之弗能得, 故謝秦.」 亦不與里克汾陽邑, 而奪之權. 四月, 周襄王使周公忌父會齊·秦大夫共禮晉惠公. 惠公以重耳在外, 畏里克爲變, 賜里克死. 謂曰: 「微里子寡人不得立. 雖然, 子亦殺二君一大夫, 爲子君者不亦難乎?」 里克對曰: 「不有所廢, 君何以興? 欲誅之, 其無辭乎? 乃言爲此! 臣聞命矣.」 遂伏劍而死. 於是邳鄭使謝秦未還, 故不及難.

101(9-5) 秦薦晉饑晉不予秦糴
秦나라는 晉나라의 기근에 식량을 꾸어 주었으나 晉나라는 秦나라 기근에 식량을 꾸어 주지 않다

진晉나라에 기근이 들자 혜공惠公은 진秦나라에게 식량을 꾸어 줄 것을 청하였다.

그러자 비표丕豹가 말하였다.

"진 혜공이 임금께 무례한 짓을 하였음은 누구나 다 알고 있습니다. 지난 해 재난을 당하고 지금 다시 기근까지 들었으니, 이는 백성을 잃고 하늘을 잃은 것으로 재앙을 많이 만난 것입니다. 임금께서는 그러한 나라를 정벌할 것이지 그들에게 식량을 팔아서는 안 됩니다!"

진秦 목공穆公이 말하였다.

"내가 그 임금을 미워하는 것은 옳으나 그 백성에게 무슨 죄가 있겠소? 하늘의 재앙이 퍼져 나가고 있을 때, 각 나라가 차례로 나서서 흉년에 도움을 주는 것은 바른 도리요. 천하에 그러한 도를 폐기할 수는 없소."

그리고 공손지公孫枝에게 물었다.

"진晉나라에게 쌀을 꾸어 줄까요?"

공손지가 이렇게 대답하였다.

"임금께서 진나라 군주에게 은혜를 베풀었지만, 진나라 임금은 그 은혜를 자신들 백성에게 베풀지 않았습니다. 지금 가뭄이 들어 임금의 명령을 듣겠다 하니 이는 하늘의 뜻인가 합니다. 임금께서 만약 주지 않으면 하늘이 그에게 다른 방법으로 줄 것입니다. 진실로 진晉나라 백성들이 그 임금이 자신들에게 그 식량을 내려 주지 않을 것임을 원망한다면, 혜공은 우리가 준다 해도 사양할 것입니다. 그러니 식량을 주어 그 백성을 즐겁게 해 주느니만 못합니다. 그들 백성이 우리를 고맙게 여기면 반드시 그 허물이 그들 임금에게 돌아갈 것입니다. 그 때 우리 임금의 명령을 듣지 않는다면 그 다음에 그를 주벌하면 됩니다. 그러면 그가 비록 우리를 막아내고자 한들 누구와 더불어 그렇게 하겠습니까?"

이리하여 하수河水에 배를 띄워 진晉나라로 식량을 실어 보내 주었다.

그런데 이번에는 진秦나라에 기근이 들었다. 그러자 혜공은 하상河上의 식량을 실어 진나라로 보내 주도록 명하였다.

이에 괵야虢射가 이렇게 말하였다.

"땅을 달라 했을 때 주지 않았으면서 곡식을 주는 것은, 그 원망을 더는 것이 아니라 그들의 야심을 키워 주는 것입니다. 주지 않아야 합니다."

혜공이 말하였다.

"그렇다."

그러자 경정慶鄭이 나서서 말하였다.

"안 됩니다. 이미 그 땅으로 이익을 보았는데 다시 그곳에서 나는 수확을 아낀다니 이는 배은망덕한 행위입니다. 비록 우리가 그런 일을 당했다 해도 틀림없이 쳐버릴 텐데 우리가 주지 않으면 그들이 틀림없이 우리를 공격해 들어올 것입니다."

혜공이 말하였다.

"이는 경정이 알 바 아니오."

그러고는 끝내 주지 않았다.

晉饑, 乞糴於秦.

丕豹曰:「晉君無禮於君, 衆莫不知. 往年有難, 今又薦饑. 已失人, 又失天, 其有殃也多矣. 君其伐之, 勿予糴!」

公曰:「寡人其君是惡, 其民何罪? 天殃流行, 國家代有. 補乏薦饑, 道也, 不可以廢道於天下.」

謂公孫枝曰:「予之乎?」

公孫枝曰:「君有施於晉君, 晉君無施於其衆. 今旱而聽於君, 其天道也. 君若弗予, 而天予之. 苟衆不說其君之不報也, 則有辭矣. 不若予之, 以說其衆. 衆說, 必咎於其君. 其君不聽, 然後誅焉. 雖欲禦我, 誰與?」

是故氾舟於河, 歸糴於晉.

秦饑, 公令河上輸之粟.

虢射曰:「弗予賂地而予之糴, 無損於怨而厚於寇, 不若勿予.」

公曰:「然.」

慶鄭曰:「不可. 已賴其地, 而又愛其實, 忘善而背德, 雖我必擊之. 弗予, 必擊我.」

公曰:「非鄭之所知也.」

遂不予.

【晉饑】 晉나라에 기근이 들어 고통을 당한 일로 魯 僖公 13년(B.C.647)의 사건임.

【糴】 남에게 식량을 꾸어 주는 것을 조(糶), 남으로부터 식량을 꾸어오거나 사들이는 것을 적(糴)이라 함. 여기서는 식량을 팔 것을 청구한 것임.

【丕豹】 원래 晉나라 대부였으나, 晉 惠公이 비표의 아버지 丕鄭을 살해하자, 비표는 秦나라로 도망하여 客卿이 되어 있었음.

【有難】 里克과 丕鄭 등을 죽일 때 국가적으로 어려움이 있었음을 말함.

【薦饑】 해마다 흉년이 들어 고생함.

【公孫枝】 秦나라 대부. 자는 子桑.

【歸】 '饋'와 같으며 먹을 것을 꾸어 주거나 증송함.

【河上】 惠公(夷吾)이 梁나라에 망명했을 때, 秦나라에게 자신을 귀국시켜 왕으로 오르게 해 주면 주기로 속했던 河東의 5개 城.

【虢射】 晉나라 대부.

【慶鄭】 역시 晉나라 대부.

【已賴其地】 賴는 '핑계를 대다. 덕을 보다. 약속을 저버리다'의 뜻. 주기로 한 5城을 주지 않음으로써 晉나라로서는 덕을 본 것이며, 동시에 秦나라에 대한 약속을 저버린 것임.

참고 및 관련 자료

1. 《左傳》 僖公 13年

冬, 晉薦饑, 使乞糴于秦. 秦伯謂子桑, 「與諸乎?」 對曰: 「重施而報, 君將何求? 重施而不報, 其民必攜; 攜而討焉, 無衆, 必敗.」 謂百里, 「與諸乎?」 對曰: 「天災流行, 國家代有. 救災·恤鄰, 道也. 行道, 有福.」 丕鄭之子豹在秦, 請伐晉. 秦伯曰: 「其君是惡, 其民何罪?」 秦於是乎輸粟于晉, 自雍及絳相繼, 命之曰汎舟之役.

2. 《左傳》 僖公 14年

冬, 秦饑, 使乞糴于晉, 晉人弗與. 慶鄭曰: 「背施, 無親; 幸災, 不仁; 貪愛, 不祥; 怒鄰, 不義. 四德皆失, 何以守國?」 虢射曰: 「皮之不存, 毛將安傅?」 慶鄭曰: 「弃信·背鄰, 患孰恤之? 無信, 患作; 失援, 必斃. 是則然矣.」 虢射曰: 「無損於怨, 而厚於寇, 不如勿與.」 慶鄭曰: 「背施·幸災, 民所弃也. 近猶讎之, 況怨敵乎?」 弗聽. 退曰: 「君其悔是哉!」

3. 《史記》 晉世家

四年, 晉饑, 乞糴於秦. 繆公問百里奚, 百里奚曰: 「天菑流行, 國家代有, 救菑恤鄰, 國之道也. 與之.」 邳鄭子豹曰: 「伐之.」 繆公曰: 「其君是惡, 其民何罪!」 卒與粟, 自雍屬絳.

五年, 秦饑, 請糴於晉. 晉君謀之, 慶鄭曰: 「以秦得立, 已而倍其地約. 晉饑而秦貸我, 今秦饑請糴, 與之何疑? 而謀之!」 虢射曰: 「往年天以晉賜秦, 秦弗知取而貸我. 今天以秦賜晉, 晉其可以逆天乎? 遂伐之.」 惠公用虢射謀, 不與秦粟, 而發兵且伐秦. 秦大怒, 亦發兵伐晉.

102(9-6) 秦侵晉止惠公於秦
秦나라가 晉나라를 침략하여 혜공을 秦나라에 잡아두다

진晉 혜공惠公 6년, 진秦나라가 풍년이 들고 나라가 안정되자, 군사를 이끌고 진晉나라 공격에 나서 한원韓原에 이르렀다.

혜공이 경정慶鄭에게 물었다.

"진나라 무리가 깊이 들어왔으니 어찌하면 좋겠소?"

경정이 말하였다.

"임금께서 그들에게 원한을 깊이 심어 주었으니 능히 그들이 얕게 쳐들어오겠습니까? 이는 제가 알 바 아닙니다. 임금께서는 괵야虢射에게나 물어 보시지요."

혜공이 말하였다.

"괵야는 이러한 일에 서투른데."

혜공이 자신 전차의 오른쪽을 담당할 자를 점쳐 보았더니 경정이 길하다고 나왔다.

혜공이 말하였다.

"경정은 불손하다."

그리하여 가복도家僕徒를 오른쪽 보위로 삼고, 보양步揚이 임금의 전차를 몰았으며, 양유미梁由靡가 한간韓簡의 수레를 몰고, 괵야가 오른쪽을 담당하도록 하여 혜공을 따르게 되었다.

혜공이 진秦나라 병사를 막으면서 한간으로 하여금 진나라 군사를 살펴보도록 하였다. 한간이 이를 살피고 나서 이렇게 말하였다.

"진秦나라 군사는 우리보다 숫자는 적으나 싸우겠다고 나서는 병사는 더 많습니다."

혜공이 물었다.

"무슨 이유요?"

한간이 설명하였다.

"임금께서 망명하여 그 나라에 있을 때 자신들에게 의지하셨으면서도 우리나라에 들어오고 나서는 자신들을 괴롭혔으며, 기근이 들어 자신들은 식량을 세 번이나 꾸어 주는 은혜를 베풀었으나, 임금께서는 아무런 보답도 하지 않아 그 때문에 이렇게 쳐들어온 것이라 여기고 있습니다. 그리고 지금 다시 공격을 하면서 진秦나라 사람들은 누구하나 분함에 차 있지 않은 자가 없는데, 우리 군사들은 나태하지 않은 자가 없으니, 싸우겠다고 나서는 저들 병사가 그 때문에 많은 것입니다."

혜공이 말하였다.

"그렇기는 하다. 그러나 지금 내가 저들을 치지 않으면 저들을 돌아가서도 틀림없이 우리 치기를 습관처럼 할 것이다. 한 사나이도 습관에 젖도록 해서는 안 될 것인데 하물며 나라임에랴!"

그리하여 한간으로 하여금 도전하게 하고는 이렇게 말을 전하게 하였다.

"옛날 그대의 은혜를 과인은 아직 감히 잊어본 적이 없소. 과인은 군사가 많으니 능히 이들을 불러모을 수는 있으나 흩어지게 할 수는 없소. 임금께서 만약 돌아간다면 그것이 과인의 바람이기는 하오. 그러나 만약 돌아가지 않는다면 과인도 장차 전투를 피할 방법이 없소."

진秦 목공穆公은 무늬 넣은 창을 비껴들고 나타나 사자 한간을 보며 이렇게 말하였다.

"옛날 그대가 아직 귀국하지 못하였을 때 나는 그것을 걱정하였고, 귀국하고 나서는 제대로 대열에 끼지도 못하면 어쩌나 걱정을 하여 내 감히 잊어본 적이 없었소. 그런데 지금 이윽고 임금자리를 확정짓고 나아가 대열까지 이루었으니 임금은 대열을 정리하시오. 과인이 장차 직접 그를 만나 보리라."

혜공의 사신이 돌아가자 공손지公孫枝가 나서서 목공에게 이렇게 간언하였다.

“지난 날 임금께서 공자公子 중이重耳를 들여보내지 않고 혜공夷吾을 들여보내어 진나라 임금으로 삼아 주셨습니다. 이는 덕 있는 자를 배치한 것이 아니라 임금에게 복종하는 자를 배치한 것입니다. 그런 자를 배치해 놓고 성공하지 못하였는데, 이제 와서 그를 공격하여 이기지 못하여 만약 제후들의 웃음거리가 되면 어쩌시겠습니까? 임금께서는 그들이 내분을 일으키도록 어찌 기다리지 않으십니까?”

목공이 말하였다.

“그렇소. 내 지난 날 공자 중이를 들여보내지 아니하고 이오를 들여보내어 진나라 임금으로 세워 주었으니 이는 내가 덕 있는 자를 두지 아니하고 나에게 복종하는 자를 배치한 것이오. 그러나 공자 중이는 그 때 사양하였으니, 내 어찌 더 말을 붙일 수 있었겠소? 지금 혜공 이오는 안으로 옛 임금의 신하 이극里克과 비정丕鄭을 죽이고, 밖으로 우리에게 한 약속을 배신하였소. 그가 나를 끊고 막아도 나는 여전히 은혜를 베풀었소. 어찌 하늘이라는 것이 없겠소? 만약 하늘이 있다면 나는 틀림없이 승리할 것이오.”

목공은 대부들을 모으고 수레에 올랐다. 목공은 북을 울리며 진격해 들어갔다. 진晉나라 군사는 궤멸하였고, 혜공의 말이 진흙에 빠져 꼼짝하지 못하였다.

혜공이 소리쳐 경정을 불렀다.

“수레로 나를 태워 구하라!”

경정이 말하였다.

“선을 잊고 덕을 배반하여 게다가 길한 점괘까지 폐기하더니, 어찌 나를 보고 수레에 옮겨 태우라 하는 것이오? 저의 수레는 욕되게 임금을 피신시키기에는 부족합니다!”

양유미가 한간의 수레를 몰았는데 진 목공을 그 수레로 마주하여 장차 그를 저지시켜 사로잡으려 하자 경정이 소리쳤다.

“목공을 놓아 주고 달려와 우리 임금부터 구하시오!”

그렇지만 역시 혜공을 구해 내지 못하였고, 혜공은 결국 진나라에 포로가 되고 말았다.

목공이 귀국하여 왕성王城에 이르러 대부들을 모아놓고 계책을 논의하였다.

"혜공을 죽여 없애는 것과, 그를 멀리 축출하는 것 또는 그를 귀국시키는 것, 그를 진나라 임금으로 복위시키는 것, 이 가운데 어느 것이 유리하겠소?"

그러자 공자公子 집縶이 의견을 내었다.

"죽여 없애는 것이 유리합니다. 축출하면 제후들과 결탁할까 두렵고, 귀국시키면 그 나라에 가서 더욱 악한 짓을 할 것이며, 복위시키면 군신이 합작하여 임금의 근심거리가 될까 두렵습니다. 그러니 죽여 없애느니만 못합니다."

그러자 공손지가 의견을 달리하였다.

"안 됩니다. 진晉나라 같은 대국의 군사를 중원中原에서 욕보이고, 게다가 그 임금을 죽여 치욕을 가중시킨다면, 그 아들은 아버지의 원한을 갚고자 할 것이며, 그 신하는 임금의 원수를 갚고자 나설 것입니다. 그렇게 되면 비록 우리 진秦나라가 아니더라도 천하 누가 그 아비와 임금을 죽인 자에 대하여 원한을 갖지 않을 자가 있겠습니까?"

공자 집이 말하였다.

"내 어찌 한갓 그를 죽이는 것으로 끝을 맺자는 것이겠습니까? 나는 장차 공자 중이를 그 대신 임금으로 앉히자는 겁니다. 혜공이 무도하다는 것은 듣지 못한 자가 없으며, 공자 중이가 어질다는 것을 모르는 사람이 없습니다. 대국을 상대로 전쟁에서 이긴 것은 '무武'이며, 무도한 자를 죽이고 도 있는 자를 세워 주는 것은 '인仁'입니다. 그리고 승리하고 나서 후환이 없도록 하는 것은 '지智'입니다."

공손지가 말하였다.

"한 나라의 병사들에게 치욕을 주면서 '내 도 있는 자를 들여보내 너희들에게 임하도록 하겠다'라고 말한다면 역시 불가한 일이 아니겠습니까? 이처럼 불가한 일을 실행한다면 틀림없이 제후들의 웃음을 살 것입니다. 전쟁을 하고 제후들의 웃음을 산다면 이는 '무'라 할 수 없고, 그 아우를 죽이고 그 형을 세운다면 형으로 하여금 나를 고맙게 여기는 대신 너의 혈친은 잊으라 하는 것이니 이는 '인'이라 할 수 없으며, 만약 형으로써 혈친을 잊지 못하겠다고 하면 이는 두 번 은혜를 베풀고도 일을 완수하지 못하는 셈이니 이는 '지'라 할 수 없습니다."

목공이 말하였다.

"그렇다면 어떻게 하면 좋겠소?"

공손지가 말하였다.

"보내 주어 그 조건으로 진나라와 화친을 성사시키며 그의 임금자리를 복위시켜 주느니만 못합니다. 그리고 그 적자를 인질로 보내오도록 하여 아들로 하여금 아버지와 교대로 우리 진나라에 살도록 하면 우리 진나라에게는 해가 없을 것입니다."

이리하여 혜공을 귀국시키고, 그 태자 자어子圉를 인질로 하여 진秦나라는 비로소 하동河東의 관할권을 행사하게 되었다.

六年, 秦歲定, 帥師侵晉, 至於韓.

公謂慶鄭曰:「秦寇深矣, 奈何?」

慶鄭曰:「君深其怨, 能淺其寇乎? 非鄭之所知也, 君其訊射也.」

公曰:「舅所病也.」

卜右, 慶鄭吉.

公曰:「鄭也不遜.」

以家僕徒爲右, 步揚御戎, 梁由靡御韓簡, 虢射爲右, 以承公.

公禦秦師, 令韓簡視師, 曰:「師少於我, 鬪士衆.」

公曰:「何故?」

簡曰:「以君之出也處己, 入也煩己, 饑食其糴, 三施而無報, 故來. 今又擊之, 秦莫不慍, 晉莫不怠, 鬪士是故衆.」

公曰:「然. 今我不擊, 歸必狃. 一夫不可狃, 而況國乎!」

公令韓簡挑戰, 曰:「昔君之惠也, 寡人未之敢忘. 寡人有衆, 能合之弗能離也. 君若還, 寡人之願也. 君若不還, 寡人將無所避.」

穆公衡彫戈出見使者曰:「昔君之未入, 寡人之憂也. 君入而列未成, 寡人未敢忘. 今君旣定而列成, 君其整列, 寡人將親見.」

客還, 公孫枝進諫曰:「昔君之不納公子重耳而納晉君, 是君之不置德而置服也. 置而不遂, 擊而不勝, 其若爲諸侯笑何? 君盍待之乎?」

穆公曰:「然. 昔吾之不納公子重耳而納晉君, 是吾不置德而置服也. 然公子重耳實不肯, 吾又奚言哉? 殺其內主, 背其外賂, 彼塞我施, 若無天乎? 若有天, 吾必勝之.」

君揖大夫就車, 君鼓而進之.

晉師潰, 戎馬濘, 而止.

公號慶鄭曰:「載我!」

慶鄭曰:「忘善而背德, 又廢吉卜, 何我之載? 鄭之車不足以辱君避也!」

梁由靡御韓簡, 輅秦公, 將止之, 慶鄭曰:「釋來救君!」

亦不克救, 遂止于秦.

穆公歸, 至于王城, 合大夫而謀曰:「殺晉君與逐出之, 與以歸之, 與復之, 孰利?」

公子縶曰:「殺之利. 逐之恐搆諸侯, 以歸則國家多慝, 復之則君臣合作, 恐爲君憂, 不若殺之.」

公孫枝曰:「不可. 恥大國之士於中原, 又殺其君以重之, 子思報父之仇, 臣思報君之讎. 雖微秦國, 天下孰弗患?」

公子縶曰:「吾豈將徒殺之? 吾將以公子重耳代之. 晉君之無道莫不聞, 公子重耳之仁莫不知. 戰勝大國, 武也. 殺無道而立有道, 仁也. 勝無後害, 智也.」

公孫枝曰:「恥一國之士, 又曰余納有道以臨女, 無乃不可乎? 若不可, 必爲諸侯笑. 戰而取笑諸侯, 不可謂武. 殺其弟而立其兄, 兄德我而忘其親, 不可謂仁. 若弗忘, 是再施不遂也, 不可謂智.」

君曰:「然則若何?」

公孫枝曰:「不若以歸, 以要晉國之成, 復其君而質其適子, 使子代父處秦, 國可以無害.」

是故歸惠公而質子圉, 秦始知河東之政.

【六年】晉 惠公 6년(B.C.645). 魯 僖公 15년에 해당함. 惠公 夷吾가 秦나라에 망명 중일 때, 귀국하여 왕이 되도록 해 주면 크게 보답할 것을 약속하였으나, 왕이 되고 나서 이를 배신하자 秦나라가 공격에 나선 것이며, 여기서의 이 전투가 '韓原' 전투(韓之役, 韓原之役)임.

【歲定】'歲'는 흔히 그 해 농사의 凶豐年을 의미함. 여기서는 秦나라가 풍년이 들고 백성의 생활이 안정되었음을 말함.

【韓】晉나라의 韓原. 지금의 陝西 韓城縣 서남쪽 일대.

【慶鄭】晉나라 대부. 惠公의 신하.

【射】虢射.

【舅所病】제후들이 外姓의 대부를 높여 '舅'라 불렀으며 병은 단점을 말함.

【家僕徒】진나라 대부.

【步揚】역시 진나라 대부.

【梁由靡】 진나라 대부.
【韓簡】 진나라 卿.
【右】 韓簡의 거우(車右).
【己】 여기서는 秦나라를 가리킴. 진나라 사람 입장에서 심사를 밝힌 것임.
【狃】 습관이 됨.
【殺其內主】 惠公이 귀국하여 里克과 丕鄭을 죽여 없앤 일을 말함.
【君揖大夫】 '揖'은 '輯(集)'과 같음. 목공이 대부들을 불러 모음.
【廢吉卜】 방금 전 임금을 도울 자를 점쳤을 때 경정이 길하다고 나왔으나 혜공이 그를 불손하다고 거부한 것을 말함.
【輅】 수레로 마주하여 달려감. 진 목공을 사로잡으려 한 것임.
【王城】 秦나라 땅. 지금의 陝西 朝邑縣 동쪽.
【子圉】 晉 惠公 夷吾의 아들. 회공을 이어 왕이 되었으나, 즉시 피살되었으며 그 후손도 없음.
【知河東】 '知'는 관할권(영유권)을 행사함을 말함. 河東은 黃河의 동쪽 진나라 영토 다섯 개의 城邑. B.C.646년 秦나라가 점거하여 다스리다가 B.C.643년 晉나라에게 되돌려 주었음.

참고 및 관련 자료

1. 《左傳》 僖公 15年

晉侯之入也, 秦穆姬屬賈君焉, 且曰: 「盡納羣公子.」 晉侯烝於賈君, 又不納羣公子, 是以穆姬怨之. 晉侯許賂中大夫, 旣而皆背之. 賂秦伯以河外列城五, 東盡虢略, 南及華山, 內及解梁城, 旣而不與. 晉饑, 秦輸之粟; 秦饑, 晉閉之糴, 故秦伯伐晉. 卜徒父筮之, 吉, 「涉河, 侯車敗.」 詰之. 對曰: 「乃大吉也. 三敗, 必獲晉君. 其卦遇蠱☶☴, 曰: '千乘三去, 三去之餘, 獲其雄狐.' 夫狐蠱, 必其君也. 蠱之貞, 風也; 其悔, 山也. 歲云秋矣, 我落其實, 而取其材, 所以克也. 實落·材亡, 不敗, 何待?」 三敗乃韓. 晉侯謂慶鄭曰: 「寇深矣, 若之何?」 對曰: 「君實深之, 可若何?」 公曰: 「不孫!」 卜右, 慶鄭吉. 弗使. 步揚御戎, 家僕徒爲右. 乘小駟, 鄭入也. 慶鄭曰: 「古者大事, 必乘其產. 生其水土, 而知其人心; 安其教訓, 而服習其道; 唯所納之, 無不如志. 今乘異產, 以從戎事, 及懼而變, 將與人易. 亂氣狡憤, 陰血周作,張脈僨興, 外彊中乾. 進退不可, 周旋不能, 君必悔之.」弗聽. 九月, 晉侯逆秦師, 使韓簡視師, 復曰:「師少於我, 鬪士倍我.」公曰:「何故?」對曰:「出因其資, 入用其寵, 饑食其粟, 三施而無報, 是以來也. 今又擊之, 我怠·秦奮, 倍猶未也.」公曰:「一夫不可狃, 況國乎?」遂使請戰, 曰:「寡人不佞, 能合其衆而不能離也. 君若不還, 無所逃命.」秦伯使公孫枝對曰:「君之未入, 寡人懼之; 入而未定列, 猶吾憂也. 若列定矣, 敢不承命.」韓簡退曰:「吾幸而得囚.」壬戌, 戰于韓原. 晉戎馬還濘而止. 公號慶鄭. 慶鄭曰:「愎諫·違卜, 固敗是求, 又何逃焉?」遂去之. 梁由靡御韓簡, 虢射爲右, 輅秦伯, 將止之. 鄭以救公誤之, 遂失秦伯. 秦獲晉侯以歸. 晉大夫反首拔舍從之. 秦伯使辭焉, 曰:「二三子何其慼也! 寡人之從晉君而西也, 亦晉之妖夢是踐, 豈敢以至?」晉大夫三拜稽首曰:「君履后土而戴皇天, 皇天后土實聞君之言, 羣臣敢在下風.」穆姬聞晉侯將至, 以大子罃·弘與女簡璧登臺而履薪焉. 使以免服衰絰逆, 且告曰:「上天降災, 使我兩君匪以玉帛相見, 而以興戎. 若晉君朝以入, 則婢子夕以死; 夕以入, 則朝以死. 唯君裁之!」乃舍諸靈臺. 大夫請以入. 公曰:「獲晉侯, 以厚歸也; 旣而喪歸, 焉用之? 大夫其何有焉? 且晉人慼憂以重我, 天地以要我. 不圖晉憂, 重其怒也; 我食吾言, 背天地也. 重怒, 難任; 背天, 不祥, 必歸晉君.」公子縶曰:「不如殺之, 無聚慝焉.」子桑曰:「歸之而質其大子, 必得大成. 晉未可滅, 而殺其君, 祇以成惡. 且史佚有言曰: ‘無始禍, 無怙亂, 無重怒.’ 重怒, 難任; 陵人, 不祥.」乃許晉平. 晉侯使郤乞告瑕呂飴甥, 且召之. 子金敎之言曰:「朝國人而以君命賞. 且告之曰: ‘孤雖歸, 辱社稷矣, 其卜貳圉也.’」衆皆哭, 晉於是乎作爰田. 呂甥曰:「君亡之不恤, 而羣臣是憂, 惠之至也, 將若君何?」衆曰:「何爲而可?」對曰:「征繕以輔孺子. 諸侯聞之, 喪君有君, 羣臣輯睦, 甲兵益多. 好我者勸, 惡我者懼, 庶有益乎!」衆說, 晉於是乎作州兵. 初, 晉獻公筮嫁伯姬於秦, 遇歸妹䷵之睽䷥. 史蘇占之, 曰:「不吉. 其繇曰: ‘士刲羊, 亦無衁也; 女承筐, 亦無貺也. 西鄰責言, 不可償也. 歸妹之睽, 猶無相也.’ 震之離, 亦離之震. ‘爲雷爲火, 爲嬴敗姬. 車說其輹, 火焚其旗, 不利行師, 敗于宗丘. 歸妹睽孤, 寇張之弧. 姪其從姑, 六年其逋, 逃歸其國, 而棄其家, 明年其死於高梁之虛.’」及惠公在秦, 曰:「先君若從史蘇之占, 吾不及此夫!」韓簡侍, 曰:「龜, 象也; 筮, 數也. 物生而後有象, 象而後有滋, 滋而後有數. 先君之敗德, 及可數乎? 史蘇是占, 勿從何益? 詩曰: ‘下民之孼, 匪降自天, 僔沓背憎, 職競由人.’」

2.《史記》晉世家

六年春, 秦繆公將兵伐晉. 晉惠公謂慶鄭曰:「秦師深矣, 柰何?」鄭曰:「秦內君, 君倍其賂; 晉饑秦輸粟, 秦饑而晉倍之, 乃欲因其饑伐之: 其深不亦宜乎!」晉卜御右, 慶鄭皆吉. 公曰:「鄭不孫.」乃更令步陽御戎, 家僕徒爲右, 進兵. 九月壬戌, 秦繆公·晉惠公合戰韓原. 惠公馬鷙不行, 秦兵至, 公窘, 召慶鄭爲御. 鄭曰:「不用卜, 敗不亦當乎!」遂去. 更令梁繇靡御, 虢射爲右, 輅秦繆公. 繆公壯士冒敗晉軍, 晉軍敗, 遂失秦繆公, 反獲晉公以歸. 秦將以祀上帝. 晉君姊爲繆公夫人, 衰絰涕泣. 公曰:「得晉侯將以爲樂, 今乃如此. 且吾聞箕子見唐叔之初封, 曰'其後必當大矣', 晉庸可滅乎!」乃與晉侯盟王城而許之歸. 晉侯亦使呂省等報國人曰:「孤雖得歸, 毋面目見社稷, 卜日立子圉.」晉人聞之, 皆哭. 秦繆公問呂省:「晉國和乎?」對曰:「不和. 小人懼失君亡親, 不憚立子圉, 曰'必報讎, 寧事戎·狄'. 其君子則愛君而知罪, 以待秦命, 曰'必報德'. 有此二故, 不和.」於是秦繆公更舍晉惠公, 餽之七牢. 十一月, 歸晉侯. 晉侯至國, 誅慶鄭, 修政教. 謀曰:「重耳在外, 諸侯多利內之.」欲使人殺重耳於狄. 重耳聞之, 如齊.

103(9-7) 呂甥逆惠公於秦
여생이 혜공을 秦나라에서 맞이하다

진晉 혜공惠公이 진秦나라에 있은 지 석 달, 진秦나라가 장차 진晉나라와의 화친을 성사시킬 것이라는 소문을 듣고 이에 극걸郤乞로 하여금 국내에 있는 여생呂甥에게 이를 통고하도록 하였다.

그리하여 여생은 극걸이 그 소식을 전할 수 있도록 하기 위하여 나라 사람들을 조정에 모이도록 주선하였다.

"임금께서 나 극걸을 보내어 여러분들에게 이렇게 전하라 하셨습니다. '진秦나라가 장차 과인을 귀국시킬 것이다. 과인은 부족하여 사직을 욕되게 하였으니 그대들은 임금자리를 바꾸어 자어子圉를 임금으로 세우시오'라고 말입니다."

그러고는 여러 사람에게 상을 베풀자 무리가 모두 감격하여 울었으며, 이에 원전轅田의 토지를 분배하였다.

그러자 여생이 무리들을 불러 모아 이렇게 고하였다.

"우리 임금께서 자신이 망명 중인 것을 걱정하지 아니하시고 도리어 국내의 우리 신하들을 걱정해 주신 이 역시 은혜롭다 아니할 수 있겠소? 임금께서 여전히 남의 나라에 계시니 이를 어찌하면 좋겠소?"

모두들 이렇게 말하였다.

"어떻게 하면 가능하겠소?"

여생이 말하였다.

"한원韓原의 패배에서 군사들도 모두 소진하였소. 만약 세금을 거두어 군비를 수리하여 유자孺子를 보좌하는 것으로써 임금을 돕는 것으로 삼을 수 있소. 비록 사방 이웃 나라일지라도 이를 들으면 임금을 잃었지만 임금이 있는 것이오. 신하들이 모두 모여 화목함을 이루고 있고,

군비 또한 갈수록 많아지니, 이를 듣고 우리를 좋아하는 나라는 우리를 격려할 것이요, 우리를 미워하는 나라는 두려워할 것입니다. 이 두 가지는 모두 우리에게 이익이 되지 않겠소?"

모든 이들이 즐겁게 여기자, 이에 주병州兵 제도를 도입하였다.

여생이 진나라에서 혜공을 맞이하러 가자 진秦 목공穆公이 이렇게 물었다.

"진晉나라는 국내가 화합을 이루고 있습니까?"

여생이 말하였다.

"화합을 이루지 못하고 있습니다."

목공이 물었다.

"무슨 이유인가?"

여생이 대답하였다.

"나라의 소인들은 임금의 죄는 생각하지 않은 채, 자신들 가족이 그 때문에 죽은 것을 슬퍼하며 세금을 거두어 유자를 세우는 일에 거리낌이 없이 이렇게 말하고 있습니다. '반드시 복수하리라. 내 차라리 제齊·초楚를 섬길 것이다. 제·초 두 나라는 다시 우리를 도와 줄 것이다'라고 말입니다. 그러나 그 나라 군자는 그 임금을 그리워하며 게다가 임금의 죄도 알고 있습니다. 그리하여 '반드시 진秦나라를 섬기리라. 죽어도 다른 나라는 없다'라고 합니다. 그 때문에 화합하지 못하여 그들이 화합하기를 기다렸다가 오느라고 이렇게 늦은 것입니다."

목공이 말하였다.

"그대가 오지 않았어도 내 진실로 임금을 돌려보내 주려 하고 있었소. 그 나라에서는 임금을 어떻게 여기고 있소?"

여생이 말하였다.

"소인들은 죽음을 면하기 어렵다 하고 군자는 그렇지 않다고 합니다."

목공이 물었다.

"무슨 이유요?"

여생이 대답하였다.

“소인배들은 혜공을 꺼리며 그를 염두에 두고 있지 않습니다. 그리하여 새로운 임금을 따라 진나라에 보복하기를 원하고 있습니다. 그 때문에 그렇게 말하는 것입니다. 그러나 군자들은 이와 다릅니다. 그리하여 ‘우리 임금이 귀국하게 된다면 이는 진나라 목공의 은혜이다. 능히 돌려보낼 수도 있고 능히 잡아둘 수도 있는데도 능히 풀어 주셨다. 이보다 더 두터운 덕은 없고 이보다 더 큰 은혜는 없다. 돌려보내 놓고 성공하도록 하지 못한다거나, 폐위시켜 다시 일어설 수 없게 한다면 이는 이미 베푼 덕이 원망이 되고 만다. 그런데 진나라 목공이 그렇게 하지는 않을 것이다!’라고 말하고 있습니다.

진 목공이 말하였다.

“그렇구나.”

그러고는 혜공의 거처를 임금이 머물 예에 맞추어 고치고, 칠뢰七牢로써 큰 잔치를 열어 대접해 주었다.

公在秦三月, 聞秦將成, 乃使郤乞告呂甥.

呂甥敎之言, 令國人於朝曰:「君使乞告二三子曰:『秦將歸寡人, 寡人不足以辱社稷, 二三子其改置以代圉也.』」

且賞以悅衆, 衆皆哭, 焉作轅田.

呂甥致衆而告之曰:「吾君慙焉其亡之不卹, 而羣臣是憂, 不亦惠乎? 君猶在外, 若何?」

衆曰:「何爲而可?」

呂甥曰:「以韓之病, 兵甲盡矣. 若征繕以輔孺子, 以爲君援, 雖四鄰之聞之也, 喪君有君, 羣臣輯睦, 兵甲益多, 好我者勸, 惡我者懼, 庶有益乎?」

衆皆悅, 焉作州兵.

呂甥逆君於秦, 穆公訊之曰:「晉國和乎?」

對曰:「不和.」

公曰:「何故?」

對曰:「其小人不念其君之罪, 而悼其父兄子弟之死喪者, 不憚征繕以立孺子, 曰:『必報讎, 吾寧事齊·楚, 齊·楚又交輔之.』其君子思其君, 且知其罪, 曰:『必事秦, 有死無他,』故不和. 比其和之而來, 故久.」

公曰:「而無來, 吾固將歸君. 國謂君何?」

對曰:「小人曰不免, 君子則否.」

公曰:「何故?」

對曰:「小人忌而不思, 願從其君而與報秦, 是故云. 其君子則否, 曰:『吾君之入也, 君之惠也. 能納之, 能執之, 則能釋之. 德莫厚焉, 惠莫大焉. 納而不遂, 廢而不起, 以德爲怨, 君其不然!』」

秦君曰:「然.」

乃改館晉君, 饋七牢焉.

【公】 晉 惠公 夷吾.

【郤乞】 진나라 대부.

【呂甥】 진나라 대부 瑕呂飴의 조카.

【子圉】 혜공 夷吾의 아들. 혜공을 이어 왕(懷公)이 되었으나 즉시 피살되었으며 그 후손도 없었음. 周 襄王 16년, 즉 魯 僖公 24년(B.C.636) 晉 惠公 夷吾가 죽고 그 아들 子圉가 뒤를 이었으며 이가 懷公. 그러나 회공이 즉시 高梁에서 피살되자, 秦나라는 重耳를 호송하여 임금으로 즉위시켰으며, 이가 春秋五霸의 하나인 文公임. B.C.636~628년까지 9년간 재위.

【且賞以悅衆】 일부 해석본에는 이 구절까지를 혜공이 전한 말로 보기도 하였음.

【轅田】 爰田. 輪作 때 休耕하는 농지에 대한 분배제도. 晉 혜공이 이때 원전을

제정한 것은, 지금까지의 토지제도를 바꾸어 대량의 토지를 상으로 지급하였으며, 이는 정당한 분배법은 아니었음.

【孺子】 여기서는 태자 子圉를 가리킴.

【州兵】 당시 2천 5백가를 '州'로 하였으며, 각 주마다 州長이 있어 군사를 통솔할 수 있는 권한을 가지고 있었음.

【比】 기다림.

【改館】 혜공은 원래 靈臺에 갇힌 적이 있었으며, 석방되자 秦 穆公이 그곳을 빈객을 모시는 賓館으로 고쳐 사용하였음.

【七牢】 소·양·돼지를 잡아 잔치를 여는 것을 '一牢'라 하며, 七牢는 侯伯을 대접할 때의 큰 잔치임.

참고 및 관련 자료

1. 《左傳》 僖公 15年

晉陰飴甥會秦伯, 盟于王城. 秦伯曰: 「晉國和乎?」 對曰: 「不和. 小人耻失其君而悼喪其親, 不憚征繕以立圉也, 曰: '必報讎, 寧事戎狄.' 君子愛其君而知其罪, 不憚征繕以待秦命, 曰: '必報德, 有死無二.' 以此不和.」 秦伯曰: 「國謂君何?」 對曰: 「小人慼, 謂之不免; 君子怒, 以爲必歸. 小人曰: '我毒秦, 秦豈歸君?' 君子曰: '我知罪矣. 秦必歸君. 貳而執之, 服而舍之, 德莫厚焉, 刑莫威焉. 服者懷德, 貳者畏刑, 此一役也, 秦可以霸. 納而不定, 廢而不立, 以德爲怨, 秦不其然.'」 秦伯曰: 「是吾心也.」 改館晉侯, 饋七牢焉. 蛾析謂慶鄭曰: 「盍行乎?」 對曰: 「陷君於敗, 敗而不死, 又使失刑, 非人臣也. 臣而不臣, 行將焉入?」 十一月, 晉侯歸. 丁丑, 殺慶鄭而後入. 是歲, 晉又饑, 秦伯又餼之粟, 曰: 「吾怨其君, 而矜其民. 且吾聞唐叔之封也, 箕子曰: '其後必大.' 晉其庸可冀乎? 姑樹德焉, 以待能者.」 於是秦始征晉河東, 置官司焉.

2. 《史記》 晉世家

十三年, 晉惠公病, 內有數子. 太子圉曰: 「吾母家在梁, 梁今秦滅之, 我外輕於秦而內無援於國. 君卽不起, 病大夫輕, 更立他公子.」 乃謀與其妻俱亡歸. 秦女曰: 「子一國太子, 辱在此. 秦使婢子侍, 以固子之心. 子亡矣, 我不從子, 亦不敢言.」 子圉遂亡歸晉. 十四年九月, 惠公卒, 太子圉立, 是爲懷公.

104(9-8) 惠公斬慶鄭

혜공이 경정을 참수하다

진秦 혜공惠公이 아직 이르기 전에 아석蛾析이 경정慶鄭에게 이렇게 말하였다.

"임금이 진秦나라에 잡혀 머물게 된 것은 바로 그대의 죄요. 지금 임금께서 곧 귀국하실 텐데 그대는 무엇을 기다리는가?"

그러자 경정이 이렇게 말하였다.

"내 듣기로 '군인으로서 패하면 죽는 것이요, 장수로서 포로가 되면 죽어야 한다'라 하였소. 내 이 두 가지 모두 실행하지 못하였으며, 게다가 판단을 잘못하여 임금까지 잃고 마는 것이 겹쳤으니, 그렇다면 나의 죄는 세 가지인 셈인데 내 장차 어디로 가겠소? 임금이 오시면 장차 형벌을 기다려 임금의 뜻을 즐겁게 해 드리고자 하였고, 임금이 오지 못하면 나 혼자라도 진秦나라를 쳐서 임금을 구해 내지 못하면 그 때는 반드시 죽을 작정이었소. 이것이 내가 기다리고 있는 바요. 신하가 제 뜻을 펴고자 떠나감으로써 임금을 번뇌스럽게 한다면, 이것이 바로 죄를 범하는 것이오. 임금이 잘못을 저지르면 나라를 잃게 되는데, 하물며 신하로써 어찌 되겠소?"

혜공이 강읍絳邑의 교외에 이르러 경정이 그곳에 머물고 있다는 사실을 듣고, 가복도家僕徒로 하여금 경정을 불러오도록 하며 이렇게 말하였다.

"경정, 너는 죄를 짓고도 아직 살아남았단 말이냐?"

경정이 말하였다.

"저는 임금을 원망합니다. 당시 임금께서 돌아오신 다음 진秦나라의 덕에 보답을 하셨더라면 나라가 이렇게 기울지 않았을 것이고, 나라가 기울었더라도 간언을 잘 청취하셨더라면 전쟁을 하지 않았을 것이며,

전쟁을 했더라도 나 같은 양신良臣을 기용하였더라면 패하지 않았을 것입니다. 이윽고 전쟁에 패하고 났으니 패배의 죄를 지은 자를 주벌해야 함이 마땅한데, 그 죄 있는 자를 놓치게 된다면 임금으로써는 봉토를 지켜낼 수 없게 되는 것입니다. 이 때문에 저는 임금을 기다려 형을 받아 임금의 정치를 성공시키고자 한 것입니다."

혜공이 말하였다.

"형에 처하라!"

경정이 말을 이었다.

"아래에서 직언을 하는 것은 신하로서의 행동이며, 위에서 형벌을 집행하는 것은 임금의 현명함입니다. 신하는 행동으로써 하고 임금은 명석함으로써 하는 것은 나라의 이익입니다. 임금께서 비록 형벌을 내리지 않고자 하셔도 저는 반드시 자살하고 말 것입니다."

아석이 그를 변호하여 혜공에게 이렇게 말하였다.

"제가 듣기로 '형벌에 자수한 신하는 이를 용서하여 그로 하여금 나의 원수를 갚도록 하느니만 못하다'라 하였습니다. 임금께서는 어찌 그를 용서하여 그로 하여금 진나라에 복수를 하도록 하지 않습니까?"

그러자 양유미梁由靡가 이렇게 반대하였다.

"안 됩니다. 우리가 그런 짓을 한다면 진나라라고 똑같이 그렇게 못하겠습니까? 게다가 전쟁을 벌여 이기지 못했다고 이를 도적을 이용하여 원한을 갚는다면 이는 '무武'가 될 수 없으며, 전투에 나서서 이기지 못하였다고 들어와 나라를 안전하게 하지 못한다면 이는 '지智'가 아니며, 화평의 맹약을 성취시켜놓고 이를 배반한다면 이는 '신信'이 아니며, 형벌을 제대로 쓰지 못하여 정치를 어지럽힌다면 이는 '위威'가 아닙니다. 나가서는 사람을 제대로 쓰지 못하고 들어와서는 능히 나라를 다스리지 못하면, 나라를 망칠뿐 아니라 장차 진나라에 인질로 있는 태자까지 죽이게 됩니다. 그러니 경정을 처형하느니만 못합니다."

혜공이 말하였다.

"경정을 참수하라. 자살하지 못하게 하라!"

가복도가 이렇게 말하였다.

"만약 임금께서 경정에게 원한을 갖지 않으시고, 경정도 스스로 형을 받겠다고 하면 그 소문이 처형하는 것보다는 더 아름답게 퍼질 텐 데요."

그러자 양유미가 이렇게 반대하였다.

"무릇 임금이 형벌을 집행함으로써 백성을 다스릴 수 있는 것이오. 명령을 듣지 않고 제멋대로 진퇴를 결정한 것은 군정軍政을 범한 것이며, 신하로서 자신의 뜻을 즐겁게 하고자 임금의 덕을 손상시켰으니 이는 형벌을 범한 것입니다. 경정은 임금을 적해하고 나라를 혼란에 빠뜨렸으니 그를 놓아 줄 수 없소! 게다가 전투에 나섰다가 제 마음대로 물러나고, 물러나서는 제 마음대로 자살을 한다면 이는 신하는 제 뜻대로 하고 임금은 형벌을 잃는 것이니, 나중에는 임금이 사람을 부릴 수가 없게 되고 말 것이오."

혜공은 사마열司馬說에게 명하여 사형을 집행하도록 하였다.

사마열은 삼군三軍의 병사들 앞으로 나서서 이렇게 경정의 죄를 따졌다.

"너는 한원韓原의 전투를 떠나면서 '차례를 잃고 군령을 범하면 사형에 처한다. 장수로서 포로가 되어 면이面夷를 하지 못하면 사형에 처한다' 라고 서약을 하였었다. 그런데 지금 경정은 차례를 잃고 군령을 범했으니 그 죄가 하나이다. 그리고 제멋대로 진퇴를 결정하였으니 그 두 번째 죄이다. 너는 양유미로 하여금 오판하도록 하여 진秦 목공穆公을 놓쳤으니 그것이 세 번째 죄이다. 임금께서 포로가 되셨는데 너는 면이도 하지 않았으니 그것이 네 번째 죄이다. 경정, 너는 사형을 받아라!"

경정이 말하였다.

"사마열! 삼군의 병사들이 모두 여기에 모여 있고 나는 능히 여기에서 사형을 기다리고 있는데 어찌 면이 따위를 못하겠는가? 어서 형을 집행하라!"

정축丁丑일에 경정을 참수하고 이에 강읍으로 입성하였다.

혜공 15년 혜공이 죽고 회공懷公, 子圉이 왕위에 오르자 진秦나라에서 중이重耳를 초楚나라에서 불러 진晉나라로 귀국시켰다.

이에 진晉나라 사람들이 회공을 고량高梁에서 죽이고, 임금자리를 중이에게 주니 이가 바로 문공文公이다.

惠公未至, 蛾析謂慶鄭曰:「君之止, 子之罪也. 今君將來, 子何俟?」

慶鄭曰:「鄭也聞之曰:『軍敗, 死之; 將止, 死之.』二者不行, 又重之以誤人而喪其君, 有大罪三, 將安適? 君若來, 將待刑以快君志; 君若不來, 將獨伐秦. 不得君, 必死之. 此所以待也. 臣得其志, 而使君瞢, 是犯也. 君行犯, 猶失其國, 而況臣乎?」

公至于絳郊, 聞慶鄭止, 使家僕徒召之, 曰:「鄭也有罪, 猶在乎?」

慶鄭曰:「臣怨君入而報德, 不降; 降而聽諫, 不戰; 戰而用良, 不敗. 旣敗而誅, 又失有罪, 不可以封國. 臣是以待卽刑, 以成君政.」

君曰:「刑之!」

慶鄭曰:「下有直言, 臣之行也; 上有直刑, 君之明也. 臣行君明, 國之利也. 君雖弗刑, 必自殺也.」

蛾析曰:「臣聞:『奔刑之臣, 不若赦之以報讎.』君盍赦之, 以報于秦?」

梁由靡曰:「不可. 我能行之, 秦豈不能? 且戰不勝, 而報之以賊, 不武; 出戰不克, 入處不安, 不智; 成而反之, 不信; 失刑亂政, 不威. 出不能用, 入不能治, 敗國且殺孺子, 不若刑之.」

君曰:「斬鄭, 無使自殺!」

家僕徒曰:「有君不忌, 有臣死刑, 其聞賢於刑之.」

梁由靡曰:「夫君政刑, 是以治民. 不聞命而擅進退, 犯政也; 快意而喪君, 犯刑也. 鄭也賊而亂國, 不可失也! 且戰而自退, 退而自殺; 臣得其志, 君失其刑, 後不可用也.」

君令司馬說刑之.

司馬說進三軍之士而數慶鄭曰:「夫韓之誓曰:『失次犯令, 死; 將止不面夷, 死; 僞言誤衆, 死.』今鄭失次犯令, 而罪一也; 鄭擅進退, 而罪二也; 女誤梁由靡, 使失秦公, 而罪三也; 君親止, 女不面夷, 而罪四也. 鄭也就刑!」

慶鄭曰:「說! 三軍之士皆在, 有人能坐待刑, 而不能面夷? 趣行事乎!」

丁丑, 斬慶鄭, 乃入絳.

十五年, 惠公卒, 懷公立, 秦乃召重耳於楚而納之.

晉人殺懷公於高梁, 而授重耳, 實爲文公.

【蛾析】晉나라 대부.

【慶鄭】역시 晉나라 대부.

【誤人】잘못을 저지름. 楊由靡를 잘못 인도하여 秦 穆公을 놓쳤으며, 惠公에 대한 구원도 성공을 거두지 못하였음을 말함.

【絳】晉나라의 都城. 지금의 山西 翼城縣 동남쪽.

【家僕徒】晉나라 대부. 惠公의 신하.

【奔刑】달려가 형벌을 받고자 함. 自首함.

【孺子】公子 圉를 가리킴. 이때 秦나라에 인질로 가 있었으며, 만약 慶鄭을 살려주어 秦나라에 적해를 입히는 일을 벌어질 경우, 秦나라는 틀림없이 인질 子圉를 죽여 없앴을 것임을 말한 것.

【司馬說】 司馬는 관직 이름이며 열(說)은 인명.
【數】 죄나 잘못, 책임 등을 따져 물음.
【面夷】 칼로 얼굴을 베어 죽음. 고대 장군이 전투에서 포로가 되었을 때 부하로 하여금 자신의 얼굴을 베도록 하여 아랫사람에게 치욕스럽게 죽을 정도의 큰 잘못을 저질렀음을 상징적으로 보이는 행동.
【丁丑】 11월 29일이라 함.
【十五年】 晉 혜공 15년. B.C.637년에 해당함.
【懷公】 晉 혜공 夷吾의 아들 子圉. 혜공을 이어 왕이 되었으나, 즉시 피살되었으며 그 후손도 없음.
【晉人殺懷公】 〈周語〉(上) 013을 볼 것.

참고 및 관련 자료

1. 《左傳》 僖公 15年

蛾析謂慶鄭曰:「盍行乎?」對曰:「陷君於敗, 敗而不死, 又使失刑, 非人臣也. 臣而不臣, 行將焉入?」十一月, 晉侯歸. 丁丑, 殺慶鄭而後入. 是歲, 晉又饑, 秦伯又餼之粟, 曰:「吾怨其君, 而矜其民. 且吾聞唐叔之封也, 箕子曰: '其後必大.' 晉其庸可冀乎? 姑樹德焉, 以待能者.」於是秦始征晉河東, 置官司焉.

2. 《史記》 晉世家

子圉之亡, 秦怨之, 乃求公子重耳, 欲內之. 子圉之立, 畏秦之伐也. 乃令國中諸從重耳亡者與期, 期盡不到者盡滅其家. 狐突之子毛及偃從重耳在秦, 弗肯召. 懷公怒, 囚狐突. 突曰:「臣子事重耳有年數矣, 今召之, 是敎之反君也. 何以敎之?」懷公卒殺狐突. 秦繆公乃發兵送內重耳, 使人告欒·郤之黨爲內應, 殺懷公於高梁, 入重耳. 重耳立, 是爲文公.

卷十 晉語(四)

105(10-1) 重耳自狄適齊
중이가 적으로부터 제나라로 가다

문공文公, 重耳이 적狄 땅에 머문 지 12년, 호언狐偃이 이렇게 말하였다.

"지난 날, 우리가 이곳에 올 때는 적나라에 오는 것을 영광으로 여겨 그랬던 것이 아니었습니다. 나중에 일을 성사시키기 위한 것이었습니다. 그 때 저는 '적 땅은 달아나 쉽게 도달할 수 있고 곤돈에 빠진 상황에 자금을 비축할 수 있으며, 잠시 쉬면서 이익을 선택할 수 있으니 잠깐 안정을 가져 볼 만합니다'라고 말하였던 것입니다. 그런데 지금 안정을 취한 지가 너무 오래되었습니다. 너무 오랫동안 안정된 상태에 있으면 장차 바닥으로 내려앉게 됩니다. 바닥에 내려앉으면 정체되고 음일해지고 마는 것이니 누가 능히 일어설 수 있겠습니까? 어찌 속히 떠나지 않습니까! 우리가 제齊나라나 초楚로 가지 않았던 것은 너무 먼 길을 피하기 위해서였습니다. 이제 12년간이나 힘을 비축했으니 멀리까지 갈 수 있습니다. 제齊나라 환공桓公은 이미 나이가 많아 진晉나라와 친밀한 관계를 갖고자 합니다. 관중管仲은 죽어 임금 곁에는 참언하는 자들이 들끓습니다. 모책을 세움에도 바르게 돕지 못하며 마음속으로는 그가 패자로 시작할 때의 영광을 그리워하고 있습니다. 이에 환공은 반드시 전에 관중이 말한 것을 떠올리며 일을 선택하고 끝까지 잘하는 것으로 마무리지으려 합니다. 그리하여 이웃나라에게는 싫증이 날 정도로 가까워졌으니, 멀리 있는 나라를 쫓아가 그 먼 곳 사람들이 복종해 오기를 바라고 있습니다. 이럴 때 우리가 간다면 아무런 과실이 되지 않을 것입니다. 마침 지금 환공은 만년이니 가능합니다. 이에 우리가 가서 친근함을 보일 때입니다."

모두들 그렇다고 여겼다.

이에 중이 일행이 길을 떠나 오록五鹿이라는 곳을 지나다가 그곳 야인野人에게 밥을 얻어먹기를 청하였다. 그런데 그 야인은 흙덩이를 바치는 것이 아닌가.

중이가 노하여 그에게 채찍을 휘두르려 하자 자범子犯, 狐偃이 말하였다.

"하늘이 내려주는 것입니다. 백성이 흙을 바쳐 복종하겠다는데 다시 무엇을 바라십니까! 하늘의 일은 반드시 상징이 있는 것이니, 12년이 지나면 틀림없이 이러한 토지를 얻게 될 것입니다. 여러분은 기억해 두시오. 세성歲星이 운행하여 수성壽星과 순미鶉尾에 이를 때면 이 땅은 우리나라가 얻게 될 것이오! 하늘이 명하셨으니 다시 수성에 이를 때면 틀림없이 제후들의 힘을 얻게 될 것이오. 하늘은 12년 주기이니 지금 이로부터 시작이오. 이를 얻을 날은 무신戊申날이겠지요! 무戊는 토土에 속하니 땅을 넓혀가다申土의 뜻이오."

그리하여 두 번 절하고 머리를 조아리며 그 흙덩이를 받아 수레에 싣고 드디어 제나라로 향하였다.

文公在狄十二年, 狐偃曰:「日, 吾來此也, 非以狄爲榮, 可以成事也. 吾曰:『奔而易達, 困而有資, 休以擇利, 可以戾也.』今戾久矣, 戾久將底. 底著滯淫, 誰能興之? 盍速行乎! 吾不適齊·楚, 避其遠也. 蓄力一紀, 可以遠矣. 齊侯長矣, 而欲親晉. 管仲歿矣, 多讒在側. 謀而無正, 衷而思始. 夫必追擇前言, 求善以終, 饜邇逐遠, 遠人入服, 不爲郵矣. 會其季年可也, 玆可以親.」

皆以爲然.

乃行, 過五鹿, 乞食於野人. 野人擧塊以與之, 公子怒, 將鞭之.

子犯曰:「天賜也. 民以土服, 又何求焉! 天事必象, 十有二年, 必獲此土. 二三子志之. 歲在壽星及鶉尾, 其有此土乎! 天以命矣, 復於壽星, 必獲諸侯. 天之道也, 由是始之. 有此, 其以戊申乎!

所以申土也.」

再拜稽首, 受而載之. 遂適齊.

【文公】重耳. 晉 獻公의 서자로 驪姬의 난을 피하여 魯 僖公 5년(B.C.655) 蒲城을 떠나, 狄國을 거쳐 각 나라를 떠돌며 오랜 망명 생활 끝에 귀국하여 왕이 되었음. 春秋五霸의 하나. B.C.636~628년까지 9년간 재위. 〈晉語〉(2) 참조.
【狐偃】舅犯. 중이의 외삼촌이며 자는 子犯.
【戾】'위기 등에 벗어나 잠시 안정을 취하다'의 뜻. 韋昭 주에 "戾, 安也"라 함.
【紀】十二支를 채운 12년을 一紀라 함.
【前言】여기서는 管仲의 말을 가리킴.
【郵】'尤'와 같음. 과실. 疊韻互訓.
【季年】末年, 晩年, 老年과 같음.
【五鹿】지명. 위나라 땅. 지금의 河南 大名縣, 혹은 濮陽縣이라고도 함.
【象】조짐. 預兆.
【歲在壽星】歲는 歲星의 줄인 말. 木星. 목성은 12년(一紀)만에 원위치로 온다고 믿었으며 그 동안 12개의 分次가 있어 각각 星紀·玄枵·娵訾·降婁·大梁·實沈·鶉首·鶉火·鶉尾·壽星·大火·析木이라 하였고 이를 '歲星紀年'이라 하였음. '歲在壽星'은 '得塊之歲'라고도 하였으며, 周曆의 정월은 夏曆의 11월로 그 때문에 '歲在鶉尾'라 한 것임.
【復於壽星】魯 僖公 28년(B.C.642) 晉 文公이 衛나라를 쳐 정월 6일 戊申에 五鹿을 차지하였으며, 이해 4월 다시 楚나라를 城濮에서 대패시키고 踐土에서 제후를 불러 회맹함. 다시 5월에는 周나라 왕이 문공을 제후로 책봉하였음.
【戊申】'戊'는 오행으로 토에 속하며, '申'은 '伸'과 같음. 따라서 '토지를 넓히다'의 상징적인 의미를 가지고 있음. '申土'와 같음.

참고 및 관련 자료

1. 《左傳》 僖公 23년

晉公子重耳之及於難也, 晉人伐諸蒲城. 蒲城人欲戰, 重耳不可, 曰:「保君父之命而享其生祿, 於是乎得人. 有人而校, 罪莫大焉. 吾其奔也.」遂奔狄. 從者狐偃·趙衰·顚頡·魏武子·司空季子. 狄人伐廧咎如, 獲其二女, 叔隗·季隗, 納諸公子. 公子取季隗, 生伯鯈·叔劉, 以叔隗妻趙衰, 生盾. 將適齊, 謂季隗曰:「待我二十五年, 不來而後嫁.」對曰:「我二十五年矣, 又如是而嫁, 則就木焉. 請待子.」處狄十二年而行. 過衛, 衛文公不禮焉. 出於五鹿, 乞食於野人, 野人與之塊. 公子怒, 欲鞭之. 子犯曰:「天賜也.」稽首受而載之.

2.《史記》晉世家

晉文公重耳, 晉獻公之子也. 自少好士, 年十七, 有賢士五人: 曰趙衰; 狐偃咎犯, 文公舅也; 賈佗; 先軫; 魏武子. 自獻公爲太子時, 重耳固已成人矣. 獻公卽位, 重耳年二十一. 獻公十三年, 以驪姬故, 重耳備蒲城守秦. 獻公二十一年, 獻公殺太子申生, 驪姬讒之, 恐, 不辭獻公而守蒲城. 獻公二十二年, 獻公使宦者履鞮趣殺重耳. 重耳踰垣, 宦者逐斬其衣袪. 重耳遂奔狄. 狄, 其母國也. 是時重耳年四十三. 從此五士, 其餘不名者數十人, 至狄. 狄伐咎如, 得二女: 以長女妻重耳, 生伯鯈·叔劉; 以少女妻趙衰, 生盾. 居狄五歲而晉獻公卒, 里克已殺奚齊·悼子, 乃使人迎, 欲立重耳. 重耳畏殺, 因固謝, 不敢入. 已而晉更迎其弟夷吾立之, 是爲惠公. 惠公七年, 畏重耳, 乃使宦者履鞮與壯士欲殺重耳. 重耳聞之, 乃謀趙衰等曰:「始吾奔狄, 非以爲可用與, 以近易通, 故且休足. 休足久矣, 固願徙之大國. 夫齊桓公好善, 志在霸王, 收恤諸侯. 今聞管仲·隰朋死, 此亦欲得賢佐, 盍往乎?」於是遂行. 重耳謂其妻曰:「待我二十五年不來, 乃嫁.」其妻笑曰:「犂二十五年, 吾冢上柏大矣. 雖然, 妾待子.」重耳居狄凡十二年而去.

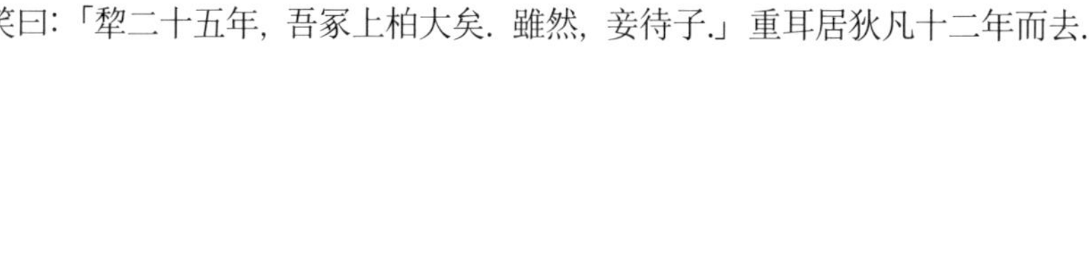

106(10-2) 齊姜勸重耳勿懷安
제강이 중이에게 안주할 뜻을 품지 말도록 권고하다

제齊 환공桓公이 중이重耳에게 딸을 주어 아내를 삼도록 하자 중이는 크게 만족해하였고, 게다가 말 20승까지 주자 중이는 장차 제나라에서 편히 살다가 죽겠노라 생각을 바꾸게 되었다. 그러면서 이렇게 말하였다.

"사람이 태어나 안전하고 즐거우면 되었지, 누구인들 별다른 것을 생각하겠는가?"

이듬해 제 환공이 죽고 제 효공孝公이 즉위하였다.

그러자 다른 제후들이 제나라를 배반하기 시작하였다.

자범子犯은 제나라가 중이의 귀국을 도울만한 상황이 되지 못함을 알게 되었고, 게다가 중이가 편안히 제나라에 살면서 여생을 마치겠다는 뜻을 가진 것을 알아차리고 떠날 것을 생각했지만 중이가 고집을 부릴까 걱정이었다. 이에 중이를 따라온 여러 시종들과 이 문제를 뽕나무 아래에서 모의하고 있었다. 그런데 마침 뽕을 따러 나왔던 첩이 곁에서 이를 듣고 있었지만 이들은 그를 눈치채지 못하였다.

첩이 제강에게 이를 알려주자, 제강은 그 첩을 죽여버리고 중이에게 이렇게 말하였다.

"시종들이 장차 그대를 떠나게 하고자 모책을 짜고 있었는데 이를 엿들은 자가 있어 내 제거하였습니다. 귀하는 반드시 그들의 의견을 따르셔야 합니다. 두 가지 마음을 먹고 망설여서는 안 됩니다. 머뭇거리면 천명을 이룰 수 없습니다. 《시詩》에 '하느님에 너에게 임하고 있으니 너는 머뭇거리지 말라'라 하였습니다. 선왕先王께서 이를 아시고 주紂를 쳐서 은殷나라를 이기셨으니 만약 머뭇거렸다면 해 낼 수 있었겠습니까? 그대는 진晉나라의 난을 피하여 이곳까지 흘러오게 된 것입니다. 그대가 떠난 뒤 진나라에는 편안한 해가 없었고 백성에게는 임금다운 임금이 없었습니다. 하늘이 만약 아직도 진나라를 버리지 않으셨다면 다른 공자도 없는 지금 진나라를 가질 사람은 그대가 아니고 누가 있겠습니까? 그대는 힘쓰세요! 하느님이 그대에게 임하셨으니 머뭇거렸다가는 틀림없이 재앙이 있게 될 것입니다."

그러나 중이는 완강하였다.

"나는 움직이지 않을 거요. 반드시 이 땅에서 살다 죽을 것이오."

제강이 말하였다.

"그렇지 않습니다. 〈주시周詩〉에 '많고 많은 나그네들. 목적지에 닿지 못할까 걱정하네'라 하였으니 이른 새벽부터 밤늦도록 걸으며 한 곳에 쉴 겨를도 없건만 그래도 오히려 제 때에 닿지 못할까 걱정을 하는데, 하물며 몸 편한 대로 하고 제 하고 싶은 대로 편안함만 생각하고 있다면 어찌 목적지에 도착하겠습니까! 사람으로서 가고자 하지도 않는다면 어찌 능히 도달하겠습니까? 해와 달이 쉬지 않는데 사람이 어찌 편안함에 보호만 받고자 하십니까? 서방西方의 책에 '가족만 편안히 여겨 안주한다면 실로 대사를 그르치리라'라 하였고, 〈정시鄭詩〉에는 '중자仲可가 그립도다. 그러나 사람들의 많은 말, 이 역시 두렵다네'라 하였습니다. 지난 날 관경중管敬仲, 管仲이 하신 말씀이 있는데 제가 들은 적이 있습니다. '위엄 두려워하기를 마치 질병 피하듯이 하는 사람은 상등급의 사람이다. 편안한 마음을 품고 흘러가듯이 사는 사람은 백성 중에 하등급이다. 편안함을 만났을 때 위엄을 생각한다면 이것이 중간 정도이다. 위엄 두려워하기를 질병 피하듯이 한다면 백성에게 능히 위엄을 보일 수 있다. 백성에게 위엄을 세우면 형벌 따위는 두려워하지 않게 된다. 편안함을 좇아 흘러가는 대로 산다면 위엄을 세우기에는 아주 멀어지는 것이니 이 때문에 하등급이라 하는 것이다. 죄에 빠지는 일을 하느니 나는 차라리 중간 정도의 행동을 따르겠다. 〈정시〉의 말을 나는 따르겠다'라고 말입니다. 이것이 바로 대부 관중이 제나라에 기강을 세우고, 선군을 보좌하여 패자로 성공시키게 한 기본 원리입니다. 그런데 그대가 그런 원리를 포기한다면 역시 어렵지 않겠습니까? 제齊나라는 정치가 허물어져 가고 있으며, 진晉나라는 무도하게 굴어온 지 이미 오래되었고, 당신 시종들의 모책은 충성되며, 날짜는 다가오고 있으니 거의 이루어진 것입니다. 나라의 임금이 되면 가히 백성을 구제할 수 있는데, 이를 버리신다면 이는 사람이 아닙니다. 패망해 가는 나라에 오래 머물러 있어서는 안 되며, 때가 왔는데 이를 놓쳐서는 안 되며, 충성스러운 신하가 있는데 이를 버려서도 안 되며, 가족에게 묻혀 그들의 의견을 따르지 않아서도 안 됩니다. 그대는 모름지기 속히 출발하십시오. 내 듣기로 진晉나라가 처음 봉지를 받아 나라를 세울 때 세성歲城이 대화大火의 별에 있었으며, 이는 알백성閼伯星으로써 실제로는 상商나라와 같은 국운에 해당하는 것이라 하였습니다. 상나라는 서른한 분의 왕이 제사를 이어 나라가 이어졌습니다. 고사瞽史의 기록에 의하면 '당숙우唐叔虞의 나라는 장차 상나라만큼 이어지리라'라 하였는데, 지금 그대 진晉나라는 아직 그 반도 되지 않았습니다. 내란이 길이 이어질 것이 아니며 나라를 이을 공자라면 오직 그대 한 분밖에 없으니 그대는 틀림없이 진나라를 가지게 될 것입니다. 그런데 어찌 가족에게 묻혀 안주하려 하십니까?"

그래도 중이는 듣지 않았다.

齊侯妻之, 甚善焉. 有馬二十乘, 將死於齊而已矣. 曰:「民生安樂, 誰知其他?」

桓公卒, 孝公卽位. 諸侯叛齊. 子犯知齊之不可以動, 而知文公之安齊而有終焉之志也, 欲行, 而患之, 與從者謀於桑下. 蠶妾在焉, 莫知其在也.

妾告姜氏, 姜氏殺之, 而言於公子曰:「從者將以子行, 其聞之者吾以除之矣. 子必從之, 不可以貳, 貳無成命.《詩》云:『上帝臨女, 無貳爾心.』先王其知之矣, 貳將可乎? 子去晉難而極於此. 自子之行, 晉無寧歲, 民無成君. 天未喪晉, 無異公子, 有晉國者, 非子而誰? 子其勉之! 上帝臨子, 貳必有咎.」

公子曰:「吾不動矣, 必死於此.」

姜曰:「不然. 〈周詩〉曰:『莘莘征夫, 每懷靡及.』夙夜征行, 不遑啓處, 猶懼無及. 況其順身縱欲懷安, 將何及矣! 人不求及, 其能及乎? 日月不處, 人誰獲安? 西方之書有之曰:『懷與安, 實疚大事.』〈鄭詩〉云:『仲可懷也, 人之多言, 亦可畏也.』昔管敬仲有言, 小妾聞之曰:『畏威如疾, 民之上也. 從懷如流, 民之下也. 見懷思威, 民之中也. 畏威如疾, 乃能威民. 威在民上, 弗畏有刑. 從懷如流, 去威遠矣, 故謂之下. 其在辟也, 吾從中也. 〈鄭詩〉之言, 吾其從之.』此大夫管仲之所以紀綱齊國, 裨輔先君而成霸者也. 子而棄之, 不亦難乎? 齊國之政敗矣, 晉之無道久矣, 從者之謀忠矣, 時日及矣, 公子幾矣. 君國可以濟百姓, 而釋之者, 非人也. 敗不可處, 時不可失, 忠不可棄, 懷不可從, 子必速行. 吾聞晉之始封也, 歲在大火, 閼伯之星也, 實紀商人. 商之饗國三十一王. 瞽史之紀曰:『唐叔之世, 將如商數.』今未半也. 亂不長世, 公子唯子, 子必有晉. 若何懷安?」

公子弗聽.

【齊侯妻之】齊 桓公이 딸 姜氏를 중이에게 주어 처로 삼도록 함. 이에 齊나라 출신의 姜씨라 하여 '齊姜'이라 부름.

【乘】네 필 말을 乘이라 하며 20승은 말 80필.

【桓公卒】重耳가 齊나라에 온지 1년 뒤(B.C.643. 魯 襄王 9년)에 桓公이 죽음.

【孝公】제 桓公의 아들 昭. 魯 僖公 10년(B.C.642)에 즉위함. 효공이 들어서자, 桓公에 의해 제후의 패자 역할을 하던 齊나라를 다른 제후국들이 인정하지

아니하고 제나라를 등지기 시작하였음.

【動】 重耳로 하여금 晉나라로 돌아가도록 함.

【姜氏殺之】 강씨는 子犯이 중이를 망명하도록 동의한 사실이 첩에 의해 누설될 것을 걱정한 나머지 첩을 죽여 입을 막은 것.

【貳】 배신의 마음을 가짐. 두 가지 마음. 머뭇거림, 망설임. 결단을 내리지 못함.

【上帝臨女】《詩經》大雅 大明의 구절.

【極於此】 '極'은 '至'의 뜻. '此'는 齊나라.

【民無成君】 晉나라는 奚齊와 卓子가 모두 피살되고 惠公이 들어서기는 했지만, 국내외가 모두 반대하여 나라가 안정되지 못함을 말함.

【無異公子】 헌공은 모두 9명의 공자를 낳았는데, 이때 혜공과 중이 외에 다른 공자가 없었음.

【周詩】《詩經》小雅 皇皇者華의 구절.

【懷安】 편안함을 가슴에 품음. 가족만을 그리워하며 적당히 살기를 추구함. 즉 아내인 자신 제강을 편안히 여김을 말함.

【西方之書】《周書》를 가리킴.

【鄭詩】《詩經》鄭風 將仲子의 구절. 仲은 祭仲을 가리키며 鄭나라 대부.

【晉之始封】 武王의 아들 叔虞가 唐에 봉해질 때 唐叔虞라 불렸으며 이 나라가 뒤에 晉이 된 것임.

【歲在大火】 歲는 歲星. 즉 木星. 목성은 12년(一紀)만에 원위치로 온다고 믿었으며 그 동안 12개의 分次가 있어 각각 星紀·玄枵·娵訾·降婁·大梁·實沈·鶉首·鶉火·鶉尾·壽星·大火·析木이라 하였고 이를 '歲星紀年'이라 하였음. 大火는 별 이름. 閼伯은 唐堯 때의 火正. 이가 변하여 별 이름이 됨. 商丘에 거하여 商나라는 分野로 보아 大火에 해당함.

【瞽史】 천문 음양을 관찰하여 길흉을 보살피며 이로써 미래를 예견하는 자.

【唐叔】 唐叔虞. 晉나라 선조. 武王의 아들 叔虞로써 처음에는 唐(지금의 山西 太原) 땅을 도읍으로 하였다가 당숙의 아들 섭보(燮父)가 당을 晉으로 바꾸어 땅 이름과 함께 국호가 되었음. 그로부터 4세 후 成侯에 이르러 다시 곡옥(山西 聞喜縣)으로 남천하였으며 穆侯 때에 다시 絳으로 천도함.

【三十一王】 商(殷)나라는 湯으로부터 紂에 이르기까지 모두 31왕이었음.

【未半】 晉나라는 唐叔虞로부터 惠公에 이르기까지 모두 14세로써 31대의 반이 미치지 못함.

참고 및 관련 자료

1. 《左傳》 僖公 23년

及齊, 齊桓公妻之, 有馬二十乘. 公子安之. 從者以爲不可. 將行, 謀於桑下. 蠶妾在其上, 以告姜氏. 姜氏殺之, 而謂公子曰: 「子有四方之志, 其聞之者, 吾殺之矣.」 公子曰: 「無之.」 姜曰: 「行也! 懷與安, 實敗名.」 公子不可. 姜與子犯謀, 醉而遣之. 醒, 以戈逐子犯.

2. 《列女傳》 賢明傳 「晉文齊姜」

齊姜, 齊桓公之宗女, 晉文公之夫人也. 初, 文公父獻公納驪姬, 譖殺太子申生. 文公號公子重耳, 與舅犯奔狄. 適齊, 齊桓公以宗女妻之, 遇之甚善, 有馬二十乘. 將死於齊, 曰: 「人生安樂而已, 誰知其他?」 子犯知文公之安齊也, 欲行而患之. 與從者謀於桑下, 蠶妾在焉, 妾告姜氏, 姜殺之, 而言於公子曰: 「從者將以子行, 聞者吾已除之矣. 公子必從, 不可以貳, 貳無成命. 自子去晉, 晉無寧歲, 天未亡晉, 有晉國者, 非子而誰? 子其勉之, 上帝臨子, 貳必有咎!」 公子曰: 「吾不動, 必死於此矣.」 姜曰 「不可. 周詩曰: 『莘莘征夫, 每懷靡及.』 夙夜征行, 猶恐無及, 況欲懷安, 將何及矣? 人不求及, 其能及乎? 亂不長世, 公子必有晉.」 公子不聽, 姜與舅犯謀, 醉載之以行, 酒醒, 以戈逐舅犯曰: 「若事有濟則可; 無所濟, 吾食舅氏之肉, 豈有饜哉?」 遂行, 過曹·宋·鄭·楚, 而入秦. 秦穆公乃以兵內之於晉, 晉人殺懷公而立公子重耳, 是爲文公. 迎齊姜以爲夫人, 遂霸天下, 爲諸侯盟主. 君子謂: 「齊姜潔而不瀆, 能育君子於善.」 詩曰: 『彼美孟姜, 可以寤言.』 此之謂也. 頌曰: 『齊姜公正, 言行不怠. 勸勉晉文, 反國無疑. 公子不聽, 姜與犯謀, 醉而載之, 卒成霸基.』

3. 《史記》 晉世家

至齊, 齊桓公厚禮, 而以宗女妻之, 有馬二十乘, 重耳安之. 重耳至齊二歲而桓公卒, 會豎刀等爲內亂, 齊孝公之立, 諸侯兵數至. 留齊凡五歲. 重耳愛齊女, 毋去心. 趙衰·咎犯乃於桑下謀行. 齊女侍者在桑上聞之, 以告其主. 其主乃殺侍者, 勸重耳趣行. 重耳曰: 「人生安樂, 孰知其他! 必死於此, 不能去.」 齊女曰: 「子一國公子, 窮而來此, 數士者以子爲命. 子不疾反國, 報勞臣, 而懷女德, 竊爲子羞之. 且不求, 何時得功?」 乃與趙衰等謀, 醉重耳, 載以行. 行遠而覺, 重耳大怒, 引戈欲殺咎犯. 咎犯曰: 「殺臣成子, 偃之願也.」 重耳曰: 「事不成, 我食舅氏之肉.」 咎犯曰: 「事不成, 犯肉腥臊, 何足食!」 乃止, 遂行.

107(10-3) 齊姜與子犯謀遣重耳
제강이 자범과 모의하여 중이를 보내다

제강齊姜은 중이의 외삼촌 자범子犯과 모의하여 중이를 술에 취하게 한 다음 수레에 싣고 떠났다.

중이가 술에서 깨어나 이를 알아차리고는 창을 들고 자범을 좇아가며 소리쳤다.

"만약 성공하지 못하면 내 외삼촌의 살을 씹어먹을 것이오. 아무리 먹은들 싫증을 내나보자!"

구범이 달아나며 이렇게 말하였다.

"만약 성공하지 못한다면 저는 어디에서 죽어 그 누가 승냥이나 이리와 내 살을 먹이로 다툴지 모르는 판입니다. 그러나 만약 성공한다면 공자께서는 역시 진晉나라에 부드럽고 맛있는 음식이 있어 이를 좋고 달게 여기시지 않겠습니까? 그 때는 비린내, 누린내 나는 나偃의 살을 장차 어디에 쓰겠습니까?"

그러고는 가던 길을 재촉하였다.

姜與子犯謀, 醉而載之以行.

醒, 以戈逐子犯, 曰:「若無所濟, 吾食舅氏之肉, 其知饜乎!」

舅犯走, 且對曰:「若無所濟, 余未知死所, 誰能與豺狼爭食? 若克有成, 公子無亦晉之柔嘉, 是以甘食. 偃之肉腥臊, 將焉用之?」

遂行.

【姜】 齊姜. 齊 桓公의 딸이며 桓公이 重耳에게 주어 아내로 삼게 한 여인.
【子犯】 舅犯. 狐偃. 重耳의 외삼촌이며, 중이의 망명을 따라나서 보살폈던 인물.
【濟】 성공함. 일을 성취시킴. 고국 晉나라로 돌아가 나라를 구제함.
【柔嘉】 부드러우면서 훌륭한 맛.
【腥臊】 肉고기의 비린내나 누린내.

참고 및 관련 자료

1. 《左傳》 僖公 23년

姜與子犯謀, 醉而遣之. 醒, 以戈逐子犯.

2. 《史記》 晉世家 앞장을 참조할 것.
3. 《列女傳》 앞장을 참조할 것.

108(10-4) 衛文公不禮重耳
위 문공이 중이에게 무례하게 굴다

문공文公, 重耳이 위衛나라를 지날 때, 위 문공文公은 마침 형邢과 적狄 두 나라의 침입에 대비하느라 중이를 제대로 예우하지 못하였다.

이에 영장자甯莊子가 문공에게 이렇게 말하였다.

"무릇 예라는 것은 나라의 기강이며, 친親이란 백성을 단결시키는 것이며, 선善이란 덕을 세우는 방법입니다. 나라에 기강이 없으면 끝맺음을 할 수 없고, 백성에게 단결이 없으면 견고할 수가 없으며 덕이 세워지지 않으면 설 수가 없습니다. 이 세 가지는 임금이 신중히 여겨야 할 것입니다. 지금 임금께서 이를 버리고 있으니 불가한 것이 아니겠습니까! 진晉나라 공자 중이는 어진 사람이며, 우리 위나라와는 친척 관계인데도 임금께서 잘 예우해 주지 않고 있으니, 이는 앞서 말한 세 가지 덕목을 폐기하는 것입니다. 그 때문에 저는 임금께서 고려해 볼 것을 건의하는 것입니다. 우리의 시조 강숙康叔은 문왕文王의 아들이며, 진나라 시조 당숙唐叔은 무왕武王의 아들입니다. 주周나라가 천하를 갖게 된 큰 공은 무왕에게 있으니, 하늘은 장차 무왕의 후손에게 그 복을 내려주실 것입니다. 진실로 희씨姬氏의 주나라 왕실을 끊어지지 않는다면 하늘의 사명이 모여 있는 자로 하여금 그 왕실을 지켜가도록 할 것이며, 그렇게 되면 틀림없이 무왕의 후손일 것입니다. 그 무왕의 후손으로 오직 진나라만이 창성하여 있고 진나라를 이을 공자 중이는 덕을 충실히 가지고 있습니다. 지금 진나라가 두 임금에게 걸쳐 무도하게 굴었으니 하늘은 덕 있는 자에게 복을 넘길 것이며, 그렇게 되면 진나라의 제사를 지켜나갈 자는 틀림없이 공자 중이일 것입니다. 만약 다시 진나라를 회복하여 덕을 잘 닦고 그 백성을 진무한다면 틀림없이 제후의 지지를 얻을 것이며, 그렇게 되면 자신에게 무례하게 굴었던 나라를 토벌할 것입니다. 임금께서 서둘러 고려하지 않았다가는 우리 위나라가 그 토벌 대상이 되고 맙니다. 소인은 이를 두렵게 여겨 감히 진심을 밝히지 않을 수 없습니다."

그러나 위 문공은 이를 듣지 않았다.

過衛, 衛文公有邢·狄之虞, 不能禮焉.

甯莊子言於公曰:「夫禮, 國之紀也; 親, 民之結也; 善, 德之建也. 國無紀不可以終, 民無結不可以固, 德無建不可以立. 此三者, 君之所愼也. 今君棄之, 無乃不可乎! 晉公子善人也, 而衛親也, 君不禮焉, 棄三德矣. 臣故云君其圖之. 康叔, 文之昭也. 唐叔, 武之穆也. 周之大功在武. 天祚將在武族. 苟姬未絶周室, 而俾守天聚者, 必武族也. 武族唯晉實昌, 晉胤公子實德. 晉仍無道, 天祚有德, 晉之守祀, 必公子也. 若復而修其德, 鎭撫其民, 必獲諸侯, 以討無禮. 君弗蚤圖, 衛而在討. 小人是懼, 敢不盡心.」

公弗聽.

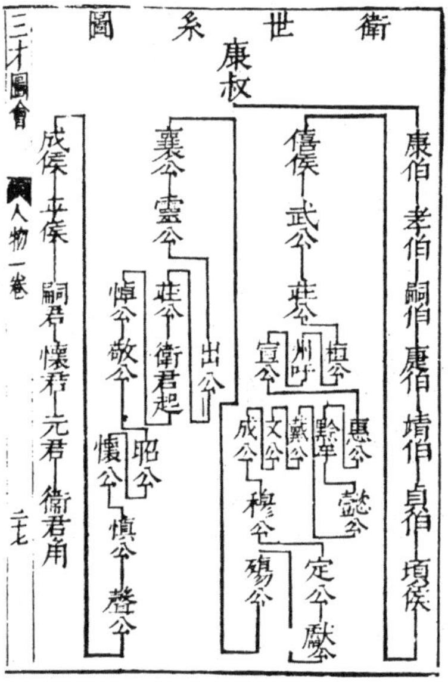

〈衛世系圖〉《三才圖會》

【衛文公】 춘추시대 衛나라 임금으로, 宣公의 손자이며 昭伯 頑의 아들. 이름은 훼(燬). B.C.659~635년까지 25년간 재위함.

【邢, 狄】 위나라와 국경을 맞대고 있는 두 개의 소국.

【甯莊子】 위나라 穆仲靜의 아들. 이름은 速. 위나라의 正卿. '甯'은 '寗', '寧' 등으로도 표기함.

【衛親】 위나라와 애초에는 친척이었음. 晉나라 시조는 周 武王의 아들 唐叔이며, 衛나라 시조는 康叔으로 文王의 아들이었음.

【康叔】 衛나라의 시조이며 무왕의 아우. 이름은 封. 처음 康(지금의 河南 禹縣 서북) 땅에 봉해져 강숙이라 부름. 《史記》 衛康叔世家 참조. 주나라 초기 文王의 아들이므로 文王 후손의 昭가 되며, 唐叔은 무왕 계통의 穆이 됨.

【唐叔】 武王의 아들 叔虞가 唐에 봉해질 때 唐叔虞라 불렸으며 이 나라가 뒤에 晉이 된 것임.

【昭穆】 고대 宗法制度로써 種苗에 위패를 배열하는 규정. 始祖는 중앙에, 二世 이후 짝수 선조는 왼쪽에 배치하며 이를 '昭'라 함. 그리고 三世 이후 홀수의 선조는 오른쪽에 배치하며 이를 '穆'이라 함.

【大功】 주 무왕이 殷나라 말왕 폭군 紂를 멸한 공로를 말함.

【晉仍無道】 重耳의 아버지 獻公과 아우 夷吾(惠公)가 여전히 무도하기는 하지만 그래도 重耳에게 넘어가면 晉나라는 창성할 것이라는 뜻.

【蚤】 '早'와 같음.

참고 및 관련 자료

1. 《左傳》 僖公 23년

過衛, 衛文公不禮焉. 出於五鹿, 乞食於野人, 野人與之塊. 公子怒, 欲鞭之. 子犯曰: 「天賜也.」 稽首受而載之.

2. 《史記》 晉世家

過衛, 衛文公不禮. 去, 過五鹿, 飢而從野人乞食, 野人盛土器中進之. 重耳怒. 趙衰曰: 「土者, 有土也, 君其拜受之.」

109(10-5) 曹共公不禮重耳而觀其駢脅
조 공공이 중이에게 무례를 범하며 붙은 갈비뼈를 엿보다

진晉 문공文公이 위나라를 떠나 조曹나라로 갔을 때, 조曹 공공共公 역시 그를 예우하지 않았다. 그는 중이重耳의 갈비뼈가 하나로 붙어 있다는 말을 듣고는 사실 여부를 확인하고자 중이를 숙소에 머물게 하고 몰래 그의 목욕하는 모습을 엷은 발을 치고 훔쳐 보았다.

희부기僖負羈의 처가 남편에게 이렇게 말하였다.

"내 보기에 진나라 공자는 현인이며, 그를 따르는 이들은 모두 상국의 자질을 가지고 있더이다. 이러한 세 사람이 공자 한 사람을 보좌하고 있으니 그는 틀림없이 진나라를 차지하게 될 것입니다. 그가 진나라를 갖게 되면 자신에게 무례하게 굴었던 나라를 토벌할 것이고 그렇게 되면 우리 조나라가 첫 대상이 될 것입니다. 그대는 어찌 서둘러 다른 방책을 세우지 않습니까?"

이에 희부기는 음식을 보내면서 그 밑에 벽옥을 숨겨 넣었다. 중이는 음식만을 받고 벽옥을 돌려보냈다.

희부기가 조 공공에게 말하였다.

"무릇 진나라 공자가 여기에 머물고 있는데 이는 임금과 같은 등급입니다. 역시 그에 맞는 예로 대우해야

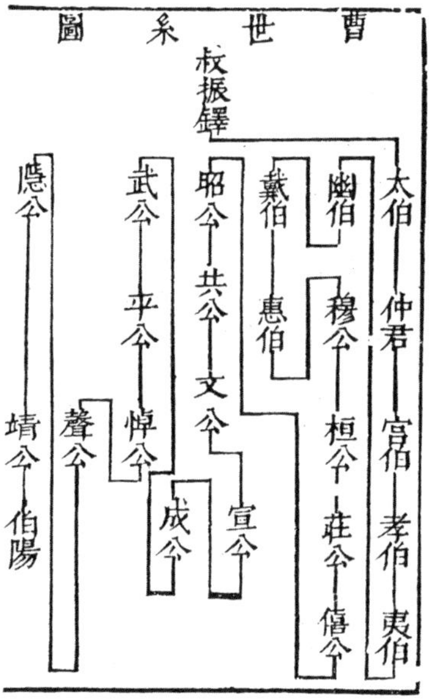

〈曹世系圖〉《三才圖會》

되지 않겠습니까?"

조 공공이 대답하였다.

"제후국에서 도망나온 공자가 한둘이 아니니 누군들 이곳을 지나가지 않겠는가? 도망한 사람들이 모두가 무례한 자들인데, 내 어찌 극진한 예를 베풀겠는가?"

희부기가 말하였다.

"제가 듣기로 혈친을 사랑하며 현명한 이를 식별할 수 있는 것이 정치의 근간이며, 빈객을 예로써 대하고 곤궁에 처한 자를 불쌍히 여기는 것이 예禮의 근본이며, 예로써 정치의 기강을 세우는 것이 나라의 상도常道라 하더이다. 그 상도를 잃으면 설 수가 없음을 임금께서는 알고 계신 바입니다. 나라의 임금이라면 사사로운 친함이 없이 나라 사람 전체를 대신하여 남과 친해야 합니다. 우리 조나라의 시조 숙진叔振은 문왕文王의 아들이며, 진나라의 시조 당숙唐叔은 무왕武王의 아들입니다. 문왕과 무왕의 공덕으로 희성姬姓을 가진 나라를 세워 주어 제후가 된 것입니다.

따라서 문왕과 무왕의 후손은 대대로 친함을 폐기한 적이 없습니다. 임금께서 지금 이러한 것을 폐기하시니 이는 친족을 사랑하는 도리가 아닙니다. 진 공자 중이는 열일곱에 고국을 떠나 망명길에 올랐으나, 경상卿相의 자질을 갖춘 사람 셋이 그를 수종하고 있으니, 그렇다면 중이는 어진 사람이라 할 수 있을 것입니다.

그런데 임금께서 그를 멸시하고 계시니 이는 어진 이를 알아보지 못하는 것입니다. 진 공자가 망명하고 있으니 그를 불쌍히 여기지 않으면 안 될뿐더러 그가 우리나라에 손님으로 왔으니 예로써 그를 대하지 않으면 안 됩니다. 이 두 가지를 버리면 손님에 대하여 예의를 차리지 않는 것이며, 곤경에 처한 자를 불쌍히 여기지 않는 것이 됩니다. 하늘이 내려주신 것을 모아서 마땅한 곳에 베풀어야 합니다. 마땅함에도 그에게 베풀지 아니하면 모았던 것이 사라지고 말 것입니다. 옥백주식玉帛酒食 따위는 실제 분토糞土와 같은 것인데 그 분토 같은 것을 아끼느라 삼상三常을 허물어 버려, 임금 지위를 잃고 모은 재물을 잃는다면 그렇게 하고도 난을 당하지 않는다는 것이 불가한 일이 아니겠습니까? 왕께서는 잘 헤아려 주십시오."

그러나 임금은 이를 듣지 않았다.

自衛過曹, 曹共公亦不禮焉, 聞其骿脅, 欲觀其狀, 止其舍, 諜其將浴, 設微薄而觀之.

僖負羈之妻言於負羈曰:「吾觀晉公子賢人也, 其從者皆國相也, 以相一人, 必得晉國. 得晉國而討無禮, 曹其首誅也. 子盍蚤自貳焉?」

僖負羈饋飧, 寘壁焉. 公子受飧反壁.

負羈言於曹伯曰:「夫晉公子在此, 君之匹也, 不亦禮焉?」

曹伯曰:「諸侯之亡公子其多矣, 誰不過此! 亡者皆無禮者也, 余焉能盡禮焉!」

對曰:「臣聞之: 愛親明賢, 政之幹也. 禮賓矜窮, 禮之宗也. 禮以紀政, 國之常也. 失常不立, 君所知也. 國君無親, 以國爲親. 先君叔振, 出自文王, 晉祖唐叔, 出自武王, 文武之功, 實建諸姬. 故二王之嗣, 世不廢親. 今君棄之, 是不愛親也. 晉公子生十七年而亡, 卿材三人從之, 可謂賢矣, 而君蔑之, 是不明賢也. 謂晉公子之亡, 不可不憐也. 比之賓客, 不可不禮也. 失此二者, 是不禮賓·不憐窮也. 守天之聚, 將施於宜. 宜而不施, 聚必有闕. 玉帛酒食, 猶糞土也, 愛糞土以毁三常, 失位而闕聚, 是之不難, 無乃不可乎? 君其圖之.」

公弗聽.

【曹共公】 曹나라 昭公의 아들 曹伯襄. B.C.652~618년까지 35년간 재위함.
【骿脅】 '骿'은 '駢'과 같음. 갈비뼈가 붙어 있음을 말함.
【薄】 발(簾).
【僖負羈】 僖負覊로도 표기하며 曹나라 대부.
【首誅】 제일 먼저 주벌할 대상. 벌거벗은 자신의 몸을 훔쳐 본 것은 가장 무례한 일이므로, 조나라를 제일 먼저 정벌하고자 할 것임을 말함.
【寘璧】 '寘'는 '置'와 같음. 음식 밑에 璧을 놓아 우호의 뜻을 표시한 것임.
【叔振】 曹 叔振鐸. 文王의 8째 아들이며 武王 때 曹나라에 봉해져 그 시조가 됨.
【三人從之】 중이의 망명에 세 사람이 따랐음. 즉 狐偃·趙衰·賈佗 세 사람.
【守天之聚】 하늘이 모아준 만민, 국토, 재물 따위를 지킴. 여기서는 하늘이 내려준 국가를 가지고 있음을 말함.
【糞土】 아무런 쓸모가 없는 더러운 흙. 《論語》 公冶長篇에 "子曰: 「朽木不可雕也, 糞土之牆不可杇也; 於予與何誅?」"라 함.
【三常】 세 가지 중요한 常規. 즉 政之幹, 禮之宗, 國之常.

참고 및 관련 자료

1. 《左傳》 僖公 23년

及曹, 曹共公聞其駢脅, 欲觀其裸. 浴, 薄而觀之. 僖負羈之妻曰: 「吾觀晉公子之從者, 皆足以相國. 若以相, 夫子必反其國. 反其國, 必得志於諸侯. 得志於諸侯, 而誅無禮, 曹其首也. 子盍蚤自貳焉!」 乃饋盤飧, 寘璧焉. 公子受飧反璧.

2. 《列女傳》 仁智傳 「曹僖氏妻」

曹大夫僖負羈之妻也. 晉公子重耳亡, 過曹, 恭公不禮焉. 聞其駢脅, 近其舍, 伺其將浴, 設微薄而觀之. 負羈之妻言於夫曰: 「吾觀晉公子, 其從者三人, 皆國相也. 以此三人者皆善, 戮力以輔人, 必得晉國, 若得反國, 必霸諸侯, 而討無禮, 曹必爲首. 若曹有難, 子必不免, 子胡不早自貳焉? 且吾聞之: 不知其子者視其父, 不知其君者視其所使. 今其從者皆卿相之僕也, 則其君必霸王之主也. 若加禮焉, 必能報施矣; 若有罪焉, 必能討過. 子不早圖, 禍至不久矣.」 負羈乃遺之壺飡, 加璧其上. 公子受飡反璧. 及公子反國伐曹, 乃表負羈之閭, 令兵士無敢入, 士民之扶老攜弱而赴其閭者, 門外成市. 君子謂: 「僖氏之妻能遠識.」 詩云: 『旣明且哲,以保其身.』此之謂也. 頌曰:『僖氏之妻, 厥志孔白. 見晉公子, 知其興作. 使夫饋飡, 且以自託. 文伐曹國, 卒獨見釋.』

3.《史記》晉世家

過曹, 曹共公不禮, 欲觀重耳駢脅. 曹大夫釐負羈曰:「晉公子賢, 又同姓, 窮來過我, 柰何不禮!」共公不從其謀. 負羈乃私遺重耳食, 置璧其下. 重耳受其食, 還其璧.

110(10-6) 宋襄公贈重耳以馬二十乘
송 양공이 중이에게 말 20승을 증정하다

공자公子 중이重耳가 조曹나라로부터 송宋나라를 지날 때, 송나라 사마司馬 공손고公孫固와는 서로 잘 아는 사이였다. 공손고가 중이를 위해 양공襄公에게 이렇게 말하였다.

"진晉나라 공자가 어린나이에 망명을 떠나 이미 어른으로 성장하였습니다. 그러면서 선을 행하기를 좋아하여 싫증을 내지 않고 있으며, 호언狐偃을 아버지처럼 모시고, 조최趙衰를 스승으로 받들며, 가타賈佗를 어른으로 대접하고 있습니다. 호언은 그의 외삼촌으로서 은혜롭고 지모가 있습니다. 조최는 선군의 융어戎御였던 조숙趙夙의 아우로서 문재가 있으면서 충정忠貞합니다. 그리고 가타는 공족公族으로서 지식이 많고 공손합니다. 이 세 사람은 사실 그의 좌우 보좌입니다. 공자가 평소 거할 때는 스스로 낮추고 공자가 행동했다 하면 그를 위해 자문을 해 줍니다. 그러면서 어린아이에서 어른으로 성장하기까지 싫증을 내지 않고 도왔으며 거의 예를 갖추고 있습니다. 예를 심어놓고 있는 자는 반드시 보답이 있게 마련입니다. 〈상송商頌〉에 '탕임금 스스로 낮추심이 절대로 그릇되지 않았네. 그 성스러운 도가 날로 상승하네'라 하였습니다. 여기서 낮춤(降)이란 바로 예가 있음을 말하는 것입니다. 임금께서 잘 도모해 주시기 바랍니다."

양공이 그의 말을 따라 중이에게 말 20승을 선물로 주었다.

公子過宋, 與司馬公孫固相善, 公孫固言於襄公曰:「晉公子亡, 長幼矣, 而好善不厭, 父事狐偃, 師事趙衰, 而長事賈佗.

狐偃其舅也, 而惠以有謀. 趙衰其先君之戎御趙夙之弟也, 而文以忠貞. 賈佗公族也, 而多識以恭敬. 此三人者, 實左右之. 公子居則下之, 動則諮焉, 成幼而不倦, 殆有禮矣. 樹於有禮, 必有艾. 〈商頌〉曰: 『湯降不遲, 聖敬日躋.』降, 有禮之謂也. 君其圖之.」

襄公從之, 贈以馬二十乘.

【公子】 重耳를 가리키며 망명 생활에서 曹나라를 거쳐 宋나라를 지남.

【司馬公孫固】 司馬는 관직 이름이며, 公孫固는 宋 莊公의 손자로 관상술에 뛰어났음.

【襄公】 송나라 桓公의 아들 자보(玆父). 春秋五霸의 하나.

【趙衰】 晉나라 경. 趙成子. 자는 子餘. 原季.

【賈佗】 狐偃의 아들 射姑. 그러나 태사 賈季는 公族으로 같은 姬姓이었으며 賈 땅을 봉지로 받았음. 字는 季佗. 그러므로 호언의 아들이라 한 것은 잘못으로 보임.

【趙夙】 晉나라 卿 公明의 아들이며 趙衰의 형.

【湯降不遲】《詩經》商頌 長發의 구절.

참고 및 관련 자료

1. 《左傳》 僖公 23년

及宋, 宋襄公贈之以馬二十乘.

2. 《史記》 晉世家

去, 過宋. 宋襄公新困兵於楚, 傷於泓, 聞重耳賢, 乃以國禮禮於重耳. 宋司馬公孫固善於咎犯, 曰: 「宋小國新困, 不足以求入, 更之大國.」乃去.

3. 《詩經》 商頌 長發

濬哲維商, 長發其祥. 洪水芒芒, 禹敷下土方, 外大國是疆. 幅隕既長, 有娀幫將, 帝立子生商. 玄王桓撥, 受小國是達, 受大幗是達. 率履不越, 遂視既發. 相土烈烈,海外有截. 帝命不違, 至于湯齊. 湯降不遲, 聖敬日躋. 昭假遲遲, 上帝是祗, 帝命式于九圍. 受小球大球, 爲下國綴旒. 何天之休, 不競不絿, 不剛不柔, 敷政優優, 百祿是遒. 受小共大共, 爲下國駿厖. 何天之龍, 敷奏其勇, 不震不動, 不戁不竦, 百祿是總. 武王載旆, 有虔秉鉞. 如火烈烈, 則莫我敢曷. 苞有三蘖, 莫遂莫達, 九有有截. 韋顧旣伐, 昆吾夏桀. 昔在中葉, 有震且業. 允也天子, 降于卿士, 實維阿衡, 實左右商王.

111(10-7) 鄭文公不禮重耳
정 문공이 중이에게 무례히 굴다

공자 중이가 정鄭나라를 지날 때, 정鄭 문공文公 역시 예로써 맞아주지 아니하였다.

그러자 숙첨叔詹이 정 문공에게 이렇게 간언하였다.

"제가 듣기로 하늘을 친히 여기며, 옛 사람의 훈계를 지켜내며, 형제를 예로써 대하며, 곤궁한 사람에게 재물을 베풀면 하늘이 복을 내린다 하더이다. 지금 진晉나라 공자는 세 가지 복을 가지고 있어 하늘이 장차 그의 앞길을 열어 줄 것입니다. 원래 동성끼리 결혼을 하지 않는 것은 그 자손이 제대로 번성하지 못할 것을 꺼린 것입니다. 그런데 호씨狐氏는 당숙唐叔의 후손으로 호희狐姬는 백행伯行의 딸로서 중이를 낳았습니다. 중이는 자라면서 재주가 남달랐고, 고국을 떠나 망명을 하고 있지만 그 자신의 위치를 지키고 있으며, 오랫동안 빈궁에 처했음에도 조그만 흠을 남기지 않았으니, 이것이 세 가지 복 중에 하나입니다. 그와 같은 형제 9명이 출생하였지만 지금 중이만이 남아 있으며, 외국에 환난을 겪고 있지만 진나라 국내는 아직도 안정을 찾지 못하고 있으니 그것이 두 번째 복입니다. 진나라 임금(혜공)은 날로 그 원함을 쌓아가고 있으며 안팎이 모두 그를 버리고 있는데, 중이는 날로 그 덕을 쌓아가고 있고 호언狐偃과 조최趙衰가 그를 위해 모책을 세우고 있으니 이것이 세 번째 복입니다. 〈주송周頌〉에 '하늘이 높은 산을 쌓고 있으니 태왕大王께서 그 땅을 더욱 넓히도다'라 하였습니다. 황荒이란 크게 넓혀 간다는 뜻입니다. 하늘이 할 일을 자꾸 넓혀 가니 가히 하늘을 친히 여긴다 할 수 있습니다. 진晉나라와 우리 정鄭나라는 형제입니다. 우리 선군 무공武公은 진문후晉文侯와 함께 죽을힘을 다해 힘을 모아, 주실周室의 팔다리가 되어 평왕平王을 보필하였습니다. 평왕이 그 노고를 고맙게 여겨 우리에게 봉토를 내려주며 이렇게 맹세하도록 하였습니다. '세세토록 서로 일으켜 도와 주어라'라고 말입니다. '하늘을 친히 여기는 문제'라면 이미 중이는 세 가지 복을 가지고 있으니 '대천大天'이라 할 수 있고, '옛 가르침을 준수하는 문제'라면 문후의 공과 무공의 업적이 있으니 가히 '전훈前訓'이라 할 수 있으며, '형제를 예로 대우하는 문제'라면 진晉·정鄭 두 나라의 혈친 관계이며 게다가 평왕의 유명遺命이 있으니 가히 '형제兄弟'라 말할 수 있으며, '곤궁한 자에게 재물을 베풀어 주는 문제'라면 그가 어릴 때 망명길에 나서서 아직도 제후들을 전전하고 있으니 '곤궁窮困'이라 이를 수 있습니다. 이처럼 우리에게 좋은 네 가지 조건을 갖춘 중이를 버리고 대신 하늘의 재앙을 자초한다면 그래서는 안 될 일이 아니겠습니까? 임금께서는 잘 헤아려 보시기 바랍니다."

그러나 임금은 이를 듣지 않았다.

숙첨이 말을 이었다.

"만약 예우를 해 줄 수 없다면 죽여 버리십시오. 속담에 '기장과 피가 제대로 자라지 못하면 꽃을 피울 수 없고, 꽃을 피우지 못하면 기장은 기장이 될 수 없으니 제대로 씨앗을 퍼뜨릴 수 없다. 피가 피가 되지 못하면 제대로 번식할 수 없다. 심을 때 무엇이 날지 의심하지 말라. 오직 덕을 심은 것만이 덕으로 나타나리라' 하였습니다."

그래도 임금은 이를 듣지 않았다.

公子過鄭, 鄭文公亦不禮焉.

叔詹諫曰:「臣聞之: 親有天, 用前訓, 禮兄弟, 資窮困天所福也. 今晉公子有三祚焉, 天將啓之. 同姓不婚, 惡不殖也. 狐氏出自唐叔. 狐姬, 伯行之子也, 實生重耳. 成而儁才, 離違而得所, 久約而無釁, 一也. 同出九人, 唯重耳在, 離外之患, 而晉國不靖,二也. 晉侯日載其怨, 外內棄之; 重耳日載其德, 狐·趙謀之, 三也. 在〈周頌〉曰:『天作高山, 大王荒之.』荒, 大之也. 大天所做, 可謂親有天矣. 晉·鄭兄弟也, 吾先君武公與晉文侯戮力一心, 股肱周室, 夾輔平王, 平王勞而德之, 而賜之盟質, 曰:『世相起也.』若親有天, 獲三祚者, 可謂大天. 若用前訓, 文侯之功, 武公之業, 可謂前訓. 若禮兄弟, 晉·鄭之親, 王之遺命, 可謂兄弟. 若資窮困, 亡在長幼, 還軫諸侯, 可謂窮困. 棄此四者, 以徼天禍, 無乃不可乎? 君其圖之.」

弗聽.

叔詹曰:「若不禮焉, 則請殺之. 諺曰:『黍稷無成, 不能爲榮. 黍不爲黍, 不能蕃廡. 稷不爲稷, 不能蕃殖. 所生不疑, 唯德之基.』」

公弗聽.

【鄭文公】鄭 厲公의 아들 捷. B.C.672~628년까지 45년간 재위.

【叔詹】鄭나라 대부.

【狐氏出自唐叔】狐氏는 狐偃의 집안으로 重耳의 외갓집. 唐叔은 晉나라 시조. 호씨는 당숙의 후손이라는 뜻.

【狐姬】伯行(狐突)의 딸이며 중이의 생모.

【天作高山】《詩經》周頌 天作. 하늘이 岐山을 만들어 大王(太王, 古公亶父)을 그곳으로 옮겨가게 했음을 말함.

【武公】鄭 桓公의 아들 滑突. 평왕을 도와 洛邑으로의 천도에 적극 호응하였음. B.C.770~744년까지 27년간 재위함.

【晉文侯】晉 穆侯의 아들 仇. 진나라 초기의 영명한 군주.

【平王】西周가 망하고 洛邑으로 도읍을 옮겨 東周의 첫 임금이 됨. 이름은 宜臼. B.C.770~720년까지 51년간 재위.

참고 및 관련 자료

1. 《左傳》僖公 23년

及鄭, 鄭文公亦不禮焉. 叔詹諫曰: 「臣聞天之所啓, 人弗及也. 晉公子有三焉, 天其或者將建諸, 君其禮焉! 男女同姓, 其生不蕃. 晉公子, 姬出也, 而至於今, 一也. 離外之患, 而天不靖晉國, 殆將啓之, 二也. 有三士, 足以上人, 而從之, 三也. 晉·鄭同儕, 其過子弟固將禮焉, 況天之所啓乎!」 弗聽.

2. 《史記》晉世家

過鄭, 鄭文公弗禮. 鄭叔瞻諫其君曰: 「晉公子賢, 而其從者皆國相, 且又同姓. 鄭之出自厲王, 而晉之出自武王.」 鄭君曰: 「諸侯亡公子過此者衆, 安可盡禮!」 叔瞻曰: 「君不禮, 不如殺之, 且後爲國患.」 鄭君不聽.

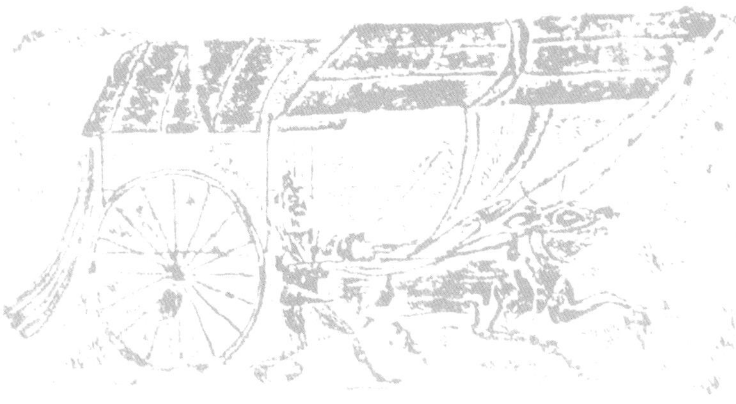

112(10-8) 楚成王以周禮享重耳
초 성왕이 주례로서 중이를 대접하다

공자 중이重耳의 무리가 드디어 초楚나라로 가자, 초楚 성왕成王은 주례周禮에 의해 중이를 위해 잔치를 열어, 아홉 차례 술을 바치고 그에게 줄 예물을 뜰에 진열하였다. 중이가 이를 사양하려고 하자 자범子犯이 말하였다.

"이는 천명입니다. 그대께서는 받으셔야 합니다. 망명 중인 사람을 국빈의 예로 대접하여 지위가 같지 않건만 임금으로 대우하니, 하늘이 아니면 누가 그에게 이러한 생각을 하게 일러 주었겠습니까?"

이윽고 연회가 끝나자 초왕이 중이에게 물었다.

"만약 그대가 진나라로 돌아가 왕이 된다면 나에게 어떻게 보답을 하시겠소?"

중이가 두 번 절하고 머리를 조아리며 이렇게 대답하였다.

"미녀와 옥백 따위라면 그대께서는 모두 가지고 계시고, 새 깃털의 깃발과 상아, 가죽과 같은 진귀한 물건은 모두 그대의 이 초나라에서 납니다. 그 외 우리 진晉나라에 흘러 전해진 것들이야 임금의 나머지 여분일 뿐입니다. 그러니 제가 무엇으로써 보답을 하겠습니까?"

초왕이 다시 말하였다.

"비록 그렇다고 해도 무슨 보답을 할 것인지를 내 듣고 싶소."

중이는 이렇게 대답하였다.

"내가 임금의 신령함 덕분에 내가 진나라를 다시 얻게 된다면, 우리 진나라와 귀국 초나라가 중원中原에서 전투를 벌이게 될 때 임금을 위해 90리를 물러나 드리겠습니다. 이렇게 하고도 임금의 양해를 얻지 못한다면, 그 때는 할 수 없이 왼손에는 채찍과 활을 들고 오른손에는 활집과 화살집을 든 채 임금과 다툴 수밖에 없겠지요.”

그러자 초나라 영윤令尹 자옥子玉이 초왕에게 말하였다.

“진나라 공자를 죽이십시오. 죽이지 않았다가 그가 진나라로 돌아가 임금이 되면 틀림없이 우리 초나라 군사의 근심거리가 될 것입니다.”

초왕이 말하였다.

“안 되오. 우리 군사의 근심이란 내가 덕을 닦지 않을 때 그런 것이오. 내가 덕스럽지 못한데 그를 죽여서 어쩌겠소! 하늘이 초나라에 복을 내리면 누가 우리를 근심스럽게 하겠소? 그러나 하늘이 초나라에 복을 내리지 않는다면 기주冀州, 晉 땅에 어찌 훌륭한 임금이 나오지 않겠소? 게다가 공자는 민첩하고 학식이 있고, 곤궁한 가운데에서도 남에게 아첨하지 않으며, 세 사람 인재가 그를 모시고 있으니 하늘에 그에게 복을 내리고 있는 것이오. 하늘이 그를 일으키려 하는데 누가 능히 그를 버릴 수 있겠소?”

자옥이 다시 말하였다.

“그렇다면 호언狐偃을 잡아 두시기를 청합니다.”

초왕이 대답하였다.

“안 되오. 〈조시曹詩〉에 ‘저기 저 사람, 그 좋은 대우 길이 받기 어렵네’라 하였으니 이는 잘못을 꾸짖는 말이오. 무릇 잘못을 따라 흉내를 내면 잘못은 더욱 심해질 뿐이오. 잘못을 따라하는 것은 바른 예가 아니오.”

이때 진晉 회공懷公이 진秦나라를 도망하여 귀국하자, 진秦 목공穆公은 중이를 초나라로부터 진나라로 오도록 불렀다. 초왕은 후한 예로써 중이를 진秦나라로 보내 주었다.

遂如楚, 楚成王以周禮享之, 九獻, 庭實旅百.

公子欲辭, 子犯曰:「天命也, 君其饗之. 亡人而國薦之, 非敵而君設之, 非天, 誰啓之心!」

旣饗, 楚子問於公子曰: 「子若克復晉國, 何以報我?」

公子再拜稽首對曰: 「子女玉帛, 則君有之. 羽旄齒革, 則君地生焉. 其波及晉國者, 君之餘也, 又何以報?」

王曰: 「雖然, 不穀願聞之.」

對曰: 「若以君之靈, 得復晉國, 晉·楚治兵, 會于中原, 其避君三舍. 若不獲命, 其左執鞭弭, 右屬櫜鞬, 以與君周旋.」

令尹子玉曰: 「請殺晉公子. 弗殺, 而反晉國, 必懼楚師.」

王曰: 「不可. 楚師之懼, 我不修也. 我之不德, 殺之何爲! 天之祚楚, 誰能懼之? 楚不可祚, 冀州之土, 其無令君乎? 且晉公子敏而有文, 約而不諂, 三材侍之, 天祚之矣. 天之所興, 誰能廢之?」

子玉曰: 「然則請止狐偃.」

王曰: 「不可. 〈曹詩〉曰: 『彼己之子, 不遂其媾.』 郵之也. 夫郵而效之, 郵又甚焉. 效郵, 非禮也.」

於是懷公自秦逃歸.

秦伯召公子於楚, 楚子厚幣以送公子于秦.

【楚成王】 武王의 손자이며 文王의 아들. 이름은 熊頵. B.C.671~626년까지 46년간 재위함.

【周禮】 周나라 天子가 하는 예법.

【九獻】 천자가 제후왕에게 베푸는 연회로써 아홉 번 술을 올림. 중이는 망명 중이며 아직 임금 자리에도 오르지 않아 이런 대우를 받을 수 없었음.

【庭實旅百】 고대 제후들이 서로 방문할 때 예물을 뜰에 늘어놓음. 그 종류가 수백 가지로 많았음을 뜻함. '旅'는 '衆', '多'의 뜻.

【不穀】 임금이 자신을 낮추어 부르는 謙稱.

【舍】 군사가 하루 행군할 수 있는 거리. 대개 30리 정도로 보았음. 따라서 三舍는 90리를 퇴각하여 상대에게 여유를 주겠다는 뜻. 이의 후일담은 122를 볼 것.

【弭】 활의 일종으로 문양이나 수식을 가하지 아니한 것을 말함.
【櫜鞬】 활과 화살을 담는 자루.
【子玉】 楚나라 若敖의 증손 成得臣.
【冀州】 지금의 山西, 河北 일대. 당시 晉나라를 비유하여 말한 것.
【三材】 狐偃·趙衰·賈佗를 가리킴.
【曹詩】《詩經》曹風 候人을 말함.
【郵】 지나감. '過'와 같음.
【懷公】 晉 懷公. 公子 圉. 惠公의 아들이며 당시 秦나라에 인질로 가 있다가 魯 僖公 22년(B.C.638)에 도망하여 晉나라로 돌아옴.
【秦伯】 秦 穆公. B.C.659~621년까지 39년간 재위함.

참고 및 관련 자료

1.《左傳》僖公 23年

及楚, 楚子饗之, 曰:「公子若反晉國, 則何以報不穀?」對曰:「子·女·玉·帛, 則君有之; 羽·毛·齒·革, 則君地生焉. 其波及晉國者, 君之餘也; 其何以報君?」曰:「雖然, 何以報我?」對曰:「若以君之靈, 得反晉國. 晉·楚治兵, 遇于中原, 其辟君三舍. 若不獲命, 其左執鞭·弭, 右屬櫜·鞬, 以與君周旋.」子玉請殺之. 楚子曰:「晉公子廣而儉, 文而有禮. 其從者肅而寬, 忠而能力. 晉侯無親, 外內惡之. 吾聞姬姓唐叔之後, 其後衰者也, 其將由晉公子乎! 天將興之, 誰能廢之? 違天, 必有大咎.」乃送諸秦.

2.《史記》晉世家

重耳去之楚, 楚成王以適諸侯禮待之, 重耳謝不敢當. 趙衰曰:「子亡在外十餘年, 小國輕子, 況大國乎? 今楚大國而固遇子, 子其毋讓, 此天開子也.」遂以客禮見之. 成王厚遇重耳, 重耳甚卑. 成王曰:「子卽反國, 何以報寡人?」重耳曰:「羽毛齒角玉帛, 君王所餘, 未知所以報.」王曰:「雖然, 何以報不穀?」重耳曰:「卽不得已, 與君王以兵車會平原廣澤, 請辟王三舍.」楚將子玉怒曰:「王遇晉公子至厚, 今重耳言不孫, 請殺之.」成王曰:「晉公子賢而困於外久, 從者皆國器, 此天所置, 庸可殺乎? 且言何以易之!」居楚數月, 而晉太子圉亡秦, 秦怨之; 聞重耳在楚, 乃召之. 成王曰:「楚遠, 更數國乃至晉. 秦晉接境, 秦君賢, 子其勉行!」厚送重耳.

113(10-9) 重耳婚媾懷嬴
중이가 회영과 중혼하다

진秦 목공穆公이 중이重耳에게 다섯 여자를 시중들도록 주었는데, 그 가운데 진晉 회공懷公의 전처 회영懷嬴도 들어 있었다.

중이는 그에게 하찮은 세숫대야나 받쳐 드는 일 등이나 시키며, 그 일이 끝나면 손을 저어 내치며 거들떠보지도 않는 것이었다.

회영이 화를 내며 이렇게 대들었다.

"우리 진秦나라와 그대 진晉나라는 대등한 관계입니다. 어찌 나를 이토록 비하하는 것입니까?"

중이는 두려워 옷을 벗고 죄인으로서 명령을 받고자 하였다.

진 목공이 중이를 만나자 이렇게 말하였다.

"내가 그대에게 보낸 딸들 중에 회영이 가장 똑똑하지요. 자어子圉에게 시집갔던 것이 허물이 되어 지금 빈장嬪嬙의 직위에 충당되어 있답니다. 시집을 다시 보내고자 하지만 남편이 떠나 버렸다는 오명이 두려워 이러고 있는 중이지요. 그것만 아니라면 나무랄 데가 없는 딸입니다. 감히 예를 갖추지 못한 채 그대에게 보낸 것은 이 딸을 사랑하기 때문이었지요. 공자께서 모욕을 느끼셨다면 과인의 죄입니다. 오직 그대의 뜻을 듣겠습니다."

중이가 이를 거절하려 하자 사공계자司空季子가 이렇게 말하였다.

"동성이어야 형제가 되는 것입니다. 황제黃帝는 아들 25명이 있었으며 그 중 동성인 자는 둘밖에 없었습니다. 바로 청양靑陽과 이고夷鼓였는데 이들은 기성己姓이었지요. 청양은 방뢰씨方雷氏의 조카였고, 이고는 동어씨彤魚氏의 조카였습니다. 이들은 같은 아버지에게서 난 이성異姓이었지요. 네 명의 어머니에게 난 아들이 각기 12개의 성으로 나뉘었으며 이렇게 하여 황제의 아들은 모두 25개의 종족이 되었고, 그 중 관직에 올라 성씨를 얻은 자는 14명이며 그들의 성은 12개입니다. 즉 희姬·유酉·기祁·기己·등滕·잠箴·임任·순荀·희僖·길姞·현儇·의依가 이들입니다. 오직 청양과 창림씨蒼林氏만이 황제와 동종의 성으로써 그 때문에 모두가 희성姬姓이 된 것입니다. 덕행이 서로 같기가 이처럼 어려운 것입니다. 옛날 소전少典이 유교씨有蟜氏의 딸을 취하여 황제·염제炎帝를 낳았습니다. 황제는 희수姬水에서 성장하였고, 염제는 강수姜水에서 자랐습니다. 자라면서 그들의 덕행이 서로 달라 그 때문에 황제는 희성이 되었고 염제는 강성이 되었으며 두 임금은 무력을 사용하여 서로 다투었습니다. 이는 덕이 서로 달랐기 때문이었습니다. 성이 다르면 덕도 다른 법이요 덕이 다르면 종족이 다른 것입니다. 서로 다른 종족일지라도 가까이 해야 할 것이 있으니 남녀의 혼인입니다. 이로써 백성을 낳게 되기 때문입니다. 같은 성일 경우 그 덕이 같습니다. 그 덕이 같으면 그 마음도 같게 되고 마음이 같으면 뜻을 같이 하게 됩니다. 그러나 비록 뜻이 같다 해도 멀리 해야 하는 것이 있으니 바로 남녀가 서로 혼인하지 않는 것입니다. 이는 공경의 도를 더럽힐까 꺼려하여 그런 것입니다. 공경의 도를 더럽히면 원한이 생기고, 원한이 생기면 재앙을 기르게 되고, 재앙을 기르면 그 성이 소멸되고 맙니다. 이 까닭으로 아내를 취함에는 동성을 피하는 것이니 바로 재앙을 두려워하기 때문입니다. 그 때문에 이성끼리는 성姓을 합하여 결혼을 하고, 같은 덕을 가진 자끼리는 의義를 합하는 것입니다. 의는 이익을 도출하고, 이익은 그 성을 가진 자를 많이 불어나게 합니다. 성에 이익이 있어 서로 계속 바꾸어 가면서 서로 성취시켜 주어 끊임이 없게 되는 것이며, 이로써 능히 안정되고 견고하여 그 땅과 가정을 보존해 나가는 것입니다. 지금 그대와 자어는 길가에 서로 지나가는 사이입니다. 그가 버린 여자를 맞아들여 이러한 대사大事를 성취시키는 것은 역시 옳은 일이 아니겠습니까?"

중이가 자범에게 물었다.

"어떻게 하면 되겠습니까?"

자범이 대답하였다.

"장차 자어의 나라를 빼앗을 것이라면서 그가 버리고 간 여자를 맞이하는 것이 무슨 방해가 되겠습니까? 오직 진秦나라에서 명령하는 대로 따르십시오."

이번에는 자여子餘, 趙衰에게 물었다.

"어떻소?"

자여가 대답하였다.

"〈예지禮志〉에 이렇게 말하였습니다. '남에게 부탁할 것이 있으면 반드시 먼저 그의 요청을 받아 주어야 하며, 남으로부터 사랑을 받고자 하면 반드시 먼저 그를 사랑해야 한다. 그리고 남이 자신을 따라 주기를 바란다면 반드시 먼저 그를 따라 주어야 한다. 남에게 덕을 베풀지는 않으면서 남에게 요구하기만 하는 것은 죄악이다'라고 말입니다. 지금 장차 혼인으로써 진나라를 따라 그가 좋아하는 딸을 맞아 이를 사랑하며, 그의 명령을 들어 덕을 베풀어 주면 됩니다. 그렇게 되지 않으면 어쩌나 걱정할 일이지 어찌 의심을 품습니까?"

이에 그녀를 돌려보낸 다음 납폐納幣의 예를 갖추어 다시 이를 맞이하였다.

秦伯歸女五人, 懷嬴與焉.

公子使奉匜沃盥, 旣而揮之.

嬴怒曰:「秦晉匹也, 何以卑我?」

公子懼, 降服囚命.

秦伯見公子曰:「寡人之適, 此爲才. 子圉之辱, 備嬪嬙焉, 欲以成婚, 而懼離其惡名. 非此, 則無故. 不敢以禮致之, 懽之故也. 公子有辱, 寡人之罪也. 唯命是聽.」

公子欲辭, 司空季子曰:「同姓爲兄弟. 黃帝之子二十五人, 其同姓者二人而已, 唯青陽與夷鼓皆爲己姓. 青陽, 方雷氏之甥也. 夷鼓, 彤魚氏之甥也. 其同生而異姓者, 四母之子別爲十二姓. 凡黃帝之子, 二十五宗, 其得姓者十四人爲十二姓. 姬·酉·祁·己·滕·箴·任·荀·僖·姞·儇·依是也. 唯青陽與蒼林氏同于黃帝, 故皆爲姬姓. 同德之難也如是. 昔少典娶于有蟜氏, 生黃帝·炎帝. 黃帝以姬水成, 炎帝以姜水成. 成而異德, 故黃帝爲姬, 炎帝爲姜, 二帝用師以相濟也, 異德之故也. 異姓則異德, 異德則異類. 異類雖近, 男女相及, 以生民也. 同姓則同德, 同德則同心, 同心則同志, 同志雖遠, 男女不相及, 畏黷敬也. 黷則生怨, 怨亂毓災, 災毓滅姓. 是故娶妻避其同姓, 畏亂災也. 故異德合姓, 同德合義. 義以導利, 利以阜姓. 姓利相更, 成而不遷. 乃能攝固, 保其土房. 今子於子圉, 道路之人也, 取其所棄, 以濟大事, 不亦可乎?」

公子謂子犯曰:「何如?」

對曰:「將奪其國, 何有於妻? 唯秦所命從也.」

謂子餘曰:「何如?」

對曰:「〈禮志〉有之曰:『將有請於人, 必先有入焉. 欲人之愛己也, 必先愛人. 欲人之從己也, 必先從人. 無德於人, 而求用於人, 罪也.』今將婚媾以從秦, 受好以愛之, 聽從以德之, 懼其未可也, 又何疑焉?」

乃歸女而納幣, 且逆之.

【歸】饋와 같음. 증송함. 여자를 줌.

【懷嬴】원래 秦 穆公의 딸이며, 晉나라 子圉가 공자로써 秦나라에 인질로 와 있을 때, 목공이 그 딸을 자어에게 주어 아내로 삼도록 하였음. 뒤에 자어가 도망하여 晉나라로 돌아가 懷公이 되자, 그 때문에 옛 진나라에 있을 때의 아내였으므로 이를 '회영'이라 부른 것. 嬴은 秦나라 왕의 성씨.

【降服囚命】옷을 벗고 사죄의 뜻을 보임.

【嬪嬙】궁중의 女官. 남편 子圉가 도망함으로써 공주로서의 지위를 누리지 못함.

【司空季子】晉나라 대부 胥申臼季. 뒤에 司空의 벼슬을 지냄.

【同姓】고대에는 모계사회였으므로 姓은 어머니 혈통을 의미함. 남자를 중심으로 한 부족과 지역은 氏로 표기하였음. 따라서 血緣은 姓, 地緣은 氏였음.

【靑陽】黃帝의 아들. 少昊 金天氏가 됨.

【夷鼓】역시 황제의 아들.

【方雷氏】黃帝 때 西陵國의 성씨. 황제가 이 西陵氏의 여자인 嫘祖를 아내로 맞아 靑陽을 낳았음. 嫘祖는 처음 양잠의 기술을 창안한 것으로 널리 알려짐.

【彤魚氏】역시 고대 나라 혹 부족 이름. 자세한 위치나 내용은 알 수 없음.

【少典】黃帝 軒轅氏와 炎帝 神農氏의 아버지.

【有蟜氏】고대 나라 혹 부족 이름. 소전이 이 부락의 여자를 얻어 황제를 낳음.

【相濟】'濟'는 '擠'와 같음. 서로를 밀쳐내고자 다투고 싸움.

【相更】순환 고리처럼 계속 바뀌면서 이어짐.

【攝】'持'와 같음. 지속됨. 잃지 아니하고 維持함.

【土房】土는 자신들의 영역. 房은 가정이나 주거지. 즉 地緣과 血緣을 말함.

【子犯】舅犯. 狐偃. 重耳의 외삼촌.

【子餘】趙衰의 字.

【婚媾】婚은 婚姻, 媾는 重婚을 의미함.

【納幣】고대 혼례에서 六禮의 하나. 혼인을 약정하고 나서 남녀 집안에서 玄纁, 束帛, 儷皮를 보내는 것. '納徵'이라고도 함. 여기서는 중이가 정식으로 맞이하겠다고 예를 갖춘 것임.

참고 및 관련 자료

1. 《左傳》 僖公 23年

秦伯納女五人, 懷嬴與焉. 奉匜沃盥, 旣而揮之. 怒, 曰: 「秦・晉, 匹也, 何以卑我?」 公子懼, 降服而囚. 他日, 公享之. 子犯曰: 「吾不如衰之文也, 請使衰從.」

2. 《史記》 晉世家

重耳至秦, 繆公以宗女五人妻重耳, 故子圉妻與往. 重耳不欲受, 司空季子曰: 「其國且伐, 況其故妻乎! 且受以結秦親而求入, 子乃拘小禮, 忘大醜乎!」 遂受.

114(10-10) 秦伯享重耳以國君之禮
진 목공이 중이를 국군의 예로써 대접하다

어느 날, 진秦 목공穆公이 공자 중이를 초청하자, 중이는 자범子犯을 데리고 가고자 하였다.

그러자 자범이 말하였다.

"나는 조최趙衰만큼 문물에 뛰어나지 못합니다. 청컨대 조최를 수종하게 하시지요."

이에 조최(子餘)가 따라가게 되었다.

목공은 중이에게 국군國君의 예로써 잔치를 차렸고, 조최는 빈상賓相으로 예우하였다.

잔치가 끝나자 목공은 자신들의 대부들에게 이렇게 당부하였다.

"예를 베풀면서 끝맺음을 잘 해 주지 않는 것은 수치이며, 마음속에 품은 생각이 겉에 드러난 모습을 이겨내지 못하는 것도 수치이며, 겉만 화려하고 실질은 없는 것도 수치이며, 헤아리지 아니하고 베푸는 것도 수치이며, 베풀되 성공시키지 못하는 것도 수치이다. 이러한 수치의 문을 제대로 닫지 못한다면 봉지를 받아 임금 노릇 하는 자라 할 수 없다. 이렇게 하지 않으면 무력을 쓴다 해도 아무런 소용이 없게 된다. 그대 대부들은 이 다섯 가지를 경건히 할지니라!"

이튿날 잔치에서 목공은 〈채숙(采菽)〉을 낭송하였다. 그러자 조최가 중이에게 계단을 내려서 절을 하도록 하였고, 목공도 내려서서 맞절을 하였다.

이때 조최가 말하였다.

"임금께서 천자의 명으로써 우리 중이께 복명服命해 주시니, 우리 중이께서 감히 어찌 편히 앉아 있겠으며 어찌 감히 내려서서 절을 하지 않을 수 있겠습니까?"

서로 절을 하고 다시 올라오자, 조최가 중이에게 〈서묘黍苗〉의 시를 낭송하도록 하였다.

그리고 조최가 이렇게 설명하였다.

"중이께서 임금을 우러러보기를 마치 기장 싹이 그늘진 비를 기다리듯합니다. 임금께서 만약 기름진 혜택으로 보살펴 주셔서, 그로 하여금 아름다운 곡식으로 자라 종묘宗廟에 오를 수 있게 해 주신다면, 이는 모두가 임금의 힘일 것입니다. 임금께서 만약 선군 양공襄公의 영광을 밝히셔서 동쪽으로 하수河水를 건너 군사를 정비하여 주실周室을 강화시켜 주신다면, 이것이 우리 중이께서 바라시는 것입니다. 또 중이가 만약 덕을 모아 귀국하여, 제사를 이을 수 있도록 그로 하여금 진晉나라 백성의 주인이 되도록 하셔서 봉국封國을 세워 주신다면, 어찌 임금을 따르지 않을 수 있겠습니까? 그 때 임금께서 마음대로 뜻을 펴셔서 중이를 활용하시면 사방의 제후로써 그 누가 조심조심 임금의 명을 따르지 않을 자 있겠습니까?"

목공은 이렇게 탄식하였다.

"이 공자가 장차 나라를 갖게 되면 어찌 나 한 사람에게 오로지 기대겠는가?"

이에 목공이 다시 〈구비鳩飛〉를 읊자, 중이는 〈하수河水〉를 읊었고, 목공이 〈유월六月〉을 읊자, 조최가 중이에 내려서서 배례를 하도록 하였으며 목공도 내려서서 답배를 하였다.

그러면서 조최는 이렇게 말하였다.

"임금께서 천자를 보좌하여 왕국을 바로잡도록 우리 중이에게 명하셨으니, 중이가 어찌 감히 나태한 마음을 갖겠으며, 어찌 감히 그 덕을 따르지 않겠습니까?"

他日，秦伯將享公子，公子使子犯從.

子犯曰:「吾不如衰之文也，請使衰從.」

乃使子餘從.

秦伯享公子如享國君之禮，子餘相如賓.

卒事，秦伯謂其大夫曰:「爲禮而不終，恥也. 中不勝貌，恥也. 華而不實，恥也. 不度而施，恥也. 施而不濟，恥也. 恥門不閉，不可以封. 非此，則用師無所矣. 二三子敬乎!」

明日，秦伯賦〈采菽〉，子餘使公子降拜. 秦伯降辭.

子餘曰:「君以天子之命服命重耳，重耳敢有安志，敢不降拜?」

成拜卒登，子餘使公子賦〈黍苗〉.

子餘曰:「重耳之仰君也，若黍苗之仰陰雨也. 若君實庇廕膏澤之，使能成嘉穀，薦在宗廟，君之力也. 君若昭先君之榮，東行濟河，整師以復彊周室，重耳之望也. 重耳若獲集德而歸載，使主晉民，成封國，其何實不從? 君若恣志以用重耳，四方諸侯，其誰不惕惕以從命!」

秦伯嘆曰:「是子將有焉，豈專在寡人乎!」

秦伯賦〈鳩飛〉，公子賦〈河水〉，秦伯賦〈六月〉，子餘使公子降拜，秦伯降辭.

子餘曰:「君稱所以佐天子匡王國者以命重耳，重耳敢有惰心，敢不從德?」

【子犯】狐偃. 重耳의 외삼촌이며 狐突의 아들. 자는 子犯. 舅犯이라고도 부름.
【子餘】趙衰. 晉나라 대부. 原季.
【國君之禮】나라를 가진 임금으로 대우하여 열어 주는 잔치.

【相於賓】 賓相으로 대우함. 빈상은 한 나라의 재상(상국)이 다른 나라에 갔을 때 받는 예우를 말함.

【采菽】《詩經》小雅의 편명. 천자가 제후에게 작위나 등급을 수여할 때 연주하는 음악.

【黍苗】《詩經》小雅의 편명.

【先君】 秦 襄公을 가리킴. 西戎을 정벌한 공으로 周 천자로부터 伯爵의 작위를 받았음.

【歸載】 돌아가 조상의 제사를 지냄. 귀국하여 임금이 됨을 말함.

【鳩飛】《詩經》小雅 小宛의 첫 구절. 秦 穆公의 시로 先君을 생각하며 重耳를 돕겠다는 뜻을 밝힌 내용이라 함.

【河水】〈沔水〉의 오기.《詩經》小雅의 편명. 공자 重耳의 시로써 돌아가 晉나라 임금이 된 뒤에는 틀림없이 秦나라를 잘 섬기겠다는 맹세를 표시한 것이라 함.

【六月】《詩經》小雅의 편명으로 秦 穆公의 시. 重耳이게 더욱 힘쓸 것을 격려하기 위해 읊은 것임.

참고 및 관련 자료

1.《左傳》僖公 23年

公子賦河水. 公賦六月. 趙衰曰:「重耳拜賜!」公子降, 拜, 稽首, 公降階一級而辭焉. 衰曰:「君稱所以佐天子者命重耳, 重耳敢不拜?」

2.《史記》晉世家

繆公大歡, 與重耳飮. 趙衰歌黍苗詩. 繆公曰:「知子欲急反國矣.」趙衰與重耳下, 再拜曰:「孤臣之仰君, 如百之望時雨.」

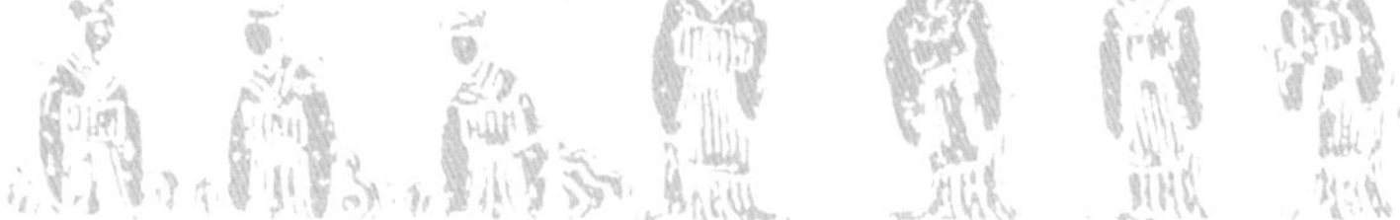

115(10-11) 重耳親筮得晉國
중이가 나라를 얻을 수 있을까 친히 점을 치다

공자 중이重耳가 직접 시초蓍草로 점을 치면서 이렇게 기원하였다.

"진晉나라를 가질 수 있도록 해 주었으면 하는 것이 가장 큰 소원이다."

그러자 내괘는 둔괘屯卦의 정둔貞屯, 외괘는 예괘豫卦의 회예悔豫가 나왔으며 모두가 '팔八'의 숫자였다.

서사筮史가 이를 풀이하되 모두가 이렇게 해석하는 것이었다.

"불길합니다. 꽉 닫혀서 통할 수 없으며 8이라는 효는 아무런 행동을 할 수 없다는 뜻입니다."

그러자 사공계자司空季子가 이렇게 말하였다.

"길합니다. 이는 《주역周易》에서 모두 '나라를 세워 제후를 봉하는 것이 이롭다'라는 뜻입니다. 순서로 보아 진나라를 차지하여 왕실을 보좌하지 않고서 어찌 제후를 세울 수 있겠습니까? 우리가 점에게 명한 것이 '진나라를 얻는 것이 최상이다'라 하자, 점이 우리에게 '제후를 세우는 것이 이롭다'라 고하고 있는 것은 나라를 얻기에 힘쓰라는 것이니 이보다 더 길한 것이 어디 있습니까! 진震은 수레를, 감坎은 물을, 곤坤은 땅을, 둔屯은 두터움(厚)을, 예豫는 즐거움(樂)을 상징합니다. 이를 풀이하면 수레의 반열이 내외에 우렁차고 순서대로 훈계를 내리며, 샘의 근원이 자재를 공급해 주고, 흙이 두터워 그에서 나는 보물이 즐거움을 주고 있는 괘의 형상입니다. 그러니 진나라를 가지지 아니하고 어찌 그렇게 될 수 있겠습니까? 진(震, ☳)은 우레(雷)이며 수레(車)입니다. 감(坎, ☵)은 노(勞)이며 물(水)이며 무리(衆)입니다. 뇌雷와 거車가 두인이 되어 있으며 수水와 중衆이 숭상을 받고 있습니다. 수레가 진震을 가지고 있으니 이는 무武이며 무리가 있되 순종하고 있으니 이는 문文입니다. 문무文武가 갖추어져 있으니 이는 후厚의 지극함입니다. 그러므로 '둔屯'이라 한 것입니다. 그 요繇, 卦辭에 '원형이정元亨利貞하니 물용유유왕勿用有攸往이라. 이건후利建侯'라 하였는데 진뢰震雷를 주관하고 있으니 이는 장長이요 그 때문에 '원元'이라 한 것입니다. 무리가 있어 순종하니 가嘉입니다. 그 때문에 '형亨'이라 한 것이며, 안으로 진뢰震雷가 있어 그 때문에 '이정利貞'이라 한 것입니다. 수레(車, 震, ☳)가 위에서 달려가고 물(水, 坎, ☵)이 아래에서 흐르고 있으니 틀림없이 패자가 될 것입니다. 작은 일은 성공할 수 없으니 이는 막히기 때문(壅)입니다. 그 때문에 '가려고 애쓸 필요가 없다'(勿用有攸往)라 한 것이며, 이는 한 사람의 행동을 말한 것입니다. 무리가 순종하고 무위武威가 있으니 그 때문에 '제후를 세움이 이롭다'(利建侯)라 한 것입니다. 곤(坤, ☷)은 어머니이며, 진(震, ☳)은 장남長男입니다. 어머니는 늙고 아들은 건장하니 그 때문에 '예豫'라 한 것입니다. 그 괘사에 '제후를 세워 정벌을 함이 이롭다'(利建侯行師)라 한 것이니, 이는 평소에는 화락하고 정벌에 나설 때는 위엄이 있음을 말한 것입니다. 안이 둔괘요 밖이 예괘인 것은, 나라를 얻어 임금의 지위에 오르게 됨을 예고하는 괘입니다."

公子親筮之, 曰:「尚有晉國.」

得貞屯·悔豫, 皆八也.

筮史占之, 皆曰:「不吉. 閉而不通, 爻無爲也.」

司空季子曰:「吉. 是在《周易》, 蓋利建侯. 不有晉國, 以輔王室, 安能建侯? 我命筮曰:『尚有晉國』, 筮告我曰:『利建侯』, 得國之務也, 吉孰大焉! 震, 車也. 坎, 水也. 坤, 土也. 屯, 厚也. 豫, 樂也. 車班外內, 順以訓之, 泉原以資之, 土厚而樂其實. 不有晉國, 何以當之? 震, 雷也, 車也. 坎, 勞也, 水也, 衆也.

主雷與車, 而尚水與衆. 車有震, 武也. 衆而順, 文也. 文武具, 厚之至也. 故曰『屯』. 其繇曰: 『元亨利貞, 勿用有攸往, 利建侯.』 主震雷, 長也, 故曰元. 衆而順, 嘉也, 故曰亨. 內有震雷, 故曰利貞. 車上水下, 必伯. 小事不濟, 壅也. 故曰勿用有攸往, 一夫之行也. 衆順而有武威, 故曰『利建侯』. 坤, 母也. 震, 長男也. 母老子彊, 故曰『豫』. 其繇曰: 『利建侯行師.』 居樂出威之謂也. 是二者, 得國之卦也.」

【筮】 시초(蓍草)로 치는 점. 蓍草는 一本多莖 多年草의 풀 이름으로 고대 점치는 풀로 널리 쓰였음. 《博物志》(9)에 "蓍一千歲而三百莖同本, 以老, 故知吉凶. 蓍末大於本爲上吉, 筮必沐浴齋潔燒香, 每朔望浴蓍, 必五浴之"라 함.

【貞屯】 貞은 內卦이며 屯은 外卦. 內卦는 本卦, 혹은 成卦라고도 함. 외괘는 之卦, 變卦라고도 하며 내괘가 확정된 뒤 爻를 통해 변화함.

【皆八】 屯卦는 震下(☳)坎上(☵)의 구성이며, 豫괘는 坤下(☷)震上(☳)임. 두 괘의 중간은 모두 震이 있으며, 震은 少陰 위에 다시 하나의 陰爻를 더하여 이루어진 것으로, 少陰이 제 四營의 중간에 있음. 九는 太陽을, 八은 少陰을, 七은 少陽을, 六은 태음을 상징함. 그 때문에 모두 '八'이라고 말한 것임. 四營 중에 九와 六은 변할 수 있는 爻이지만 八과 七은 변할 수 없음. 모두가 八일 경우 내괘와 외괘 모두 움직일 수 없음.

【閉而不通】 屯卦는 震下坎上으로 진은 動을 의미하며 감은 막힘(阻)을 상징함. 震이 坎을 만나 그 때문에 갇혀 소통이 되지 않음을 의미함.

【利建侯】 나라를 세우고 제후를 봉함이 이로움.

【車班外內】 車는 震을 의미함. 둔괘 가운데 震(☳)이 있고 豫卦의 가운데에도 震이 있어 서로 수레 소리가 통하여 내외에 널리 퍼짐.

【順而訓之】 順은 坤(☷)을 의미하며, 둔괘 내괘의 2와 4가 坤이며, 외괘 豫卦도 역시 坤임. 따라서 임금으로써 백성을 훈도함에 순하게 잘 따름.

【泉原】 둔괘의 3~5효가 艮(☶)의 형상을 하고 있으며, 예괘의 2~4도 역시 艮의 형상으로 艮은 山을 상징함. 한편 예괘의 3~5효가 坎(☵)의 형상이며,

坎은 水를 상징함. 따라서 坎이 艮의 위에 있어 물이 산 위에 있는 모습이며, 이는 샘이 산에 있어 그 원천이 마르지 않고 장구함을 뜻함.

【尙】 屯卦의 가운데 坎(☵)이 震(☳) 위에 있는 형상이며, 豫卦의 중간은 坎(3~5)이 艮 위에 있는 구성으로 감이 물과 무리를 이루고 있음을 설명한 것.

【車有震】 수레 소리가 우렁차 이는 威武를 뜻하는 것으로 본 것임.

【繇】 卦辭.

【主震雷】 안으로는 주인이 되고 震은 長이 되며 우레가 되고, 남자가 되고, 제후가 되어 그 때문에 '元'이라 한 것임.

【車上水下】 수레가 위에 있어 움직이고 물이 아래에 있어 순함. 하는 일이 위대하고 순조롭게 풀림. 제후의 패자가 됨을 뜻함.

【居樂出威】 坤(☷)은 어머니를 상징하며 震(☳)은 남자를 상징함. 豫괘는 坤下震上으로 남자가 위에 있어 움직이고 어머니는 안에 있어 그 때문에 '居樂'과 '出威'라 한 것임.

참고 및 관련 자료

1. 《周易》 屯卦: 水雷屯(震下坎上: ☳下☵上)

屯: 元亨, 利貞; 勿用有攸往, 利建侯.

彖曰: 屯, 剛柔始交而難生; 動乎險中, 大亨貞. 雷雨之動滿盈, 天造草昧; 宜建侯而不寧.

象曰: 雲雷, 屯; 君子以經綸.

初九, 磐桓, 利居貞, 利建侯.

象曰: 雖磐桓, 志行正也; 以貴下賤, 大得民也.

六二, 屯如邅如, 乘馬班如, 匪寇婚媾; 女子貞不字, 十年乃字.

象曰: 六二之難, 乘剛也; 十年乃字, 反常也.

六三, 卽鹿無虞, 惟入于林中; 君子幾不如舍, 往吝.

象曰: 「卽鹿无虞」, 以從禽也; 君子舍之, 往吝, 窮也.

六四, 乘馬班如, 求婚媾; 往吉, 无不利.

象曰: 求而往, 明也.

九五, 屯其膏. 小, 貞吉; 大, 貞凶.

象曰:「屯其膏」, 施未光也.

上六, 乘馬班如, 泣血漣如.

象曰:「泣血漣如」, 何可長也.

2.《周易》豫卦: 雷地豫(坤下震上: ☷下☳上)

豫: 利建侯行師.

彖曰: 豫, 剛應而志行, 順以動, 豫. 豫順以動, 故天地如之, 而況建侯行師乎? 天地以順動, 故日月不過, 而四時不忒; 聖人以順動, 則刑罰淸而民服. 豫之時義大矣哉.

象曰: 雷出地奮, 豫; 先王以作樂崇德, 殷薦之上帝, 以配祖考.

初六, 鳴豫, 凶.

象曰:「初六, 鳴豫」, 志窮凶也.

六二, 介于石, 不終日, 貞吉.

象曰:「不終日貞吉」, 以中正也.

六三, 盱豫悔, 遲有悔.

象曰:「盱豫有悔」, 位不當也.

九四, 由豫, 大有得; 勿疑, 朋盍簪.

象曰:「由豫大有得」, 志大行也.

六五, 貞疾, 恒不死.

象曰:「六五貞疾」, 乘剛也;「恒不死」, 中未亡也.

上六, 冥豫, 成, 有渝, 无咎.

象曰:「冥豫」在上, 何可長也?

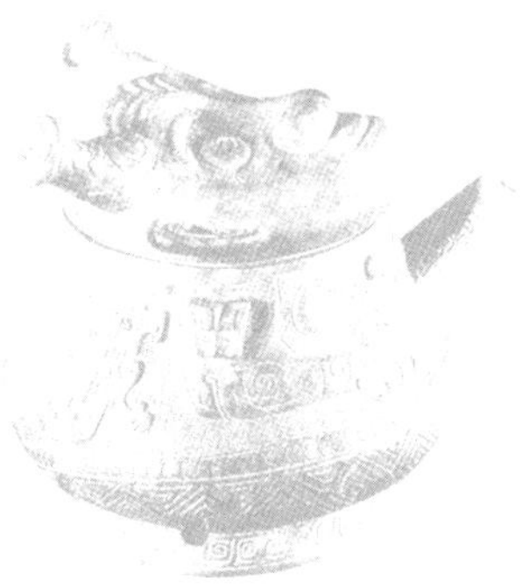

116(10-12) 泰伯納重耳於晉
진 목공이 중이를 진나라로 귀국시키다

노魯 희공僖公 23년 10월, 혜공惠公이 죽었다.

그리고 12월, 진秦 목공穆公이 공자 중이重耳를 진晉나라로 귀국시켰다. 중이가 하수河水에 이르자, 자범子犯이 공자에게 제사용 환벽環璧을 주면서 이렇게 말하였다.

"저는 그대를 따라 수레를 타고 돌아다니며 천하를 주유하였습니다. 그 동안 저에 대한 섭섭함도 많았을 것입니다! 저도 그러한 것을 느꼈었는데 하물며 그대께서는 어떠했겠습니까? 그 때 차마 죽지 못하였으니 청컨대 여기서 이제 멀리 사라지겠습니다!"

공자 중이가 말하였다.

"내가 그대 외삼촌과 한마음으로 함께 하지 않는다면 앞으로 내가 어떻게 할 것인지를 이 황하의 물이 영원히 증명해 줄 것이오."

그러고는 그 환벽을 물에 던지며 증거로 삼았다.

동인董因이 중이를 하수에서 맞이하자 중이가 물었다.

"내 이 물을 건너도 되겠소?"

동인이 대답하였다.

"귀하께서 진晉나라를 떠나 망명할 때 세성歲星, 木星이 대량大梁에 있었으니 장차 하늘이 도를 집중하여 이루고자 했던 것입니다. 그대께서 천명을 받은 지금은 원년이 시작되니 세성이 실침實沈에 와 있는 것입니다. 실침이 가리키는 분야는 조국 진나라 사람들이 사는 곳으로 그곳을 흥성시키고자 하는 것입니다. 지금 그대께서 이에 해당하니 건너지 않을 수 없습니다. 그대께서 가는 곳에 세성이 대화大火에 있을 것이니 대화는 알백閼伯의 별이며, 이를 일러 대진大辰이라 합니다. 진辰은 농사를 상징하는 것으로써 선을 이루는 것이며, 후직后稷이 이를 통해 도를 이루었고, 당숙唐叔이 이를 통해 봉지를 받아 나라를 세웠던 것입니다. 고사瞽史의 기록에 '후손이 선조의 업을 계속하니 마치 곡물이 번성함과 같다. 반드시 진나라를 얻으리라'라고 하였습니다. 제가 시초蓍草로 점을 쳐 보았더니 태괘泰卦의 팔八을 얻었습니다. 거기에 '천지가 서로 배합하여 형통하도다. 작은 것은 가고 큰 것이 오리라'라 하였습니다. 지금 그러한 것이 왔으니, 어찌 이 물을 건너지 않을 수 있겠습니까? 게다가 세성이 대화에 나타나고 그 세성이 실침으로 들어가니 이는 모두가 진나라에 상서로운 것이며, 하늘의 대기大紀입니다. 건너가야 할뿐더러 큰 성공을 거머쥘 것이며, 반드시 제후를 제패할 것입니다. 그리고 자손이 그 은덕을 힘입게 될 것이니 그대께서는 두려워하지 마십시오."

공자 중이가 하수를 건너 영호令狐·구최臼衰·상천桑泉의 지방 장관을 불렀더니 그들이 모두 투항하였다.

진나라 사람들은 두려움에 빠졌고, 회공懷公은 고량高梁으로 달아났다.

여생呂甥과 기예冀芮가 군대를 거느리고 갑오甲午일에 여류廬柳에 주둔하였다.

진 목공이 진秦나라 공자 집縶을 그 주둔군에 보내었으며, 군대가 물러서 순읍郇邑에 주둔하였다.

신축辛丑일에는 호언狐偃이 진秦·진晉 두 나라 대부들을 모아 순읍에서 중이를 추대할 것을 맹약하였다.

임인壬寅일에는 공자가 진晉나라 군사 군영으로 들어갔다.

갑진甲辰일에는 진 목공이 귀국하였다.

병오丙午일에는 중이가 곡옥曲沃으로 들어갔다.

정미丁未일에는 강읍絳邑으로 들어가 무궁武宮에서 임금으로 즉위하였다.

무신戊申일에 회공을 고량에서 죽였다.

十月，惠公卒.

十二月，秦伯納公子.

及河，子犯授公子載璧，曰:「臣從君還軫，巡於天下，怨其多矣! 臣猶知之，而況君乎? 不忍其死，請由此亡!」

公子曰:「所不與舅氏同心者，有如河水.」

沈璧以質.

董因迎公於河，公問焉，曰:「吾其濟乎?」

對曰:「歲在大梁，將集天行. 元年始受，實沈之星也. 實沈之墟，晉人是居，所以興也. 今君當之，無不濟矣. 君之行也，歲在大火，大火，閼伯之星也，是謂大辰. 辰以成善，后稷是相，唐叔以封. 瞽史記曰:『嗣續其祖，如穀祉滋，必有晉國.』臣筮之，得泰之八. 曰:『是謂天之配亨，小往大來.』今及之矣，何不濟之有? 且以辰出而以參入，皆晉祥也，而天之大紀也. 濟且秉成，必霸諸侯. 子孫賴之，君無懼矣.」

公子濟河，召令狐·臼衰·桑泉，皆降.

晉人懼，懷公奔高梁.

呂甥·冀芮帥師，甲午，軍于廬柳.

秦伯使公子縶如師，師退，次于郇.

辛丑，狐偃及秦·晉大夫盟于郇.

壬寅，公入于晉師.

甲辰，秦伯還.

丙午，入于曲沃.

丁未，入絳，卽位于武宮.

戊申，刺懷公于高梁.

【十月】 魯 僖公 23년(B.C.637) 9월.

【惠公】 晉 惠公 夷吾. 晉 文公의 형. B.C.650~637년까지 14년간 재위.

【董因】 晉나라 대부. 周 太史 辛의 후손으로, 辛에게 두 아들이 있어 그 하나가 晉나라에 와서 史官이 되어 董史라 불렀으며 董因은 그의 후손임.

【秦伯】 秦나라 임금. 구체적으로 秦 穆公을 말함. 공자 중이가 秦나라 附庸國 梁나라에 머물렀고, 진 목공이 그를 적극 옹호하여 귀국하여 임금으로 오르도록 도와 주었음.

【載璧】 제사용으로 쓰는 璧玉. 環璧. 載는 일 년 한 번씩 지내는 큰 제사.

【還軫】 수레를 타고 온갖 곳을 周遊함을 뜻함.

【歲在大梁】 歲는 歲星의 줄인 말. 木星. 목성은 12년(一紀)만에 원위치로 온다고 믿었으며, 그 동안 12개의 分次가 있어 각각 星紀·玄枵·娵訾·降婁·大梁·實沈·鶉首·鶉火·鶉尾·壽星·大火·析木이라 하였고 이를 '歲星紀年'이라 하였음. '歲在大梁'은 魯 僖公 23년 목성이 大梁(重耳가 망명하던 秦나라 부용국의 이름이기도 함)의 분차에 이르렀고, 이듬해에는 다시 實沈의 분차에 이르렀음. 實沈은 晉나라 分野에 해당하며, 원래 高辛氏의 막내아들 이름으로 大夏로 옮겨 參星을 주재하여 제사를 받들며 唐나라의 시조가 되었음. 周 成王이 唐을 멸하고 叔虞를 그곳에 봉하여 나라 이름을 晉이라 고쳤으며, 이 때문에 實沈이 晉나라 분야의 별이 된 것임.

【大火】 역시 12分野 별의 하나로 魯 僖公 5년(B.C.655) 重耳가 망명길에 나서자 木星이 大火에 머물렀음.

【閼伯】 高辛氏의 아들이며, 商丘로 옮겨 大火를 주관하여 그 때문에 대화를 알백이라 부른 것임.

【辰以成善】 辰은 농업을 상징하는 별로써 后稷이 농업으로 훌륭한 일을 하였음을 말함.

【唐叔以封】 唐 叔虞가 봉을 받을 때 목성이 大火에 머물고 있었음.

【瞽史】 악관과 사관. 역사 기록을 담당한 관원.

【泰之八】《周易》泰卦. 小成卦 陰爻가 아래에 있고 소성괘 陽爻가 위에 있어 가장 안정된 상태임을 말함. 팔은 숫자로 모두 8에 해당하여 역시 안정된 상태임을 상징함. 重耳가 직접 점을 쳤을 때 貞·屯·悔·豫의 모든 괘가 8이 뜻을 나타내었다 함.

【以辰出而以參入】 辰은 大火에 있고, 參은 實沈에 있음을 말함. 重耳(文公)가 망명할 때 歲星이 大火에 있었고, 魯 僖公 24년(B.C.636) 그가 즉위할 때 세성이 實沈에 있었음을 말함.

【令狐】 지금의 山西 臨猗縣 서쪽.

【臼衰】 山西 解州鎭 서북쪽.

【桑泉】 山西 臨猗縣 臨晉鎭 동북.

【高粱】 지금의 山西 臨汾市 동북.

【呂甥】 晉나라 대부. 이름은 飴甥. 봉지는 陰. 그 때문에 흔히 陰飴甥으로도 부름. 공자 중이를 맞이하기 위하여 군대를 일으킴.

【冀芮】 역시 진나라 대부로 郤芮를 가리킴. 봉지가 冀였으므로 冀芮라 부른 것.

【廬柳】 지금의 山西 臨猗縣 북쪽.

【公子縶】 秦 穆公의 대부이며 공자.

【次】 군대나 여행자가 하루 머무는 것을 '舍'라하며 이틀 머무는 것을 '信', 그 이상 머물러 있는 것을 '次'라 함.

【郇】 지금의 山西 臨猗縣 서남쪽.

【曲沃】 진나라 초기 발흥지. 晉나라 종묘가 있던 곳. 지금의 山西 聞喜縣 동북쪽.

【絳】 晉나라의 도읍. 지금의 山西 翼城縣, 혹 侯馬市.

【武宮】 曲沃에 있던 종묘. 重耳의 조상 武公의 사당. 武公의 후손으로 晉侯가 즉위하여 그 곡옥 무궁을 도읍으로 하였음. 曲沃은 지금의 山西 聞喜縣 동북쪽.

참고 및 관련 자료

1. 《左傳》 僖公 23年

九月, 晉惠公卒. 懷公立, 命無從亡人, 期, 期而不至, 無赦. 狐突之子毛及偃從重耳在秦, 弗召. 冬, 懷公執狐突, 曰:「子來則免.」對曰:「子之能仕, 父教之忠, 古之制也. 策名·委質, 貳乃避也. 今臣之子, 名在重耳, 有年數矣. 若又召之, 教之貳也. 父教子貳, 何以事君? 刑之不濫, 君之明也, 臣之願也. 淫刑以逞, 誰則無罪? 臣聞名矣.」乃殺之. 卜偃稱疾不出, 曰:「周書有之, '乃大明, 服.' 己則不明, 而殺人以逞, 不亦難乎? 民不見德, 而唯戮是聞, 其何後之有?」

2.《左傳》僖公 24年

二十四年春王正月, 秦伯納之. 不書, 不告入也. 及河, 子犯以璧授公子, 曰:「臣負羈紲從君巡於天下, 臣之罪甚多矣, 臣猶知之, 而況君乎? 請由此亡.」公子曰:「所不與舅氏同心者, 有如白水!」投其璧于河. 濟河, 圍令狐, 入桑泉, 取臼衰. 二月甲午, 晉師軍于廬柳. 秦伯使公子縶如晉師. 師退, 軍于郇. 辛丑, 狐偃及秦·晉之大夫盟于郇. 壬寅, 公子入于晉師. 丙午, 入于曲沃. 丁未, 朝于武宮. 戊申, 使殺懷公于高梁. 不書, 亦不告也. 呂·郤畏偪, 將焚公宮而弑晉侯. 寺人披請見. 公使讓之, 且辭焉, 曰:「蒲城之役, 君命一宿, 女卽至. 其後余從狄君以田渭濱, 女爲惠公來求殺余, 命女三宿, 女中宿至. 雖有君命, 何其速也? 夫袪猶在. 女其行乎!」對曰:「臣謂君之入也, 其知之矣. 若猶未也, 又將及難. 君命無二, 古之制也. 除君之惡, 唯力是視. 蒲人·狄人, 余何有焉? 今君卽位, 其無蒲·狄乎! 齊桓公置射鉤, 而使管仲相. 君若易之, 何辱命焉? 行者甚衆, 豈唯刑臣?」公見之, 以難告. 三月, 晉侯潛會秦伯于王城. 己丑晦, 公宮火. 瑕甥·郤芮不獲公, 乃如河上, 秦伯誘而殺之. 晉侯逆夫人嬴氏以歸. 秦伯送衛於晉三千人, 實紀綱之僕. 初, 晉侯之豎頭須, 守藏者也, 其出也, 竊藏以逃, 盡用以求納之. 及入, 求見. 公辭焉以沐. 謂僕人曰:「沐則心覆, 心覆則圖反, 宜吾不得見也. 居者爲社稷之守, 行者爲羈絏之僕, 其亦可也, 何必罪居者? 國君而讎匹夫, 懼者甚衆矣.」僕人以告, 公遽見之. 狄人歸季隗于晉, 而請其二子. 文公妻趙衰, 生原同·屛括·樓嬰. 趙姬請逆盾與其母, 子餘辭. 姬曰:「得寵而忘舊, 何以使人? 必逆之!」固請, 許之. 來, 以盾爲才, 固請于公, 以爲嫡子, 而使其三子下之; 以叔隗爲內子, 而己下之. 晉侯賞從亡者, 介之推不言祿, 祿亦弗及. 推曰:「獻公之子九人, 唯君在矣. 惠·懷無親, 外內弃之. 天未絶晉, 必將有主. 主晉祀者, 非君而誰? 天實置之, 而二三子以爲己力, 不亦誣乎? 竊人之財, 猶謂之盜, 況貪天之功以爲己力乎? 下義其罪, 上賞其姦; 上下相蒙, 難與處矣.」其母曰:「盍亦求之? 以死, 誰懟?」對曰:「尤而效之, 罪又甚焉? 且出怨言, 不食其食.」其母曰:「亦使知之, 若何?」對曰: 言, 身之文也. 身將隱, 焉用文之? 是求顯也.」其母曰:「能如是乎? 與女偕隱.」遂隱而死. 晉侯求之不獲. 以緜上爲之田, 曰:「以志吾過, 且旌善人.」

3.《史記》晉世家

是時晉惠公十四年秋. 惠公以九月卒, 子圉立. 十一月, 葬惠公. 十二月, 晉國大夫欒·郤等聞重耳在秦, 皆陰來勸重耳·趙衰等反國, 爲內應甚衆. 於是秦繆公乃發兵與重耳歸晉. 晉聞秦兵來, 亦發兵拒之. 然皆陰知公子重耳入也. 唯惠公之故貴臣呂·郤之屬不欲立重耳. 重耳出亡凡十九歲而得入, 時年六十二矣, 晉人多附焉.

4.《史記》晉世家

文公元年春, 秦送重耳至河. 咎犯曰:「臣從君周旋天下, 過亦多矣. 臣猶知之, 況於君乎? 請從此去矣.」重耳曰:「若反國, 所不與子犯共者, 河伯視之!」乃投璧河中, 以與子犯盟. 是時介子推從, 在船中, 乃笑曰:「天實開公子, 而子犯以爲己功而要市於君, 固足羞也. 吾不忍與同位.」乃自隱渡河. 秦兵圍令狐, 晉軍于廬柳. 二月辛丑, 咎犯與秦晉大夫盟于郇. 壬寅, 重耳入于晉師. 丙午, 入于曲沃. 丁未, 朝于武宮, 卽位爲晉君, 是爲文公. 群臣皆往. 懷公圉奔高梁. 戊申, 使人殺懷公.

5.《周易》泰卦

泰: 小往大來, 吉, 亨.

彖曰:「泰: 小往大來, 吉, 亨.」則是天地交而萬物通也, 上下交而其志同也. 內陽而外陰, 內健而外順, 內君子而外小人. 君子道長. 小人道消也.

象曰: 天地交, 泰; 后以財成天地之道, 輔相天地之宜, 以左右民.

初九, 拔茅茹, 以其彙; 征吉.

象曰:「拔茅征吉」, 志在外也.

九二, 包荒, 用馮河, 不遐遺; 朋亡, 得尙于中行.

象曰:「包荒」·「得尙于中行」, 以光大也.

九三, 无平不陂, 无往不復; 艱貞无咎, 勿恤其孚, 于食有福.

象曰:「无王不復」, 天地際也.

六四, 翩翩, 不富, 以其鄰不戒以孚.

象曰:「翩翩不富」, 皆失實也;「不戒以孚」, 中心願也.

六五, 帝乙歸妹, 以祉元吉.

象曰:「以祉元吉」, 中以行願也.

上六, 城復于隍; 勿用師, 自邑告命, 貞吝.

象曰: 城復于隍, 其命亂也.

117(10-13) 寺人勃鞮求見文公
시인 발제가 문공을 뵙기를 요구하다

처음, 진晉 헌공獻公이 시인寺人 발제勃鞮로 하여금 포성蒲城에 있던 문공文公, 重耳을 암살하도록 하였는데, 중이가 담을 넘어 도망가는 바람에 발제는 중이의 옷깃만 베고 말았다.

중이가 귀국하여 왕이 되자 발제가 문공을 뵙기를 청하였다. 문공은 이렇게 거절하였다.

"여희驪姬의 참언 때 너는 병내屛內에서 나를 쏘았고, 포성에서는 나를 죽이려 하다가 내 옷깃만 자르고 말았다. 그리고 다시 효공惠公 때에는 나를 위수渭水가 까지 따라와 죽이려 하였다. 그 때 효공으로부터 사흘간의 명을 받았는데 너는 하룻밤 만에 달려올 정도였다. 너는 두 임금으로부터 2번씩 명을 받고 나를 죽이려 하였다. 내가 백초(伯楚, 발제) 너에게 이렇게 여러 차례 곤액을 당하다니 무슨 묵은 원한이 있었다는 말이냐? 물러가 생각해 보라. 다른 날에 나를 만나거라."

그러자 발제는 이렇게 대답하였다.

"나는 임금께서 이미 알고 있으리라 여겼소. 그 때문에 찾아온 거요. 아직 알아차리지 못하였다면 장차 또다시 망명을 가야 할 거요. 임금을 모시되 두 마음을 갖지 않는 것이 신하요, 호오好惡에 관계없이 바꾸지 않는 것이 임금이요. 임금은 임금답고 신하는 신하다운 것, 이를 일러 명훈明訓이라 하오. 명훈으로 해야 능히 그 끝을 잘 마칠 수 있으며 백성의 주인이 될 수 있는 거요. 두 임금이 계실 때 그대는 포성 사람이었고 적狄나라로 갔으니 그곳 사람이었소. 그 때는 내 임금이 아닌데 나와 무슨 관계가 있었겠소? 임금이 미워하는 자를 죽여 없애는 것은 오직 힘이 미치면 그렇게 하는 것이지, 내가 그 때 무슨 두 마음을 가질 수 있었겠소? 지금 그대가 임금자리에 오르셨는데 역시 포성이나 적 땅으로 도망친, 그대가 미워할 그러한 대상이 없겠소? 이윤伊尹은 태갑太甲을 방축한 다음 마침내 태갑은 돌아와 명석한 왕이 되었고, 관중管仲은 환공桓公을 적해하였지만 끝내 환공을 제후의 패자로 만들었소. 건시乾時의 사건에서 신손申孫의 화살로 환공의 허리띠 고리를 맞추었으니 허리띠 고리라면 소매보다 더 위험했건만, 아무런 원망의 말 한 마디 없이 그를 등용하여 보좌로 삼아 관중으로 하여금 탈 없이 일생을 마치게 하였소. 그 때문에 환공은 아름다운 이름을 이루게 되었던 것이오. 임금께서는 지금 나라 안에 덕을 베풀어야 할 이때에 어찌 관대함과 여유를 펴 보일 기회로 삼지 않소? 이 좋은 기회를 미워하다니 그렇게 하고 어찌 장구히 이어나갈 수 있겠소? 임금께서 실로 능히 명훈을 보이지 못하고 도리어 백성의 주인 자리를 버리고 계시니 나를 지독한 죄를 지은 자로 치부한다 해도 내 다시 무슨 걱정을 하겠소? 장차 나를 만나지 않았다가 임금께서는 후회가 없을 수 있을지요!"

이때 여생呂甥과 기예冀芮는 문공이 자신들을 핍박할 것을 두려워하면서 문공을 임금으로 받아들인 것을 후회하고 있었다. 이에 난을 모의하여 장차 기축己丑일에 문공의 궁궐에 불을 지르고 문공이 불을 끄고자 뛰쳐나올 때 그를 죽일 계획이었다.

발제伯楚가 이를 알고 그 때문에 문공을 뵙자고 했던 것이다.

문공이 급히 쫓아 나오며 그를 붙잡고 말하였다.

"어찌 그대의 말과 같아서야 되겠소. 그러나 이는 내 증오의 마음 때문이었소. 내 장차 그 마음을 지우리라."

발제는 여생과 기예의 음모를 문공에게 일러 주었다. 문공은 두려워 즉시 역참의 수레를 타고 스스로 오솔길로 달려 몸을 빼어 진秦 목공穆公을 왕성王城에서 만나 진晉나라에 난이 일어날 것임을 알렸다.

기축일이 되자 과연 문공의 궁궐에 불이 났고, 여생과 기예가 문공을 찾았지만 찾지 못하자 하수河水 가로 갔다. 이에 진 목공이 이들을 유인하여 잡아서는 죽여 버렸다.

初, 獻公使寺人勃鞮伐公於蒲城, 文公踰垣, 勃鞮斬其袪.

及入, 勃鞮求見, 公辭焉, 曰:「驪姬之讒, 爾射余於屛內, 困余於蒲城, 斬余衣袪. 又爲惠公從余於渭濱, 命曰三日, 若宿而至. 若干二命, 以求殺余. 余於伯楚屢困, 何舊怨也? 退而思之, 異日見我.」

對曰:「吾以君爲已知之矣, 故入; 猶未知之也, 又將出矣. 事君不貳是謂臣, 好惡不易是謂君. 君君臣臣, 是謂明訓. 明訓能終, 民之主也. 二君之世. 蒲人狄人, 余何有焉? 除君之惡, 唯力所及, 何貳之有? 今君卽位, 其無蒲·狄乎? 伊尹放太甲而卒以爲明王, 管仲賊桓公而卒以爲侯伯. 乾時之役, 申孫之矢集于桓鉤, 鉤近於袪, 而無怨言, 佐相以終, 克成令名. 今君之德宇, 何不寬裕也? 惡其所好, 其能久矣? 君實不能明訓, 而棄民主, 余, 罪戾之人也, 又何患焉? 且不見我, 君其無悔乎!」

於是呂甥·冀芮畏偪, 悔納文公, 謀作亂, 將以己丑焚公宮, 公出救火而遂殺之.

伯楚知之, 故求見公.

公遽出見之, 曰:「豈不如女言? 然是吾惡心也, 吾請去之.」

伯楚以呂·郤之謀告公. 公懼, 乘馹自下, 脫會秦伯于王城, 告之亂故.

及己丑公宮火, 二子求公不獲, 遂如河上, 秦伯誘而殺之.

【寺人】閹人. 환관. 임금의 가장 가까운 측근. '寺'는 '시'로 읽음.
【勃鞮】寺人 披. 자는 伯楚. 獻公을 도와 蒲를 치고 重耳를 축출시킨 환관.
【屛內】문의 작은 벽. 塞門이라고도 함.
【渭濱】重耳가 狄으로 도망하여 狄君과 渭水 가에서 사냥을 할 때 寺人披가 다시 惠公의 명을 받고 찾아와 중이를 죽이려 하였음.
【宿】한 곳에서 하루를 머무는 것을 '宿'이라 하며, 이틀 머무는 것을 '信'이라 함.
【吾以君爲已知之矣】呂甥과 冀芮가 암살 계획을 세우고 있음을 알고 있을 것이라는 뜻. 그러나 다른 白話語 解釋本에는 모두 "군신의 도리를 알고 있을 것이라 여기다"의 뜻으로 보았음.
【伊尹放太甲】태갑은 商湯의 손자이며 太丁의 아들이었음. 그가 왕이 되어 불초하자, 당시 재상 伊尹이 그를 탕의 葬地인 桐宮으로 축출하여 3년 동안 근신하도록 함. 뒤에 이윤은 그를 다시 불러 왕으로 앉혀 훌륭한 임금이 되도록 하였음. 《史記》 殷本紀 참조.
【管仲賊桓公】齊나라 小白이 莒로 도망하였다가 돌아올 때, 公子 糾를 모시고 있던 管仲이 乾時에서 길목을 기다리고 있다가 활을 쏘아 소백(뒤에 환공)의 허리띠 고리를 맞춘 사건.
【乾時】時水. 지금의 烏河. 山東에 흐르는 물 이름. 제나라 왕위를 잇고자 서로 달려오던 公子 糾를 모셨던 관중이, 莒에서 오고 있던 小白(뒤의 桓公)을 쏘아 그의 허리띠 고리를 맞춘 전투가 벌어졌던 곳.
【申孫】화살 이름.
【呂郤】呂甥과 冀芮. 冀芮는 본명이 郤芮였으며, 冀 땅에 봉을 받아 冀芮로 부름. 문공을 받아들였으나 자신들이 과거 중이를 편들지 않았던 것을 겁내어 음모를 꾸민 것.
【己丑】B.C.636년 周歷으로 己丑日은 3월 19일에 해당함.
【馹】驛傳. 임금으로써 공개적인 출행을 하지 못하고 몸을 숨겨 역참의 수레를 타고 몰래 달아난 것.
【王城】지명. 秦나라 땅. 지금의 陝西 大荔縣 동쪽.

참고 및 관련 자료

1.《左傳》僖公 24年

丁未, 朝于武宮. 戊申, 使殺懷公于高梁. 不書, 亦不告也. 呂·郤畏偪, 將焚公宮而弑晉侯. 寺人披請見. 公使讓之, 且辭焉, 曰:「蒲城之役, 君命一宿, 女卽至. 其後余從狄君以田渭濱, 女爲惠公來求殺余, 命女三宿, 女中宿至. 雖有君命, 何其速也? 夫袪猶在. 女其行乎!」對曰:「臣謂君之入也, 其知之矣. 若猶未也, 又將及難. 君命無二, 古之制也. 除君之惡, 唯力是視. 蒲人·狄人, 余何有焉? 今君卽位, 其無蒲·狄乎! 齊桓公置射鉤, 而使管仲相. 君若易之, 何辱命焉? 行者甚衆, 豈唯刑臣?」公見之, 以難告. 三月, 晉侯潛會秦伯于王城. 己丑晦, 公宮火. 瑕甥·郤芮不獲公, 乃如河上, 秦伯誘而殺之.

2.《史記》晉世家

懷公故大臣呂省·郤芮本不附文公, 文公立, 恐誅, 乃欲與其徒謀燒公宮, 殺文公. 文公不知. 始嘗欲殺文公宦者履鞮知其謀, 欲以告文公, 解前罪, 求見文公. 文公不見, 使人讓曰:「蒲城之事, 女斬予袪. 其後我從狄君獵, 女爲惠公來求殺我. 惠公與女期三日至, 而女一日至, 何速也? 女其念之.」宦者曰:「臣刀鋸之餘, 不敢以二心事君倍主, 故得罪於君. 君已反國, 其毋蒲·翟乎? 且管仲射鉤, 桓公以霸. 今刑餘之人以事告而君不見, 禍又且及矣.」於是見之, 遂以呂·郤等告文公. 文公欲召呂·郤, 呂·郤等黨多, 文公恐初入國, 國人賣己, 乃爲微行, 會秦繆公於王城, 國人莫知. 三月己丑, 呂·郤等果反, 焚公宮, 不得文公. 文公之衛徒與戰, 呂·郤等引兵欲奔, 秦繆公誘呂·郤等, 殺之河上, 晉國復而文公得歸. 夏, 迎夫人於秦, 秦所與文公妻者卒爲夫人. 秦送三千人爲衛, 以備晉亂.

118(10-14) 文公遽見豎頭須
문공이 급히 수두수를 접견하다

문공文公, 重耳이 망명길에 나섰을 때, 소신小臣 이부수里鳧須는 중이의 창고를 지키는 자였는데 그 때 따라 나서지 않았다.

문공이 귀국하여 왕위에 오르자, 그는 만나 뵙기를 청하였다. 그러나 문공은 목욕을 하고 있다는 핑계로 만나기를 사양하였다.

그러자 이부수가 알자謁者에게 이렇게 말하였다.

"머리를 감고 있으면 심장이 거꾸로 된다. 심장이 거꾸로 되면 생각하는 것도 반대로 될 수 있는 법. 내가 만나지 못하는 것도 의당 맞는 말이겠구나. 망명에 따라다닌 이들은 개나 말을 끄는 노복에 불과하지만 남아 있던 이들은 사직을 위해 지켜낸 자들이다. 어찌 남아 있던 자들이 죄인이어야 한다는 것인가! 나라 임금이 되어 아무것도 아닌 필부를 원수로 여긴다면 임금을 두려워할 이들이 엄청나게 많아질 것이다."

알자가 이를 문공에게 고하자 문공은 급히 뛰어나와 만나 보았다.

【豎頭須】 豎는 僮僕을 일컫는 말. 나이 20미만의 어린 신하를 말함. 頭須는 그 이름으로, 다른 기록에는 흔히 里鳧須로 되어 있음. 중이의 창고지기였으나 중이가 망명하자, 그 재물을 모두 훔쳐 가졌음. 그러나 뒤에 그 재물을 각 곳에 뿌려 중이의 귀국을 주선했다 함.

【謁者】 찾아온 내방객을 주인에게 안내하는 임무를 맡은 자.

【羈紲】 말이나 개를 묶어서 끌고 다님. 여기서는 하찮은 일을 한 사람들임을 빗댄 것.

참고 및 관련 자료

1. 《左傳》 僖公 24年

初, 晉侯之豎頭須, 守藏者也, 其出也, 竊藏以逃, 盡用以求納之. 及入, 求見. 公辭焉以沐.謂僕人曰:「沐則心覆, 心覆則圖反, 宜吾不得見也. 居者爲社稷之守, 行者爲羈紲之僕, 其亦可也, 何必罪居者? 國君而讐匹夫, 懼者甚衆矣.」僕人以告, 公遽見之.

2. 《荀子》 哀公篇

語曰:「桓公用其賊, 文公用其盜.」故明主任計不信怒, 闇主信怒不任計. 計勝怒則彊, 怒勝計則亡.」

3. 《韓詩外傳》(十)

晉文公重耳亡, 過曹, 里鳧須從, 因盜重耳資而亡. 重耳無糧, 餒不能行, 子推割股肉以食重耳, 然後能行. 及重耳反國, 國中多不附重耳者. 於是里鳧須造見, 曰:「臣能安晉國.」文公使人應之曰:「子尙何面目來見寡人, 欲安晉也?」里鳧須曰:「君沐邪?」使者曰:「否.」里鳧須曰:「臣聞沐者其心倒, 心倒者其言悖. 今君不沐, 何言之悖也?」使者以聞, 文公見之. 里鳧須仰首曰:「離國久, 臣民多過君; 君反國, 而民皆自危. 里鳧須又襲竭君之資, 避於深山, 而君以餒. 介子推割股, 天下莫不聞. 臣之爲賊亦大矣. 罪至十族, 未足塞責. 然君誠赦之罪, 與驂乘, 遊於國中, 百姓見之, 必知不念舊惡, 人自安矣.」於是文公大悅, 從其計, 使驂乘於國中, 百姓見之, 皆曰:「夫里鳧須且不誅而驂乘, 吾何懼也?」是以晉國大寧. 故書云:『文王卑服, 卽康功田功.』若里鳧須罪無赦者也. 詩曰:『濟濟多士, 文王以寧.』

4. 《新序》 雜事(五)

里鳧須, 晉公子重耳之守府者也. 公子重耳出亡於晉, 里鳧須竊其寶貨而逃. 公子重耳反國, 立爲君, 里鳧須造門願見, 文公方沐, 其謁者復, 文公握髮而應之曰:「吾鳧須邪?」曰:「然.」謂鳧須曰:「若猶有以面目而復見我乎?」謁者謂里鳧須. 鳧須對曰:「臣聞之: 沐者其心覆, 心覆者言悖, 君意沐邪? 何悖也?」謁者復, 文公見之, 曰:「若竊我貨寶而逃, 我謂:『汝猶有面目而見我邪?』汝曰:『君何悖也?』是何也?」鳧須曰:「然. 君反國, 國之半不自安也. 君寧棄國之半乎? 其寧有全晉乎?」文公曰:「何謂也?」鳧須曰:「得罪於君者, 莫大於鳧須矣, 君誠赦鳧須, 顯出以爲右. 如鳧須之罪重也, 君猶赦之, 況有輕於鳧須者乎?」文公曰:「聞命矣.」遂赦之, 明日出行國, 使爲右, 翕然晉國皆安. 語曰:『桓公任其賊, 而文公用其盜.』故曰:『明主任計不任怒, 闇主任怒不任計. 計勝怒者强, 怒勝計者亡.』此之謂也.

5. 《漢書》〈丙吉傳〉顔師古 注

晉公子重耳之亡也, 過曹, 里鳧須以從, 因盜其資而逃. 重耳無糧, 餧不能行, 介子推割其股肉以食重耳, 然後能行也.

119(10-15) 文公修內政納襄王
문공이 내정을 닦고 양왕을 귀국시키다

진晉 문공文公 원년 봄, 문공은 부인 영씨嬴氏, 文嬴와 함께 왕성王城으로부터 돌아왔다. 진秦 목공穆公이 그에게 위사衛士 3천 명을 보내 주었는데 모두가 나라의 기강을 세울 힘센 일꾼들이었다.

문공은 백관을 위촉하고 임무를 부여하였다. 그리고 지난날의 부채는 없던 것으로 하고 세금은 경감하였으며, 은혜를 베풀고 과부에게는 재물을 나누어 주었다. 궁핍한 자를 구제하고, 정체된 사업을 진흥시키고, 곤궁에 빠진 자를 일으켜 주고, 없는 자에게 자금을 대여하였다. 관문의 세금을 경감하며, 길을 정비하여 닦고 상업과 무역을 소통시키고, 농부에게 관대한 정책을 폈다. 농사에 힘쓰도록 하며, 직분에 충실하도록 하였으며, 재용을 줄이고 재정을 풍족하게 하였다. 기용을 이롭게 하고 덕교를 밝혔으며, 이로써 백성의 풍속이 후덕하도록 유도하였다. 훌륭한 이를 천거하고 능력 있는 자를 끌어들이며, 관직의 행정방향을 바르게 하고, 모든 상품의 규격을 정하였으며, 명분을 정확히 하여 만물이 육성되도록 하였다. 옛 혈족을 드러나게 해 주고 친척을 사랑하였으며, 현량한 이를 밝히고 귀한 총신을 존경하였다. 공로 있는 자에게 상을 내리고, 노인들을 섬겼으며, 빈객과 여행객을 예우하였고, 친구에게 우정을 다하였다. 서胥·적籍·호狐·기箕·란欒·극郤·백柏·선先·양설羊舌·동董·한韓 등 11개 성씨는 왕실 가까운 관직을 관장하도록 배치하고, 동성인 여러 희씨姬氏 중 뛰어난 자는 궁중의 관직에 배치하였다. 이성異姓 가운데 능력이 있는 자는 변방의 관직에 배치하였다. 공公의 작위를 가진 자는 공부貢賦로써 먹고살며, 대부大夫 식읍食邑으로 봉록을 삼으며, 사士는 공전公田으로, 서인庶人은 각기 자신의 노동력으로, 공상工商은 그 맡은 관직에 따라, 노예皁隸는 그 직책에 따라 생업을 삼으며, 관리의 가재家宰는 그에 맡게 가산하여 주었다. 이로써 정치는 평온하였으며, 백성은 부유하여 재용에 궁핍함이 없게 되었다.

그 해 겨울, 주周 양왕襄王이 소숙昭叔의 난을 만나 정鄭나라 땅 사읍汜邑으로 피신하면서 사람을 보내어 난을 만났음을 문공에게 알려왔고, 동시에 진秦나라에게도 이를 알렸다.

이에 자범子犯, 狐偃이 이렇게 말하였다.

"지금 우리 진나라는 백성들이 친해 오기는 하지만 아직 의義가 무엇인지 모르고 있습니다. 임금께서는 어찌 양왕을 복위시킴으로써 의라는 것을 가르치는 기회로 삼지 않습니까? 우리가 그렇게 하지 않으면 진秦나라가 장차 그를 복위시켜 줄 것입니다. 그렇게 되면 우리는 주나라를 잃게 될 것이니, 그렇게 되면 우리가 어찌 제후들의 패자가 될 수 있겠습니까? 자신을 수양하지 못하고 게다가 남을 존중하지 않는다면 남이 어찌 우리를 의지하겠습니까? 문후文侯의 대업을 이어받고, 무공武公의 공덕을 확정하며, 국토를 넓히고 영토를 안정시키는 일들이 모두 여기에 있습니다. 임금께서는 힘써주 시기 바랍니다."

문공은 그 의견을 즐겁게 생각하여, 이에 혁중革中의 융족戎族과 여토麗土의 적족狄族에게 선물을 주어 그곳을 통하게 하고 동쪽 길을 열게 되었다.

元年春, 公及夫人嬴氏至自王城. 秦伯納衛三千人, 實紀綱之僕. 公屬百官, 賦職任功. 棄責薄斂, 施舍分寡. 救乏振滯, 匡困資無. 輕關易道, 通商寬農. 懋穡勸分, 省用足財. 利器明德, 以厚民性. 擧善援能, 官方定物, 正名育類. 昭舊族, 愛親戚, 明賢良, 尊貴寵, 賞功勞, 事耈老, 禮賓旅, 友故舊. 胥·籍·狐·箕·欒·郤·柏·先·羊舌·董·韓, 寔掌近官. 諸姬之良, 掌其中官. 異姓之能, 掌其遠官. 公食貢, 大夫食邑, 士食田, 庶人食力, 工商食官, 皁隸食職, 官宰食加. 政平民阜, 財用不匱.

冬, 襄王避昭叔之難, 居于鄭地氾. 使來告難, 亦使告于秦.

子犯曰:「民親而未知義也, 君盍納王以敎之義? 若不納, 秦將納之, 則失周矣, 何以求諸侯? 不能修身而又不能宗人, 人將焉依? 繼文之業, 定武之功, 啓土安疆, 於此乎在矣, 君其務之.」

公說, 乃行賂于草中之戎與麗土之狄, 以啓東道.

【元年】 晉 文公이 즉위한 원년. B.C.636년 봄.

【嬴氏】 秦나라 穆公의 딸 文嬴을 가리킴.

【王城】 秦나라의 지명. 重耳가 망명하여 생활하던 곳.

【衛】 衛士. 호위병.

【紀綱】 여기서는 '힘이 세다'의 뜻이며 이는 나라의 紀綱을 세우기 위한 것임. 韋昭 주에 "所以設國紀綱, 爲之備衛"라 함.

【中官】 궁궐 내에서 일을 처리하는 관리들.

【遠官】 지방에서 행정을 맡은 관리들.

【皁隸】 노예 신분을 말함.

【官宰】 대부의 가신을 말함.

【昭叔之難】 昭叔은 周 襄王의 아우 太叔帶, 일찍이 甘昭公에 봉해졌음. 소숙과 양왕의 왕후 狄隗가 사통하자, 양왕이 狄后 隗氏를 폐함. 이에 狄人이 주나라를 공격, 양왕이 鄭나라로 피신한 사건을 말함. 〈周語〉(中)의 첫장 "襄王十三年"을 볼 것.

【氾】 정나라 邑 이름. 지금의 河南 襄城 남쪽.

【告難】 襄王이 簡師父를 晉나라에 파견하고, 左鄢父를 秦나라에 보내어 도움을 청한 일.

【子犯】 重耳의 외삼촌이며 狐突의 아들. 자는 子犯. 舅犯이라고도 부름.

【宗人】 남을 존중함.

【文】 晉 文侯. 이름은 仇. 일찍이 周 平王을 보좌하여 洛邑으로 동천하는 일에 큰 공을 세웠음. B.C.780~746년까지 35년간 재위함.

【武】 晉 武公. 이름은 稱. 重耳의 조상으로, 晉나라를 중흥하여 국토를 병탄하고 周나라로부터 정식 제후로 인정받음(B.C.678년).
【革中, 麗土】 모두 晉나라를 둘러싸고 있는 동쪽 戎族과 狄族 소수민족의 나라.

참고 및 관련 자료

1. 《左傳》 僖公 24년

晉侯逆夫人嬴氏以歸. 秦伯送衛於晉三千人, 實紀綱之僕.

2. 《史記》 晉世家

文公修政, 施惠百姓. 賞從亡者及功臣, 大者封邑, 小者尊爵. 未盡行賞, 周襄王以弟帶難出居鄭地, 來告急晉. 晉初定, 欲發兵, 恐他亂起, 是以賞從亡未至隱者介子推. 推亦不言祿, 祿亦不及. 推曰:「獻公子九人, 唯君在矣. 惠·懷無親, 外內棄之; 天未絶晉, 必將有主, 主晉祀者, 非君而誰? 天實開之, 二三子以爲己力, 不亦誣乎? 竊人之財, 猶曰是盜, 况貪天之功以爲己力乎? 下冒其罪, 上賞其姦, 上下相蒙, 難與處矣!」其母曰:「盍亦求之, 以死誰懟?」推曰:「尤而效之, 罪有甚焉. 且出怨言, 不食其祿.」母曰:「亦使知之, 若何?」對曰:「言, 身之文也; 身欲隱, 安用文之? 文之, 是求顯也.」其母曰:「能如此乎? 與女偕隱.」至死不復見.

120(10-16) 文公出陽人
문공이 양인을 풀어 주다

진晉 문공文公 2년 봄, 문공은 좌군左軍과 우군右軍 두 군사를 이끌고 동쪽으로 내려와 양번陽樊에 주둔하였다. 그 때 우군은 온溫에서 소숙昭叔을 붙잡아 습성隰城에서 이를 죽여 버렸고, 좌군은 양왕襄王을 정鄭나라에서 맞아 성주成周로 모셔드렸다. 양왕이 겹郟에 이르러 자리를 잡자, 단술로 예를 표하며 잔치를 열어, 문공에게 제사 고기와 선물을 내려 고마움을 표시하였다. 그러자 문공은 그 자리에서 자신도 천자처럼 죽은 뒤에 자신의 무덤에 수도隧道를 설치할 수 있도록 해 줄 것을 요청하였다.

양왕은 허락하지 아니하며 이렇게 말하였다.

"천자는 문물제도를 제정합니다. 왕이 둘일 수는 없습니다. 그렇게 되면 정치를 어떻게 할 수가 없게 됩니다."

그러고는 대신 남양南陽의 양번陽樊·온溫·원原·주州·형陘·치絺·조組·찬모攢茅의 토지를 문공에게 하사하였다.

그러자 양번 사람들이 문공의 통치를 받기를 거부하였다. 문공은 그 성을 포위하고 장차 그 백성을 도륙해 버릴 참이었다. 이때 그곳의 창갈倉葛이란 사람이 이렇게 소리쳤다.

"그대가 천자의 궐점을 보충한 것은 예禮에 순종한 것입니다. 양번 사람들은 아직 그대의 덕이 어떤지 가까이 느끼지 못하여 감히 그 명령을 받아들일 수 없는 것입니다. 그대가 장차 우리를 도륙한다니 이는 예가 아니지 않습니까! 이곳 양번에는 하夏·상商의 후손과 전장이 있으며, 주周나라 왕실의 군대와 백성이 있고, 번중樊仲과 같은 관직을 가진 자들이 지키고 있습니다. 그렇다면 천자의 가까운 부형과 조카 외삼촌들이라 할 수 있습니다. 그대가 왕실을 안정시켜 놓고 도리어 그 인척과 혈족을 도륙하고 있으니, 우리 백성은 장차 누구에게 의지한다는 말입니까? 감히 사사롭게 군리軍吏에게 사정을 말씀드리는 것이오니 임금께서는 고려하시기 바랍니다."

문공이 말하였다.

"이는 군자의 말이로다."

이에 양번 사람들을 풀어 주었다.

二年春, 公以二軍下, 次於陽樊. 右師取昭叔于溫, 殺之于隰城. 左師迎王于鄭. 王入于成周. 送定之于郟. 王饗醴, 命公胙侑. 公請隧, 弗許.

曰:「王章也, 不可以二王, 無以政何.」

賜公南陽陽樊·溫·原·州·陘·絺·組·攢茅之田.

陽人不服, 公圍之, 將殘其民, 倉葛呼曰:「君補王闕, 以順禮也. 陽人未狎君德, 而未敢承命. 君將殘之, 無乃非禮乎! 陽人有夏·商之嗣典, 有周室之師旅, 樊仲之官守焉, 其非官守, 則皆王之父兄甥舅也. 君定王室而殘其姻族, 民將焉放? 敢私布於吏, 唯君圖之.」

公曰:「是君子之言也.」

迺出陽人.

【二年】 진 문공 2년. B.C.635년.

【二軍】 당시 군대의 편제로 左軍과 右軍이 있었음.

【次】 군대나 여행자가 하루 머무는 것을 '舍'라하며, 이틀 머무는 것을 '信', 그 이상 머물러 주둔해 있는 것을 '次'라 함.

【陽樊】周나라 읍 이름. 지금의 河南 濟源縣 동남 일대.

【昭叔】周 襄王의 아우 太叔帶, 일찍이 甘昭公에 봉해졌음. 소숙과 양왕의 왕후 狄隗가 사통하자, 양왕이 狄后 隗氏를 폐함. 이에 狄人이 주나라를 공격, 양왕이 鄭나라로 피신함.

【溫】지금의 河南 溫縣 서남쪽 지역의 고지명.

【隰城】지금의 河南 武陟縣 서남쪽.

【成周】주나라 때의 東都 洛陽.

【郟】지금의 河南 洛陽 부근.

【饗醴】宴享에 단술(감주)을 사용함.

【隧】고대 임금의 무덤 앞에 내는 길. 隧道. 天子는 六隧, 제후는 三隧의 길을 낼 수 있었다 함.

【南陽】지금의 河南 新鄕 일대. 황하의 북쪽이며 태항산의 남쪽.

【原】지금의 河南 濟源 북쪽.

【州】지금의 河南 沁陽縣 동남쪽.

【陘】지금의 河南 沁陽縣 서북쪽.

【絺】지금의 하남 심양현 서쪽 일대. 고대 絺城이 있었음.

【組】지금의 하남 滑縣 동쪽.

【攢茅】지금의 河南 修武縣 大陸村.

【倉葛】陽樊 사람.

【狎】습관이 됨. 익숙함. 알고 그에 맞게 복종함. 통치를 인정함.

【樊仲】周 宣王의 大臣 仲山甫. 樊 땅을 식읍으로 받았음. 樊仲, 樊穆仲으로도 부름.

【放】의지함. 기대어 살아감.

참고 및 관련 자료

1.《左傳》僖公 25年

戊午, 晉侯朝王. 王享醴, 命之宥. 請隧, 弗許, 曰:「王章也. 未有代德, 而有二王, 亦叔父之所惡也.」與之陽樊·溫·原·欑茅之田. 晉於是始啓南陽.

2.《史記》周本紀

二十五年, 惠王崩, 子襄王鄭立. 襄王母蚤死, 後母曰惠后. 惠后生叔帶, 有寵於惠王, 襄王畏之. 三年, 叔帶與戎·翟謀伐襄王, 襄王欲誅叔帶, 叔帶奔齊. 齊桓公使管仲平戎于周, 使隰朋平戎于晉. 王以上卿禮管仲. 管仲辭曰:「臣賤有司也, 有天子之二守國·高在. 若節春秋來承王命, 何以禮焉. 陪臣敢辭.」王曰:「舅氏, 余嘉乃勳, 毋逆朕命.」管仲卒受下卿之禮而還. 九年, 齊桓公卒. 十二年, 叔帶復歸于周.

121(10-17) 文公伐原
문공이 원을 정벌하다

진晉 문공文公이 원原 땅을 정벌하고자 3일의 군량미만을 준비하도록 명령하였다. 그런데 3일이 되었지만, 원 땅 백성들을 항복시키지 못하였다. 문공은 이에 약속대로 군대를 철수하도록 명령하였다.

그러자 정탐을 맡은 이가 나서서 이렇게 말했다.

"원 땅은 하루 이틀을 더 넘길 수 없습니다."

군리軍吏가 이를 문공에게 고하자 문공은 이렇게 말하였다.

"원 땅을 얻는 대신 믿음을 잃는다면 어찌 남을 부릴 수 있겠는가? 무릇 믿음이란 백성이 보호받는 바이니 이를 잃을 수는 없다."

그리하여 떠나서 맹문孟門에 이르자, 원 땅 사람들이 항복하기를 청해왔다.

文公伐原, 令以三日之糧.

三日而原不降, 公令疏軍而去之.

諜出曰:「原不過一二日矣!」

軍吏以告, 公曰:「得原而失信, 何以使人? 夫信, 民之所庇也, 不可失.」

乃去之, 及孟門, 而原請降.

【原】 南陽 8읍의 하나이며, 이들이 복종하지 않아 文公이 정벌한 것임.
【疏】 흩어 버림. 撤退함. 철수하여 퇴각함.
【庇】 안전하게 보호를 받은 장치나 집.

참고 및 관련 자료

1. 《左傳》 僖公 二十五年 傳

冬, 晉侯圍原, 命三日之糧. 原不降, 命去之. 諜出, 曰:「原將降矣.」軍吏曰:「請待之.」公曰:「信, 國之寶也, 民之所庇也. 得原失信, 何以庇之? 所亡滋多.」退一舍而原降. 遷原伯貫于冀. 趙衰爲原大夫, 狐溱爲溫大夫.

2. 《淮南子》 道應訓

晉文公伐原, 與大夫期三日, 三日而原不降. 文公令去之, 軍吏曰:「原不過一二日將降矣.」君曰:「吾不知原三日而不可得下也. 以與大夫期, 盡而不罷失信, 得原吾弗爲也.」原人聞之, 曰:「有君若此, 可弗降也.」遂降, 溫人聞亦請降. 故老子曰:「窈兮冥兮, 其中有精.」其精甚眞, 其中有信. 故美言可以市尊, 美行可以加人.

3. 《新序》 雜事(四)

晉文公伐原, 與大夫期五日, 五日而原不降, 文公令去之. 吏曰:「原不過三日, 將降矣, 君不如待之.」君曰:「得原失信, 吾不爲也.』原人聞之, 曰:「有君義若此, 不可不降也.」遂降. 溫人聞之, 亦請降. 故曰:「伐原而溫降.」此之謂也. 於是諸侯歸之, 遂侵曹伐衛, 爲踐土之會·溫之盟. 後南破强楚, 尊事周室, 遂成霸功, 上次齊桓, 本信由伐原也.

4. 《韓非子》 外儲說左上

晉文公攻原, 裹十日糧. 遂與大夫期十日. 至原十日而原不下. 擊金而退, 罷兵而去. 士有從原中出者曰:「原三日卽下矣.」群臣左右諫曰:「夫原之食竭力盡矣. 君姑待之.」公曰:「吾與士期十日, 不去, 是亡吾信也. 得原失信, 吾不爲也.」遂罷兵而去. 原人聞曰:「有君如彼其信也, 可無歸乎?」乃降公. 衛人聞曰:「有君如彼其信也, 可無從乎?」乃降公. 孔子聞而記之曰:「攻原得衛者, 信也.」

5. 《呂氏春秋》 爲欲篇

晉文公伐原, 與士期七日而原不下. 命去之. 謀士言曰:「原將下矣.」師吏請待之.

公曰: 「信, 國之寶也. 得原失寶, 吾不爲也.」 遂去之. 明年復伐原, 與士期必得原然後反. 原人聞之, 乃下. 衛人聞之, 以文公之信爲至矣. 乃歸文公. 故曰: 「攻原得衛者, 此之謂也.」 文公非不欲得原也, 以不信得言, 不若勿得也. 必誠信以得之, 歸之者非獨衛也. 文公可謂知求欲矣,

6. 기타 참고자료

《韓詩外傳》卷二·《資治通鑑》周顯王五十年

122(10-18) 文公救宋敗楚於城濮
문공이 송나라를 구하고 성복에서 초나라를 패배시키다

진晉 문공文公이 즉위한 지 4년, 초楚 성왕成王이 송宋나라를 쳤다. 문공은 대신 제齊·진秦 두 나라를 이끌고, 조曹·위衛를 쳐서 송나라를 구하고자 하였다.

송나라에서 사신 문윤반門尹班을 보내어 급히 구제해 줄 것을 청하였다.

이에 문공이 대부들에게 이렇게 물었다.

"송나라에서 급하다고 연락이 왔소. 그대로 두면 송나라는 망할 것이며, 초나라에게 중지를 통고하였지만, 우리 의견을 받아드리지 않고 있소. 내 초나라를 공격하고 싶지만, 제·진 두 나라는 원하지 않고 있소. 어떻게 하면 되겠소?"

이에 선진先軫이 말하였다.

"제나라, 진나라로 하여금 초나라를 원망하도록 하느니만 못합니다."

문공이 말하였다.

"그것이 가능하겠소?"

선진이 말하였다.

"송나라로 하여금 우리를 포기하고 대신 제齊·진秦 두 나라에게 뇌물을 주어 그를 구실로 초나라에게 통고하도록 하는 겁니다. 우리는 조·위 두 나라 땅을 송나라에게 주어 그것을 뇌물로 삼도록 해 줍니다. 초나라는 원래 자신의 영향 아래 있던 조·위 두 나라를 아까워하여 틀림없이 제·진 두 나라 의견을 거부할 것이며, 그렇게 되면 제·진 두 나라는 요청을 거부당하여 틀림없이 초나라를 원망하게 되지요.

그런 다음에 다시 출병하면 동의하지 않을 수 없지요."

문공은 기꺼워하며 이를 근거로 조나라 땅과 위나라 땅을 송나라에게 뇌물용으로 쓰도록 내려주었다.

그러자 초나라 영윤 자옥子玉이 완춘宛春을 보내어 이렇게 말하였다.

"청컨대 위나라 임금을 복위시키고, 조나라 봉토를 그대로 인정해 주시오. 저 역시 송나라 포위를 풀겠소."

이에 구범舅犯이 화를 내며 말하였다.

"자옥은 무례하구나! 임금은 하나를 갖고 신하는 둘을 갖겠다니. 반드시 쳐야 합니다."

선진이 말하였다.

"그대는 허락하시지요. 우리가 조·위에 대한 청을 허락하지 아니하는 것은 송나라 포위를 풀어 주는 것을 허락하지 않는 것이 됩니다. 송나라가 투항하고 나면, 그 무리 중에 어찌 강경한 자가 그 안에 없을 수 있겠습니까! 이는 초나라의 말 한 마디에 세 가지 은혜를 베푸는 것이며, 그대 한 마디에 세 가지 원한을 심는 것입니다. 원한을 많이 심어놓고는 남을 공격할 수 없습니다. 속으로 몰래 조·위 두 나라를 복원시켜 주고 그들을 초나라로부터 이간시키느니만 못합니다. 그런 다음에 완춘을 잡아 초나라를 노하게 하고 전쟁을 끝낸 다음 조·위에 대해 도모하는 편이 낫습니다."

문공이 즐거워하며 이로써 위나라에서 완춘을 잡아 가두도록 하였다.

자옥은 송나라 포위를 풀고 드디어 진晉나라와 작전을 벌였다.

초나라 군사들이 이윽고 진을 펼치자 진나라 군사들이 30리를 퇴각하였다. 그러자 군리軍吏가 이렇게 청하였다.

"맹주인 임금으로서 신하인 초나라 자옥 따위를 피하다니 치욕입니다. 게다가 초나라 군사는 지쳐 있어 그들은 틀림없이 패할 것인데 어찌 물러섭니까?"

그러자 자범(子犯, 구범, 호언)이 말하였다.

"그대들은 초나라에서의 약속을 잊었는가? 내偃 듣기로 전투란 곧을 것을 지키기 위한 것일 때 가장 사기가 높으며, 굽은 것으로 남을 칠 때 가장 노쇠하여 피폐하게 되는 것이다. 초왕이 베풀어 주었던 은혜를 아직 갚지 않은 상태에서, 초나라에 대항하여 송나라를 돕고 있는 것은 우리가 굽은 것이며 초나라가 곧은 것이다. 그러니 그들이 기氣가 솟지 않을 수 없으니 그들을 지쳐 있다고 말할 수 있다. 만약 우리가 임금이면서 신하에게 피해 주었는데 그들이 물러서지 않는다면 잘못된 것은 그들에게 있게 되는 것이다."

그리하여 초나라 진영으로부터 삼사三舍 즉 90리를 물러나 주었다. 초나라도 공격을 멈추려 하였지만 자옥이 거부하여, 드디어 성복城濮에 이르러 전투가 벌어졌고 초나라 무리는 대패하고 말았다.

군자가 말하였다.

"자범은 덕으로써 권하는 데에 뛰어났도다."

文公立四年, 楚成王伐宋, 公率齊·秦伐曹·衛以救宋.

宋人使門尹班告急於振, 公告大夫曰:「宋人告急, 舍之則宋絕, 告楚則不許我. 我欲擊楚, 齊·秦不欲, 其若之何?」

先軫曰:「不若使齊·秦主楚怨.」

公曰:「可乎?」

先軫曰:「使宋舍我而賂齊·秦, 藉之告楚. 我分曹·衛之地以賜宋人. 楚愛曹·衛, 必不許齊·秦. 齊·秦不得其請, 必屬怨焉, 然後用之, 蔑不欲矣.」

公說, 是故以曹田·衛田賜宋人.

令尹子玉使宛春來告曰:「請復衛侯而封曹, 臣亦釋宋之圍.」

舅犯慍曰:「子玉無禮哉! 君取一, 臣取二, 必擊之.」

先軫曰:「子與之. 我不許曹·衛之請, 是不許釋宋也. 宋衆無內彊乎! 是楚一言而有三施, 子一言而有三怨. 怨已多矣, 難以擊人.

不若私許復曹·衛以攜之, 執宛春以怒楚, 旣戰而後圖之.」

公說, 是故拘宛春於衛.

子玉釋宋圍, 從晉師.

楚旣陳, 晉師退舍, 軍吏請曰:「以君避臣, 辱也. 且楚師老矣, 必敗. 何故退?」

子犯曰:「二三子忘在楚乎? 偃也聞之: 戰鬪, 直爲壯, 曲爲老. 未報楚惠而抗宋, 我曲楚直, 其衆莫不生氣, 不可謂老. 若我以君避臣, 而不去, 彼亦曲矣.」

退三舍避楚. 楚衆欲止, 子玉不肯, 至于城濮, 果戰, 楚衆大敗.

君子曰:「善以德勸.」

【楚成王】 초나라 임금으로 B.C.671~626년까지 46년간 재위함. 宋나라가 초나라를 배신하고 晉나라를 섬기자, 초 성왕이 군사를 내어 정벌한 것임.

【伐曹衛】 두 나라 모두 초나라의 위성국이었으나, 重耳가 유랑할 때 曹나라 共公과 衛나라 文公이 중이에게 무례하게 굴었으며, 이 때문에 두 나라를 쳐서 송나라를 구원함과 아울러 원한을 갚은 것임.

【門尹班】 송나라 대신.

【先軫】 晉나라의 中軍主帥. 原 땅을 식읍으로 받아 흔히 原軫이라고도 부름.

【蔑】 '無'자와 같음. 雙聲互訓.

【曹田·衛田】 魯 僖公 28년(B.C.632) 晉 文公이 조나라를 쳐 曹伯을 포로로 하고, 위나라는 백성들이 그 임금을 襄牛로 추방하자, 曹·衛 두 나라의 토지를 송나라 사람들에게 나누어 주었음.

【子玉】 成得臣. 子玉은 그의 자.

【宛春】 인명. 초나라 대부.

【舅犯】 狐偃. 重耳의 외삼촌이며 狐突의 아들. 자는 子犯.

【宋衆無內彊乎】 韋昭 주에 "不許釋宋, 宋降於楚, 其衆益彊"이라 함.

【攜】 離間시킴.

【忘在楚乎】 중이가 망명 중 초나라에 갔을 때 楚 成王의 대접을 받고, 나중에 두 나라가 전쟁을 하면 자신이 三舍(9십리)를 물러나 주겠다고 했던 약속. 112를 볼 것.

【城濮】 衛나라 영토. 지금의 山東 范縣과 河北 濮陽縣 사이. 춘추시대 가장 큰 전투로써 진 문공이 패자임을 모든 제후국에게 확인하는 계기가 되었음.

참고 및 관련 자료

1. 《左傳》 僖公 27年

楚子將圍宋, 使子文治兵於睽, 終朝而畢, 不戮一人. 子玉復治兵於蔿. 終日而畢, 鞭七人, 貫三人之耳. 國老皆賀子文. 子文飮之酒. 蔿賈尙幼, 後至, 不賀. 子文問之. 對曰: 「不知所賀. 子之傳政於子玉, 曰: '以靖國也.' 靖諸內而敗諸外, 所獲幾何? 子玉之敗, 子之擧也. 擧以敗國, 將何賀焉? 子玉剛而無禮, 不可以治民, 過三百乘, 其不能以入矣. 苟入而賀, 何後之有?」 冬, 楚子及諸侯圍宋. 宋公孫固如晉告急. 先軫曰: 「報施・救患, 取威・定霸, 於是乎在矣.」 狐偃曰: 「楚始得曹, 而新昏於衛, 若伐曹・衛, 楚必救之, 則齊・宋免矣.」 於是乎蒐于被廬, 作三軍, 謀元帥. 趙衰曰: 「郤穀可. 臣亟聞其言矣, 說禮・樂而敦詩・書. 詩・書, 義之府也; 禮・樂, 德之則也; 德・義, 利之本也. 夏書曰: '賦納以言, 明試以功, 車服以庸.' 君其試之!」 乃使郤穀將中軍, 郤溱佐之. 使狐偃將上軍, 讓於狐毛, 而佐之. 命趙衰爲卿, 讓於欒枝・先軫. 使欒枝將下軍, 先軫佐之. 荀林父御戎, 魏犨爲右. 晉侯始入而敎其民, 二年, 欲用之. 子犯曰: 「民未知義, 未安其居.」 於是乎出定襄王, 入務利民, 民懷生矣. 將用之. 子犯曰: 「民未知信, 未宣其用.」 於是乎伐原以示之信. 民易資者, 不求豐焉, 明徵其辭. 公曰: 「可矣乎?」 子犯曰: 「民未知禮, 未生其共.」 於是乎大蒐以示之禮, 作執秩以正其官. 民聽不惑, 而後用之. 出穀戍, 釋宋圍, 一戰而霸, 文之敎也.

2. 《史記》 晉世家

四年, 楚成王及諸侯圍宋, 宋公孫固如晉告急. 先軫曰: 「報施定霸, 於今在矣.」 狐偃曰: 「楚新得曹而初婚於衛, 若伐曹・衛, 楚必救之, 則宋免矣.」 於是晉作三軍. 趙衰擧郤穀將中軍, 郤臻佐之; 使狐偃將上軍, 狐毛佐之, 命趙衰爲卿; 欒枝將下軍, 先軫佐之; 荀林父御戎, 魏犨爲右: 往伐. 冬十二月, 晉兵先下山東, 而以原封趙衰.

123(10-19) 鄭叔詹據鼎耳而疾號
정나라 숙첨이 솥귀를 잡고 급히 소리를 지르다

진晉 문공文公, 重耳이 자신의 골상을 몰래 살펴보았던 무례한 짓을 한 정鄭나라를 토벌하러 가서 성벽의 낮은 부분을 파괴하여 없어 버렸다.

정나라 사람들이 두려워 좋은 보물을 가지고 와서 화해를 청하자, 문공은 허락하지 않고 대신 이렇게 요구하였다.

"나에게 숙첨叔詹을 보내주면 군대를 되돌리겠다."

이에 숙첨이 나가겠노라 스스로 나섰지만, 정鄭 문공文公이 허락하지 않았다. 숙첨은 고집을 세우며 이렇게 청하였다.

"신하 하나로써 백성을 살릴 수 있고 사직을 안정시킬 수 있는데, 임금께서는 어찌 그런 신하 하나를 아까워하십니까?"

그리하여 정나라에서 숙첨을 진나라 군영으로 보내자, 진 문공은 그를 솥에 삶아 죽이고자 하였다.

이에 숙첨이 말하였다.

"저는 하고 싶은 말을 다한 다음 죽고 싶습니다. 진실로 이것이 저의 소원입니다."

문공이 그 말을 들어보겠다고 하자 숙첨은 이렇게 말하였다.

"하늘이 정나라에 재앙을 내려 그대에게 무례하게 굴며 가까운 예를 저버리고 혈친의 관계도 위배하였소. 그러자 그 때 저는 '안 됩니다. 무릇 진晉나라 공자는 현명하며 그 좌우 보좌들도 모두가 경벼슬 정도의 재능을 가진 자들입니다. 만약 그들이 귀국하여 나라를 회복하게 되면 제후들로부터 뜻을 얻을 것이며, 우리로서는 그 재앙을 용서받을 수 없습니다'라고 하였던 것입니다. 그런데 결국 그 재앙이 닥쳐왔습니다. 그 때 현명한 자를 존중하고 우리나라의 우환을 미리 막고자 했던 것은 저의 지혜입니다. 그리고 지금 재앙이 닥치자 내 몸을 죽여 가면서 나라의 죄를 속죄받는 것은 충성입니다."

그러고는 펄펄 끓는 솥으로 다가가 솥귀를 잡고 이렇게 소리쳤다.

"지금부터 이 뒤로 지혜와 충성으로 임금을 섬기는 자는 나와 같이 될 것이다!"

문공은 이에 죽이지 말도록 명하고, 대신 후한 예물로 예우하고 그를 돌려보내 주었다.

정나라에서는 숙첨을 장군으로 삼았다.

文公誅觀狀以伐鄭, 反其陴.

鄭人以名寶行成, 公弗許, 曰:「予我詹而師還.」

詹請往, 鄭伯弗許, 詹固請曰:「一臣可以赦百姓而定社稷, 君何愛於臣也?」

鄭人以詹予晉, 晉人將烹之.

詹曰:「臣願獲盡辭而死, 固所願也.」

公聽其辭. 詹曰:「天降鄭禍, 使淫觀狀, 棄禮違親. 臣曰:『不可. 夫晉公子賢明, 其左右皆卿才, 若復其國, 而得志於諸侯, 禍無赦矣.』今禍及矣. 尊明勝患, 智也. 殺身贖國, 忠也.」

乃就烹, 據鼎耳而疾號曰:「自今以往, 知忠以事君者, 與詹同!」

乃命弗殺, 厚爲之禮而歸之.

鄭人以詹伯爲將軍.

【觀狀】晉 文公(중이)이 목욕하는 모습을 통해 그의 골상을 몰래 살펴본 사건. 그러나 이 일은 중이가 曹나라를 지날 때 曹 共公이 한 일로 鄭 文公과는 무관한 일임. 따라서 여기서의 '觀狀'은 '無禮'의 다른 뜻으로 사용한 것임.

【反】 밀어서 파괴함. 뒤집어 엎음.
【陴】 성 위에 세워 둔 女牆. 여기서는 낮은 담장을 의미함.
【成】 和戰을 성사시켜 줄 것을 청함..
【詹】 鄭卿 叔詹. 중이가 鄭나라를 지날 때 鄭 文公이 重耳에게 무례하게 굴자 숙첨이 정 문공에게 중이를 잘 대우하여 뒤에 환난이 없도록 하여야 한다고 청하였으나, 문공이 듣지 않음. 이에 숙첨은 그렇게 할 수 없다면 그를 죽여 없애야 한다고 주장하였음. 그 때문에 진 문공은 숙첨에 대하여 원한을 가지고 있었음.
【伯】 衍字로 보임.

참고 및 관련 자료

1. 《左傳》 僖公 23年

及鄭, 鄭文公亦不禮焉. 叔詹諫曰: 「臣聞天之所啓, 人弗及也. 晉公子有三焉, 天其或者將建諸, 君其禮焉! 男女同姓, 其生不蕃. 晉公子, 姬出也, 而至於今, 一也. 離外之患, 而天不靖晉國, 殆將啓之, 二也. 有三士, 足以上人, 而從之, 三也. 晉·鄭同儕, 其過子弟固將禮焉, 況天之所啓乎!」 弗聽.

2. 《史記》 鄭世家

三十六年, 晉公子重耳過, 文公弗禮. 文公弟叔詹曰: 「重耳賢, 且又同姓, 窮而過君, 不可無禮.」 文公曰: 「諸侯亡公子過者多矣, 安能盡禮之!」 詹曰: 「君如弗禮, 遂殺之; 弗殺, 使卽反國, 爲鄭憂矣.」 文公弗聽.

四十一年, 助楚擊晉. 自晉文公之過無禮, 故背晉助楚. 四十三年, 晉文公與秦穆公共圍鄭, 討其助楚攻晉者, 及文公過時之無禮也. 初, 鄭文公有三夫人, 寵子五人, 皆以罪蚤死. 公怒, 溉逐群公子. 子蘭奔晉, 從晉文公圍鄭. 時蘭事晉文公甚謹, 愛幸之, 乃私於晉, 以求入鄭爲太子. 晉於是欲得叔詹爲僇. 鄭文公恐, 不敢謂叔詹言. 詹聞, 言於鄭君曰: 「臣謂君, 君不聽臣, 晉卒爲患. 然晉所以圍鄭, 以詹, 詹死而赦鄭國, 詹之願也.」 乃自殺. 鄭人以詹尸與晉. 晉文公曰: 「必欲一見鄭君, 辱之而去.」 鄭人患之, 乃使人私於秦曰: 「破鄭益晉, 非秦之利也.」 秦兵罷. 晉文公欲入蘭爲太子, 以告鄭. 鄭大夫石癸曰: 「吾聞姞姓乃后稷之元妃, 其後當有興者. 子蘭母, 其後也. 且夫人子盡已死, 餘庶子無如蘭賢. 今圍急, 晉以爲請, 利孰大焉!」 遂許晉, 與盟, 而卒立子蘭爲太子, 晉兵乃罷去.

124(10-20) 箕鄭對文公問
기정이 문공의 질문에 답하다

진晉나라에 기근이 들자 문공이 기정箕鄭에게 물었다.

"어떻게 하면 기근을 구제할 수 있을까요?"

기정이 대답하였다.

"믿음을 심어 주어야 합니다."

문공이 물었다.

"어떻게 믿음을 심습니까?"

기정이 대답하였다.

"임금 마음에서 믿음을 얻도록 해야 하며, 명분에서 믿음을 얻도록 해야 하며, 법령에 믿음이 있어야 하며, 일에 믿음이 있어야 합니다."

문공이 다시 물었다.

"그렇다면 어떻게 해야 합니까?"

기정이 대답하였다.

"임금 마음에서 믿음을 얻으면 미오美惡가 참월하지 아니하며, 명분에 믿음이 있으며 상하가 서로 간섭하지 아니하며, 법령에 믿음이 있으면 때에 맞춘 일에 그 공을 폐기하지 아니하며, 일에 믿음이 있으면 백성이 자신의 생업에 종사하게 됩니다. 이에 백성들은 임금의 마음을 알게 되고 가난해도 두려워하지 아니하며, 갈무리한 것을 내어놓기를 마치 자신에게 수입이 있는 것처럼 여깁니다. 그렇게 되면 무슨 궁핍함이 있겠습니까?"

문공은 기정을 기대부로 삼도록 하였다.

청원淸原에서 수蒐의 행사를 치르면서, 그를 신상군新上軍의 보좌를 맡도록 하였다.

晉饑, 公問於箕鄭曰:「救饑何以?」

對曰:「信.」

公曰:「安信?」

對曰:「信於君心, 信於名, 信於令, 信於事.」

公曰:「然則若何?」

對曰:「信於君心, 則美惡不踰. 信於名, 則上下不干. 信於令, 則時無廢功. 信於事, 則民從事有業. 於是乎民知君心, 貧而不懼, 藏出如入, 何匱之有?」

公使爲箕.

及淸原之蒐, 使佐新上軍.

【箕鄭】 晉나라 대부. 晉 文公의 신하.
【名】 백관 질서와 존비의 명분.
【事】 백성을 부리는 일과 임무.
【爲箕】 箕鄭을 대부로 임명하였음을 말함.
【淸原之蒐】 淸原은 晉나라 영토로 지금의 山西 稷山 동남 쪽. '蒐'는 사냥이면서 동시에 군사를 열병하는 일. 이는 魯 僖公(釐公) 31년(B.C.629)의 일임.

참고 및 관련 자료

1. 《左傳》 僖公 31년

秋, 晉蒐于淸原, 作五軍以禦狄. 趙衰爲卿.

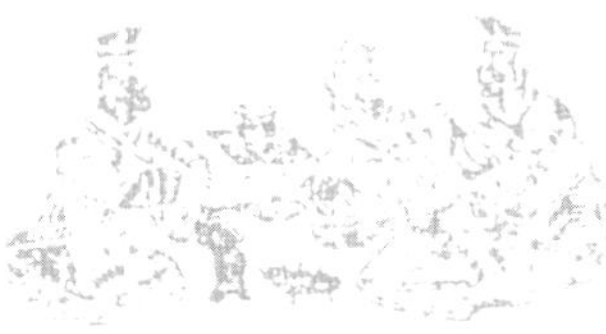

125(10-21) 文公任賢與趙衰擧賢
문공의 어진 이 임명과 조최의 어진 이 추천

진晉 문공文公이 원수元帥를 임명하는 문제를 조최趙衰에게 묻자 조최는 이렇게 대답하였다.

"극곡郤縠이면 됩니다. 그는 나이 50에 배움을 지켜내며 더욱 독실하게 행동하고 있습니다. 무릇 선왕이 제정한 법과 기록은 덕의德義의 창고입니다. 그리고 덕의는 바로 백성을 살리는 근본입니다. 능히 독실하게 행동하는 자는 백성을 잊지 않습니다. 청컨대 극곡을 시키시지요."

문공이 그의 건의를 따랐다.

문공이 이번에는 조최를 경卿으로 삼고자 하자 조최는 이렇게 사양하였다.

"난지欒枝는 곧고 신중하며, 선진先軫은 모책을 잘 세우며, 서신胥臣은 상식이 풍부합니다. 모두가 임금을 보좌할 만합니다. 저는 그들만 못합니다."

이에 난지로 하여금 하군下軍을 거느리게 하고 선진을 보좌로 삼았다. 그리하여 오록五鹿을 취할 수 있었으니, 이는 선진의 모책에 의한 것이었다.

극곡이 죽자, 그를 대신하여 선진을 원수로 삼았으며, 서신은 하군을 보좌하도록 하였다.

문공이 이번에도 원계原季, 趙衰를 경으로 삼고자 하자, 그는 역시 이렇게 사양하는 것이었다.

"무릇 세 가지 덕정은 호언(狐偃, 자범, 구범)에게서 나왔습니다. 덕으로써 백성의 기강을 바로 하였으니 그 공훈은 크다 할 것입니다. 그러한 자를 저버릴 수 없습니다."

그리하여 호언을 경으로 삼고자 하였더니, 호언 역시 이렇게 사양하는 것이었다.

"저의 형 호모狐毛의 지혜는 저보다 훨씬 낫습니다. 나이도 많고 또 어른이십니다. 그가 지위를 갖지 않는다면 저는 감히 임금의 명령을 들을 수 없습니다."

이에 호모로 하여금 상군上軍을 거느리게 하고, 호언을 그 보좌로 삼았다.

호모가 죽자, 조최로 하여금 그 자리를 대신하게 하였더니, 조최는 다시 이렇게 사양하였다.

"성복城濮의 전투에서 선저거先且居는 원수를 도와 아주 잘 싸웠습니다. 공훈을 세운 자에게 상을 내려야 하며, 임금에게 선한 일을 하도록 한 자에게도 상을 내려야 합니다. 선저거는 세 가지 상을 받을 일이 있으니 그를 저버릴 수 없습니다. 그리고 신과 같은 무리인 기정箕鄭·서영胥嬰·선도先都도 아직 승진하지 않은 채 그대로 그 자리에 있습니다."

이에 선저거로 하여금 상군을 거느리게 하였다.

문공이 말하였다.

"조최는 세 번이나 양보하였으니, 그의 양보는 모두가 사직을 보위하기 위한 것이었다. 그의 양보를 저버리는 것은 덕을 저버리는 것이다."

그리하여 조최가 이렇게 양보하여 군의 편제가 갖추어짐으로써, 청원淸原에서 수蒐의 사냥을 통해 군사를 훈련시킬 수 있었으며 오군五軍을 편성할 수 있었다.

그리하여 조최로 하여금 신상군新上軍을 거느리게 하고, 기정을 그 보좌로 삼았으며, 서영은 신하군新下軍을 거느리고, 선도先都가 그 보좌가 되었다.

호언子犯이 죽자, 포성백蒲城伯 선저거가 문공에게 새로운 보좌를 선정해 줄 것을 청하였다.

그러자 문공은 이렇게 말하였다.

"무릇 조최는 세 번이나 양보를 하면서 의를 잃지 않았소. 양보란 어진 이를 추천하는 것이며, 의란 덕을 넓히는 것이오. 덕을 넓혀 어짊이 이르렀으니 다시 무엇을 걱정하겠소? 청컨대 조최로 하여금 그대를 따르도록 하겠소."

이리하여 조최를 상군의 보좌로 삼았다.

文公問元帥於趙衰, 對曰:「郤縠可, 行年五十矣, 守學彌惇. 夫先王之法志, 德義之府也. 夫德義, 生民之本也. 能惇篤者, 不忘百姓也. 請使郤縠.」

公從之.

公使趙衰爲卿, 辭曰:「欒枝貞愼, 先軫有謀, 胥臣多聞, 皆可以爲輔佐, 臣弗如也.」

乃使欒枝將下軍, 先軫佐之. 取五鹿, 先軫之謀也.

郤縠卒, 使先軫代之, 胥臣佐下軍.

公使原季爲卿, 辭曰:「夫三德者, 偃之出也. 以德紀民, 其章大矣, 不可廢也.」

使狐偃爲卿, 辭曰:「毛之智, 賢於臣, 其齒又長. 毛也不在位, 不敢聞命.」

乃使狐毛將上軍, 狐偃佐之.

狐毛卒, 使趙衰代之, 辭曰:「城濮之役, 先且居之佐軍也善, 軍伐有賞, 善君有賞, 能其官有賞. 且居有三賞, 不可廢也. 且臣之倫, 箕鄭·胥嬰·先都在.」

乃使先且居將上軍.

公曰:「趙衰三讓. 其所讓, 皆社稷之衛也. 廢讓, 是廢德也.」

以趙衰之故, 蒐于淸原, 作五軍.

使趙衰將新上軍, 箕鄭佐之; 胥嬰將新下軍, 先都佐之.

子犯卒, 蒲城伯請佐, 公曰:「夫趙衰三讓不失義. 讓, 推賢也. 義, 廣德也. 德廣賢至, 又何患矣? 請令衰也從子.」

乃使趙衰佐新上軍.

【趙衰】 晉나라 대부. 문공 중이를 망명 때부터 따라다녀 최측근으로 많은 의견과 정책을 제시하였음. 자는 子餘. 原季로도 부름.

【郤穀】 晉나라 대부.

【欒枝】 欒貞子. 진나라 대부 欒賓의 손자이며 欒共叔의 아들.

【胥臣】 胥臣臼季. 司空季의 아들.

【五鹿】 衛나라 땅으로 重耳가 망명할 때, 일찍이 이곳 野人에게 밥을 얻어먹은 적이 있어 뒤에 그에게 토지를 주었음. 晉 文公(重耳)이 오록을 취한 일은 魯 僖公 18년(B.C.642)이었음.

【原季】 趙衰를 가리킴. 魯 僖公 25년(B.C.635) 晉 文公이 原邑을 얻고 나서 寺人 披의 건의에 따라 趙衰를 原大夫로 삼음.

【三德】 문공에게 襄王을 복위시켜 민의를 살피게 한 것과, 原邑을 정벌하여 백성에게 믿음을 베푼 일, 그리고 넓은 땅으로써 백성에게 禮를 다한 것 등 세 가지 덕행.

【狐毛】 狐偃의 형. 晉나라 대부. 上軍元帥를 지냈음.

【城濮】 진 문공이 초나라와 싸워 크게 이긴 전투. 122장 참조.

【先且居】 인명. 先軫의 아들이며 뒤에 蒲城伯으로 봉해졌다가 다시 霍伯으로 봉해짐. '선차거'로도 읽음.

【箕鄭·胥嬰·先都】 모두 진나라 대부의 이름.

【蒲城伯】 先且居를 가리킴.

【蒐】 봄에 사냥하는 것으로. 그를 통해 군사훈련을 하는 것이 목적이었음. 《司馬法》 人本篇에 "故國雖大, 好戰必亡; 天下雖安, 忘戰必危. 天下旣平, 天下大愷, 春蒐秋獮; 諸侯春振旅, 秋治兵, 所以不忘戰也"라 함.

【新】 衍文으로 보고 있음.

참고 및 관련 자료

1.《左傳》僖公 27년

冬, 楚子及諸侯圍宋. 宋公孫固如晉告急. 先軫曰:「報施·救患, 取威·定霸, 於是乎在矣.」狐偃曰:「楚始得曹, 而新昏於衛, 若伐曹·衛, 楚必救之, 則齊·宋免矣.」於是乎蒐于被廬, 作三軍, 謀元帥. 趙衰曰:「郤縠可. 臣亟聞其言矣, 說禮·樂而敦詩·書. 詩·書, 義之府也; 禮·樂, 德之則也; 德·義, 利之本也. 夏書曰: '賦納以言, 明試以功, 車服以庸.' 君其試之!」乃使郤縠將中軍, 郤溱佐之. 使狐偃將上軍, 讓於狐毛, 而佐之. 命趙衰爲卿, 讓於欒枝·先軫. 使欒枝將下軍, 先軫佐之. 荀林父御戎, 魏犨爲右.

2.《史記》晉世家

四年, 楚成王及諸侯圍宋, 宋公孫固如晉告急. 先軫曰:「報施定霸, 於今在矣.」狐偃曰:「楚新得曹而初婚於衛, 若伐曹·衛, 楚必救之, 則宋免矣.」於是晉作三軍. 趙衰擧郤縠將中軍, 郤臻佐之; 使狐偃將上軍, 狐毛佐之, 命趙衰爲卿; 欒枝將下軍, 先軫佐之; 荀林父御戎, 魏犨爲右: 往伐. 冬十二月, 晉兵先下山東, 而以原封趙衰.

126(10-22) 文公學讀書於臼季
문공이 책 읽는 법을 구계에게 배우다

문공文公이 구계臼季에게 글을 배웠는데, 사흘째 되는 날 이렇게 말하였다.

"내 그 중 한 치도 실천에 옮기지 못하였는데 들은 것이 너무 많소이다."

그러자 구계는 이렇게 대답하였다.

"그렇다면 그토록 많이 들은 것으로써 재능 있는 자를 기다려 그들을 부릴 때 그들보다 더욱 낫지 않겠습니까?"

文公學讀書於臼季, 三日, 曰:「吾不能行也咫, 聞則多矣.」

對曰:「然而多聞以待能者, 不猶愈也?」

【臼季】 司空季子. 晉나라 대부 胥申臼季. 뒤에 司空의 벼슬을 지냄.

【咫】 아주 짧은 거리나 길이. 흔히 8寸의 길이를 가리킴.

127(10-23) 郭偃論治國之難易
곽언이 치국의 난이를 논하다

문공文公이 곽언郭偃에게 물었다.

"처음 왕 자리에 올랐을 때· 나는 나라 다스리는 것이 쉽다고 여겼었는데 지금은 어렵다고 느낍니다."

곽언이 대답하였다.

"임금께서 쉽다고 생각하면 어려움이 장차 닥칠 것이요, 임금께서 어렵다고 하면 수월함이 장차 닥쳐올 것입니다."

文公問於郭偃曰:「始也, 吾以治國爲易, 今也難.」

對曰:「君以爲易, 其難也將至矣; 君以爲難, 其易也將至焉.」

【郭偃】 晉나라 대부로서 占卜을 담당하였음. 卜偃이라고도 부름.

128(10-24) 胥臣論教誨之力
서신이 가르침의 힘을 논하다

진晉 문공文公이 서신胥臣에게 물었다.

"양처보陽處父를 내 아들 환讙의 스승으로 삼아 가르치고 깨우쳐 주도록 하고자 하는데 그가 잘해 낼 수 있을까요?"

서신이 대답하였다.

"이는 환에게 달려 있습니다. 등에 혹이 있어 몸을 굽힐 수 없는 자에게 몸을 구부리게 할 수 없고, 등 굽은 곱사에게 쳐다보며 하는 일을 시킬 수 없으며, 키가 석 자도 안 되는 사람에게 물건을 높이 들어 올려야 하는 일을 시킬 수 없고, 난쟁이에게 높은 곳의 물건을 들어 내리는 일을 시킬 수 없으며, 눈 먼 장님에게 물건을 살펴보도록 하는 일을 시킬 수 없고, 말 못하는 벙어리에게 말을 하도록 시킬 수가 없고, 귀가 먹은 이에게 무엇을 듣고 판단하라 할 수 없으며, 어리석어 몽매한 사람에게 모책을 짜라고 할 수 없습니다. 바탕이 좋고 이를 다시 현량한 이가 가르치면 그 때야 성취를 기다릴 수 있습니다. 만약 바탕이 사악하면 가르쳐도 그 가르침이 들어갈 틈이 없으니 어찌 그를 선하게 할 수 있겠습니까!

제가 듣기로 옛날 태임大任이 문왕文王을 가졌을 때, 문왕은 어머니 뱃속에서 전혀 미동도 아니하여 태임이

文王

돼지우리 위 변소에서 소변을 보다가 문왕을 낳았는데, 그 때도 아무런 산통도 없었다는 것입니다. 이처럼 문왕은 어머니의 뱃속에서는 어머니를 근심스럽게 하지 않았고, 보부保傅에게 힘들지 않도록 배려하였으며, 스승에게는 번거롭게 하지 않았으며, 아버지 왕계王季를 섬김에는 노함이 없어도 되도록 하였고, 두 아우 괵중虢仲·괵숙虢叔과는 우애가 돈독하였으며, 두 아들 관숙管叔·채숙蔡叔에게는 은혜와 자애를 베풀었으며, 아내 태사大姒에게 모범이 되었고, 여러 형제들에게도 한결같이 친히 하였던 것입니다. 이에 《시詩》에는 '문왕은 처자에게 모범이 되고, 이를 형제들에게 펼쳐 나갔고, 이로써 나라를 다스렸도다'라 하였습니다. 이에 사방의 현명한 신하를 등용하였던 것입니다. 그가 왕의 자리에 오르자 일마다 팔우八虞에게 물었고, 괵중·괵숙에게 자문을 구하였으며, 굉요閎夭에게 헤아리도록 하고, 남궁南宮에게는 모책을 짜도록 맡겼습니다. 그리고 채공蔡公·원공原公에게 자세히 묻고, 신갑申甲·윤일尹佚 같은 사관에게는 치국의 도를 논하였으며, 주공周公·소공邵公·필공畢公·영공榮公을 중신으로 삼아 온갖 신神들까지 편안케 하고 만민을 부드럽고 화평하게 하였습니다. 그 때문에 《시》에 '종묘와 선대에게 효순을 다하니, 신령들조차도 원한이 없었네'라 하였던 것입니다. 이와 같이 된 것은, 문왕이 오로지 스승의 가르침과 깨우침의 힘만은 아니었습니다."

문공이 물었다.

"그렇다면 교육은 아무런 보탬이 없다는 것입니까?"

서신이 대답하였다.

"문채는 그 아름다운 바탕을 더욱 드러나게 할 수 있습니다. 따라서 사람은 태어나면서부터 배워야 하며, 배우지 않으면 올바른 길로 들어설 수 없습니다."

문공이 말하였다.

"앞서 말한 여덟 가지 선천적으로 부족한 사람은 어떻게 해야 합니까?"

서신이 대답하였다.

"이는 일을 맡은 장관이 그 일의 유형에 따라 기용해야 합니다. 허리가 굽은 사람에게는 허리를 굽힌 채 칠 수 있는 종을 맡기고, 등에 질환이 있어 굽히지도 펴지도 못하는 이에게는 서서 경磬을 치게 하며, 키 작은 이에게는 긴 대나무 장대를 잡고 재주부리는 일을 맡기며, 장님에게는 음악을 관장하게 하며, 귀머거리는 불을 맡아 관리하는 일을 맡기며, 지혜가 우둔한 백치나 말더듬이나 벙어리, 그리고 난쟁이는 쓰일 곳이 없으니 먼 곳으로 보내어 변방의 땅을 채워 그곳에 살 수 있도록 해 주어야 합니다. 무릇 교육이란 그 사람의 몸으로 타고난 소질을 근거로 그를 유리한 방향으로 이끌어 주어야 하는 것으로, 이는 마치 냇물이 근원이 있으니 그 물길이 포구를 우러러 흘러가서 그 후에 더욱 큰 곳을 향해 나아갈 수 있도록 해 주는 것과 같습니다."

文公問於胥臣曰:「吾欲使陽處父傅讙也而教誨之, 其能善之乎?」

對曰:「是在讙也. 籧篨不可使俯, 戚施不可使仰, 僬僥不可使舉, 侏儒不可使援, 矇瞍不可使視, 嚚瘖不可使言, 聾聵不可使聽, 童昏不可使謀. 質將善而賢良贊之, 則濟可矣. 若有違質, 教將不入, 其何善之爲! 臣聞昔者大任娠文王不變, 少溲於豕牢, 而得文王不加疾焉. 文王在母不憂, 在傅弗勤, 處師弗煩, 事王不怒, 孝友二虢, 而惠慈二薺, 刑于大姒, 比於諸弟.《詩》云:『刑于寡妻, 至于兄弟, 以御于家邦.』於是乎用四方之賢良. 及其卽位也, 詢于八虞, 而諮于二虢, 度於閎夭而謀於南宮, 諏於蔡·原而訪於辛·尹, 重之以周·昭·畢·榮, 億寧百神, 而柔和萬民. 故《詩》云:『惠于宗公, 神罔時恫.』若是, 則文王非專教誨之力也.」

公曰:「然則敎無益乎?」

對曰:「胡爲文, 益其質. 故人生而學, 非學不入.」

公曰:「奈夫八疾何?」

對曰:「官師之所材也, 戚施直鎛, 蘧蒢蒙璆, 侏儒扶盧, 矇瞍修聲, 聾聵司火. 童昏·嚚瘖·僬僥, 官師之所不材也, 以實裔土. 夫敎者, 因體能質而利之者也. 若川然有原, 以卬浦而後大.」

【胥臣】 胥臣 臼季. 文公의 신하. 晉나라 대부.

【陽處父】 晉나라 대부.

【讙】 晉 文公의 아들. 뒤에 襄公이 됨.

【戚施】 낙타 등처럼 등에 혹이 난 장애.

【僬僥】 고대 난쟁이 나라.

【侏儒】 곱사 등. 주로 배우 역할을 하였음.

【矇瞍】 눈이 먼 장님. 눈동자가 있으면서 보지 못하는 것을 '矇'이라 하고, 눈동자가 없는 것을 '瞍'라 한다 함.

【嚚瘖】 말더듬이나 벙어리.

【聾聵】 귀머거리. 五音을 구분하지 못하는 것을 '聾', 선천적으로 듣지 못하는 것을 '聵'라 한다 함.

【大任】 太任. 太姙 등으로도 표기하며 季歷의 아내. 文王(姬昌)의 어머니.

【小溲於豕牢】 小溲는 소변. 豕牢는 돼지무리. 고대에는 변소 아래에 돼지를 길러 그곳에 소변을 보았음을 말함.

【王】 文王의 아버지 季歷, 王季.

【二虢】 文王의 두 아우 虢仲과 虢叔.

【二蔡】 文王의 아들이며 武王의 아우인 管叔과 蔡叔.

【大姒】 太姒. 文王의 처이며 武王의 어머니.

【詩云】《詩經》大雅 思齊의 제2장.

【八友】 伯達·伯括·伯突·仲忽·叔夜·叔夏·季隨·季騧.《論語》微子篇에 "周有八士: 伯達·伯适·仲突·仲忽·叔夜·叔夏·季隨·季騧"라 함.

【閎夭·南宮】周나라 때의 두 賢臣.《論語》泰伯篇 "武王曰:「予有亂臣十人.」" 주에 "十人, 謂周公旦·召公奭·太公望·畢公·榮公·太顚·閎夭·散宜生·南宮适, 其一人謂文母"라 함.

【蔡原·辛尹】蔡公·原公·辛甲·尹佚을 가리킴. 이들은 모두 周나라 때 뛰어난 太史였음.

【周·邵·畢·榮】周文公·邵康公·畢公·榮公. 모두 주나라의 대신.

【鏄】小鐘.

【璆】'구'로 읽으며 玉磬. 옥으로 만든 編磬.

【扶盧】고대 矛戟의 자루를 잡고 연기하는 일종의 잡기. 기예.

【裔土】변방 먼 지역.

【卬】'迎'과 같음.

【浦】여기서는 넓은 강이나 바다를 가리킴.

129(10-25) 文公稱霸
문공이 패자를 칭하다

문공文公이 즉위한 지 2년, 백성을 동원하여 전쟁을 벌이려 하자 자범子犯이 말하였다.

"백성은 아직 의義를 알지 못합니다. 어찌 천자를 받아들여 의라는 것이 무엇인지를 보여 주지 않습니까?"

이에 양왕襄王을 주周나라로 귀국시켜 복위하게 해 주었다.

문공이 물었다.

"이제 되었소?"

자범이 대답하였다.

"백성들은 아직 믿음에 대하여 알지 못합니다. 어찌 원原 땅을 쳐서 믿음이라는 것을 보여 주지 않습니까?"

이에 원 땅을 쳤다.

그리고 다시 물었다.

"이제 되겠소?"

자범이 대답하였다.

"백성들은 아직 예禮가 무엇인지 알지 못합니다. 어찌 대수大蒐를 치러 군사를 정비하여 예를 숭상함을 보여 주지 않습니까?"

이에 피려被廬에서 대수의 행사를 치러 삼군三軍을 편성하였다.

그리고 극곡郤穀으로 하여금 중군中軍을 통솔하게 하고 이를 대정大政으로 삼았으며, 극진郤溱이 이를 보좌하도록 하였다.

자범이 말하였다.

"되었습니다."

드디어 조曹나라와 위衛나라를 쳤으며, 초楚나라를 대신하여 곡穀 땅의 수비를 맡았고, 송宋나라 포위를 풀어 주고, 성복城濮에서 초나라 군대를 대패시킨 다음, 드디어 패자의 지위에 오르게 되었다.

文公卽位二年, 欲用其民, 子犯曰:「民未知義, 盍納天子以示之義?」

乃納襄王于周.

公曰:「可矣乎?」

對曰:「民未知信, 盍伐原以示之信?」

乃伐原.

曰:「可矣乎?」

對曰:「民未知禮, 盍大蒐, 備士尙禮以示之?」

乃大蒐于被廬, 作三軍. 使郤穀將中軍, 以爲大政, 郤溱佐之.

子犯曰:「可矣.」

遂伐曹·衛, 出穀戍, 釋宋圍, 敗楚師于城濮, 於是乎遂伯.

【納襄王】본 〈晉語〉(4) "文公修內政納襄王"을 볼 것.

【盍】'何不'의 合音字. '어찌 ~하지 않는가?'의 반어법이나 의문문에 쓰임.

【大蒐】蒐는 고대에 사냥을 통해 군사를 훈련시키고 열병하던 행사. 이 일은 魯 僖公 27년(B.C.633)에 있었음.

【被廬】지명. 晉나라 땅.

【郤穀】晉나라 대부.

【中軍】고대 제후국 가운데 큰 나라는 三軍(上軍, 中軍, 下軍)을 두게 되어 있었음.

【大政】晉나라는 中軍 主帥가 가장 높은 지위의 元帥였으며, 정치에도 참여하여 실권을 쥐었음.

【郤溱】 晉나라 대부이며 郤至의 선조.

【伐曹衛】 魯 僖公 28년(B.C.632)년 曹나라와 衛나라를 정벌함.

【出穀戍】 魯 僖公 26년(B.C.634) 楚나라가 齊나라를 공격하여 穀邑을 점령하고 申叔으로 하여금 그 곳에 남아 지키도록 하였음. 뒤에 晉나라가 강대해지자 초나라는 신숙을 귀국시키고 이에 따라 곡읍은 晉나라가 차지하게 되었음.

【釋宋圍】 宋나라 포위를 풀어줌. 본 〈晉語〉(4) "文公救宋敗楚于城濮"을 볼 것.

참고 및 관련 자료

1. 《左傳》 僖公 25年

三月甲辰, 次于陽樊, 右師圍溫, 左師逆王, 夏四月丁巳, 王入于王城. 取大叔于溫, 殺之于隰城. 戊午, 晉侯朝王. 王享醴, 命之宥. 請隧, 弗許, 曰:「王章也. 未有代德, 而有二王, 亦叔父之所惡也.」與之陽樊·溫·原·欑茅之田.

2. 《史記》 晉世家

二年春, 秦軍河上, 將入王. 趙衰曰;「求霸莫如入王尊周. 周晉同姓, 晉不先入王, 後秦入之, 毋以令于天下. 方今尊王, 晉之資也.」三月甲辰, 晉乃發兵至陽樊, 圍溫, 入襄王于周. 四月, 殺王弟帶. 周襄王賜晉河內陽樊之地.

卷十一 晉語(五)

130(11-1) 臼季擧冀缺
구계가 기결을 천거하다

진晉나라 대부 구계臼季가 사신으로 나서는 길에 기읍冀邑의 교외에서 묵게 되었다. 그 곳 기결冀缺이 밭에서 김을 매고 있었는데, 그 아내가 밥을 이고 왔다. 부부가 서로 공경하기를 마치 손님 모시듯 정성을 다하는 것이었다. 구계가 다가가 물어 보았더니 바로 기예冀芮의 아들이라는 것이었다. 이에 구계가 그를 데리고 서울로 돌아왔다. 구계는 문공文公에게 사신의 임무를 보고하고 나서 앞으로 나아가 임금에게 이렇게 아뢰었다.

"제가 현인을 얻었으니 감히 보고드립니다."

문공이 물었다.

"그의 아비에게 죄가 있는데 그를 등용할 수 있겠는가?"

구계가 대답하였다.

"나라의 양신良臣을 씀에는 그 조상의 죄는 없다고 여겨야 합니다. 이 까닭으로 순舜임금은 곤鯀을 죽였으나, 곤의 아들 우禹를 거용함으로써 우가 흥할 수 있었던 것입니다. 지금 임금께서 이미 들으셨던 바와 같이 제齊 환공桓公은 친히 관중管仲을 등용하였는데, 그는 한때 환공을 적해하였던 자입니다."

문공이 물었다.

"그대는 무엇으로써 그가 어질다고 아는가?"

구계가 대답하였다.

"저는 그가 밭에서 일하면서도 부부의 공경을 잊지 않고 있음을 보았습니다. 무릇 공경이란 덕의 각별恪別함입니다. 덕에 대한 각별함이 있는 것으로써 일에 임한다면 그 무슨 일인들 성공하지 못할 것이 있겠습니까!”

문공이 기결을 만나보고, 그를 하군대부下軍大夫에 등용하였다.

臼季使, 舍於冀野. 冀缺薅, 其妻饁之, 敬, 相待如賓.

從而問之, 冀芮之子也, 與之歸.

旣復命, 而進之曰:「臣得賢人, 敢以告.」

文公曰:「其父有罪, 可乎?」

對曰:「國之良也, 滅其前惡, 是故舜之刑也殛鮌, 其擧也興禹. 今君之所聞也, 齊桓公親擧管敬子, 其賊也.」

公曰:「子何以知其賢也?」

對曰:「臣見其不忘敬也. 夫敬, 德之恪也. 恪於德以臨事, 其何不濟!」

公見之, 使爲下軍大夫.

【臼季】 晉나라 대부 胥申臼季. 뒤에 司空의 벼슬을 지내어 司空季子라고도 칭함.

【冀】 고대 나라 이름. 지금의 山西 河津縣 동북. 춘추시대 晉나라에게 멸망하였으며 郤氏의 식읍이 됨.

【冀缺】 冀芮의 아들. 기예는 郤芮. 冀 땅을 식읍으로 받아 '기예'라 부른 것이며 기예는 晉 惠公(夷吾)의 수하로 당시 많은 모책을 내기도 하고 秦나라를 설득하여 이오가 임금자리에 오르도록 공을 세웠음. 文公(重耳)이 즉위하자, 그는 다시 呂甥과 모의하여 문공을 시해하려 하다가 寺人 披의 고발로 미수에 그쳤으며, 秦나라 穆公의 유인책에 말려들어 죽음을 당하고 말았음. 〈晉語〉(4) "初, 獻公寺人勃鞮伐公於蒲城"에서 '其父有罪'는 이를 두고 말한 것임.

【饁】 '엽'으로 읽으며 밭에서 식사를 하도록 아내가 준비해 간 것임.

【鮌】'鯀'과 같으며, 禹임금의 아버지. 檮杌이라고도 하며 堯나라 때의 崇伯으로 치수에 나섰으나, 9년 동안 아무런 실적을 올리지 못하여 舜이 羽山에서 죽여 없앰. 이가 神으로 화하여 黃熊이 되었다 함.

【恪】恪別함. 공경과 근신을 다함을 말함.

참고 및 관련 자료

1. 《左傳》 僖公 33年

狄伐晉, 及箕. 八月戊子, 晉侯敗狄于箕. 郤缺獲白狄子. 先軫曰:「匹夫逞志於君, 而無討, 敢不自討乎?」免冑入狄師, 死焉. 狄人歸其元, 面如生. 初, 臼季使, 過冀, 見冀缺耨, 其妻饁之, 敬, 相待如賓. 與之歸, 言諸文公曰:「敬, 德之聚也. 能敬必有德. 德以治民, 君請用之! 臣聞之, 出門如賓, 承事如祭, 仁之則也.」公曰:「其父有罪, 可乎?」對曰:「舜之罪也殛鯀, 其擧也興禹. 管敬仲, 桓之賊也, 實相以濟. 康誥曰: '父不慈, 子不祗, 兄不友, 弟不共, 不相及也.' 詩曰: '采葑采菲, 無以下體.' 君取節焉可也.」文公以爲下軍大夫. 反自箕, 襄公以三命命先且居將中軍, 以再命命先茅之縣賞胥臣, 曰:「擧郤缺, 子之功也.」以一命命郤缺爲卿, 復與之冀, 亦未有軍行.

131(11-2) 甯嬴氏論貌與言
영영씨가 외모와 말을 논하다

양처보陽處父가 위衛나라에 갔다고 돌아오는 길에 영甯 땅을 지나면서 그곳 객사 역려대부逆旅大夫 영영씨甯嬴氏 집에서 묵게 되었다.

영영씨가 그 아내에게 이렇게 말하였다.

"내 군자다운 이를 찾은 지 오래 되었는데 지금에야 만나게 되었구려."

그러고는 양처보가 떠날 때 함께 그를 따라 나섰다.

양처보는 길을 가면서 그와 이야기를 나누었는데, 영씨는 온산溫山까지 갔다가는 그만 되돌아서서 집으로 와 버렸다.

그 아내가 물었다.

"그대는 찾고자 하던 사람을 찾았다고 하더니 그를 따라가지 아니한 것을 보니 집이 그토록 그리웠던 게로구려!"

그러자 영영씨는 이렇게 말하였다.

"내 그의 용모를 보고 따라갈 생각이었으나, 그의 말하는 것을 듣고 혐오감을 느꼈소. 무른 용모란 마음속의 정이 드러나는 꽃이요, 말이란 그 용모를 받쳐 주는 기틀이라오. 자신에게 있어서의 속뜻이란 그 가슴에서 이루어지는 것이며, 말이란 그 자신의 문채라오. 말은 문채를 가지고 겉으로 나오게 되는 것이며 이 두 가지가 합한 이후에 행동이 되는 것이오. 그런데 이것이 서로 괴리가 생기면 그 흠이 있게 마련이지요. 지금 양처보의 용모는 아주 번듯한데 그의 말은 들떠 있으니 그 진실이 아니더이다. 만약 속으로 이룬 것이 없이 밖으로 강한 척한다면 마침내 반대로 나갈 것이요, 속마음이 바뀌고 말게 되지요. 만약 안팎이 모두 같은데 말로는 이에 상반되게 한다면 그 믿음에 손상을 주는 것이지요. 무릇 말이란 믿음을 밝히는 것이니, 말을 중시하기를 마치

기틀을 잡고 있듯이 해야 하며, 때를 잘 따져 말해야 하는 것인데 그에 손상을 주어서야 될 일이겠소! 지금 나는 양자의 속뜻을 훤히 알게 되었소. 자신을 덮는 것으로 모면하려 하고 있으며, 게다가 강하게 하되 능력이 있는 것처럼 보이려 하였소. 근본을 중시하지 아니하고 그것을 범하게 되면 원한이 모여드는 법이오. 내 그에게 좋은 점을 얻기도 전에 난을 만날까 두려워 그 때문에 그를 떠나 되돌아온 거라오."

1년 뒤, 과연 가계賈季의 난이 일어났고, 양처보는 그 때 죽음을 당하고 말았다.

陽處父如衛, 反, 過甯, 舍於逆旅甯嬴氏.

嬴謂其妻曰:「吾求君子久矣, 今乃得之.」

擧而從之.

陽之道與之語, 及山而還.

其妻曰:「子得所求而不從之, 何其懷也!」

曰:「吾見其貌而欲之, 聞其言而惡之. 夫貌, 情之華也; 言, 貌之機也. 身爲情, 成於中. 言, 身之文也. 言文而發之, 合而後行, 離則有釁. 今陽子之貌濟, 其言匱, 非其實也. 若中不濟, 而外彊之, 其卒將復, 中以外易矣. 若內外類, 而言反之, 瀆其信也. 夫言以昭信, 奉之如機, 歷時而發之, 胡可瀆也! 今陽子之情譓矣, 以濟蓋也, 且剛而主能, 不本而犯, 怨之所聚也. 吾懼未獲其利而及其難, 是故去之.」

朞年, 乃有賈季之難, 陽子死之.

【陽處父】 魯 文公 5년(B.C.622)의 사건임.
【甯】 晉나라 땅. 지금의 河南 獲嘉縣 서북과 修武縣 동쪽 일대.
【甯嬴氏】 영 땅의 숙박을 담당하는 逆旅大夫로써 성이 嬴씨였음.
【山】 溫山. 지금의 河南 修武縣 북쪽 50리에 있음.
【機】 기회, 樞機, 기틀.
【釁】 흠이나 틈.
【匱】 다 써 버림. 결핍됨.
【易】 '다르다'(異)의 뜻.
【瀆】 모독함, 경멸함, 경시함. '손상을 입다'의 뜻.
【諗】 변별하고 관찰함.
【朞年】 일주년. '期年'으로도 표기함.
【賈季】 晉나라 대부. 狐偃의 아들이며 이름은 야고(射姑), 자는 季佗. 賈 땅을 식읍으로 받아 賈季라 부른 것. 晉 文公 때인 魯 僖公 23년(B.C.637) 淸原에서 大蒐(사냥과 군사 열병)의 의식을 벌여 五軍의 편제를 만들고, 오군에 각각 主帥와 副帥 등 10명의 卿을 두었음. 그 뒤 魯 文公 5년(B.C.622) 그 중 8명이 이미 죽고 오직 箕鄭과 先都 두 사람만 있었으며, 이에 晉 襄公이 B.C.621년에 夷 땅에서 蒐式을 하면서 新上軍과 新下軍을 폐지하고 다시 三軍 체제로 회복함. 아울러 賈季를 中軍 主帥로 삼고 趙衰의 아들 趙盾을 副帥로 삼았음. 이때 陽處父가 甯 땅의 嬴氏를 떠나 溫山으로부터 夷 땅으로도 오면서 양공의 사부라는 신분으로 열병할 땅을 夷 땅에서 董 땅으로 옮기고, 아울러 趙盾을 中軍主帥로, 賈季를 副帥로 뒤집어 가계로부터 원한을 사고 말았음. 같은 해 8월 晉 襄公이 죽자 양처보는 권력을 잃게 되었고, 가계는 곧바로 족인 狐鞫居를 보내어 양처보를 죽여 없앴음.

참고 및 관련 자료

1. 《左傳》 文公 5년

晉陽處父聘於衛, 反過甯, 甯嬴從之. 及溫而還. 其妻問之. 嬴曰: 「以剛. 商書曰: '沈漸剛克, 高明柔克.' 夫子壹之, 其不沒乎! 天爲剛德, 猶不干時, 況在人乎? 且華而不實, 怨之所聚也. 犯而聚怨, 不可以定身. 余懼不獲其利而離其難, 是以去之.」 晉趙成子·欒貞子·霍伯·臼季皆卒.

2.《左傳》文公 6年

六年春, 晉蒐于夷, 舍二軍. 使狐射姑將中軍, 趙盾佐之. 陽處父至自溫, 改蒐于董, 易中軍. 陽子, 成季之屬也, 故黨於趙氏, 且謂趙盾能, 曰:「使能, 國之利也.」是以上之. 宣子於是乎始爲國政, 制事典, 正法罪, 辟獄刑, 董逋逃, 由質要, 治舊洿, 本秩禮, 續常職, 出滯淹, 旣成, 以授大傅陽子與大師賈佗, 使行諸晉國, 以爲常法.

秋, 季文子將聘於晉, 使求遭喪之禮以行. 其人曰:「將焉用之?」文子曰:「備豫不虞, 古之善教也. 求而無之, 實難. 過求, 何害?」

八月乙亥, 晉襄公卒. 靈公少, 晉人以難故, 欲立長君. 趙孟曰:「立公子雍. 好善而長, 先君愛之, 且近於秦. 秦, 舊好也. 置善則固, 事長則順, 立愛則孝, 結舊則安. 爲難故, 故欲立長君. 有此四德者, 難必抒矣.」賈季曰:「不如立公子樂. 辰嬴嬖於二君, 立其子, 民必安之.」趙孟曰:「辰嬴賤, 班在九人, 其子何震之有? 且爲二君嬖, 淫也. 爲先君子, 不能求大, 而出在小國, 辟也. 母淫子辟, 無威; 陳小而遠, 無援, 將何安焉? 杜祁以君故, 讓偪姞而上之, 以狄故, 讓季隗而己次之, 故班在四. 先君是以愛其子, 而仕諸秦, 爲亞卿焉. 秦大而近, 足以爲援; 母義子愛. 足以威民. 立之, 不亦可乎?」使先蔑·士會如秦逆公子雍. 賈季亦使召公子樂于陳, 趙孟使殺諸郫.

賈季怨陽子之易其班也, 而知其無援於晉也, 九月, 賈季使續鞫居殺陽處父. 書曰「晉殺其大夫」, 侵官也.

3.《史記》晉世家

七年八月, 襄公卒. 太子夷臯少. 晉人以難故, 欲立長君. 趙盾曰:「立襄公弟雍. 好善而長, 先君愛之; 且近於秦, 秦故好也. 立善則固, 事長則順, 奉愛則孝, 結舊好則安.」賈季曰:「不如其弟樂. 辰嬴嬖於二君, 立其子, 民必安之.」趙盾曰:「辰嬴賤, 班在九人下, 其子何震之有! 且爲二君嬖, 淫也. 爲先君子, 不能求大而出在小國, 僻也. 母淫子僻, 無威; 陳小而遠, 無援: 將何可乎!」使士會如秦迎公子雍. 賈季亦使人召公子樂於陳. 趙盾廢賈季, 以其殺陽處父.

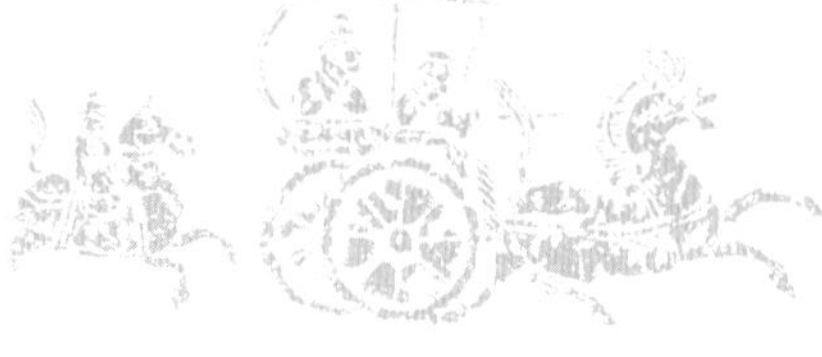

132(11-3) 趙宣子論比與黨
조선자가 비와 당을 논하다

조선자趙宣子가 한헌자韓獻子를 영공靈公에게 추천하여 사마司馬가 되었다.

하곡河曲의 전투에서 조선자는 사람을 시켜 자신의 전차를 몰고 아군 행렬 속으로 돌진하도록 하여 법을 범하도록 하였다. 이에 한헌자는 이를 잡아 사형에 처하고 말았다.

이를 본 군사들이 모두 이렇게 걱정을 하였다.

"한궐(韓厥, 헌자)은 틀림없이 몰락하고 말 것이다. 그 주인이 아침에 추천해 주어 사마에 올랐는데, 저녁에 그 주인의 수레를 모는 부하를 죽였으니 그러한 경우 누군들 안전할 수가 있겠는가!"

그러자 조선자는 그를 불러 예를 표하며 이렇게 말하였다.

"내 듣기로 임금을 모시는 자는 정당하게 서로 사귀지, 사당私黨을 짓지는 않는다 하였소. 무릇 친할수록 의로운 자를 천거하는 것이 정당한 사귐(比)이며, 사사로움으로 추천하는 것이 바로 당(黨)이오. 군법은 범하는 일이 없어야 하며, 일단 범했다 하면 숨겨 줄 수 없는 것이 바로 의(義)라는 것이오. 내 그대를 임금에게 추천할 때 가장 걱정했던 것이 바로 그대가 그렇게 해 내지 못하면 어쩌나 하는 것이었소. 추천을 했는데 기대만큼 해 내지 못한다면 그러한 사사로운 당보다 더 큰 것이 어디 있겠소! 임금을 섬기면서 당을 짓는다면 내 무슨 방법으로 정치에 종사하겠소? 내 그 때문에 이 일로 그대를 관찰한 것이오. 그대는 더욱 힘쓰시오. 진실로 이와 같은 행동을 이어간다면 진晋나라에 높은 자리에 올라 큰 일을 할 자가 그대 아니고서 누가 있겠소?"

그리고 모든 대부들에게 이렇게 선포하였다.

"그대들은 가히 나를 축하하라! 내 한궐을 추천하여 적중하였으니, 내 비로소 지금에야 사당을 지었을지 모른다는 죄에서 면하게 되었음을 알았도다."

趙宣子言韓獻子於靈公, 以爲司馬.

河曲之役, 趙孟使人以其乘車干行, 獻子執而戮之.

衆咸曰:「韓厥必不沒矣. 其主朝升之, 而暮戮其車, 其誰安之!」

宣子召而禮之, 曰:「吾聞事君者比而不黨. 夫周以擧義, 比也; 擧以其私, 黨也. 夫軍事無犯, 犯而不隱, 義也. 吾言女於君, 懼女不能也. 擧而不能, 黨孰大焉! 事君而黨, 吾何以從政? 吾故以是觀女. 女勉之, 苟從是行也, 臨長晉國者, 非女其誰?」

皆告諸大夫曰:「二三子可以賀我矣! 吾擧厥也而中, 吾乃今知免於罪矣.」

【趙宣子】 趙盾. 宣孟이라고도 부르며 趙衰의 아들. 晉나라의 正卿이 됨.

【韓獻子】 韓厥. 韓萬의 현손이며 子輿의 아들. 진나라 六卿의 하나.

【靈公】 晉 文公의 손자이며 襄公의 아들. 이름은 夷皐. B.C.620~607년까지 14년간 재위.

【司馬】 군사와 국방, 병력을 관장하던 직책.

【河曲之役】 河曲은 晉나라 땅이며, 지금의 山西 永濟縣 남쪽. 魯 文公 12년(B.C.615) 晉나라가 秦나라와 이곳에서 전투를 벌였음.

【干行】 군대의 行伍를 범함.

【比而不黨】 義로써 맺어진 것을 '比'라 하며, 사사로움으로 맺어진 것을 '黨'이라 함.

【周以擧義】 친할수록 의로운 자를 천거함.
【臨長】 우두머리가 되어 국정을 맡아 담당하게 됨.

참고 및 관련 자료

1. 《說苑》 至公篇

趙宣子言韓獻子於晉侯曰:「其爲人不黨, 治衆不亂, 臨死不恐.」晉侯以爲中軍尉. 河曲之役, 趙宣子之車干行, 韓獻子戮其僕, 人皆曰:「韓獻子必死矣, 其主朝昇之, 而暮戮其僕, 誰能待之!」役罷, 趙宣子觴大夫, 爵三行曰:「二三子可以賀我.」二三子曰:「不知所賀.」宣子曰:「我言韓厥於君, 言之而不當, 必受其刑. 今吾車失次而戮之僕, 可謂不黨矣. 是吾言當也.」二三子再拜稽首曰:「不惟晉國適享之, 乃唐叔是賴之, 敢不再拜稽首乎?」

133(11-4) 趙宣子請師伐宋
조선자가 군사를 내어 송나라를 칠 것을 청하다

송宋나라 사람이 그 임금 소공昭公을 시해하자, 조선자趙宣子가 영공靈公에게 송나라를 토벌할 것을 청하였다.

그러자 영공은 이렇게 반대하였다.

"우리 진晉나라에게 급한 영향을 주지 않는 사건이오."

이에 조선자는 이렇게 말하였다.

"세상에 큰 것은 하늘과 땅이며 그 다음이 임금과 신하입니다. 그로써 훈계가 명확해지는 것입니다. 지금 송나라 사람들이 자신들의 임금을 시해하였으니, 이는 천지의 도리에 반대되며 백성의 법칙에 거역하는 것으로써 하늘이 틀림없이 주벌을 내릴 것입니다. 그런데 우리 진나라가 맹주라면서 하늘이 내릴 벌을 다스리지 않는다면 장차 재앙이 다가올까 두렵습니다."

영공이 허락하였다.

이에 태묘太廟에 군사 발동을 고하고, 군리軍吏를 불러 악정樂正에게 경계령을 내리고, 동시에 삼군으로 하여금 군용 종고鐘鼓를 반드시 갖추도록 명하였다.

조동趙同이 말하였다.

"나라의 큰 전쟁에 백성을 안심시키지 아니하고 종고부터 준비하라니 어찌된 일입니까?"

그러자 조선자는 이렇게 설명하였다.

"큰 죄는 토벌하며, 작은 죄는 겁만 주면 되는 것이다. 그리고 몰래 습격하여 침입하는 것은 남을 속여 능멸하는 것이다. 이 까닭으로 큰 죄를 토벌할 때는 종고를 갖추는 것이니, 이는 그 죄를 소리 높여

성토하기 위함이다. 그러한 전투에는 순우錞于·정녕丁寧을 사용하여 그 백성에게 경고를 주어야 한다. 남을 몰래 습격하여 소리를 감추는 전투는 상대로 하여금 방비할 틈을 주지 않기 위함이다. 지금 송나라 사람들이 자신들의 임금을 시해한 것은 이보다 더 큰 죄가 없다! 밝히 드러나게 소리를 높여도 오히려 그들이 듣지 못할까 걱정이다. 내 종고를 준비하도록 한 것은 군도君道가 어떤 것인지를 알리기 위한 것이다."

이에 사신을 보내어 이웃 제후들에게 이를 알리고, 군대를 정비하여 출동하면서 종고를 높이 울려 송나라를 향해 갔다.

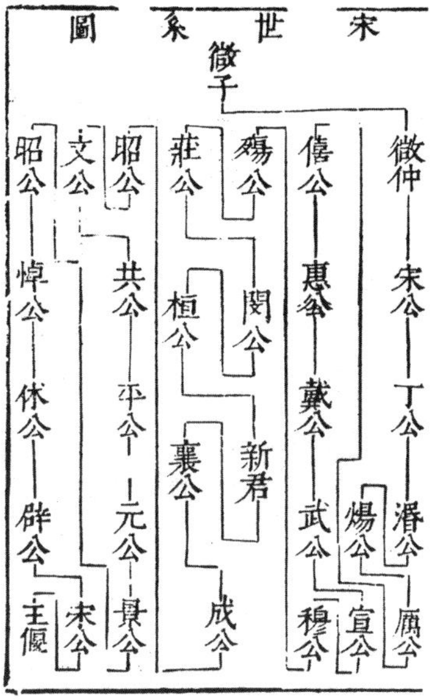

〈宋世系圖〉《三才圖會》

宋人弑昭公, 趙宣子請師於靈公以伐宋, 公曰: 「非晉國之急也.」

對曰: 「大者天地, 其次君臣, 所以爲明訓也. 今宋人弑其君, 是反天地而逆民則也, 天必誅焉. 晉爲盟主, 而不修天罰, 將懼及焉.」

公許之. 乃發令于太廟, 召軍吏而戒樂正, 令三軍之鍾鼓必備.

趙同曰: 「國有大役, 不鎭撫民而備鍾鼓, 何也?」

宣子曰: 「大罪伐之, 小罪憚之. 襲侵之事, 陵也. 是故伐備鍾鼓, 聲其罪也; 戰以錞于·丁寧, 儆其民也. 襲侵密聲, 爲蹔事也. 今宋人弑其君, 罪莫大焉! 明聲之, 猶恐其不聞也. 吾備鍾鼓, 爲君故也.」

乃使旁告於諸侯, 治兵振旅, 鳴鍾鼓, 以至于宋.

【宋人】 宋나라 成公의 아들 公子 鮑를 가리킴.

【昭公】 公子 鮑의 형 杵臼. B.C.619~611년까지 9년간 재위함. 소공이 무도하였지만, 공자 포는 나라에 덕을 베풀어 성망이 지극히 높았음. 이에 魯 文公 16년(B.C.611) 소공의 부인 王姬가 소공을 시해하도록 하고 공자 포를 세움. 이가 宋 文公임. B.C.610~589년까지 22년간 재위함.

【趙宣子】 趙盾. 宣孟이라고도 부르며 趙衰의 아들. 晉나라의 正卿이 됨.

【靈公】 晉 靈公. 晉 文公의 손자이며 襄公의 아들. 이름은 夷皐. B.C.620~607년까지 14년간 재위.

【樂正】 음악을 관장하는 직책으로 鐘鼓를 관리하였음.

【趙同】 趙盾의 아우.

【鐘鼓】 여기서는 음악 연주용이 아닌, 대내외에 널리 알리기 위한 성토용의 악기를 뜻함.

【錞于】 군대의 악기. 청동기로 제작하였으며 모양은 원통형. 전투에서 흔히 추격할 때 신호용으로 쓴다 함.

【丁寧】 역시 신호용 악기. 긴 자루가 있어 치면 큰 소리가 난다 함. 우리의 징(鉦)과 같음.

【蹔】 아주 짧을 시간. 갑작스러움을 뜻함.

【至于宋】 송나라를 친 것은 魯 文公 17년(B.C.610)이며 文公을 세우고 돌아옴.

참고 및 관련 자료

1. 《韓詩外傳》(1)

晉靈公之時, 宋人殺昭公. 趙宣子請師於靈公而救之. 靈公曰:「非晉國之急也.」宣子曰:「不然. 夫大者天地, 其次君臣, 所以爲順也. 今殺其君, 所以反天地, 逆人道也, 天必加災焉. 晉爲盟主而不救, 天罰懼及矣. 詩云:『凡民有喪, 匍匐救之.』而況國君乎!」於是靈公乃與師而從之. 宋人聞之, 儼然感說, 而晉國日昌, 何則? 以其誅逆存順. 詩曰:「凡民有喪, 匍匐救之.」趙宣子之謂也.

134(11-5) 靈公使鉏麑殺趙宣子
영공이 서예로 하여금 조선자를 죽이도록 하다

진晉 영공靈公의 학정이 심해지자, 조선자趙宣子가 여러 번 나서서 간언을 하였다. 이로 인해 영공은 조선자를 미워하여 역사力士 서예鉏麑로 하여금 죽여 없애도록 하였다.

서예가 새벽에 조선자의 집으로 갔더니 침실문이 이미 열려 있었고, 조선자는 조회 복장을 단정히 갖춘 채 조회 갈 준비를 하고 있었다. 그러나 너무 일러 앉은 채로 졸고 있었다.

서예는 물러나 이렇게 탄식하였다.

"조맹趙孟, 宣子은 공경을 다하는구나! 무릇 공경을 잊지 않는 것이 바로 사직의 중진이다. 나라의 중진을 해치는 것은 불충不忠이다. 그러나 임금의 명을 받고 이를 수행하지 않는 것은 신의를 폐기하는 것이다. 어차피 한 가지 죄명에 들 수밖에 없는 지금 상황이니 차라리 죽느니만 못하다."

그리고 그는 마당의 홰나무에 머리를 찧어 죽고 말았다.

영공은 다시 한 번 조돈趙盾, 宣子을 죽이려 하였으나 뜻을 이루지 못하였다. 그러자 조천趙穿이 도원挑園에서 영공을 공격하여 죽이고, 공자 흑둔黑臀을 맞아 진나라 임금으로 세우는 일이 일어나고 말았다. 이가 바로 진晉 성공成公이다.

靈公虐, 趙宣子驟諫, 公患之, 使鉏麑賊之.
晨往, 則寢門辟矣, 盛服將朝, 早而假寐.

麑退, 歎而言曰:「趙孟敬哉! 夫不忘恭敬, 社稷之鎭也. 賊國之鎭不忠, 受命而廢之不信, 享一名於此, 不如死.」

觸庭之槐而死.

靈公將殺趙盾, 不克.

趙穿攻公於桃園, 逆公子黑臀而立之, 實爲成公.

【靈公】《左傳》에 의하면 晉 靈公은 매우 무도하고 사치하여 온갖 악행을 저지른 것으로 기록되어 있음.

【趙宣子】趙盾. 魯 宣公 2년 9월 晉 靈公이 조선자를 불러 술을 마시면서, 미리 매복시켜 놓은 변사로 하여금 그를 죽이고자 하였으나, 趙盾의 車右 提彌明이 미리 알아 피하도록 하여 살아났음. 《左傳》을 볼 것.

【鉏麑】沮麛로 표기하기도 하며 晉나라의 力士.

【趙穿】晉나라 대부. 趙盾의 堂弟.

【桃園】園 이름. 영공이 趙盾을 모살하려 했던 며칠 뒤에 일어난 일임.

【公子黑臀】晉 文公의 막내아들이며 襄公의 아우. 태몽에 검은 먹으로 그 궁둥이를 그어 이름을 흑둔(黑臀)으로 한 것이며, 진나라 驪姬의 난이 시작되자, 周나라로 떠났다가 趙盾이 주나라로 가서 이를 맞아 즉위시켜 成公이 됨. B.C.606~600년까지 7년간 재위함.

참고 및 관련 자료

1.《左傳》宣公 2년

晉靈公不君, 厚歛以彫牆; 從臺上彈人, 而觀其辟丸也; 宰夫胹熊蹯不熟, 殺之, 寘諸畚, 使婦人載以過朝. 趙盾·士季見其手, 問其故, 而患之. 將諫, 士季曰:「諫而不入, 則莫之繼也. 會請先, 不入, 則子繼之.」三進, 及溜, 而後視之, 曰:「吾知所過矣, 將改之.」稽首而對曰:「人誰無過, 過而能改, 善莫大焉. 詩曰:『靡不有初, 鮮克有終.』夫如是, 則能補過者鮮矣. 君能有終, 則社稷之固也, 豈唯羣臣賴之. 又曰『袞職有闕, 惟中山甫補之』, 能補過也. 君能補過, 袞不廢矣.」

猶不改. 宣子驟諫, 公患之, 使鉏麑賊之. 晨往, 寢門闢矣, 盛服將朝. 尚早, 坐而假寐. 麑退, 歎而言曰:「不忘恭敬, 民之主也. 賊民之主, 不忠; 棄君之命, 不信. 有一於此, 不如死也.」觸槐而死. 秋九月, 晉侯飮趙盾酒, 伏甲, 將攻之. 其右提彌明知之, 趨登, 曰:「臣侍君宴, 過三爵, 非禮也.」遂扶以下. 公嗾夫獒焉, 明搏而殺之. 盾曰:「棄人用犬, 雖猛何爲!」鬭且出. 提彌明死之. 初, 宣子田于首山, 舍于翳桑, 見靈輒餓, 問其病. 曰:「不食三日矣.」食之, 舍其半. 問之. 曰:「宦三年矣, 未知母之存否, 今近焉, 請以遺之.」使盡之, 而爲之簞食與肉, 寘諸橐以與之. 旣而與爲公介, 倒戟以禦公徒而免之. 問何故. 對曰:「翳桑之餓人也.」問其名居, 不告而退, 遂自亡也. 乙丑, 趙穿攻靈公於桃園. 宣子未出山而復. 大史書曰:「趙盾弑其君」, 以示於朝. 宣子曰:「不然.」對曰:「子爲正卿, 亡不越竟, 反不討賊, 非子而誰?」宣子曰:「嗚呼! 詩曰『我之懷矣, 自詒伊慼.』其我之謂矣.」孔子曰:「董狐, 古之良史也, 書法不隱. 趙宣子, 古之良大夫也, 爲法受惡. 惜也, 越竟乃免.」宣子使趙穿逆公子黑臀于周而立之. 壬申, 朝于武宮.

2.《說苑》立節篇

晉靈公暴, 趙宣子驟諫, 靈公患之, 使鉏之彌賊之; 鉏之彌晨往, 則寢門闢矣, 宣子盛服將朝, 尚早, 坐而假寢, 之彌退, 歎而言曰:「不忘恭敬, 民之主也. 賊民之主, 不忠; 棄君之命, 不信. 有一於此, 不如死也.」遂觸槐而死.

3.《呂氏春秋》過理篇

趙盾驟諫而不聽, 公惡之, 乃使沮麛見之, 不忍賊, 曰:「不忘恭敬, 民之主也! 賊民之主, 不忠; 棄君之命, 不信. 一於此, 不若死.」乃觸廷槐而死.

4.《史記》晉世家

靈公患之, 使鉏麑刺趙盾. 盾閨門開, 居處節. 鉏麑退, 歎曰:「殺忠臣, 棄君命, 罪一也.」遂觸樹而死.

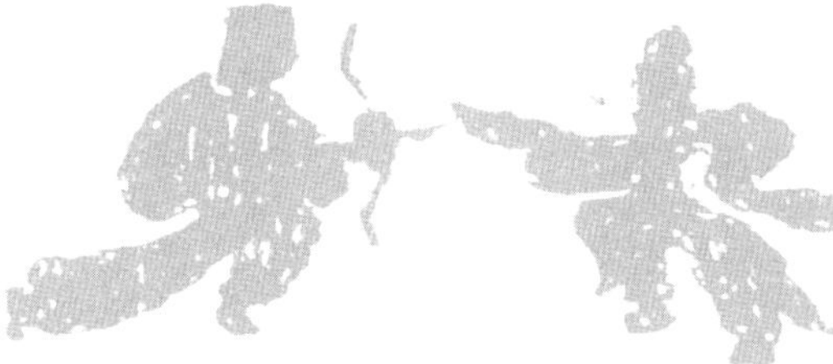

135(11-6) 范武子退朝告老
범무자가 조회에서 물러나 늙음을 이유로 벼슬을 내놓다

극헌자郤獻子가 제齊나라에 초빙을 받아 갔더니, 제齊 경공頃公이 부인婦人들로 하여금 그의 장애를 구경하여 웃도록 한 것이다. 극헌자는 노하여 돌아와 임금에게 제나라를 칠 것을 청하였다.

범무자范武子가 조회에서 돌아와 아들 사섭士燮에게 이렇게 말하였다. "섭아! 내 듣기로 남으로부터 노여움을 산 자는 반드시 독을 품게 마련이라 하였다. 무릇 극자의 노함은 아주 심하구나. 제나라에게 화풀이를 하지 못하면 틀림없이 우리 진나라에서 그 노기를 풀고자 할 것이다. 그가 정치를 잡은 사람이 아니었다면 어찌 화를 낼 수 있겠는가? 내 장차 관직에서 물러남으로써 그로 하여금 화를 풀어버릴 수 있도록 해 주어야겠다. 안에서 풀 일을 밖으로 옮겨가지 않도록 해야 하기 때문이다. 너희 내 아들들은 임금의 명령을 잘 받들되 오직 공경으로써 할 따름이니라."

그러고는 늙음을 이유로 벼슬을 내놓았다.

郤獻子聘于齊, 齊頃公使婦人觀而笑之. 郤獻子怒, 歸, 請伐齊.

范武子退自朝, 曰:「燮乎! 吾聞之, 干人之怒, 必獲毒焉. 夫郤子之怒甚矣, 不逞於齊, 必發諸晉國. 不得政, 何以逞怒? 余將致政焉, 以成其怒, 無以內易外也. 爾勉從二三子, 以承君命, 唯敬.」

乃老.

【郤獻子】郤缺(冀缺)의 아들 郤克. 晉나라 正卿. 魯 宣公 17년(B.C.592) 晉나라가 斷道의 회의를 위해 郤克을 齊나라에 파견함. 郤克은 장애인이었으며, 마침 齊나라에 사신으로 온 魯·衛·曹 등 다른 나라 사신들도 모두 몸이 온전하지 않아, 齊 頃公이 궁중 부인들로 하여금 안에 숨어 이를 보고 웃도록 하였음.
【頃公】제나라 임금으로 이름은 無野. B.C.598~582년까지 17년간 재위함.
【范武子】士會. 당시 그는 晉나라 中軍主帥였으며, 隨 땅에 봉해져 隨武子라고도 부름.
【燮】'爕'으로도 표기하며 范武子의 아들 范文子. 士燮.
【老】늙음을 이유로 致仕하여 물러남.

참고 및 관련 자료

1. 《左傳》 宣公 17年

十七年春, 晉侯使郤克徵會于齊. 齊頃公帷婦人使觀之. 郤子登, 婦人笑於房. 獻子怒, 出而誓曰:「所不此報, 無能涉河!」獻子先歸, 使欒京廬待命于齊, 曰:「不得齊事, 無復命矣.」郤子至, 請伐齊. 晉侯弗許. 請以其私屬, 又弗許. 齊侯使高固·晏弱·蔡朝·南郭偃會. 及斂盂, 高固逃歸. 夏, 會于斷道, 討貳也. 盟于卷楚, 辭齊人. 晉人執晏弱于野王, 執蔡朝于原, 執南郭偃于溫. 苗賁皇使, 見晏桓子. 歸, 言於晉侯曰:「夫晏子何罪? 昔者諸侯事吾先君, 皆如不逮, 擧言羣臣不信, 諸侯皆有貳志. 齊君恐不得禮, 故不出, 而使四子來. 左右或沮之, 曰:'君不出, 必執吾使.' 故高子及斂盂而逃. 夫三子者曰:'若絶君好, 寧歸師焉.' 爲是犯難而來. 吾若善逆彼以懷來者. 吾又執之, 以信齊沮, 吾不旣過矣乎? 過而不改, 而又久之, 以成其悔, 何利之有焉? 使反者得辭, 而害來者, 以懼諸侯, 將焉用之?」晉人緩之, 逸. 秋八月, 晉師還.

2. 《左傳》 宣公 17年

范武子將老, 召文子曰:「燮乎! 吾聞之, 喜怒以類者鮮, 易者實多. 詩曰:'君子如怒, 亂庶遄沮. 君子如祉, 亂庶遄已.' 君子之喜怒, 以已亂也. 弗已者, 必益之. 郤子其或者欲已亂於齊乎. 不然, 余懼其益之也. 余將老, 使郤子逞其志, 庶有豸乎. 爾從二三子唯敬.」乃請老. 郤獻子爲政.

136(11-7) 范武子杖文子
범무자가 문자를 몽둥이로 치다

범문자范文子, 士燮가 늦어서야 퇴근을 하고 돌아왔다.

아버지 무자武子, 士會가 물었다.

"어찌 이리 늦었느냐?"

문자가 이렇게 자랑하였다.

"어떤 진秦나라 객이 조정에서 말을 숨겼지만, 대부들 중에 아무도 능히 이에 대응하지 못하는 것입니다. 그래서 제가 세 가지나 알아내어 대꾸를 해 주었지요."

그러자 무자가 화를 내었다.

"대부들이 능력이 없어 그런 것이 아니라 부형으로써 겸양을 보인 것이다. 그런데 너는 어린아이로써 세 번이나 조정에서 남의 말을 가로채다니 내가 이 진晉나라에 있지 않았다면 너는 살아남지 못하였을 것이다."

그러고는 몽둥이로 후려쳐서 위관委冠의 비녀가 부러지고 말았다.

范文子暮退於朝.

武子曰:「何暮也?」

對曰:「有秦客廋辭於朝, 大夫莫之能對也, 吾知三焉.」

武子怒曰:「大夫非不能也, 讓父兄也. 爾童子, 而三掩人於朝. 吾不在晉國, 亡無日矣.」

擊之以杖, 折委笄.

【范文子】 晉나라 정경. 范武子의 아들 士燮(士爕). 范爕(范燮)으로도 씀.
【武子】 范文子의 아버지. 士會.
【廋辭】 말을 감춤. 隱語. 숨기면서 제대로 알려 주지 않는 말. '廋'는 '숨기다'의 뜻. 《論語》 爲政篇에 "子曰: 「視其所以, 觀其所由, 察其所安. 人焉廋哉? 人焉廋哉?」"라 함.
【知三】 세 가지, 혹 세 번 그의 숨긴 말을 알아차려 대응을 함.
【掩】 남의 말을 가로채거나 남의 의견을 무시하여 덮어 버림.
【亡無日】 망할 날이 따로 없음. 즉시 죽거나 멸망함.
【委笄】 委는 委帽. 周나라 때 사용하던 禮帽의 하나로 委貌冠, 玄冠, 委冠이라고도 불렀음. 笄는 모자에 꽂는 비녀.

137(11-8) 郤獻子分謗
극헌자가 비방을 분담하다

미계靡笄 전투에서 한헌자韓獻子는 죄인을 참수하려 하였다. 그러자 극헌자郤獻子가 수레를 몰고 달려가 장차 이를 구제하려 하였다. 그런데 그 곳에 이르렀더니 이미 참수한 뒤였다.

극헌자가 무리들에게 다가와 시신을 보도록 청하자, 그 마부가 이렇게 말하는 것이었다.

"그대께서는 장차 그를 구해 주시려 달려온 것이 아닙니까?"

극헌자는 이렇게 말하였다.

"감히 사람을 죽였다는 비방을 나도 나누어 가져야 하지 않겠는가?"

靡笄之役, 韓獻子將斬人. 郤獻子駕, 將救之, 至, 則旣斬之矣. 郤獻子請以徇, 其僕曰:「子不將救之乎?」

獻子曰:「敢不分謗乎!」

【靡笄之役】 靡笄는 산 이름. 지금의 山東 濟南 千佛山. 魯 成公 2년(B.C.589) 진나라 郤克이 齊나라를 쳐 미계산 아래에서 전투를 벌임.

【韓獻子】 韓厥. 晉나라 군대의 司馬.

【郤獻子】 郤缺(冀缺)의 아들 郤克. 晉나라 正卿. 그 당시 미계 전투 때 中軍의 主帥였으며 韓獻子는 그 副官 司馬였음.

【徇】 시신을 펼쳐 놓고 여러 무리에게 보임.

【謗】 비방함. 책임을 물음. 郤克이 元帥로써 그 책임을 함께 지고자 한 것임.

참고 및 관련 자료

1. 《左傳》 成公 2년

孫桓子還於新築, 不入, 遂如晉乞師. 臧宣叔亦如晉乞師. 皆主郤獻子. 晉侯許之七百乘. 郤子曰: 「此城濮之賦也. 有先君之明與先大夫之肅, 故捷. 克於先大夫, 無能爲役, 請八百乘.」 許之. 郤克將中軍, 士燮佐上軍, 欒書將下軍, 韓厥爲司馬, 以救魯·衛. 臧宣叔逆晉師, 且道之. 季文子帥師會之. 及衛地, 韓獻子將斬人, 郤獻子馳, 將救之. 至, 則旣斬之矣. 郤子使速以徇, 告其僕曰: 「吾以分謗也.」 師從齊師于莘.

138(11-9) 張侯御郤獻子
장후가 극헌자의 말을 몰다

미계靡笄 전투에서 극헌자郤獻子가 부상을 입자 이렇게 말하였다.

"내 부상으로 숨도 쉬기 어렵구나."

장후張侯가 그 말을 몰면서 말하였다.

"삼군의 마음이 이 수레 하나에 있습니다. 그들의 이목은 모두 이 깃발과 북소리에 있습니다. 이 수레에 물러서라는 표시의 깃발이 없고 북소리에 퇴각 신호가 없으면 군사들이 모두 모여들 것입니다. 그대께서는 참아 주십시오. 부상을 입었다는 말을 해서는 안 됩니다. 조상 사당으로부터 명을 받으셨고, 토지신으로부터 제사 고기를 받으셨으며, 그로 인해 갑주甲胄를 입었으니, 죽음으로써 책임을 다하는 것이 군인의 본령입니다. 부상이 아직 죽을 정도는 아니며, 단지 그 의지가 해이해졌을 뿐입니다."

이에 왼손으로 고삐를 잡고 오른손으로 북채를 잡은 채 북을 울렸다. 그러자 기마병들이 내달아 그칠 수 없었으며, 삼군이 모두 그를 따랐다.

이에 제齊나라 군대가 대패하였고, 진晉나라 군대가 이를 추격하여 화부주산華不注山을 세 겹으로 주위를 포위하였다.

靡笄之役, 郤獻子傷, 曰:「余病喙.」

張侯御, 曰:「三軍之心, 在此車也. 其耳目在於旗鼓. 車無退表, 鼓無退聲, 軍事集焉. 吾子忍之, 不可以言病. 受命於廟, 受脤於社, 甲冑而效死, 戎之政也. 病未若死, 祗以解志.」

乃左並轡, 右援枹而鼓之, 馬逸不能止, 三軍從之.
齊師大敗, 逐之, 三周華不注之山.

【郤獻子】郤克. 中軍主帥였음. 당시 극헌자는 화살에 맞아 그 피가 발꿈치까지 흘러내렸다 함.

【病喙】부상으로 인하여 말도 하기 어렵고 숨도 쉬기 어려운 상태.

【張侯】晉나라 대부. 解張.

【脤】'신'으로 읽으며 고대 군대의 출정에 앞서 토지신을 모신 사당에 바치는 생고기.

【枹】북채.

【華不注】산 이름. 지금의 山東 濟南市 동북. 산세가 봉우리 하나만 우뚝하여 포위하기가 매우 쉬운 지형이라 함.

참고 및 관련 자료

1.《左傳》成公 2年

六月壬申, 師至于靡笄之下. 齊侯使請戰, 曰:「子以君師辱於敝邑, 不腆敝賦, 詰朝請見.」對曰:「晉與魯·衛, 兄弟也, 來告曰:『大國朝夕釋憾於敝邑之地.』寡君不忍, 使羣臣請於大國, 無令輿師淹於君地. 能進不能退, 君無所辱命.」齊侯曰:「大夫之許, 寡人之願也; 若其不許, 亦將見也.」齊高固入晉師, 桀石以投人, 禽之而乘其車, 繫桑本焉, 以徇齊壘, 曰:「欲勇者賈余餘勇!」癸酉, 師陳于鞌. 邴夏御齊侯, 逢丑父爲右. 晉解張御郤克, 鄭丘緩爲右. 齊侯曰:「余姑翦滅此而朝食.」不介馬而馳之. 郤克傷於矢, 流血及屨, 未絶鼓音, 曰:「余病矣!」張侯曰:「自始合, 而矢貫余手及肘, 余折以御. 左輪朱殷, 豈敢言病? 吾子忍之!」緩曰:「自始合, 苟有險, 余必下推車, 子豈識之? 然子病矣!」張侯曰:「師之耳目, 在吾旗鼓, 進退從之. 此車一人殿之, 可以集事. 若之何其以病敗君之大事也? 擐甲執兵, 固卽死矣, 病未及死, 吾子勉之!」左并轡, 右援枹而鼓. 馬逸不能止, 師從之. 齊師敗績. 逐之, 三周華不注. 韓厥夢子輿謂己曰:「旦辟左右!」故中御而從齊侯. 邴夏曰:「射其御者, 君子也.」公曰:「謂之君子而射之, 非禮也.」射其左,越於車下. 射其右, 斃于車中. 綦毋張喪車, 從韓厥曰: 「請寓乘!」從左右, 皆肘之, 使立於後. 韓厥俛, 定其右. 逢丑父與公易位. 將及華泉, 驂絓於木而止. 丑父寢於轏中, 蛇出於其下, 以肱擊之, 傷而匿之, 故不能推車而及. 韓厥執縶馬前, 再拜稽首, 奉觴加璧以進, 曰: 「寡君使羣臣爲魯·衛請, 曰: 『無令輿師陷入君地.』下臣不幸, 屬當戎行, 無所逃隱. 且懼奔辟, 而忝兩君. 臣辱戎士, 敢告不敏, 攝官承乏.」丑父使公下, 如華泉取飮. 鄭周父御佐車, 宛茷爲右, 載齊侯以免. 韓厥獻丑父, 郤獻子將戮之, 呼曰: 「自今無有代其君任患者, 有一於此, 將爲戮乎?」郤子曰: 「人不難以死免其君, 我戮之, 不祥. 赦之, 以勸事君者.」乃免之. 齊侯免, 求丑父, 三入三出. 每出, 齊師以帥退. 入於狄卒, 狄卒皆抽戈·楯冒之. 以入於衛師, 衛師免之. 遂自徐關入. 齊侯見保者, 曰: 「勉之! 齊師敗矣!」辟女子. 女子曰: 「君免乎?」曰: 「免矣.」曰: 「銳司徒免乎?」曰: 「免矣.」曰: 「苟君與吾父免矣, 可若何?」乃奔. 齊侯以爲有禮. 旣而問之, 辟司徒之妻也. 予之石窌. 晉師從齊師, 入自丘輿. 擊馬陘. 齊侯使賓媚人賂以紀甗·玉磬與地. 「不可, 則聽客之所爲.」賓媚人致賂. 晉人不可, 曰: 「必以蕭同叔子爲質, 而使齊之封內盡東其畝.」對曰: 「蕭同叔子非他, 寡君之母也. 若以匹敵, 則亦晉君之母也. 吾子布大命於諸侯, 而曰必質其母以爲信, 其若王命何? 且是以不孝令也. 詩曰: 『孝子不匱, 永錫爾類.』若以不孝令於諸侯, 其無乃非德類也乎? 先王疆理天下, 物土之宜, 而布其利. 故詩曰: 『我疆我理, 南東其畝.』今吾子疆理諸侯, 而曰『盡東其畝』而已, 唯吾子戎車是利, 無顧土宜, 其無乃非先王之命也乎? 反先王則不義, 何以爲盟主? 其晉實有闕. 四王之王也, 樹德而濟同欲焉; 五伯之霸也, 勤而撫之, 以役王命. 今吾子求合諸侯, 以逞無疆之欲, 詩曰: 『布政優優, 百祿是遒.』子實不優, 而棄百祿, 諸侯何害焉? 不然, 寡君之命使臣, 則有辭矣. 曰: 『子以君師辱於敝邑, 不腆敝賦, 以犒從者. 畏君之震, 師徒橈敗. 吾子惠徼齊國之福, 不泯其社稷, 使繼舊好, 唯是先君之敝器, 土地不敢愛. 子又不許, 請收合餘燼, 背城借一. 敝邑之幸, 亦云從也; 況其不幸, 敢不唯命是聽?』」魯·衛諫曰: 「齊疾我矣. 其死亡者, 皆親暱也. 子若不許, 讎我必甚. 唯子, 則又何求? 子得其國寶, 我亦得地, 而紓於難, 其榮多矣. 齊·晉亦唯天所授, 豈必晉?」晉人許之, 對曰: 「羣臣帥賦輿, 以爲魯·衛請. 若苟有以藉口, 而復於寡君, 君之惠也. 敢不唯命是聽?」禽鄭自師逆公. 秋七月, 晉師及齊國佐盟於爰婁. 使齊人歸我汶陽之田. 公會晉師於上鄍. 賜三帥先路三命之服. 司馬·司空·輿帥·候正·亞旅皆受一命之服.

139(11-10) 師勝而范文子後入
군대가 승리하자 범문자가 뒤처져 들어오다

미계靡笄 전투에서 극헌자郤獻子가 지휘하는 군대가 승리를 거두고 돌아왔다. 그런데 범문자范文子, 燮가 가장 뒤에 들어오자, 아버지 범무자范武子가 물었다.

"섭燮아! 너 역시 내가 너를 기다리고 있었다는 것을 알지 않았느냐?"

범문자가 대답하였다.

"이번 전투의 군사는 극헌자의 군사입니다. 전투는 아주 훌륭하게 끝났습니다. 그런데 만약 제가 제일 먼저 앞장 서서 들어온다면 아마 나라 사람들의 눈이 모두 저에게 쏠리지 않을까 두려웠습니다. 그 때문에 감히 앞장 서지 않았던 것입니다."

범무자가 말하였다.

"나는 네가 화를 피할 줄 안다고 여겼단다."

靡笄之役, 郤獻子師勝而返, 范文子後入.

武子曰:「燮乎! 女亦知吾望爾也乎?」

對曰:「夫師, 郤子之師也, 其事臧. 若先, 則恐國人之屬耳目於我也, 故不敢.」

武子曰:「吾知免也.」

【范文子】 晉나라 정경. 范武子의 아들 士燮(士爕). 范爕(范燮)으로도 씀.
【武子】 범무자. 범문자의 아버지. 士會.

【臧】 훌륭함. 뛰어남. 잘함.
【屬】 '矚'과 같음. 모든 이목이 그에게 쏠림.

참고 및 관련 자료

1.《左傳》成公 2年

晉師歸, 范文子後入. 武子曰:「無爲吾望爾也乎?」對曰:「師有功, 國人喜以逆之, 先入, 必屬耳目焉, 是代帥受名也, 故不敢.」武子曰:「吾知免矣.」

140(11-11) 郤獻子等各推功於上
극헌자 등이 각기 자신의 공이 가장 높다고 내세우다

미계靡笄 전투가 끝나고 극헌자郤獻子가 경공景公을 뵙자 경공이 말하였다.

"이번 승리는 모두 그대의 공이었소!"

극헌자가 대답하였다.

"저(克)는 임금의 명령으로써 삼군 군사를 지휘했을 뿐이며, 삼군 군사가 그 명령대로 한 것입니다. 제가 무슨 공을 세운 것이 있겠습니까?"

이번에는 범문자范文子가 임금을 뵙자 경공이 말하였다.

"이번 승리는 모두 그대의 공이었소!"

그러자 범문자는 이렇게 대답하였다.

"저(燮)는 중군中軍 주수主帥인 극헌자의 명령을 받아 그 명령으로써 상군上軍을 지휘하였을 뿐이며, 상군 군사들이 그 명령대로 한 것입니다. 제가 무슨 공을 세운 것이 있겠습니까?"

이번에는 난무자欒武子가 임금을 뵙자 경공이 말하였다.

"이번 승리는 모두 그대의 공이었소!"

그러자 난무자는 이렇게 대답하였다.

"저(書)는 상군으로부터 명을 받아 그 명령으로써 하군下軍을 지휘하였을 뿐이며, 하군이 그 명령대로 한 것입니다. 제가 무슨 공을 세운 것이 있겠습니까?"

靡笄之役, 郤獻子見, 公曰:「子之力也夫!」

對曰:「克也以君命命三軍之士, 三軍之士用命, 克也何力之有焉?」

范文子見, 公曰:「子之力也夫!」

對曰:「燮也受命於中軍, 以命上軍之士, 上軍之士用命, 燮也何力之有焉?」

欒武子見, 公曰:「子之力也夫!」

對曰:「書也受命於上軍, 以命下軍之士, 下軍之士用命, 書也何力之有焉?」

【郤獻子】 郤克. 미계 전투를 승리로 이끈 晉나라 中軍主帥.
【公】 晉 景公. 이름은 據. B.C.599~581년까지 19년간 재위함.
【范文子】 士燮(士爕). 范武子 士會의 아들이며 上軍을 지휘하고 있었음.
【欒武子】 欒書. 晉나라 대부이며 당시 하군주수(下軍主帥)였음.

참고 및 관련 자료

1.《左傳》成公 2年

郤伯見, 公曰:「子之力也夫!」對曰:「君之訓也, 二三子之力也, 臣何力之有焉?」范叔見, 勞之如郤伯.」對曰:「庚所命也, 克之制也, 燮何力之有焉?」欒伯見, 公亦如之. 對曰:「燮之詔也, 士用命也, 書何力之有焉?」

141(11-12) 苗棼皇謂郤獻子爲不知禮
묘분황이 극헌자는 예를 모른다고 말하다

미계靡笄 전투에서 극헌자郤獻子가 제齊나라를 쳐 승리하였다.

제후齊侯, 頃公가 진晉나라로 조견을 오자, 극헌자는 포로가 된 임금을 대접하는 예로써 잔치를 올리며 이렇게 말하였다.

"우리 임금께서 저(克)로 하여금 우리나라의 이토록 하찮은 예물로써 그대의 치욕을 갚아드리오니, 감히 돌아가시거든 그대 나라의 아래 집정자들에게 주어 궁중 여인들을 잘 정리하도록 하라 하셨습니다."

그러자 묘분황苗棼皇이 이렇게 말하였다.

"극자郤子께서는 용기는 있지만 예는 모르는군요. 그 자랑을 뽐내면서 나라를 다스리는 임금에게 치욕을 주다니, 그 권세를 언제까지 부릴 수 있는지 두고 보겠소!"

靡笄之役也, 郤獻子伐齊.

齊侯來, 獻之以得殞命之禮, 曰:「寡君使克也, 不腆弊邑之禮, 爲君之辱, 敢歸諸下執政, 以整御人.」

苗棼皇曰:「郤子勇而不知禮, 矜其伐而恥國君, 其與幾何!」

【齊侯】 齊나라 임금 頃公. 靡笄 전투에 패하여 晉 景公에게 조견을 옴. 魯 成公 3년(B.C.588)의 일.

【殞命】 전쟁으로 인해 포로가 되었음을 말함. 여기서는 齊나라 頃公을 '전쟁에 패하여 포로가 된 임금'이라는 뜻으로 사용한 것.

【寡君】'寡德之君'의 줄인 말. 자신의 나라 임금을 남의 나라 임금 앞에서 지칭할 때 쓰는 말. 여기서는 극헌자가 晉나라 景公의 명을 받고 이렇게 한다는 말이며 실제 자신의 횡포를 드러낸 것임.
【克】郤克. 郤獻子의 이름.
【不腆弊邑之禮】'腆'은 '豐'의 뜻. '弊邑'은 자기 나라를 낮추어 부르는 겸사. '풍성하지 않은 우리 진나라의 예물'이라는 뜻.
【執政】齊나라 정치를 맡은 사람들.
【御人】궁중의 부인들.
【苗棼皇】苗賁皇으로도 표기하며 晉나라 대부. 바른말을 잘하였음.
【伐】공을 세움. 세운 공을 자랑함.
【其與幾何】'그 권세를 언제까지 장구하게 부릴 수 있을까'의 뜻.

참고 및 관련 자료

1. 《左傳》 成公 3年

齊侯朝于晉, 將授玉. 郤克趨進曰: 「此行也, 君爲婦人之笑辱也, 寡君未之敢任.」 晉侯享齊侯. 齊侯視韓厥. 韓厥曰: 「君知厥也乎?」 齊侯曰: 「服改矣.」 韓厥登, 擧爵曰: 「臣之不敢愛死, 爲兩君之在此堂也.」

142(11-13) 車者論梁山崩
수레를 몰던 자가 양산이 무너진 문제를 논하다

양산梁山이 지진으로 무너지자, 진晉 경공景公이 급히 백종伯宗을 불러오도록 전갈을 보냈다. 백종이 전갈을 받고 급히 오던 중에 큰 수레 하나가 넘어지면서 길을 막아, 그 수레를 몰던 마부가 겁을 먹고 얼른 피하는 것을 보고는 백종이 이렇게 소리쳤다.

"전갈을 받고 급히 궁중으로 가는 수레다. 길을 비켜라."

그러자 그 마부가 이렇게 대꾸하였다.

"전갈이란 급히 가고자 하는 것입니다. 만약 내가 수레를 바로 세워 길을 비켜 주기를 기다린다면 오히려 더 늦어질 것입니다. 샛길로 가시느니만 못합니다."

백종은 그 말이 옳다고 여겨 흡족해하며 그곳 주민에게 물어 보았다. 그러자 그 주민은 이렇게 말하는 것이었다.

"저는 서울 강읍絳邑 사람입니다."

백종이 물었다.

"무슨 소문을 들었소?"

그가 말하였다.

"양산이 지진으로 무너져 백종을 불러오라 전갈을 보냈다 하더이다."

백종이 다시 물었다.

"장차 어찌하면 좋겠소?"

그는 이렇게 대답하였다.

"산의 흙이 노후하면 무너지는 것인데 사람으로서 어찌 하겠습니까? 무릇 나라는 산천을 주로 삼습니다. 그 때문에 냇물이 마르고 산이 무너지면, 임금은 복장을 한 단계 낮추어 검소하게 입으며, 교외에 나가 거친 곳에 머물며, 대부가 타는 무늬 없는 수레를 타고, 검소한 식사를 하며, 하느님에게 간책簡策을 올려 죄를 물으며, 나라에 사흘 곡을 하여 이에 대처하는 예를 갖추어야 합니다. 비골 백종이라 해도 역시 이와 같이 하도록 할 뿐이니, 그밖에 다시 무엇을 할 수 있겠습니까?"

그 이름을 물어 보았지만 일러주지 않았고 임금을 뵙도록 하겠노라 요청했지만 허락하지 않는 것이었다.

백종은 도읍 강읍에 이르러 이를 임금에게 고하자, 임금은 그의 말대로 이를 실천에 옮겼다.

梁山崩, 以傳召伯宗, 遇大車當道而覆, 立而辟之, 曰:「避傳.」

對曰:「傳爲速也, 若俟吾避, 則加遲矣, 不如捷而行.」

伯宗喜, 問其居, 曰:「絳人也.」

伯宗曰:「何聞?」

曰:「梁山崩而以傳召伯宗.」

伯宗問曰:「乃將若何?」

對曰:「山有朽壤而崩, 將若何? 夫國主山川, 故川涸山崩, 君爲之降服·出次·乘縵·不擧, 策於上帝, 國三日哭, 以禮焉. 雖伯宗亦如是而已, 其若之何?」

問其名, 不告; 請以見, 不許.

伯宗及絳, 以告, 而從之.

【梁山】 陜西 韓城縣. 고대 梁나라의 산 이름으로, 뒤에 晉나라에게 망하고 진나라가 이 산에 제사를 지냈음. 이 산에 지진이 난 것은 魯 成公 5년(B.C.586)이었음.

【伯宗】 晉나라 대부. 孫伯糾의 아들. 伯尊으로도 부름. 伯州犁의 아버지.

【絳】 지명. 당시 晉나라 도읍. 지금의 山西 翼城縣. 혹 侯馬市라고도 함.
【降服】 의복 제도에서 한 단위가 낮은 복장을 함. 화려한 복장을 검소한 복장으로 갈아입음.
【出次】 평소 있던 장소를 떠나 다른 곳으로 옮겨감.
【乘縵】 무늬를 넣지 않은 수레. 경 대부들이 타는 수레.

참고 및 관련 자료

1. 《左傳》 成公 5년

梁山崩, 晉侯以傳召伯宗. 伯宗辟重, 曰: 「辟傳!」 重人曰: 「待我, 不如捷之速也.」 問其所. 曰: 「絳人也.」 問絳事焉. 曰: 「梁山崩, 將召伯宗謀之.」 問將若之何. 曰: 「山有朽壞而崩, 可若何? 國主山川, 故山崩川竭, 君爲之不擧, 降服, 乘縵, 徹樂, 出次, 祝幣, 史辭以禮焉. 其如此而已. 雖伯宗, 其若之何?」 伯宗請見之. 不可. 遂以告, 而從之.

2. 《穀梁傳》 成公 5년

梁山崩, 壅遏河三日不流, 晉君召伯尊而問焉, 伯尊來遇輦者, 輦者不辟, 使車右下而鞭之, 輦者曰: 「所以鞭我者, 其取道遠矣.」 伯尊下車而問焉, 曰: 「子有聞乎?」 對曰: 「梁山崩, 壅遏河三日不流.」 伯尊曰: 「君爲此召我也, 爲之奈何?」 輦者曰: 「天有山, 天崩之, 天有河, 天壅之, 雖召伯尊, 如之何?」 伯尊由忠問焉, 輦者曰: 「君親素縞, 帥羣臣而哭之, 旣而祠焉, 斯流矣.」 伯尊至, 君問之曰: 「梁山崩, 壅遏河三日不流, 爲之奈何?」 伯尊曰: 「君親素縞帥羣臣而哭之, 旣而祠焉, 斯流矣.」 孔子聞之曰: 「伯尊其無績乎, 攘善也.」

3. 《韓詩外傳》(八)

梁山崩, 晉君召大夫伯宗, 道逢輦者, 以其輦服其道. 伯宗使其右下, 欲鞭之. 輦者曰: 「君趨道豈不遠矣? 不知事而行, 可乎?」 伯宗喜, 問其居. 曰: 「絳人也.」 伯宗曰: 「子亦有聞乎?」 曰: 「梁山崩, 壅河, 顧三日不流. 是以召子.」 伯宗曰: 「如之何?」 曰: 「天有山, 天崩之; 天有河, 天壅之. 伯宗將如之何?」 伯宗私問之. 曰: 「君其率羣臣, 素服而哭之, 旣而祠焉, 河斯流矣.」 伯宗問其姓名, 弗告. 伯宗到, 君問, 伯宗以其言對. 於是君素服, 率羣臣而哭之, 旣而祠焉, 河斯流矣. 君問伯宗何以知之, 伯宗不言受輦者, 詐以自知. 孔子聞之, 曰: 「伯宗其無後, 攘人之善.」 詩曰: 『天降喪亂, 滅我立王.』 又曰: 『畏天之威, 于時保之.』

4.《論衡》感虛篇

傳書言:「梁山崩, 壅河, 三日不流, 晉君憂之. 晉伯宗以輦者之言, 令景公素縞而哭之, 河水爲之流通.」此虛言也. 夫山崩壅河, 猶人之有癰腫, 血脉不通也. 治癰腫者, 可復以素服哭泣之聲治乎? 堯之時, 洪水滔天, 懷山襄陵, 帝堯吁嗟, 博求賢者. 水變甚於河壅, 堯憂深於景公, 不聞以素縞哭泣之聲能厭勝之. 堯無賢人若輦者之術乎? 將洪水變大, 不可以聲服除也? 如「素縞而哭」, 悔過自責也, 堯・禹之治水, 以力役, 不自責. 梁山, 堯時山也; 所壅之河, 堯時河也. 山崩河壅, 天雨水踊, 二者之變, 無以殊也. 堯・禹治洪水以力役, 輦者治壅河用自責, 變同而治異, 人鈞而應殊, 殆非賢聖變復之實也. 凡變復之道, 所以能相感動者, 以物類也. 有寒則復之以溫, 溫復解之以寒. 故以龍致雨, 以刑逐暑, 皆緣五行之氣, 用相感勝之. 山崩壅河, 素縞哭之, 於道何意乎? 此或時河壅之時, 山初崩, 土積聚, 水未盛. 三日之後, 水盛土散, 稍壞沮矣. 壞沮水流, 竟注東去. 遭伯宗得輦者之言, 因素縞而哭, 哭之因流, 流時(則)謂之河變起此而復. 其實非也. 何以驗之? 使山恒自崩乎? 素縞哭無益也. 使其天變應之, 宜改政治. 素縞而哭, 何政所改, 而天變復乎?

5.《孔子集語》論人篇

韓詩外傳八: 梁山崩, 晉君召大夫伯宗, 道逢輦者, 以其輦服其道. 伯宗使其右下, 欲鞭之. 輦者曰:「君趨道豈不遠矣? 不知事而行, 可乎?」伯宗喜, 問其居. 曰:「絳人也.」伯宗曰:「子亦有聞乎?」曰:「梁山崩, 壅河, 顧三日不流, 是以召子.」伯宗曰:「如之何?」曰:「天有山, 天崩之; 天有河, 天壅之. 伯宗將如之何?」伯宗私問之. 曰:「君其率羣臣, 素服而哭之, 旣而祠焉, 河斯流矣.」伯宗問其姓名, 弗告. 伯宗到, 君問, 伯宗以其言對. 於是君素服, 率羣臣而哭之, 旣而祠焉, 河斯流矣. 君問伯宗何以知之, 伯宗不言受輦者, 詐以自知. 孔子聞之, 曰:「伯宗其無後, 攘人之善.」

143(11-14) 伯宗妻謂民不戴其上難必及
백종의 처가 백성이 윗사람을 추대하지 않으니 틀림없이 난이 닥칠 것임을 말하다

백종伯宗이 조회에 물러나 만면에 희색을 띠며 집으로 돌아왔다. 그 아내가 이를 보고 물었다.

"그대의 모습에 희색이 만면하니 무슨 일이 있었습니까?"

백종이 대답하였다.

"내가 조정에서 말을 했더니 모든 대부들이 나를 두고 지혜롭기가 양처보陽處父를 닮았다 하더이다."

아내가 말하였다.

"양처보는 겉으로 화려하나 실질이 없으며, 말만 잘할 뿐 모책은 제대로 세우지 못합니다. 그 때문에 난이 그 자신에게까지 미친 것입니다. 그런데 어찌 그대는 그렇게 희색을 띠십니까?"

백종이 말하였다.

"내 여러 대부들을 청하여 술자리를 열어 그들과 더불어 말을 나누어 볼 테니 그대는 시험삼아 들어 보시오."

아내가 말하였다.

"좋소."

그 술자리가 끝나자 아내는 이렇게 말하였다.

"여러 대부들이 그대만 못하더이다. 그러나 사람들이란 자신보다 더 똑똑한 자는 모시고 싶어하지 않은지가 오래되었습니다. 난이 틀림없이 그대에게 미칠 것입니다! 어찌 급히 선비다운 자를 찾아 우리 아들 주리州犁를 바로잡아 보호해 주려 하지 않습니까?"

그리하여 필양畢陽을 얻게 되었다.

그런데 난불기欒弗忌의 난이 일어나자, 여러 대부들은 백종을 공격하였고 모의를 벌여 그를 죽이고 말았다.

필양은 백종의 아들 백주리를 형荊나라로 호송해 보내 주었다.

伯宗朝, 以喜歸.

其妻曰:「子貌有喜, 何也?」

曰:「吾言於朝, 諸大夫皆謂我智似陽子.」

對曰:「陽子華而不實, 主言而無謀, 是以難及其身. 子何喜焉?」

伯宗曰:「吾飮諸大夫酒, 而與之語, 爾試聽之.」

曰:「諾.」

旣飮, 其妻曰:「諸大夫莫子若也. 然而民不戴其上久矣, 難必及子乎! 盍亟索士整庇州犂焉?」

得畢陽.

及欒弗忌之難, 諸大夫害伯宗, 將謀而殺之.

畢陽實送州犂于荊.

【陽子】陽處父. 賈季에게 피살됨.

【州犂】伯宗의 아들. 伯州犂. 나중에 楚나라로 피신하여 太宰에 올라 平王을 도왔으며, 伍子胥 집안을 공격했던 대사건의 인물로 유명함.

【民不戴其上久矣】'民'은 '人'. '上'은 '上智'. '사람은 자신보다 나은 자를 모시고 싶어하지 않음.' 일반 사람의 인지상정을 뜻함. 혹 "많은 사람들이 상지를 자랑하는 그대(伯宗)를 떠받들고 싶어하지 않은 지가 이미 오래되었음"을 뜻하는 것으로도 봄.

【盍】'何不'의 合音字. '어찌 ~하지 않는가?'의 반어법이나 의문문에 쓰임.

【畢陽】 인명. 晉나라 선비.
【欒不忌】 晉나라 대부. 伯宗과 같은 당이며, 魯 成公 15년(B.C.576) 郤錡, 郤犨, 郤至 등 셋이 모의하여 백종과 欒不忌를 죽임. 《左傳》 참조.
【實送】 안전하게 호송함.
【荊】 楚나라의 다른 칭호.

참고 및 관련 자료

1. **《左傳》** 成公 15년

晉三郤害伯宗, 譖而殺之, 及欒弗忌. 伯州犁奔楚. 韓獻子曰: 「郤氏其不免乎! 善人, 天地之紀也, 而驟絶之, 不亡, 何待?」 初, 伯宗每朝, 其妻必戒之曰: 「'盜憎主人, 民惡其上.' 子好直言, 必及於難.」

2. **《列女傳》** 仁智傳 「晉伯宗妻」

晉大夫伯宗之妻也. 伯宗賢, 而好以直辯凌人. 每朝, 其妻常戒之曰: 「盜憎主人, 民愛其上. 有愛好人者, 必有憎妒人者. 夫子好直言, 枉者惡之, 禍必及身矣.」 伯宗不聽. 朝而以喜色歸, 其妻曰: 「子貌有喜色, 何也?」 伯宗曰: 「吾言於朝, 諸大夫皆謂我知似陽子.」 妻曰: 「實穀不華, 至言不飾, 今陽子華而不實, 言而無謀, 是以禍及其身, 子何喜焉?」 伯宗曰: 「吾欲飮諸大夫酒而與之語, 爾試聽之.」 其妻曰: 「諾.」 於是爲大會, 與諸大夫飮, 旣飮而問妻曰: 「何若?」 對曰: 「諸大夫莫子若也. 然而民之不能戴其上久矣, 難必及子, 子之性, 固不可易也. 且國家多貳, 其危可立待也, 子何不預結賢大夫以託州犁焉?」 伯宗曰: 「諾.」 乃得畢羊而交之. 及欒不忌之難, 三郤害伯宗, 譖而殺之, 畢羊乃送州犁於荊, 遂得免焉. 君子謂: 「伯宗之妻知天道.」 詩云: 『多將熇熇, 不可救藥.』 伯宗之謂也. 頌曰: 『伯宗凌人, 妻知且亡, 數諫伯宗, 厚許畢羊, 屬以州犁, 以免咎殃, 伯宗遇禍, 州犁奔荊.』

3. **《太平御覽》** 520

晉宗伯之妻者. 晉大夫伯宗之妻也. 謂伯宗曰: 「子之性, 固不可易也. 且國家多貳, 其危可立待也, 子何不豫結賢大夫以託州黎焉?」 伯宗曰: 「諾.」 乃得畢羊而交之. 及欒不忌之難, 三郤害伯宗, 譖而殺之, 畢羊乃送州黎于荊, 遂得免焉.

卷十二 晉語(六)

144(12-1) 趙文子冠
조문자의 관례

조문자趙文子가 관례冠禮를 치르고, 경대부들을 차례로 방문하여 우선 난무자欒武子, 欒書를 뵙자 그는 이렇게 말하였다.

"멋지구나! 옛날 내가 그대 부친 장주莊主를 모실 때, 그분이 화려한 면에서는 대단하였지만 실질에 대해서는 잘 알 수 없었다. 그대는 실질에 힘쓰도록 하여라!"

이번에 중항선자中行宣子, 荀庚를 뵙자 그는 이렇게 말하였다.

"멋지도다! 안타까운 것은 내 이미 늙어 그대의 앞날을 볼 수 없음이로다."

이번에는 범문자范文子, 士燮를 뵙자 그는 이렇게 말하였다.

"너는 지금 경계를 삼을 일이 있다. 무릇 어진 이는 총애가 이르면 더욱 경계하지만, 부족한 자는 총애가 이르면 교만해지기 일쑤이다. 그러므로 흥하는 임금은 간언하는 신하에게 상을 주고, 일탈에 빠지는 왕은 간언하는 자에게 벌을 내린다. 내 듣기로 옛날 왕들은 정치에 덕이 이윽고 이루어지고 나면, 다시 백성에게 들었다. 이에 악공樂工에게 조정에서 풍간을 낭송하도록 하고, 벼슬의 반열에 오른 사람들에게는 충간의 시를 바쳐 미혹함에 빠지지 않도록 하였으며, 저자거리에서 오가는 풍문도 모아서 들었으며, 민요에 나타나는 요상祆祥도 변별하였으며, 조정에서는 백관의 업적을 고찰하였으며, 길에서 오가며 하는 훼방과 칭찬을 물었다. 이렇게 하여 사악한 것이 있으면 이를 바로잡았으니, 이것이 경계를 늦추지 아니하고 끝까지 다하는 정치 기술인 것이다. 선왕이 질시한 것은 바로 교만함이었단다."

이번에는 극구백郤駒伯, 郤錡을 뵙자 그는 이렇게 말하였다.

"아름답도다! 그러나 한창 나이일 때가 도리어 우리 늙은이만 못할 때가 많단다."

다시 한헌자韓獻子, 韓厥을 뵙자 그는 이렇게 당부하였다.

"경계할 지니라. 이것이 바로 성인식의 하는 이유이다. 성인成人이란 그 시작을 선善과 더불어 하는 것이다. 시작을 선과 함께하여 선을 행하여 선으로 나아가야 한다. 불선不善은 그 어떤 것도 자신에게 가까이 다가오게 하지 못한다. 처음 시작을 불선과 함께 하여 불선을 행하면서 불선으로 가게 되면, 선 역시 그 어떤 것도 그 선에게 다가오지 못하게 한다. 이는 마치 초목이 자라면서 각기 그 종류대로 커 가는 것과 같은 것이다. 사람이 관례를 치르는 것은 궁실의 담장을 세우는 것과 같아 더러운 흙을 닦아 내면 그뿐이다. 다시 거기에 무엇을 더하겠느냐?"

다시 지무자智武子, 荀罃를 뵙자 그는 이렇게 일러 주었다.

"그대는 힘쓰거라. 성자成子, 선자宣子의 후손으로서 늙어 대부 정도에 그친다면 그것이 치욕이 아니겠느냐! 성자의 문文과 선자의 충忠을 가히 잊을 수 있겠느냐! 성자께서는 옛사람의 뜻을 인도하여 선군을 보좌하였고, 법으로 인도하여 마침내 훌륭한 정치를 완성시켰으니 가히 '문'이라 하지 않을 수 있겠느냐! 그리고 선자께서는 양공襄公과 영공靈公을 모시면서 충간을 극진히 하였으며, 간언으로써 미움은 모두 자신이 뒤집어쓰면서 죽음까지 꺼리지 않으면서 진간進諫하셨으니 '충'이라 하지 않을 수 있겠느냐! 그대는 힘쓸지니라. 선자의 '충'이 있고 거기에 성자의 '문'을 더 받아들여 임금을 모신다면 틀림없이 성공을 거둘 것이니라."

고성숙자苦成叔子, 郤犨를 뵙자 그는 이렇게 말하였다.

"생각하건대 소년으로서 관직에 오른 자는 많으니 내 너를 어떻게 수용할 수 있겠는가?"

다시 온계자溫季子, 郤至를 뵙자 그는 이렇게 말하였다.

"누구든지 너보다 나은 사람이 있으면 너는 그의 뒤에 서면 된다."

이번에는 장로張老를 뵙고 그에게 이제까지 들을 말을 일러 주자, 장로는 이렇게 말하였다.

"훌륭하도다. 난서의 말을 따르면 가히 자양분을 삼을 수 있고, 범숙의 말을 따르면 가히 장대할 수 있으며, 한궐의 경계를 따르면 가히 이룰 수 있도다. 이렇게 모든 것이 갖추어졌으니 의지는 그대에게 있다. 세 극씨郤氏의 말이라면 이는 남을 망치게 하는 것이니, 어찌 거론할 필요가 있겠는가! 지자(智子, 순앵)의 말은 훌륭하다. 선주가 그대를 덮어 준 이슬 같은 은혜를 말한 것이다."

趙文子冠, 見欒武子, 武子曰:「美哉! 昔吾逮事莊主, 華則榮矣, 實之不知, 請務實乎!」

見中行宣子, 宣子曰:「美哉! 惜也, 吾老矣.」

見范文子, 文子曰:「而今可以戒矣, 夫賢者寵至而益戒, 不足者爲寵驕. 故興王賞諫臣, 逸王罰之. 吾聞古之王者, 政德旣成, 又聽於民, 於是乎使工誦諫於朝, 在列者獻詩使勿兜, 風聽臚言於市, 辨祆祥於謠, 考百事於朝, 問謗譽於路, 有邪而正之, 盡戒之術也. 先王疾是驕也.」

見郤駒伯, 駒伯曰:「美哉! 然而壯不若老者多矣.」

見韓獻子, 獻子曰:「戒之, 此謂成人. 成人在始與善. 始與善, 善進善, 不善蔑由至矣; 始與不善, 不善進不善, 善亦蔑由至矣. 如草木之産也, 各以其物. 人之有冠, 猶宮室之有牆屋也, 糞除而已, 又何加焉?」

見智武子, 武子曰:「吾子勉之, 成·宣之後而老爲大夫, 非恥乎! 成子之文, 宣子之忠, 其可忘乎! 夫成子導前志以佐先君, 導法而卒以政, 可不謂文乎! 夫宣子盡諫於襄·靈, 以諫取惡, 不憚死進, 可不謂忠乎! 吾子勉之, 有宣子之忠, 而納之以成子之文, 事君必濟.」

見苦成叔子, 叔子曰:「抑年少而執官者衆, 吾安容子?」

見溫季子, 季子曰:「誰之不如, 可以求之.」

見張老而語之, 張老曰:「善矣, 從欒伯之言, 可以滋; 范叔之敎, 可以大; 韓子之戒, 可以成. 物備矣, 志在子. 若夫三郤, 亡人之言也, 何稱述焉! 智子之道善矣, 是先主覆露子也.」

【趙文子】趙武. 趙盾의 손자이며 趙朔의 아들. 趙孟으로도 부름.
【冠】고대 남자 20세에 올리는 冠禮.
【欒武子】晉나라 경 欒書.
【莊主】趙莊子. 趙文子의 아버지 趙朔. 당시 조삭이 下軍主帥였고, 난서가 그의 副帥였음.
【中行宣子】晉나라 대부 荀庚. 中行桓子의 아들.
【范文子】晉나라 정경. 范武子의 아들 士燮(士爕). 范爕(范燮)으로도 씀.
【工】樂官. 대개 악관은 장님이었음.
【兜】'惑'과 같은 뜻임. 미혹함에 빠짐.
【郤駒伯】진나라 경 郤錡.
【韓獻子】진나라 경 韓厥.
【蔑】'無'와 같음.
【智武子】晉나라 六卿의 하나인 荀罃. 荀首의 아들.
【成宣】成子와 宣子. 成子는 文子의 증조부인 趙衰. 宣子는 文子의 조부 趙盾. 모두가 진나라에 이름난 고관 上卿이었음.
【先君】晉 文公 重耳를 가리킴.
【襄靈】晉나라 襄公와 靈公.
【苦成叔子】郤犨.
【溫季子】郤至. 晉나라 正卿. 溫季.
【張老】晉나라 대부. 이름이 老이며 자는 孟. 그 때문에 張孟으로도 부름.
【先主】成子와 宣子를 가리킴.

145(12-2) 范文子不欲伐鄭
범문자가 정나라를 치지 않고자 하다

진晉 여공厲公이 장차 정鄭나라를 치고자 하였지만, 범문자范文子는 이를 원치 않았다.

"나의 의견이라면 제후들이 모두 우리를 배반한다면 도리어 우리 진나라가 마음대로 할 수 있을 것입니다. 오직 제후들이 지금 우리를 돕고 있기 때문에, 우리가 이렇게 들떠 요란을 떠는 것입니다. 무릇 이러한 제후들이란 난難의 근본입니다. 우리가 정나라를 얻는다면 근심을 그만큼 커질 것인데, 어찌 정나라를 향해 용병을 한다는 것입니까!"

그러자 극지郤至가 물었다.

"그렇다면 천하를 가진 왕자王者라면 더욱 근심이 많겠네요?"

범문자가 이렇게 대답하였다.

"우리나라가 천하를 가진 왕자입니까? 무릇 왕자란 그 덕을 성취시켜 먼 곳 사람들은 그 지역의 공물을 바쳐 귀의해 옵니다. 그 때문에 근심이 없는 것입니다. 지금 우리나라는 덕은 모자란데 도리어 왕자나 가질 수 있는 공을 요구하고 있으니, 그 때문에 근심이 많은 것입니다. 그대는 영토가 없는데 부자가 되었다고 즐거워하는 사람을 보았습니까?"

厲公將伐鄭, 范文子不欲, 曰:「若以吾意, 諸侯皆叛, 則晉可爲也. 唯有諸侯, 故擾擾焉. 凡諸侯, 難之本也. 得鄭憂滋長, 焉用鄭!」

郤至曰:「然則王者多憂乎?」

文子曰:「我王者也乎哉? 夫王者成其德, 而遠人以其方賄歸之, 故無憂. 今我寡德而求王者之功, 故多憂. 子見無土而欲富者, 樂乎哉?」

【厲公將伐鄭】 厲公은 晉 景公의 아들 州蒲. B.C.580~573년까지 8년간 재위. 魯 成公 16년(B.C.575) 정나라가 晉나라를 배반하고 楚나라와 결맹을 맺자 이에 토벌에 나섬.

【范文子】 晉나라 정경. 范武子의 아들 士爕(士燮). 范燮(范爕)으로도 씀.

【郤至】 晉나라 正卿. 溫季.

【擾擾】 제후들이 우리편을 들어 준다는 이유로 인해, 진나라가 요란스럽게 들떠 있음.

【王者】 여기서는 천자를 가리킴.

【方】 곳, 所在. 멀리 있는 나라의 그곳에서 나는 물건.

참고 및 관련 자료

1. 《左傳》 成公 16年

晉侯將伐鄭. 范文子曰:「若逞吾願, 諸侯皆叛, 晉可以逞. 若唯鄭叛, 晉國之憂, 可立俟也.」欒武子曰:「不可以當吾世而失諸侯, 必伐鄭.」乃興師.

2. 《說苑》 貴德篇

中行獻子將伐鄭, 范文子曰:「不可. 得志於鄭, 諸侯讐我, 憂必滋長.」郤至又曰:「得鄭是兼國也, 兼國則王, 王者固多憂乎?」文子曰:「王者盛其德而遠人歸, 故無憂; 今我寡德而有王者之功, 故多憂. 今子見無土而欲富者, 樂乎哉?」

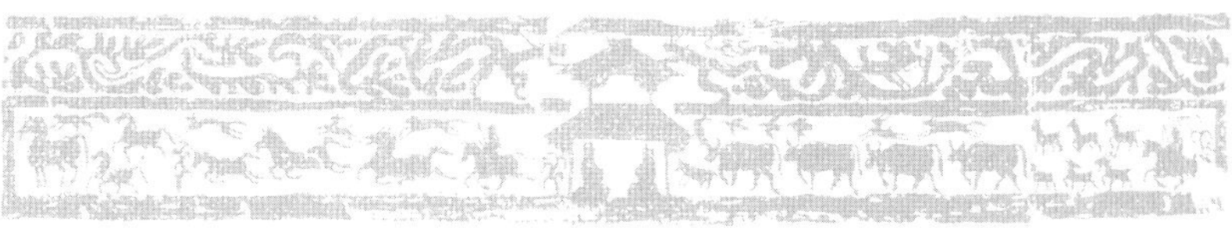

146(12-3) 晉敗楚師於鄢陵
진나라가 언릉에서 초나라 군사를 패배시키다

여공厲公 6년, 드디어 정鄭나라 정벌에 나서면서, 한편으로는 고성숙苦成叔과 난염欒黶으로 하여금 제齊나라와 노魯나라 군사를 동원하도록 하였다. 그러자 초楚 공왕恭王은 동이東夷의 군사를 인솔하여 정나라 구원에 나섰다. 초나라 군대가 진을 반쯤 치고 있을 때, 여공은 이들을 공격하도록 명하였다.

난서欒書가 반대하였다.

"임금께서 난염을 시켜 제나라와 노나라 군사를 동원하도록 하셨으니 기다리시기를 청합니다."

그러자 극지郤至가 이렇게 말하였다.

"안 됩니다. 초나라 군사가 장차 퇴각할 때 우리가 공격하면 틀림없이 승리를 거두고 돌아갈 수 있습니다. 무릇 초나라가 기일忌日을 피하지 아니하고 진을 치고 있으니, 이것이 그들의 첫 번째 실책입니다. 그리고 남이南夷와 초나라가 함께 왔으면서도 함께 진을 치지 않고 있으니, 이것이 그들의 두 번째 실책입니다. 또한 초나라 군대와 정나라 군대가 함께 진을 치면서도 서로 연결되지 못하고 있으니, 이것이 그들의 세 번째 실책입니다. 게다가 그 사졸들이 진영에서 시끄럽게 떠들고 있으니, 이것에 네 번째 실책입니다. 무릇 떠드는 소리를 많은 이들이 듣게 되면 틀림없이 두려움을 느낄 것입니다. 이것이 그들의 다섯 번째 실책입니다. 정나라는 초나라 군대의 눈치를 살피고, 초나라는 데리고 온 동이의 눈치를 살피고 있어, 누구도 싸울 마음을 갖지 못하고 있습니다. 이러한 기회를 놓칠 수 없습니다."

여공은 그 말을 즐겁게 여겼다.

이에 초나라 군대를 언릉鄢陵에서 크게 깨뜨렸고, 난서는 이로써 극지에게 원망을 갖게 되었다.

厲公六年, 伐鄭, 且使苦成叔及欒黶興齊·魯之師. 楚恭王帥東夷救鄭. 楚半陳, 公使擊之.

欒書曰:「君使黶也興齊·魯之師, 請俟之.」

郤至曰:「不可. 楚師將退, 我擊之, 必以勝歸. 夫陣不違忌, 一閒也; 夫南夷與楚來而不與陣, 二閒也; 夫楚旅鄭陣而不與整, 三閒也. 且其士卒在陣而譁, 四閒也; 夫衆聞譁則必懼, 五閒也. 鄭將顧楚, 楚將顧夷, 莫有鬪心, 不可失也.」

公說. 於是敗楚師於鄢陵, 欒書是以怨郤至.

【厲公六年】 魯 成公 16년(B.C.575)에 해당함.

【苦成叔】 郤犨를 가리킴. 晉나라 正卿.

【欒黶】 欒桓子. 欒書의 아들.

【東夷】 楚나라 동쪽의 夷族.

【陣不違忌】 晉나라와 楚나라가 교전하던 날이 6월 말일이었으며, 말일을 '晦'라 하여 이날은 陰氣가 가장 성한 날로 兵家에서는 크게 꺼림. 이에 초나라는 도리어 공공연하게 군대를 진열시키고 나섰던 것으로, 이는 그들의 실책이라 본 것임. 한편 본문에 '陳'과 '陣'은 뒤섞여 표기되어 있으나, 모두 군대의 '陣'을 의미함.

【閒】 '間'과 같음. 간격을 벌려 일을 그르치게 함. 여기서는 실책으로 풀이하였음.

【南夷】 초나라에서 지칭하는 '東夷'를 晉나라에서는 자신의 남쪽에 있다 하여 '南夷'라 불렀음.

【鄢陵】 원래 鄭나라 땅으로 지금의 河南 鄢陵縣. 뒤에 초나라 땅이 됨.

참고 및 관련 자료

1.《左傳》成公 16年

晉侯將伐鄭. 范文子曰:「若逞吾願, 諸侯皆叛, 晉可以逞. 若唯鄭叛, 晉國之憂, 可立俟也.」欒武子曰:「不可以當吾世而失諸侯, 必伐鄭.」乃興師. 欒書將中軍, 士燮佐之; 郤錡將上軍, 荀偃佐之; 韓厥將下軍; 郤至佐新軍. 荀罃居守. 郤犨如衛, 遂如齊, 皆乞師焉. 欒黶來乞師. 孟獻子曰:「晉有勝矣.」戊寅, 晉師起. 鄭人聞有晉師, 使告于楚, 姚句耳與往. 楚子救鄭. 司馬將中軍, 令尹將左, 右尹子辛將右. 過申, 子反入見申叔時, 曰:「師其何如?」對曰:「德·刑·詳·義·禮·信, 戰之器也. 德以施惠, 刑以正邪, 詳以事神, 義以建利, 禮以順時, 信以守物. 民生厚而德正, 用利而事節, 時順而物成, 上下和睦, 周旋不逆, 求無不具, 各知其極. 故詩曰:'立我烝民, 莫匪爾極.' 是以神降之福, 時無災害, 民生敦厖, 和同以聽, 莫不盡力以從上命, 致死以補其闕, 此戰之所由克也. 今楚內棄其民, 而外絶其好; 瀆齊盟, 而食話言; 奸時以動, 而疲民以逞. 民不知信, 進退罪也. 人恤所厎, 其誰致死? 子其勉之! 吾不復見子矣.」姚句耳先歸, 子駟問焉. 對曰:「其行速, 過險而不整. 速則失志, 不整, 喪列. 志失·列喪, 將何以戰? 楚懼不可用也.」五月, 晉師濟河. 聞楚師將至, 范文子欲反, 曰:「我僞逃楚, 可以紓憂. 夫合諸侯, 非吾所能也, 以遺能者. 我若羣臣輯睦以事君, 多矣.」武子曰:「不可.」六月, 晉·楚遇於鄢陵. 范文子不欲戰. 郤至曰:「韓之戰, 惠公不振旅; 箕之役, 先軫不反命; 邲之師, 荀伯不復從, 皆晉之恥也. 子亦見先君之事矣. 今我辟楚, 又益恥也.」文子曰:「吾先君之亟戰也, 有故. 秦·狄·齊·楚皆彊, 不盡力, 子孫將弱. 今三彊服矣, 敵楚而已. 惟聖人能外內無患. 自非聖人, 外寧必有內憂, 盍釋楚以爲外懼乎?」甲午晦, 楚晨壓晉軍而陳. 軍吏患之. 范匄趨進, 曰:「塞井夷竈, 陳於軍中, 而疏行首. 晉·楚唯天所授, 何患焉?」文子執戈逐之, 曰:「國之存亡, 天也, 童子何知焉?」欒書曰:「楚師輕窕, 固壘而待之, 三日必退. 退而擊之, 必獲勝焉.」郤至曰:「楚有六間, 不可失也. 其二卿相惡, 王卒以舊, 鄭陳而不整, 蠻軍而不陳, 陳不違晦, 在陳而囂, 合而加囂. 各顧其後, 莫有鬪心; 舊不必良, 以犯天忌. 我必克之.」楚子登巢車, 以望晉軍. 子重使大宰伯州犁侍于王後. 王曰:「騁而左右, 何也?」曰:「召軍吏也.」「皆聚於中軍矣.」曰:「合謀也.」「張幕矣.」曰:「虔卜於先君也.」「徹幕矣.」曰:「將發命也.」「甚囂, 且塵上矣.」曰:「將塞井夷竈而爲行也.」「皆乘矣, 左右執兵而下矣.」曰:「聽誓也.」「戰乎?」曰:「未可知也.」「乘而左右皆下矣.」曰:「戰禱也.」伯州犁以公卒告王. 苗賁皇在晉侯之側, 亦以王卒告. 皆曰:「國士在, 且厚, 不可當也.」苗賁皇言於晉侯曰:「楚之良, 在其中軍王族而已. 請分良以擊其左右, 而三軍萃於王卒, 必大敗之.」公筮之. 史曰:「吉. 其卦遇復䷗, 曰:'南國蹙, 射其元王, 中厥目.」國蹙·王傷, 不敗, 何待?」公從之. 有淖於前, 乃皆左右相違於淖. 步毅御晉厲公, 欒鍼爲右. 彭名御楚共王, 潘黨爲右. 石首御鄭成公, 唐苟爲右. 欒·范以其族夾公行. 陷於淖. 欒書將載晉侯. 鍼曰:「書退! 國有大任, 焉得專之? 且侵官, 冒也; 失官, 慢也; 離局, 姦也. 有三罪焉, 不可犯也.」乃掀公以出於淖. 癸巳, 潘尪之黨與養由基蹲甲而射之, 徹七札焉. 以示王, 曰:「君有二臣如此, 何憂於戰?」王怒曰:「大辱國! 詰朝爾射, 死藝.」呂錡夢射月, 中之, 退入於泥. 占之, 曰:「姬姓, 日也; 異姓, 月也, 必楚王也. 射而中之, 退入於泥, 亦必死矣.」及戰, 射共王中目. 王召養由基, 與之兩矢, 使射呂錡, 中項, 伏弢. 以一矢復命. 郤至三遇楚子之卒, 見楚子, 必下, 免冑而趨風. 楚子使工尹襄問之以弓, 曰:「方事之殷也, 有韎韋之跗注, 君子也. 識見不穀而趨, 無乃傷乎?」郤至見客, 免冑承命, 曰:「君之外臣至從寡君之戎事, 以君之靈, 間蒙甲冑, 不敢拜命. 敢告不寧, 君命之辱. 爲事之故, 敢肅使者.」三肅使者而退. 晉韓厥從鄭伯, 其御杜溷羅曰:「速從之? 其御屢顧, 不在馬, 可及也.」韓厥曰:「不可以再辱國君.」乃止. 郤至從鄭伯, 其右茀翰胡曰:「諜輅之, 余從之乘, 而俘以下.」郤至曰:「傷國君有刑.」亦止. 石首曰:「衛懿公唯不去其旗, 是以敗於熒.」乃內旌於弢中. 唐苟謂石首曰:「子在君側, 敗者壹大. 我不如子, 子以君免, 我請止.」乃死. 楚師薄於險, 叔山冉謂養由基曰:「雖君有命, 爲國故, 子必射.」乃射, 再發, 盡殪. 叔山冉搏人以投, 中車, 折軾. 晉師乃止. 囚楚公子茷. 欒鍼見子重之旌, 請曰:「楚人謂夫旌, 子重之麾也, 彼其子重也. 日臣之使於楚也, 子重問晉國之勇, 臣對曰:'好以衆整.' 曰:'又何如?' 臣對曰:'好以暇.' 今兩國治戎, 行人不使, 不可謂整; 臨事而食言, 不可謂暇. 請攝飮焉.」公許之. 使行人執榼承飮, 造于子重, 曰:「寡君乏使, 使鍼御持矛, 是以不得犒從者, 使某攝飮.」子重曰:「夫子嘗與吾言於楚, 必是故也. 不亦識乎?」受而飮之, 免使者而復鼓. 旦而戰, 見星未已. 子反命軍吏察夷傷, 補卒乘, 繕甲兵, 展車馬, 鷄鳴而食, 唯命是聽. 晉人患之. 苗賁皇徇曰:「蒐乘·補卒, 秣馬·利兵, 脩陳·固列, 蓐食·申禱, 明日復戰!」乃逸楚囚. 王聞之, 召子反謀. 穀陽豎獻飮於子反, 子反醉而不能見. 王曰:「天敗楚也夫! 余不可以待.」乃宵遁. 晉入楚軍,三日穀. 范文子立於戎馬之前, 曰:「君幼, 諸臣不佞, 何以及此? 君其戒之! 周書曰: '惟命不于常.' 有德之謂.」楚師還, 及瑕, 王使謂子反曰:「先大夫之覆師徒者, 君不在. 子無以爲過, 不穀之罪也.」子反再拜稽首曰:「君賜臣死, 死且不朽. 臣之卒實奔, 臣之罪也.」子重使謂子反曰:「初隕師徒者, 而亦聞之矣. 盍圖之!」對曰:「雖微先大夫有之, 大夫命側, 側敢不義? 側亡君師, 敢忘其死?」王使止之, 弗及而卒. 戰之日, 齊國佐·高無咎至于師, 衛侯出于衛, 公出于壞隤. 宣伯通於穆姜, 欲去季·孟而取其室. 將行, 穆姜送公, 而使逐二子. 公以晉難告, 曰:「請反而聽命.」姜怒, 公子偃·公子鉏趨而過, 指之曰:「女不可, 是皆君也.」公待於壞隤, 申宮·儆備·設守, 而後行, 是以後. 使孟獻子守于公宮.

147(12-4) 郤至勇而知禮
극지는 용감하면서도 예를 알다

언릉鄢陵 전투에서 극지郤至는 붉은 소가죽 통의通衣를 입고 전투에 나서서 초楚 평왕(平王, 恭王의 오기)의 사졸을 세 번이나 추격하면서, 그 때마다 초왕과 마주치면 수레에서 내려 도망쳐 싸움에서 물러나는 것이었다.

전투가 끝나고 초왕이 공윤工尹 양襄이라는 사람을 시켜 극지에게 활을 선물로 주면서 이렇게 물었다.

"바야흐로 전투가 한창일 때, 어떤 붉은 소가죽 통의를 입은 자가 있었는데 그는 군자로다. 나를 볼 때마다 수레에서 내리던데 무슨 상처나 입지 않았는지?"

극지가 갑옷과 투구를 쓴 채 그 객을 만났다가 투구를 벗고서야 그의 말을 듣고는 이렇게 말하였다.

"초나라 임금의 외신 극지는 우리 임금의 신령함에 의해 잠깐 갑주를 입고 전투에 참가하게 되었던 것입니다. 그런데 초왕께서 위로의 명령을 전해 주시니 감히 감당할 수 없습니다. 이에 보내 주신 사자에게 대신 감히 세 번 엄숙한 배례를 올립니다."

군자가 말하였다.

"극지는 용감하면서도 예를 아는 자로다."

鄢之戰, 郤至以韎韋之跗注, 三逐楚平王卒, 見王必下奔退戰. 王使工尹襄問之以弓, 曰:「方事之殷也, 有韎韋之跗注, 君子也, 屬見不穀而下, 無乃傷乎?」

郤至甲胄而見客, 免胄而聽命, 曰:「君之外臣至, 以寡君之靈, 間蒙甲胄, 不敢當拜君命之辱, 爲使者故, 敢三肅之.」

君子曰:「勇而知禮.」

【韎韋】'韎'는 띠풀로 염색하여 적황색을 띠게 됨을 말하며 '韋'는 무두질한 소가죽. 周나라 때 예에 의하면, 전쟁에는 韋弁의 복장을 하게 되어 있었음.

【跗注】通衣. 상의와 하의가 연결된 옷으로 그 바지가 발뒤꿈치에 이름.

【楚平王】楚 恭王(B.C.590~560)이어야 맞음.

【下奔】수레에서 내려 도망함.

【工尹襄】楚나라 관원으로 工尹은 공부의 우두머리이며 襄은 그의 이름.

【方事之殷】'事'는 전투. '殷'은 한창임을 말함.

【不穀】왕이 자신을 낮추어 부르는 칭호.

【寡君】자신의 임금을 낮추어 상대를 높이고자 부르는 칭호.

【君命之辱】초왕이 욕됨을 무릅쓰고 나에게 명령(위로의 말)을 내려줌.

참고 및 관련 자료

1.《左傳》成公 16年 앞장의 자료를 볼 것.

148(12-5) 范文子論內睦而後圖外

범문자가 안으로 화목한 뒤에 밖을 도모해야 함을 논하다

언릉鄢陵 전투에 진晉나라 사람들이 정鄭나라를 끌어들이는 문제를 두고 다툼이 벌어지자, 범문자范文子는 이를 반대하면서 이렇게 말하였다.

"내 듣기로 남의 신하가 된 자는 능히 내부를 화목하게 하고 나서 외부를 도모한다 하였소. 안으로 화목하지 못한 채 외부를 도모하다가는, 틀림없이 안에 먼저 다툼이 벌어지는 법이니, 어찌 우선 화목함부터 도모하지 않고 있소! 여러 사람의 의견을 고찰하고 물어 본 다음 출병을 결정하면 원망이 사그라질 것입니다."

鄢之役, 晉人欲爭鄭, 范文子不欲, 曰:「吾聞之, 爲人臣者, 能內睦而後圖外, 不睦內而圖外, 必有內爭, 盍姑謀睦乎! 考訊其阜以出, 則怨靖.」

【鄢之役】 鄢陵 전투를 말함. 魯 成公 16년(B.C.575) 晉나라와 楚나라가 언릉에서 싸워 초나라 군대가 대패한 사건.

【范文子】 晉나라 정경. 范武子의 아들 士燮(士燮). 范燮(范燮)으로도 씀.

【盍】 '何不'의 合音字. '어찌 ～하지 않으리오?'의 문장을 구성함.

【阜】 많음. 풍부함. 풍성함. '衆'와 같음. 많은 사람의 의견을 뜻함.

【靖】 '平'과 같은 뜻임. 平息됨. 사그라짐.

참고 및 관련 자료

1. 《左傳》 성공 16년 앞장의 자료를 참고할 것.

149(12-6) 范文子論外患與內憂
범문자가 외환과 내우를 논하다

언릉鄢陵 전투에서 진晉나라가 정鄭나라를 치자, 형荊, 楚나라가 정나라를 구하겠다고 나섰다.

대부들이 초나라와 싸워야 한다고 주장하자, 범문자范文子가 반대하여 이렇게 말하였다.

"내 듣기로 임금이란 백성에게 형벌로써 다스리는 자라 하였다. 그 형벌이 제대로 이루어진 이후에야 밖으로 무위를 떨칠 수 있는 것이다. 이로써 안으로는 화목을 다지고 밖으로는 위세를 떨치는 것이다. 지금 우리나라의 사구司寇는 약한 백성에게 쓰는 형구인 도거刀鋸는 너무 써서 날로 닳아가고 있는데, 대부의 죄를 다스리는 형구인 부월斧鉞은 사용해 본 적이 없다. 안으로 오히려 형벌이 균형을 이루지 못하고 있는데, 하물며 외세에 대한 것임에랴? 무릇 전쟁이라는 것도 형벌을 시행하는 것이며, 잘못한 나라에 형을 내리는 것이다. 잘못은 대신들로부터 나왔고, 원한은 힘없는 백성으로부터 생겨나고 있다. 따라서 은혜로써 원한을 사그라지게 하고, 인내로써 죄과를 제거해야 한다. 힘없는 백성에게 원한이 없고, 대신들에게 잘못이 없는 이후에야 가히 무력을 사용할 수 있는 것이며, 복종하지 않는 다른 나라에게 형벌을 내릴 수 있는 것이다. 지금 우리나라의 형법은 대신의 잘못은 비켜가면서 힘없는 소민小民에게는 잔인하게 굴고 있는데, 장차 누구를 대상으로 무력을 사용한다는 것인가? 무력을 행할 때가 아닌데도 승리를 거두었다면 이는 요행일 뿐이다. 요행으로 정치를 했다가는 틀림없이 내우內憂를 만날 것이다. 게다가 성인聖人만이 외환外患도 없이 할 수가 있고, 내우도 없는 것이다. 만약 성인이 아니라면, 누구나 어느 한

쪽으로 치우칠 수밖에 없다고 인정해야 한다. 그러나 외환을 대처하는 쪽으로 치우친 것이라면, 그나마 구제할 수 있다. 그러나 그 내부에서 시작된 질환은 고치기 어렵다. 그러니 어찌 잠시 초나라와 정나라에 대한 것은 그저 하나의 외환일 뿐이라고 치부해 두지 않는가?"

鄢之役, 晉伐鄭, 荊救之.

大夫欲戰, 范文子不欲, 曰:「吾聞之, 君人者刑其民, 成, 而後振武於外, 是以內和而外威. 今吾司寇之刀鋸日弊, 而斧鉞不行. 內猶有不刑, 而況外乎? 夫戰, 刑也, 刑之過也. 過由大, 而怨由細, 故以惠誅怨, 以忍去過. 細無怨而大不過, 而後可以武, 刑外之不服者. 今吾刑外乎大人, 而忍於小民, 將誰行武? 武不行而勝, 幸也. 幸以爲政, 必有內憂. 且唯聖人能無外患, 又無內憂, 詎非聖人, 必偏而後可. 偏而在外, 猶可救也, 疾從中起, 是難. 盍姑釋荊與鄭以爲外患乎?」

【荊】 楚나라의 다른 이름.

【范文子】 晉나라 정경. 范武子의 아들 士燮(士變). 范變(范燮)으로도 씀.

【司寇之刀鋸】 司寇는 刑獄을 담당하는 직책이며, 刀鋸는 칼과 톱. 주로 일반 백성에게 사용하는 刑具를 뜻함.

【斧鉞】 대신의 죄를 다스릴 때 사용하는 형구.

【過】 허물, 죄.

【細】 細民, 小民, 벼슬 없고 힘없는 일반 백성.

【忍】 앞의 忍자는 '참지 않아야 할 것을 참다'의 뜻이며, 뒤의 忍자는 '잔인하다'의 뜻임.

【幸】 僥倖.

【詎】 '만약 ~라면'의 뜻.

참고 및 관련 자료

1. 《左傳》 성공 16년 앞장 참고자료 참조.

150(12-7) 范文子論勝楚必有內憂
범문자가 초나라를 이기고 나면 틀림없이 내우가 있을 것임을 논하다

언릉鄢陵 전투에서 진晉나라가 정鄭나라를 치자 형荊, 楚나라가 정나라 구원에 나섰다.

난무자欒武子가 상군上軍을 이끌고, 범문자范文子가 하군下軍을 거느리고 있었다.

난무자는 나서서 싸우려 하였지만, 범문자는 이에 반대하며 이렇게 말하였다.

"내 듣기로 오직 덕을 후하게 베푸는 자만이 능히 많은 복을 받을 수 있으며, 덕이 없으면서 무리를 복종시키려 했다가는 틀림없이 스스로 상처를 입고 만다고 하더이다. 우리 진나라가 덕을 칭하고 있지만 제후들이 모두 배반하고 있어, 그 때문에 나라가 이나마 잠시 안정을 취할 수 있는 것입니다. 오직 제후들이 있음으로 해서 이렇게 시끄러운 것입니다. 제후들이란 난의 근본입니다. 게다가 오직 성인만이 능히 외환을 없이할 수 있고, 또한 그에 따라 내우도 없는 것입니다. 성인이 아니고서야 외환이 없으면 반드시 내우가 있게 마련이니, 어찌 잠시 초나라와 정나라에 대한 공격을 멈추는 것으로써 그들이 외환으로 남아 있도록 하지 않습니까! 대신들이 힘을 합해 내정을 처리하면 틀림없이 장차 단결과 화목함이 이르러 올 것입니다. 지금 우리가 전투를 하여 다시 초나라와 정나라를 이긴다면 우리 임금은 장차 그 지혜를 자랑하며 힘이 세다고 여길 것이며, 대신 교화에는 태만하고 세금은 무겁게 거둘 것입니다. 그리고 자신이 친히 여기는 자에게 더욱 큰 대우를 해 줄 것이요, 자신의 부인들에게 봉지를 더욱 늘려 줄 것입니다. 여러 대부들의 봉지를 빼앗지 않는 한 어디에서 그러한 땅을 얻어 그들에게 보태 줄 수 있겠습니까? 여러 신하들 중 자신의 집을 내 맡기고 그저 물러설 자가 장차 몇 명이나 되겠습니까? 전투에서 만약 진다면 이것이 바로 우리 진나라의 복입니다. 전투에서 이긴다면 봉지의 질서를 어지럽히게 될 것이며, 그 해는 장차 크게 번질 것입니다. 그러니 어찌 잠시 전쟁이 없는 시간을 갖지 않습니까!"

난무자가 말하였다.

"옛날 한韓에서의 전투에서 혜공惠公은 돌아올 수 없었고, 필邲 땅의 전투에서는 삼군이 다시 일어설 수 없을 정도로 궤멸하였으며, 기箕 땅에서의 전투에서는 선진先軫이 다시 살아오지 못하였으니, 이것이 진실로 우리 진나라의 삼대 치욕입니다. 지금 진나라의 국정을 맡아 책임지고 있으면서, 그러한 치욕을 씻어내지도 못하면서 다시 만이蠻夷의 초나라를 피하여 그 치욕을 가중시키려 하고 있군요. 비록 후환이 있다 할지라도 이는 내가 알 바 아니오."

범문자가 말하였다.

"복을 선택할 때는 큰 것을 가져야 하고, 화를 선택할 경우에는 가벼운 것을 선택해야 합니다. 복은 가벼운 것은 쓸모가 없고, 화는 큰 것은 선택해서는 안 되는 것입니다. 우리 진나라는 지난 날 그러한 큰 치욕이 있었습니다만, 그러나 차라리 임금과 신하 사이에 의견이 맞지 않았었다는 것으로 제후의 웃음거리가 될지언정, 어찌 잠시 만이같은 초나라를 피하여 그저 작은 치욕을 받는 것이 낫다고 여기지 않습니까?"

난무자는 이 의견을 듣지 아니하고 드디어 초나라와 언릉에서 전투를 벌여 대승을 거두었다.

이에 여공厲公은 과연 자신의 지혜와 힘이 세다는 것을 자랑하기에 이르렀고, 교화에는 태만해졌으며, 세금은 무거워졌다. 그리고 자신이 사사로이 좋아하는 자들을 크게 키워 주고 삼극三郤을 죽여 그 시신을 조정에 전시하였으며 그들 집안 재산을 몰수하여 부인들에게 나누어 주었다.

나라 사람들은 여공에게 불만을 품었으며, 드디어 익성翼城에서 그를 죽여 그 성 동문東門 밖에 묻으면서 겨우 수레 1승으로 예라고 갖추었을 뿐이었다. 여공이 이렇게 죽은 것은, 오직 덕은 없으면서 공은 많이 세워 그를 복종해 주는 제후들이 많았기 때문이었다.

鄢之役, 晉伐鄭, 荊救之.

欒武子將上軍, 范文子將下軍.

欒武子欲戰, 范文子不欲, 曰:「吾聞之, 唯厚德者能受多福, 無德而服者衆, 必自傷也. 稱晉之德, 諸侯皆叛, 國可以少安. 唯有諸侯, 故擾擾焉. 凡諸侯, 難之本也. 且唯聖人能無外患又無內憂, 詎非聖人, 不有外患, 必有內憂, 盍姑釋荊與鄭以爲外患乎! 諸臣之內相與, 必將輯睦. 今我戰又勝荊與鄭, 吾君將伐智而多力, 怠教而重斂, 大其私暱而益婦人田, 不奪諸大夫田, 則焉取以益此? 諸臣之委室而徒退者, 將與幾人? 戰若不勝, 則晉國之福也; 戰若勝, 亂地之秩者也, 其產將害大, 盍姑無戰乎!」

欒武子曰:「昔韓之役, 惠公不復舍; 邲之役, 三軍不振旅; 箕之役, 先軫不復命: 晉國固有大恥三. 今我任晉國之政, 不毀晉恥, 又以違蠻夷重之, 雖有後患, 非吾所知也.」

范文子曰:「擇福莫若重, 擇禍莫若輕, 福無所用輕, 禍無所用重, 晉國故有大恥, 與其君臣不相聽以爲諸侯笑也, 盍姑以違蠻夷爲恥乎?」

欒武子不聽, 遂與荊人戰於鄢陵, 大勝之.

於是乎國伐智而多力, 怠教而重斂, 大其私暱, 殺三郤而尸諸朝, 納其室以分婦人.

於是乎國人不蠲, 遂弒諸翼, 葬於翼東門之外, 以車一乘.

厲公之所以死者, 唯無德而功烈多, 服者衆也.

【范文子】 晉나라 정경. 范武子의 아들 士燮(士燮). 范燮(范燮)으로도 씀.
【欒武子】 欒書.
【私暱】 사사롭게 가까운 신하. 嬖臣.
【徒】 한갓, 헛되이.
【秩】 '常'과 같음.
【韓之役】 韓은 韓原. 지금의 山西 芮城縣. 魯 僖公 15년(B.C.645) 10월 晉나라가 秦나라와 邲 땅에서 전투를 벌여 晉나라가 대패한 전투.
【箕之役】 箕는 晉나라 땅으로 지금의 山西 蒲城縣 동북. 魯 僖公 33년(B.C.627) 晉나라가 狄과 전투를 벌여 先軫이 전사함 사건.
【違蠻夷】 違는 '피하다'의 뜻. 만이는 초나라를 낮추어 부른 것임.
【君臣不相聽】 군신 사이 불신이 생겨 의견이 소통되지 못함. 韓之役 때 惠公이 慶鄭의 의견을 듣지 않아 포로가 되었고, 邲之役 때 先縠이 林父와 의견이 달라 패배했으며, 箕之役에 先軫이 襄公과 의견이 맞지 않아 전사한 예를 말함.
【蠲】 깨끗함. '潔'과 같음. 厲公을 깨끗한 임금으로 보지 않음. 여공을 증오함.
【翼】 晉나라 옛 땅. 지금의 山西 翼城縣 동남. 魯 成公 17년(B.C.574) 欒書와 中行偃이 翼 땅에서 厲公을 잡아 이듬해 鄭滑로 하여금 시해토록 하였으며, 그 시신을 익성의 동문 밖에 묻으면서 원래 제후는 수레 7승이어야 하나 그 장례에 수레 1승으로 하였음.

참고 및 관련 자료

1. 《左傳》 成公 18년

十八年春王正月庚申, 晉欒書·中行偃使程滑弑厲公, 葬之于翼東門之外, 以車一乘. 使荀罃·士魴逆周子于京師而立之, 生十四年矣. 大夫逆于清原. 周子曰: 「孤始願不及此, 雖及此, 豈非天乎! 抑人之求君, 使出命也. 立而不從, 將安用君? 二三子用我今日, 否亦今日. 共而從君, 神之所福也.」 對曰: 「羣臣之願也, 敢不唯命是聽.」 庚午, 盟而入, 館于伯子同氏. 辛巳, 朝于武宮. 逐不臣者七人. 周子有兄而無慧, 不能辨菽麥, 故不可立.

151(12-8) 范文子論德爲福之基
범문자가 덕은 복의 기초임을 논하다

언릉鄢陵 전투에서 초楚, 荊나라가 진晉나라 군대를 압박하자, 진나라 군리軍吏들이 걱정이 앞서 모책을 세우고 있었다.

범개范匄가 공족公族들 틈에서 앞으로 뛰어나와 이렇게 말하는 것이었다.

"우리의 아궁이를 평평하게 덮고 우물을 메워 버리면 초군이 물러서지 않고 어쩌겠습니까?"

그러자 아버지 범문자范文子가 창을 들고 쫓아 버리며 이렇게 꾸짖었다.

"나라의 존망은 천명天命에 달려 있다. 어린놈이 무엇을 안다고? 게다가 제 차례도 되지 않았는데 말을 하다니 간악한 놈이로다. 반드시 육시를 당하리라."

그러자 묘분황苗賁皇은 이렇게 말하였다.

"어려움에서 빠져 나올 좋은 계책이로다!"

이윽고 초나라 군대를 언鄢 땅까지 퇴각시키고 장차 식사할 때가 되자, 범문자는 임금의 전차戰車, 戎馬 앞에 서서 이렇게 말하였다.

"우리 임금은 어리고 여러 신하들은 똑똑하지 못한데 우리가 무슨 복이 있어 이런 승리를 거두었는가! 내 듣기로 '하늘은 따로 친히 하는 사람이 없다. 오직 덕을 가진 자에게 복을 줄뿐이다'라 하였는데 어찌 알겠는가, 하늘이 진나라에게 준 복이 초나라에게는 더욱 면려하라는 뜻이 될 수도 있음을? 그러니 임금과 여러 신하들은 이러한 점을 경계하라! 무릇 덕이란 복의 바탕이다. 덕이 없는데도 복을 융성하게 받는다면 이는 아무런 기초도 없이 두터운 담장을 쌓는 것과 같아 그 무너질 날은 세어 볼 겨를도 없이 즉시 다가오리라."

鄢之役, 荊壓晉軍, 軍吏患之, 將謀.

范匄自公族趨過之, 曰: 「夷竈堙井, 非退而何?」

范文子執戈逐之, 曰: 「國之存亡, 天命也, 童子何知焉? 且不及而言, 姦也, 必爲戮.」

苗賁皇曰: 「善逃難哉!」

旣退荊師於鄢, 將穀, 范文子立於戎馬之前, 曰: 「君幼弱, 諸臣不佞, 吾何福以及此! 吾聞之: 『天道無親, 唯德是授.』 吾庸知天之不授晉且以勸楚乎? 君與二三臣其戒之! 夫德, 福之基也, 無德而福隆, 猶無基而厚墉也, 其壞也無日矣.」

【鄢之役】鄢陵之戰을 말함. 魯 成公 16년(B.C.575) 晉나라와 楚나라가 언릉에서 싸워 초나라 군대가 크게 패한 사건.

【壓】그 不備함을 숨김. 엄폐함. 《左傳》에 초군은 6월 甲午일 새벽에 진을 친 것으로 되어 있음.

【范匄】范文子의 아들이며 시호는 宣子. 당시 어려 公族大夫였으나 지위가 낮았음.

【范文子】晉나라 정경. 范武子의 아들 士燮(士燮). 范燮(范燮)으로도 씀.

【夷竈堙井】아궁이를 평평하게 하고 우물을 메움. 결사의 의지를 보임. 그러나 일부 백화어 주석본에는 "초군이 스스로 아궁이를 없애고 우물을 메우며 퇴각할 준비를 하고 있다"고 풀이하였음.(〈上海古籍本〉)

【苗賁皇】苗棼皇이라고도 표기하며 晉나라 대부.

【穀】곡식을 찧어 밥을 지음.

【戎車】임금이 전투에 나서서 지휘하기 위해 타는 수레. 혹은 일반 戰車로 보기도 함.

【天道無親】《老子》79장에 "天道無親, 常與善人"이라 함.

【墉】담. 墻.

참고 및 관련 자료

1.《左傳》成公 16年

甲午晦, 楚晨壓晉軍而陳. 軍吏患之. 范匄趨進, 曰:「塞井夷竈, 陳於軍中, 而疏行首. 晉·楚唯天所授, 何患焉?」文子執戈逐之, 曰:「國之存亡, 天也, 童子何知焉?」欒書曰:「楚師輕窕, 固壘而待之, 三日必退. 退而擊之, 必獲勝焉.」郤至曰:「楚有六間, 不可失也. 其二卿相惡, 王卒以舊, 鄭陳而不整, 蠻軍而不陳, 陳不違晦, 在陳而囂, 合而加囂. 各顧其後, 莫有鬪心; 舊不必良, 以犯天忌. 我必克之.」楚子登巢車, 以望晉軍. 子重使大宰伯州犁侍于王後. 王曰:「騁而左右, 何也?」曰:「召軍吏也.」「皆聚於中軍矣.」曰:「合謀也.」「張幕矣.」曰:「虔卜於先君也.」「徹幕矣.」曰:「將發命也.」「甚囂, 且塵上矣.」曰:「將塞井夷竈而爲行也.」「皆乘矣, 左右執兵而下矣.」曰:「聽誓也.」「戰乎?」曰:「未可知也.」「乘而左右皆下矣.」曰:「戰禱也.」伯州犁以公卒告王. 苗賁皇在晉侯之側, 亦以王卒告. 皆曰:「國士在, 且厚, 不可當也.」苗賁皇言於晉侯曰:「楚之良, 在其中軍王族而已. 請分良以擊其左右, 而三軍萃於王卒, 必大敗之.」公筮之. 史曰:「吉. 其卦遇復䷗, 曰: '南國蹙, 射其元王, 中厥目.」國蹙·王傷, 不敗, 何待?」公從之. 有淖於前, 乃皆左右相違於淖. 步毅御晉厲公, 欒鍼爲右. 彭名御楚共王, 潘黨爲右. 石首御鄭成公, 唐苟爲右. 欒·范以其族夾公行. 陷於淖. 欒書將載晉侯. 鍼曰:「書退! 國有大任, 焉得專之? 且侵官, 冒也; 失官, 慢也; 離局, 姦也. 有三罪焉, 不可犯也.」乃掀公以出於淖.

152(12-9) 范文子論私難必作
범문자가 사사로움으로 인한 난이 틀림없이 일어날 것임을 논하다

언릉鄢陵 전투에서 돌아온 다음, 범문자范文子는 자신 집안의 종축宗祝에게 이렇게 말하였다.

"임금께서 교만하며 뽐냄이 지나치다. 무릇 덕이 승한 자임에도 오히려 이번 일로 좋은 결과를 잃으면 어쩌나 하고 있는 터에, 하물며 평소 교만했던 이들이야 얼마나 근신해야 할 일이겠는가? 임금은 사사롭게 총애하는 이들이 많은데, 지금 승리하여 개선한 마당에 틀림없이 그들이 더욱 드러나게 나설 것이다. 그들이 나서면 난은 틀림없이 일어나고 말 것이다. 내 거기에 휘말릴까 걱정이다. 무릇 나의 종축은 나를 위해 그 난이 미치기 전에 먼저 죽어 면할 수 있도록 해 줄 것을 기도해 다오."

여공厲公 7년 여름, 범문자가 죽었다.

그 해 겨울, 난이 일어나 삼극三郤의 죽음을 시작으로 여공이 죽는 것으로 끝을 맺었다.

反自鄢, 范文子謂其宗·祝曰:「君驕泰而有烈. 夫以德勝者猶懼失之, 而況驕泰乎? 君多私, 今以勝歸, 私必昭. 昭私, 難必作, 吾恐及焉. 凡吾宗·祝, 爲我祈死, 先難爲免.」

七年夏, 范文子卒.

冬, 難作, 始於三郤, 卒於公.

【范文子】 晉나라 정경. 范武子의 아들 士燮(士燮). 范燮(范燮)으로도 씀.

【宗祝】 '宗'은 宗人으로서 儀典이나 儀禮를 집전하는 신하. '祝'은 祈禱와 祭祀, 驅逐 의식 등을 담당하는 신하. 둘 모두 范文子의 가신을 말함.

【驕泰而有烈】 교만하게 행동하지만 그에게 공이 있음. 烈은 功을 말함.

【昭】 드러냄.

【七年】 晉 厲公 7년. 魯 成公 17년에 해당함. B.C.574년.

【三郤】 郤錡, 郤犨, 郤至. 魯 成公 15년(B.C.576) 이들 셋이 모의하여 백종과 欒不忌를 죽였고, 郤犨가 長魚矯와 토지를 두고 다툼이 벌어졌을 때, 극씨는 장어교와 그 부모처자까지 묶어 수레에 싣고 돌아오는 치욕을 입혔음. 뒤에 장어교가 晉 厲公의 총애를 받게 되자, 직접 이 세 사람의 목을 베어 한을 풀고 말았음. 《左傳》 참조.

참고 및 관련 자료

1. 《左傳》 成公 17年

晉范文子反自鄢陵, 使其祝宗祈死, 曰:「君驕侈而克敵, 是天益其疾也, 難將作矣. 愛我者唯祝我, 使我速死, 無及於難, 范氏之福也.」六月戊辰, 士燮卒.

153(12-10) 欒書發郤至之罪
난서가 극지의 죄를 밝히다

언릉鄢陵 전투가 이미 끝나고, 진晉나라는 초楚나라 왕자王子 발구發鉤를 포로로 잡았다.

난서欒書가 왕자 발구에게 이렇게 말하였다.

"그대는 우리 임금厲公에게 이렇게 말해 달라. '극지郤至가 사람을 우리 군중으로 보내어 우리 초왕恭王께 제齊나라·노魯나라 지원병이 진晉나라를 도우러 오기 전에 전투를 벌일 것을 권하여 그대로 실행하였습니다. 그 전투에서 만약 극지가 아니었더라면, 우리 초왕께서는 살아남지 못하였을 것입니다'라고 말입니다. 그러면 내 그대를 돌려보내 주겠소."

발구가 이를 여공에게 전하자, 여공은 난서에게 그 말을 다시 일러주었다.

그러자 난서가 짐짓 이렇게 말하였다.

"저는 이미 듣고 있었습니다. 극지는 난을 일으키고자 고성숙苦成叔으로 하여금 제齊·노魯 두 나라 지원군을 천천히 오도록 하고, 자신은 임금에게 서둘러 개전할 것을 권한 것입니다. 그리하여 패하기를 바랐으며, 그렇게 계획이 맞아떨어지면 장차 주周나라에 있는 손주孫周를 맞아들여 그를 왕으로 추대하려 한 것입니다. 일이 제대로 되지 않자, 그는 고의로 초 공왕을 놓아 준 것입니다. 그렇다면 전쟁에서 제멋대로 적국의 임금을 놓아 주었고, 게다가 그 왕으로부터 위문까지 접수하였다면, 역시 대죄大罪가 아닙니까? 그리고 지금 만약 극지를 주나라에 사신으로 보낸다면, 그는 틀림없이 손주를 만날 것입니다."

여공이 말하였다.

"좋소."

그리하여 난서는 사람을 시켜 손주에게 이렇게 전하도록 하였다.

"극지가 장치 이르게 되면 반드시 그를 만나 보시오!"

극지가 주나라에 사신으로 도착하자, 여공은 몰래 사람을 따라 보내어 그를 감시하도록 하였더니 과연 손주를 만나는 것이었다.

이를 근거로 서지매胥之昧와 이양오夷羊五로 하여금 극지와 고성숙, 그리고 극기郤錡 등을 몰래 죽여 없애도록 하였다.

이에 극기가 극지에게 이렇게 말하였다.

"임금이 우리에게 이렇게 무도하게 하시다니. 내 우리 종친과 우리 당黨을 모아 그들을 협공하고자 하오. 비록 죽고 틀림없이 패하고 말겠지만, 그래도 임금은 틀림없이 위해를 느낄 것이오. 가능하겠소?"

이에 극지가 말렸다.

"안 되오. 내 듣기로 무인武人은 난을 일으키지 않으며, 지인智人은 남을 속이지 않으며, 인인仁人은 당을 짓지 않는다 하였소. 무릇 임금으로부터 이익을 얻은 뒤에야 부富를 이룰 수 있고, 부를 얻은 다음에야 당을 모을 수 있는 것이오. 만약 그러한 당을 이용하여 임금에게 위해를 준다는 것은, 임금이 지금 우리를 죽이는 마당에 이미 차례로 보아 늦고 말았소. 게다가 그들 종친과 우리 당의 무리가 무슨 죄가 있다고 우리와 함께 죽어야 한다는 것이오? 차라리 우리만이 임금의 명령에 따라 죽느니만 못하오."

이리하여 이들은 모두 자살하였다.

이윽고 삼극이 모두 죽고 나자, 난서는 여공을 시해하고 손주를 받아들여 임금으로 세웠다. 이가 바로 도공悼公이다.

旣戰, 獲王子發鉤.

欒書謂王子發鉤曰:「子告君曰:『郤至使人勸王戰, 及齊·魯之未至也. 且夫戰也, 微郤至王必不免.』吾歸子.」

發鉤告君, 君告欒書, 欒書曰:「臣固聞之, 郤至欲爲難, 使苦成叔緩齊魯之師, 己勸君戰, 戰敗, 將納孫周, 事不成, 故免楚王. 然戰而擅捨國君, 而受其問, 不亦大罪乎? 且今君若使之於周, 必見孫周.」

君曰:「諾.」

欒書使人謂孫周曰:「郤至將往, 必見之!」

郤至聘於周, 公使覘之, 見孫周.

是故使胥之昧與夷羊五刺郤至·苦成叔及郤錡, 郤錡謂郤至曰:「君不道於我, 我欲以吾宗與吾黨夾而攻之, 雖死必敗, 君必危, 其可乎?」

郤至曰:「不可. 至聞之, 武人不亂, 智人不詐, 仁人不黨. 夫利君之富, 富以聚黨, 利黨以危君, 君之殺我也後矣. 且衆何罪, 鈞之死也? 不若聽君之命.」

是故皆自殺.

旣刺三郤, 欒書弑厲公, 乃納孫周而立之, 實爲悼公.

【發鉤】楚나라 공자 웅패(熊茷).
【欒書】欒武子. 晉나라의 경.
【君】晉 厲公을 가리킴.
【郤至】郤犨의 친족 溫季. 溫季子. 郤犨, 郤錡와 더불어 三郤의 하나.
【王】楚나라 恭王(共王)을 가리킴. B.C.590~560년 재위.
【齊魯】언릉 전투가 시작되기 전 晉 厲公은 苦成叔과 欒黶을 두 나라에 파견하여 지원병을 보내 주기로 청하였으며 약속을 받아 두고 있었음.
【微】'無'와 같음. 雙聲互訓. '만약 ~이 아니었더라면'의 가정법 문장에 사용함.

【苦成叔】郤犨. 三郤의 하나.
【孫周】晉 公孫周. 晉 襄公의 증손이며 이름은 周. 그 때문에 孫周라 부른 것임. 뒤에 晉 悼公이 됨. 당시 周나라에 가서 그곳의 보호를 받고 있었음.
【覘】몰래 살펴봄. 감시함. 미행하여 살펴봄.
【胥之昧, 夷吾羊】胥之昧는 胥童, 夷羊吾는 夷陽吾로도 쓰며 모두 厲公의 아주 가까운 심복.
【自殺】저항하지 아니하고 스스로 죽음. 《左傳》에는 長魚矯가 이들 三郤을 죽인 것으로 되어 있음.
【悼公】晉 悼公. 이름은 孫周(談). 晉 襄公의 증손 惠伯. B.C.572~558년까지 15년간 재위함.

참고 및 관련 자료

1.《左傳》成公 17年

晉厲公侈, 多外嬖. 反自鄢陵, 欲盡去羣大夫, 而立其左右. 胥童以胥克之廢也, 怨郤氏, 而嬖於厲公. 郤錡奪夷陽五田, 五亦嬖於厲公. 郤犨與長魚矯爭田, 執而梏之, 與其父母妻子同一轅. 旣, 矯亦嬖於厲公. 欒書怨郤至, 以其不從己而敗楚師也, 欲廢之. 使楚公子茷告公曰:「此戰也, 郤至實召寡君, 以東師之未至也, 與軍帥之不具也, 曰: '此必敗, 吾因奉孫周以事君.'」公告欒書. 書曰:「其有焉. 不然, 豈其死之不恤, 而受敵使乎? 君盍嘗使諸周而察之?」郤至聘于周, 欒書使孫周見之. 公使覘之, 信. 遂怨郤至. 厲公田, 與婦人先殺而飮酒, 後使大夫殺. 郤至奉豕, 寺人孟張奪之, 郤至射而殺之. 公曰:「季子欺余!」厲公將作難, 胥童曰:「必先三郤. 族大, 多怨. 去大族, 不逼; 敵多怨, 有庸.」公曰:「然.」郤氏聞之, 郤錡欲攻公, 曰:「雖死, 君必危.」郤至曰:「人所以立, 信·知·勇也. 信不叛君, 知不害民, 勇不作亂. 失玆三者, 其誰與我? 死而多怨, 將安用之? 君實有臣而殺之, 其謂君何? 我之有罪, 吾死後矣. 若殺不辜, 將失其民, 欲安, 得乎? 待命而已. 受君之祿, 是以聚黨. 有黨而爭命, 罪孰大焉?」壬午, 胥童·夷羊五帥甲八百將攻郤氏, 長魚矯請無用衆, 公使淸沸魋助之. 抽戈結衽, 而僞訟者. 三郤將謀於榭, 矯以戈殺駒伯·苦成叔於其位. 溫季曰:「逃威也.」遂趨. 矯及諸其車, 以戈殺之. 皆尸諸朝.

154(12-11) 長魚矯脅欒中行
장어교가 난씨와 중항씨를 협박하다

장어교長魚矯가 이윽고 삼극三郤을 죽이고, 조정에서 난서欒書와 중항언中行偃을 위협하면서 여공厲公에게 이렇게 말하였다.

"이 두 사람도 죽여 없애지 않으면, 그 우환이 틀림없이 임금에게까지 미칠 것입니다."

그러자 여공이 말하였다.

"하루아침에 경卿 세 사람의 시신을 펼쳐 놓았으니, 거기에 더 보태지는 말아 주시오."

장어교는 이렇게 대답하였다.

"제가 듣기로 안에서 난을 일으키는 것을 귀宄라 하며, 밖에서 난을 일으키는 것을 간姦이라 한다 하더이다. '귀'는 덕으로써 다스려야 하고 '간'은 형벌로써 방어해야 합니다. 지금 정치를 한다면서 안으로 난이 일어났으니 덕이라 말할 수 없고, 강경한 자를 제거한다면서 강한 자를 피하고만 있으니 형벌이라 이를 수 없습니다. 덕과 형벌이 모두 제대로 서지 못하였으니 '간귀'가 함께 밀려온 것입니다. 저는 취약하여 더 이상 참고 기다릴 수가 없습니다."

그러고는 적狄 땅으로 도망가 버렸다.

석 달 뒤 여공은 시해되고 말았다.

長魚矯既殺三郤, 內脅欒·中行而言於公曰:「不殺此二子者, 憂必及君.」

公曰:「一旦而尸三卿, 不可益也.」

對曰:「臣聞之, 亂在內曰宄, 在外爲姦, 御宄以德, 禦姦以刑. 今治政而內亂, 不可謂德. 除鯁而避彊, 不可謂刑. 德刑不立, 姦宄並至, 臣脆弱, 不能忍俟也.」

乃奔狄.

三月, 厲公弑.

【長魚矯】 晉 厲公의 신하. 長魚는 複姓. 郤犨와 다툰 적이 있어, 그 때문에 胥童·夷羊五 등과 당을 이루어 직접 무기를 들고 三郤(郤錡, 郤犨, 郤至)을 사살하였음.
【欒中行】 欒書와 中行偃.
【宄】 '귀'로 읽으며 盜賊을 뜻함.
【厲公弑】 결국 참다못한 欒書와 中行偃 등이 여공을 시해하여 죽여 버렸음.

참고 및 관련 자료

1. 《左傳》 成公 17년

晉厲公侈, 多外嬖. 反自鄢陵, 欲盡去羣大夫, 而立其左右. 胥童以胥克之廢也, 怨郤氏, 而嬖於厲公. 郤錡奪夷陽五田, 五亦嬖於厲公. 郤犨與長魚矯爭田, 執而梏之, 與其父母妻子同一轅. 旣, 矯亦嬖於厲公. 欒書怨郤至, 以其不從己而敗楚師也, 欲廢之. 使楚公子茷告公曰:「此戰也, 郤至實召寡君, 以東師之未至也, 與軍帥之不具也, 曰: '此必敗, 吾因奉孫周以事君.'」公告欒書. 書曰:「其有焉. 不然, 豈其死之不恤, 而受敵使乎? 君盍嘗使諸周而察之?」郤至聘于周, 欒書使孫周見之. 公使覘之, 信. 遂怨郤至. 厲公田, 與婦人先殺而飮酒, 後使大夫殺. 郤至奉豕, 寺人孟張奪之, 郤至射而殺之. 公曰:「季子欺余!」厲公將作難, 胥童曰:「必先三郤. 族大, 多怨. 去大族, 不逼; 敵多怨, 有庸.」公曰:「然.」郤氏聞之, 郤錡欲攻公, 曰:「雖死, 君必危.」郤至曰:「人所以立, 信·知·勇也. 信不叛君, 知不害民, 勇不作亂. 失玆三者, 其誰與我? 死而多怨, 將安用之? 君實有臣而殺之, 其謂君何? 我之有罪, 吾死後矣. 若殺不辜, 將失其民, 欲安, 得乎? 待命而已. 受君之祿, 是以聚黨. 有黨而爭命, 罪孰大焉?」壬午, 胥童·夷羊五帥甲八百將攻郤氏, 長魚矯請無用衆, 公使淸沸魋助之. 抽戈結衽, 而僞訟者. 三郤將謀於榭, 矯以戈殺駒伯・苦成叔於其位. 溫季曰: 「逃威也.」遂趨. 矯及諸其車, 以戈殺之. 皆尸諸朝. 胥童以甲劫欒書・中行偃於朝. 矯曰: 「不殺二子, 憂必及君.」公曰: 「一朝而尸三卿, 余不忍益也.」對曰: 「人將忍君. 臣聞亂在外爲姦, 在內爲軌. 御姦以德, 御軌以刑. 不施而殺, 不可謂德; 臣逼而不討, 不可謂刑. 德・刑不立, 姦・軌並至, 臣請行.」遂出奔狄. 公使辭於二子曰: 「寡人有討於郤氏, 郤氏旣伏其辜矣, 大夫無辱, 其復職位!」皆再拜稽首曰: 「君討有罪, 而免臣於死, 君之惠也. 二臣雖死, 敢忘君德?」乃皆歸. 公使胥童爲卿. 公遊于匠麗氏, 欒書・中行偃遂執公焉. 召士匄, 士匄辭. 召韓厥, 韓厥辭, 曰: 「昔吾畜於趙氏, 孟姬之讒, 吾能違兵. 古人有言曰'殺老牛莫之敢尸', 而況君乎? 二三子不能事君, 焉用厥也?」

155(12-12) 韓獻子不從欒中行召
한헌자가 난씨와 중항씨의 부름을 거부하다

난무자欒武子와 중항헌자中行獻子가 여공厲公을 장려씨匠麗氏의 집에 가두어 포위하고는 한헌자韓獻子를 불렀다.

한헌자는 거부하면서 이렇게 말하였다.

"임금을 시해하여 위엄을 찾고자 하는 일은 내가 능히 할 수 있는 일이 아니오. 위엄을 보이는 행동은 어짊이 될 수 없으며, 일을 그르치게 해 놓는 것은 지혜로움이 될 수 없소. 한 가지 이익을 누리다가는 역시 한 가지 악행을 저지르게 되는 법. 이 역시 내가 힘쓸 바가 아니외다. 내 옛날 조씨趙氏 집안에서 자랄 때, 조맹희趙孟姬의 참언으로 그 집안이 풍비박산이 날 때도 나는 능히 무력 사용을 거부했었소. 사람들은 '늙은 소를 죽이는데 그 누구도 감히 도살자로 나서고 싶어하지 않는 법'이라 하더이다. 그런데 하물며 임금을 죽이는 일임에야 어찌 그렇게 할 수 있겠소? 그대들은 능히 임금도 섬기지 못하면서 어찌 나厥를 이용하려 한다는 것이오!"

중항언中行偃이 한헌자를 토벌하려 하자 난서가 말렸다.

"안 되오. 그 몸이 과감하고 말이 순리에 맞소. 순리에 맞으면 행하지 못할 일이 없고, 과감하면 관철하지 못할 것이 없소. 순리에 맞는 것을 범하게 되면 상서롭지 못하고, 과감한 자를 쳤다가는 이길 수가 없소. 무릇 과감하면서 지독하고 순리에 맞으면서 행동으로 옮긴다면 백성들이 그러한 자는 범하지 못하는 법이오. 우리가 비록 그를 공격한다 해도 능히 당해 낼 수 있겠소?"

이에 공격을 중지하였다.

欒武子·中行獻子圍公於匠麗氏, 乃召韓獻子, 獻子辭曰: 「弑君以求威, 非吾所能爲也. 威行爲不仁, 事廢爲不智. 享一利亦得一惡, 非所務也. 昔者吾畜於趙氏, 趙孟姬之讒, 吾能違兵. 人有言曰: 『殺老牛莫之敢尸.』 而況君乎? 二三子不能事君, 安用厥也!」

中行偃欲討之, 欒書曰: 「不可. 其身果而辭順. 順無不行, 果無不徹, 犯順不祥, 伐果不克, 夫以果戾順行, 民不犯也, 吾雖欲攻之, 其能乎?」

乃止.

【欒武子】 欒書.

【中行獻子】 中行偃.

【匠麗氏】 진나라 下大夫. 당시 翼城에 있었으며, 厲公이 자주 그곳을 찾아가 놀이를 즐기곤 하였음.

【韓獻子】 韓厥. 趙盾의 집안에서 자랐음.

【趙孟姬】 莊姬. 晉 成公의 딸이며 景公의 누나, 趙盾의 며느리, 趙朔의 처. 趙朔의 시호가 莊이어서 莊姬라고도 부름. 趙朔이 죽은 뒤 그녀는 趙盾의 아우이며 趙朔의 숙부인 趙嬰과 사통함. 이에 魯 成公 5년(B.C.586) 趙盾의 아우이며 趙嬰의 형인 趙同과 趙括이 趙嬰을 추방함. 이에 장희는 원한을 품고 魯 成公 8년(B.C.583) 晉 景公에게 조동과 조괄이 모반을 꾀한다고 무고하였으며, 欒氏와 郤氏가 그의 무고에 동조하여 결국 조동과 조괄이 멸족되고 말았음. 이때 韓厥만은 趙氏를 굳게 지켜 주어 뒤에 景公을 설득하여 趙朔의 아들 趙武(趙文子)를 大夫로 복권시켜 조씨가 살아나 戰國시대 趙나라를 세우는 계기를 만들어 주었음.

【老牛】 늙어 힘들어 밭도 갈기 어려운 소.

【尸】 주인이 됨. 주인공이 됨. 소를 잡는 도살자가 됨.

참고 및 관련 자료

1. 《左傳》 成公 8년

晉趙莊姬爲趙嬰之亡故, 譖之于晉侯, 曰:「原·屛將爲亂.」欒·郤爲徵. 六月, 晉討趙同·趙括. 武從姬氏畜于公宮. 以其田與祁奚. 韓厥言於晉侯曰:「成季之勳, 宣孟之忠, 而無後, 爲善者其懼矣. 三代之令王皆數百年保天之祿. 夫豈無辟王? 賴前哲以免也. 周書曰'不敢侮鰥寡', 所以明德也.」乃立武, 而反其田焉.

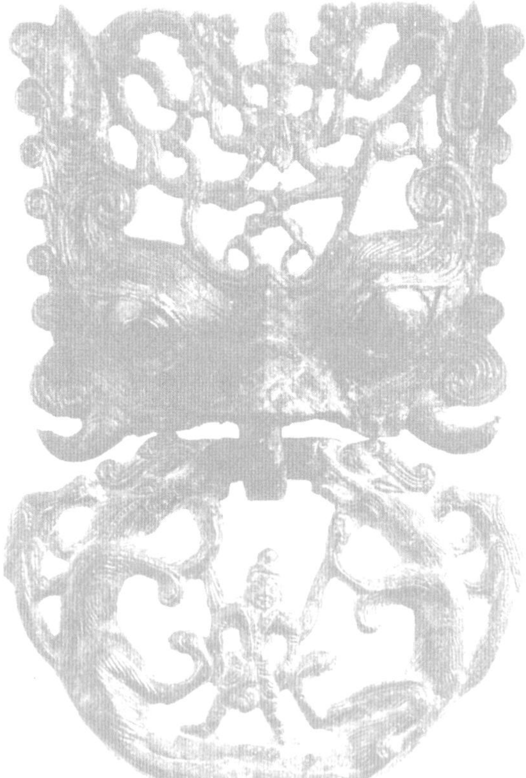

卷十三 晉語(七)

156(13-1) 欒武子立悼公
난무자가 도공을 세우다

이윽고 진晉 여공厲公을 시해하고 나서 난무자欒武子, 欒書가 지무자智武子와 체공자彘恭子를 주周나라에 보내어 도공悼公을 모셔오도록 하였다.

경오庚午날에 대부들이 도공을 청원淸原에서 맞이하였다.

도공은 여러 대부들에게 이렇게 선포하였다.

"내 처음 소원은 감히 이러한 지경까지 바라지는 않았었소. 내 이렇게 된 것은 하늘의 뜻이오. 생각건대 사람들에게 원군元君이 있음은 그로부터 명령을 받기 위한 것이오. 만약 명을 받고도 이를 폐기한다면 이는 불을 피우기 위해 곡식을 태우는 것과 같소. 그런가 하면 명을 받았으나 그에 맞는 능력이 없다면 이는 곡식이 제대로 여물지 않은 것과 같소. 그처럼 제대로 익지 않은 곡식을 등용했다면 이는 과인의 잘못이오. 그러나 익은 곡식인데도 태워 버린다면 이는 그대들의 잔학한 행동이 되는 것이오. 내 평소 가졌던 소원을 길게 이어가기 위하여 명령을 내림에 장차 감히 잘 여물어 능력 있는 자를 선택하지 아니할 수 없소. 그대들은 명령을 내렸는 데도 따르지 않는 경우가 있을까 하여 그 때문에 현명한 군주를 구하고자 찾아왔던 것이오. 내가 그러한 임금이 되지 못할 것이라 여긴다면 폐기해도 좋소. 그렇다고 내가 누구를 원망하겠소? 그러나 그만한 임금인데도 잔학한 행동으로 나를 모신다면 그대들이 너무 나를 제압하는 것이 되오. 만약 그럴만한 임금을 받들어 대의大義를 성취시키고자 한다면 그 결정은 바로 오늘이오. 만약 포악하고 잔학한 행동으로 백성을 이산시키고 백성의 항심을 떠나 반대로 나가고자 한다면 그 결정 역시 오늘이오. 나의 진퇴를 헤아려 원컨대 오늘 나에게 일러 주시오."

대부들은 이렇게 대답하였다.

"임금께서 우리 여러 신하들을 진무하셔서 크게 우리를 감싸 주고 있으신데, 임금의 훈계를 감당하지 못하여 대륙大戮에 빠지거나, 우리 때문에 형벌과 사관을 기록을 번거롭게 하여 임금의 명령에 욕을 주는 일이나 없었으면 하는 차에, 어찌 감히 그 업무를 이어받지 아니하겠습니까?"

이에 맹세하고 궁궐로 들어갔다.

신사(辛巳)날에 임금은 무궁武宮에 조알하여 제사를 올렸다.

그리고 백공의 업무를 정하고, 백관을 임명하며, 적손들을 양육하도록 하며, 현량한 이들을 선발하고, 옛 신하의 자손을 뽑아 일으켜 주며, 적체되었던 수상자들을 내세웠으며, 아직 형을 마치지 못한 자는 끝난 것으로 인정해 주며, 감옥에 갇혀 판결을 기다리는 자는 사면하고, 혐의만 있는 자는 관대하게 풀어 주며, 덕을 쌓은 자를 추천하도록 하며, 홀아비와 과부에게까지 혜택이 미치도록 하며, 오랫동안 묻혀 있던 선비를 진발시키며, 노인과 어린이를 길러 주고, 고아와 폐질자를 불쌍히 여겼다. 그리고 나이 일흔 이상인 노인은 임금이 직접 찾아가 보살피며 그들에게 이렇게 말하였다.

"왕의 부친 뻘인데 감히 의견을 받들지 않겠습니까?"

旣弑厲公, 欒武子使智武子·彘恭子如周迎悼公.

庚午, 大夫逆于清原.

公言於諸大夫曰:「孤始願不及此, 孤之及此, 天也. 抑人之有元君, 將稟命焉. 若稟而棄之, 是焚穀也; 其稟而不材, 是穀不成也. 穀之不成, 孤之咎也; 成而焚之, 二三子之虐也. 孤欲長處其願, 出令將不敢不成; 二三子爲令之不從, 故求元君而訪焉. 孤之不元, 廢也, 其誰怨? 元而虐奉之, 二三子之制也. 若欲奉元以濟大義, 將在今日; 若欲暴虐以離百姓, 反易民常, 亦在今日. 圖之進退, 願白今日.」

大夫對曰:「君鎭撫羣臣而大庇廕之, 無乃不堪君訓而陷於大戮, 以煩刑·史, 辱君之允令, 敢不承業?」

乃盟而入.

辛巳, 朝于武宮. 定百事, 立百官, 育門子, 選賢良, 興舊族, 出滯賞, 畢故刑, 赦囚繫, 宥閒罪, 薦積德, 逮鰥寡, 振廢淹, 養老幼, 恤孤疾, 年過七十, 公親見之, 稱曰:「王父, 敢不承?」

【欒武子】欒書.

【智武子】荀罃. 진나라의 正卿.

【彘恭子】士魴. 士會의 아들이며 식읍이 彘였음. 그 때문에 彘季로도 불리며 시호는 恭.

【悼公】公孫周. 즉위하기 전에 周 王室에서 單襄公을 섬겼으며, 선양공이 그를 매우 칭찬하고 알아 주었음. 도공이 돌아와 즉위했을 때 겨우 14살이었으며 선양공이 사람을 알아보는 데 뛰어났음을 말함.

【庚午】《左傳》에 의하면, 魯 成公 18년(B.C.573) 正月 15일이었음.

【淸原】晉나라 땅. 지금의 山西 稷山縣 동남쪽 일대.

【元君】원래는 제후들의 우두머리. 천자가 제후들 중에 뛰어난 자를 지정하여 그들을 이끌도록 임무를 부여받은 제후왕을 가리킴. 여기서는 현명한 군주라는 뜻으로도 쓰였음.

【焚穀】곡식을 태워 불을 쬠. 곡식은 사람이 먹고사는 생명인데, 이를 태우는 것은 마치 임금을 버리는 것과 같다는 뜻.

【刑史】刑은 형법을 관장하는 法官. 史는 역사를 기록하는 史官. 잘못을 저지르면 형벌을 받고 역사에 기록되어 영원히 그 오명을 남긴다는 뜻.

【辛巳】魯 成公 18년 정월 26일에 해당함.

【武宮】武公의 사당. 무공은 도공 支派의 진나라 시조 世系. 그 때문에 무공 이후 즉위한 자는 반드시 무공의 사당에 제사를 올림.

【門子】 대부의 嫡孫이나 嫡子.

【出滯賞】 공이 있어 상을 받아야 될 사람들이었으나, 아직 상을 받지 못한 자를 불러내어 상을 내림.

【畢故刑】 형을 받고 있으나, 아직 형기를 다 마치지 못한 자를 감형하여 형이 끝난 것으로 인정해 줌.

【赦囚繫】 판결을 기다리고자 수감 중인 자.

【宥閒罪】 혐의만 있는 자를 관대하게 처리함.

【廢淹】 인재를 방치한 채 세월을 보냄.

참고 및 관련 자료

1. 《左傳》 成公 18年

十八年春王正月庚申, 晉欒書·中行偃使程滑弑厲公, 葬之于翼東門之外, 以車一乘. 使荀罃·士魴逆周子于京師而立之, 生十四年矣. 大夫逆于淸原. 周子曰:「孤始願不及此, 雖及此, 豈非天乎! 抑人之求君, 使出命也. 立而不從, 將安用君? 二三子用我今日, 否亦今日. 共而從君, 神之所福也.」對曰:「羣臣之願也, 敢不唯命是聽.」庚午, 盟而入, 館于伯子同氏. 辛巳, 朝于武宮. 逐不臣者七人. 周子有兄而無慧, 不能辨菽麥, 故不可立.

157(13-2) 悼公即位
도공이 즉위하다

2월 을유乙酉, 진晉 도공悼公이 즉위하였다.

그리고 여선자呂宣子, 呂相를 하군下軍 주수主帥로 임명하면서 이렇게 말하였다.

"필邲 땅에서의 전투에서 여기呂錡는 지장자智莊子, 荀首를 하군(上軍, 下軍의 오기)에서 도와 초楚나라 공자公子 곡신穀臣을 사로잡고 연윤連尹 양로襄老를 사살하여 자우子羽, 荀罃를 구출하는 공을 세웠었소. 그런가 하면 언릉鄢陵 전투에서는 직접 초楚 공왕恭王을 쏘아 맞추고 초나라 군사를 대패시켜 우리 진晉나라를 안정시켰소. 그럼에도 후손이 변변히 대접을 받지 못하였으니, 그 자손을 높이 발탁하여 등용하지 아니할 수 없소."

다음으로 체공자彘恭子, 士魴로 하여금 신군新軍을 거느리도록 하면서 이렇게 말하였다.

"이는 범무자范武子의 막내아들이며, 범문자范文子의 친아우이다. 무자는 법을 잘 펴서 우리 진나라를 안정시켰으며, 지금까지 그가 만든 법을 사용하고 있다. 문자는 몸소 부지런히 하여 제후를 안정시켜 지금까지 그의 덕을 보고 있다. 무릇 이 두 분의 공덕을 가히 잊을 수 있겠는가!"

그리하여 체계彘季, 士魴로 하여금 그의 종실을 보위하도록 하였다.

이번에는 영호문자令狐文子, 魏頡에게 신군新軍 부수副帥의 직책을 맡기면서 이렇게 말하였다.

"옛날 노潞 땅에서의 전투에서 진秦나라가 우리를 완전히 패배시키고자 달려들 때, 위과魏顆가 직접 나서서 진나라 군사를 보씨輔氏에서 퇴각시키고 곧바로 두회杜回를 사로잡아, 그의 공훈이 경공景公의 종鍾에 기록될 정도였다. 그러나 지금까지 제대로 천거를 받지 못하였으니 그 자손을 발탁하지 아니할 수 없다."

임금은 사정자士貞子, 士渥濁가 뜻이 솔직하며 널리 배워 남을 가르치는 데에 뛰어남을 알고 그를 태부太傅로 삼았다. 그리고 우행신右行辛, 賈辛이 통계에 능하며 물리物理에 능통함을 알고 그를 원사공元司空으로 삼았으며, 난규欒糾가 수레를 모는 데 능통하며 군정軍政에 화합을 이룬다는 것을 알고 그를 융어戎御로 삼았으며, 순빈荀賓이 힘이 세면서도 포악하지 않음을 알고 그를 융우戎右로 삼았다.

난백欒伯, 欒書이 공족대부公族大夫를 임명할 것을 청하자 도공은 이렇게 말하였다.

"순가荀家는 돈독하고 은혜로우며, 순회荀會는 문아하고 민첩하다. 그리고 난염欒黶은 과감하며, 무기無忌는 정서가 안정되어 있으니 이 네 사람을 공족대부로 삼도록 한다. 무릇 고량진미에 빠진 귀족 자제는 그 성품을 바로잡기가 어렵다. 그러므로 돈독하고 은혜로운 순가가 이들을 가르치며, 문아하고 민첩한 순회가 이들을 인도하며, 과감한 난염이 이들을 말로 달래며, 정서가 안정된 무기가 이들을 고쳐 주도록 하라. 돈독하고 은혜로운 자가 가르치면 두루 살피고 게으름이 없어질 것이며, 문아하고 민첩한 자가 가르치면 부드러워지고 남을 가르침이 먹혀 들어갈 것이며, 과감한 자가 말로 달래면 허물을 숨기지 않게 될 것이며, 정서가 안정된 자가 가르치면 한 가지 일에 전념하게 될 것이다."

이에 이 네 사람을 공족대부로 삼았다.

도공은 기해祁奚가 과단성이 있으며 일탈함이 없음을 알고 그를 원위元尉, 中軍尉로 삼고, 양설직羊舌職이 총명하고 민첩하며 엄숙함을 알고 그로 하여금 기해를 보좌하도록 하였으며, 위강魏絳이 용기가 있고 흔들리지 않는 성격임을 알고 그를 원사마元司馬, 中軍司馬로 삼았다. 그리고 장로張老가 지혜롭고 속임이 없는 것을 알고 그를 원후元候,

中軍候正으로 삼았다. 탁알구鐸遏寇가 공손하고 믿음이 강함을 알고 그를 여위輿尉, 上軍尉로 삼았으며, 적언籍偃이 맡은 직책에 충실하며 공손함을 알고 그를 여사마輿司馬, 上軍司馬로 삼았으며, 정정程鄭이 단정하고 일탈함이 없을뿐더러 간언하기를 좋아하며 숨김이 없음을 알고 그를 찬복贊僕으로 삼았다.

二月乙酉, 公卽位.

使呂宣子將下軍, 曰:「邲之役, 呂錡佐智莊子於上軍, 獲公子穀臣與連尹襄老, 以免子羽. 鄢之役, 親射楚王而敗楚師, 以定晉國而無後, 其子孫不可不崇也.」

使彘恭子將新軍, 曰:「武子之季·文子之母弟也. 武子宣法以定晉國, 至於今是用. 文子勤身以定諸侯, 至於今是賴. 夫二子之德, 其可忘乎!」

故以彘季屛其宗.

使令狐文子佐之, 曰:「昔克潞之役, 秦來圖敗晉功, 魏顆以其身卻退秦師于輔氏, 親止杜回, 其勳銘於景鍾, 至于今不育, 其子不可不興也.」

君知士貞子之帥志博聞而宣惠於敎也, 使爲太傅.

知右行辛之能以數宣物定功也, 使爲元司空. 知欒糾之能御以和于政也, 使爲戎御. 知荀賓之有力而不暴也, 使爲戎右.

欒伯請公族大夫, 公曰:「荀家惇惠, 荀會文敏, 黶也果敢, 無忌鎭靜, 使玆四人者爲之. 夫膏粱之性難正也, 故使惇惠者敎之, 使文敏者導之, 使果敢者諗之, 使鎭靜者修之. 惇惠者敎之, 則徧而不倦; 文敏者導之, 則婉而入; 果敢者諗之, 則過不隱; 鎭靜者修之, 則壹.」

使玆四人者爲公族大夫.

公知祁奚之果而不淫也, 使爲元尉. 知羊舌職之聰敏肅給也, 使佐之. 知魏絳之勇而不亂也, 使爲元司馬. 知張老之智而不詐也, 使爲元候. 知鐸遏寇之恭敬而信彊也, 使爲輿尉. 知籍偃之惇帥舊職而恭給也, 使爲輿司馬. 知程鄭端而不淫, 且好諫而不隱也, 使爲贊僕.

【二月乙酉】 B.C.572년 2월 초하루. 《左傳》에는 '二月乙酉朔'이라 하였음.

【呂宣子】 呂錡의 아들 呂相, 시호가 宣子였음.

【邲之役】 '韓之役'이라고도 하며, 韓原(지금의 山西 芮城縣)에서 魯 僖公 15년(B.C.645) 10월 晉나라가 秦나라와 그곳의 邲 땅에서 전투를 벌여 晉나라가 대패한 전투.

【呂錡】 魏錡. 魏犨의 아들(혹 손자)이며 廚 땅에 봉해졌으며 시호는 武. 그 때문에 혹 廚武子라고도 함.

【智莊子】 智氏는 晉나라 六卿의 하나로 혹 '知'로도 쓰며 원래는 荀氏 성이었음. 知莊子는 荀首. 당시 下軍大夫였음. 呂錡는 당시 순수의 御夫였음. 본문의 '上軍'은 '下軍'의 오기로 보임.

【公子穀臣】 楚나라 왕자.

【連尹】 楚나라 관직 이름.

【子羽】 智莊子(荀首)의 아들 荀罃. 자는 子羽. 이 전쟁에서 楚나라 熊負羈에게 포로가 되자, 아버지 荀首가 이를 구하러 나섰을 때 呂錡가 순수의 수레를 몰았고, 그때 초나라 公子 穀臣을 사로잡고 連尹 襄老를 사살하였음. 뒤에 곡신과 양로의 시신을 순앵과 맞바꾸었음.

【鄢之役】 鄢陵之戰을 말함. 魯 成公 16년(B.C.575) 晉나라와 楚나라가 언릉에서 싸워 초나라 군대가 크게 패한 전투. 이때 呂錡가 楚 恭王의 눈을 화살로 맞추었으나 곧이어 초나라의 명사수 養由基의 화살에 자신도 맞아 죽고 말았음.

【武子】 范武子 士會.

【文子】 范文子 士燮.

【彘季】 彘恭子 士魴.

【令狐文子】魏頡. 魏犨의 손자이며 魏顆의 아들. 시호는 文子. 식읍이 令狐였음.
【潞之役】'潞'는 고대 나라 이름. 赤狄의 별종으로 지금의 山西 潞城縣 동북쪽에 근거하고 있었음. 魯 宣公 15년(B.C.594) 晉나라가 潞나라를 공격하여 6월 18일 荀林父가 曲梁(지금의 潞城縣 서쪽)에서 대승하였고, 26일에 드디어 潞나라가 멸망하고 말았음. 그러자 7월 秦나라가 그 틈에 晉나라를 쳐 輔氏 땅에 주둔하면서 전투를 벌여 魏顆가 패배하였고 杜回는 포로가 되었음.
【輔氏】지명. 晉나라 땅으로 지금의 陝西 大荔縣 동쪽이었음.
【杜回】秦나라 力士.
【景鍾】晉 景公의 종으로 보물로 여기고 있었음.
【士貞子】士渥濁. 士伯, 貞伯, 士貞伯으로도 부름. 士穆子의 아들.
【右行辛】晉나라 대부 賈辛.
【元司空】《左傳》成公 18년에 "右行辛爲司空"이라 함. 司空은 벼슬 이름으로 토목 건설 등을 담당하는 관직.
【欒糾】弁糾로도 부르며 晉나라 대부.
【戎御】전쟁에서 임금이 타는 戰車.
【荀賓】晉나라 대부.
【戎右】戎御의 오른쪽에서 호위하는 戰車나 보병.
【荀家】晉나라 대부.
【荀會】荀家의 친척으로 역시 晉나라 대부.
【黶】欒黶. 欒桓子. 欒書의 아들.
【無忌】韓厥의 아들 公孫穆子.
【祁奚】晉나라 대부. 高梁伯의 아들이며 자는 黃羊. 식읍이 祁 땅이었으며 祁午의 아버지.
【元尉】中軍尉. 당시 晉나라 군대 편제로 元은 中軍, 輿은 上軍을 말함.
【羊舌職】晉나라 대부. 羊舌大夫(羊舌突)의 아들이며 羊舌肸(叔向)의 아버지.
【魏絳】魏犨의 아들이며 시호는 莊子. 晉나라 中軍司馬.
【元司馬】中軍司馬.
【張老】晉나라 대부. 이름이 老이며 자는 孟. 그 때문에 張孟으로도 부름.
【元候】中軍의 斥候兵. 候는 候奄, 또는 候正으로도 부르며 정탐을 임무로 하는 군대의 병사를 말함.

【鐸遏寇】 晉나라 대부.
【輿尉】 上軍尉.
【籍偃】 籍遊. 籍季의 아들이며 籍談의 아버지. 晉나라 대부.
【輿司馬】 上軍司馬.
【程鄭】 晉나라 대부. 荀驩의 증손이며 程季子의 아들.
【贊僕】 임금의 필마를 관장하는 馬夫의 우두머리. 車夫.

참고 및 관련 자료

1. 《左傳》 成公 18年

二月乙酉朔, 晉悼公卽位于朝. 始命百官, 施舍·已責, 逮鰥寡, 振廢滯, 匡乏困, 救災患, 禁淫慝, 薄賦斂, 宥罪戾, 節器用, 時用民, 欲無犯時. 使魏相·士魴·魏頡·趙武爲卿; 荀家·荀會·欒黶·韓無忌爲公族大夫, 使訓卿之子弟共儉孝弟. 使士渥濁爲大傅, 使修范武子之法; 右行辛爲司空, 使修士蔿之法. 弁糾御戎, 校正屬焉, 使訓諸御知義. 荀賓爲右, 司士屬焉, 使訓勇力之士時使. 卿無共御, 立軍尉以攝之. 祁奚爲中軍尉, 羊舌職佐之; 魏絳爲司馬, 張老爲候奄. 鐸遏寇爲上軍尉, 籍偃爲之司馬, 使訓卒·乘, 親以聽命. 程鄭爲乘馬御, 六騶屬焉, 使訓羣騶知禮. 凡六官之長, 皆民譽也. 擧不失職, 官不易方, 爵不踰德, 師不陵正, 旅不偪師, 民無謗言, 所以復霸也.

2. 《史記》 晉世家

閏月乙卯, 厲公游匠驪氏, 欒書·中行偃以其黨襲捕厲公, 囚之, 殺胥童, 而使人迎公子周于周而立之, 是爲悼公.

悼公元年正月庚申, 欒書·中行偃弑厲公, 葬之以一乘車. 厲公囚六日死, 死十日庚午, 智罃迎公子周來, 至絳, 刑雞與大夫盟而立之, 是爲悼公. 辛巳, 朝武宮. 二月乙酉, 卽位.

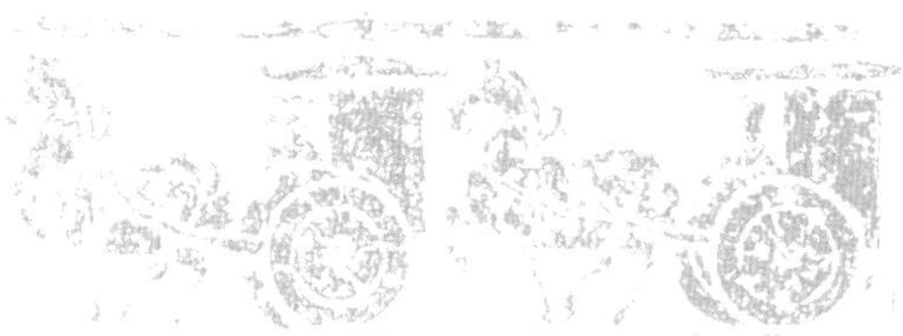

158(13-3) 悼公始合諸侯
도공이 비로소 제후를 규합하다

진晉 도공悼公이 비로소 제후들을 허정虛朾에 모아 송宋나라를 구원하는 문제를 토론하면서, 장로張老로 하여금 사방을 돌아다니며 임금을 칭송하는 한편, 도를 갖춘 자와 역란逆亂을 획책하는 자들을 살피게 하였다.

여선자呂宣子가 죽자, 도공은 조문자趙文子가 문치가 있고 게다가 능히 큰일을 잘 처리한다고 여겨, 그를 신군新軍의 부수副帥로 삼았다.

3년, 도공은 비로소 제후들을 모아 회합을 가졌다.

4년, 제후들을 계구雞丘로 불러 명령을 선포하고 서로 돕기를 맹약하고, 외교를 열고 옛 회맹을 다시 확인하고 귀국하였다.

그리고 영호문자令狐文子가 죽자, 도공은 위강魏絳이 법을 엄격하게 집행한다고 여겨 그를 신군부수로 삼고, 장로를 사마司馬로 삼았으며, 범헌자范獻子를 후엄候奄으로 삼았다. 이로서 경공의 이름은 멀리 융족戎族에게까지 퍼져 나갔다.

5년, 여러 융족들이 찾아와 신복臣服하기를 청하자, 위장자魏莊子를 보내어 그들과 회맹을 갖도록 하여, 이에 비로소 패자의 지위를 회복하였다.

도공 4년, 계구에서 제후들을 모아 회맹할 때, 위강이 중군사마였는데 마침 도공의 아우 공자公子 양간揚干이 곡량曲梁에서 군 행렬을 흩어놓는 잘못을 저질렀다. 위강은 이에 공자의 마부를 대신 목을 베었다.

이를 안 도공이 양설적羊舌赤에게 이렇게 말하였다.

"과인이 제후들을 불러 회맹을 하고 있는데 위강이 과인의 아우를 욕보였소. 나를 위해 그를 놓치지 말고 잡아들이시오."

양설직이 이렇게 말하였다.

"제가 듣기로 위강은 의지가 굳어, 일이 벌어지면 어떠한 어려움도 피하지 아니하며, 죄가 있으면 형벌도 피하지 아니한다 하니, 곧 그가 와서 사건을 설명할 것입니다."

그 말이 끝나기가 무섭게 과연 위강이 나타나 복인僕人에게 편지를 주면서 자신은 칼을 대고 엎어져 죽으려 하였다.

사방士魴과 장로가 나서서 이를 저지하였고, 복인이 그 편지를 도공에게 주자 도공이 읽어 내려갔다.

"저는 양간을 책벌한 일로 죽음을 잊지 않고 있습니다. 지난날 임금께서 시킬 사람이 모자라자 저에게 중군사마의 직책을 맡기셨습니다. 제가 듣기로 군대에서는 군기를 따르는 것이 '무武'이며 군대의 직무로써 죽을지언정 군법을 범하지 않는 것이 '경敬'이라 하였습니다. 임금께서 제후를 모아 회담을 하고 있는데 제가 감히 그 '경'을 지키지 않을 수 없었습니다. 그런데 임금께서 불쾌하게 여기고 계시다니 죽음을 청합니다."

도공은 맨발로 쫓아나와 이렇게 말하였다.

"과인의 말은 형제의 예를 두고 한 것이오. 그대가 벌을 준 것은 군대의 직무였소. 청컨대 과인의 과실을 가중시키지 말아 주시오."

회맹의 일을 끝내고 돌아와 연회를 베풀어 그와 더불어 예를 갖추며 위강을 신군부수로 승진 임명하였다.

始合諸侯于虛朾以救宋, 使張老延君譽于四方, 且觀道逆者.

呂宣子卒, 公以趙文子爲文也, 而能恤大事, 使佐新軍.

三年, 公始合諸侯.

四年, 諸侯會于雞丘, 於是乎布命·結援·修好·申盟而還.

令狐文子卒, 公以魏絳爲不犯, 使佐新軍. 使張老爲司馬, 使范獻子爲候奄. 公譽達于戎.

五年, 諸戎來請服, 使魏莊子盟之, 於是乎始復霸.

四年, 會諸侯於雞丘, 魏絳爲中軍司馬, 公子揚干亂行於曲梁, 魏絳斬其僕.

公謂羊舌赤曰:「寡人屬諸侯, 魏絳戮寡人之弟, 爲我勿失.」

赤對曰:「臣聞絳之志, 有事不避難, 有罪不避刑, 其將來辭.」

言終, 魏絳至, 授僕人書而伏劍.

士魴·張老交止之. 僕人授公, 公讀書曰:「臣誅於揚干, 不忘其死. 日君乏使, 使臣狃中軍之司馬. 臣聞師衆以順爲武, 軍事有死無犯爲敬, 君合諸侯, 臣敢不敬, 君不說, 請死之.」

公跣而出, 曰:「寡人之言, 兄弟之禮也. 子之誅, 軍旅之事也, 請無重寡人之過.」

反役, 與之禮食, 令之佐新軍.

【虛朾】宋나라 땅. 지금의 河南 延津縣 동쪽. 魯 成公 18년(B.C.573) 楚나라가 송나라를 칠 때, 송나라에서 반란을 일으켰다가 초나라로 도망 온 石魚 등을 강제로 되돌려 보내자, 이에 晉 悼公이 魯·宋·衛·邾·齊 등 제후와 대부들을 허정에 모아 송나라를 구원할 방책을 토의하였음.

【張老】晉나라 대부. 이름이 老이며 자는 孟. 그 때문에 張孟으로도 부름.

【道逆者】도덕을 갖춘 자와 역모를 꾀한 자.

【呂宣子】呂相. 당시 下軍元帥였음.

【趙文子】趙武. 趙盾의 손자이며 趙朔의 아들. 趙孟으로도 부름.

【三年】晉 悼公 3년, 즉 魯 襄公 3년(B.C.570)

【雞丘】《左傳》에는 '雞澤'으로 되어 있으며 계택은 지금의 河北 邯鄲市 동쪽. 계구는 그 남쪽이며 지금의 肥鄕과 成安 두 縣으로부터 그리 멀지 않은 곳임.

【令狐文子】魏頡. 당시 新軍副帥였음.

【魏絳】魏犨의 아들이며 시호는 莊子. 晉나라 中軍司馬.

【司馬】魏絳이 원래 中軍司馬였음.

【范獻子】 晉나라 卿인 士富. 范文子의 족제.
【魏莊子】 魏絳. 魏犨의 아들이며 시호는 莊子. 晉나라 中軍司馬.
【候奄】 候正. 偵探과 諜報 등을 담당하는 군의 직책.
【公子揚干】 悼公의 아우.
【曲梁】 晉나라 지명. 雞澤의 동북쪽. 雞丘에 가까웠음.
【羊舌赤】 羊舌職의 아들이며 자는 伯華. 魯 襄公 3년(B.C.570) 羊舌職이 세상을 떠나자, 도공이 羊舌赤을 中軍尉佐(副尉)로 삼고, 祁奚를 대신하여 그 아들 祁午를 中軍尉로 삼음. 당시 魏絳은 中軍司馬였으며 軍尉가 司馬보다 높아 도공이 양설적으로 하여금 위강을 체포하도록 한 것임.
【僕人】 관직 이름. 긴급한 일을 보고하는 임무를 맡았음.
【跣】 맨발. 경의를 표시한 것임.

참고 및 관련 자료

1. 《左傳》 成公 18年

十二月, 孟獻子會于虛朾, 謀救宋也. 宋人辭諸侯而請師以圍彭城. 孟獻子請于諸侯而先歸會葬.

2. 《左傳》 襄公 3年

六月, 公會單頃公及諸侯. 己未, 同盟于鷄澤. 晉侯使荀會逆吳子于淮上, 吳子不至.

3. 《史記》 晉世家

三年, 晉會諸侯. 悼公問群臣可用者, 祁傒擧解狐. 解狐, 傒之仇. 復問, 擧其子祁午. 君子曰: 「祁傒可謂不黨矣! 外擧不隱仇, 內擧不隱子.」 方會諸侯, 悼公弟楊干亂行, 魏絳戮其僕. 悼公怒, 或諫公, 公卒賢絳, 任之政, 使和戎, 戎大親附. 十一年, 悼公曰: 「自吾用魏絳, 九合諸侯, 和戎·翟, 魏子之力也.」 賜之樂, 三讓乃受之. 冬, 秦取我櫟.

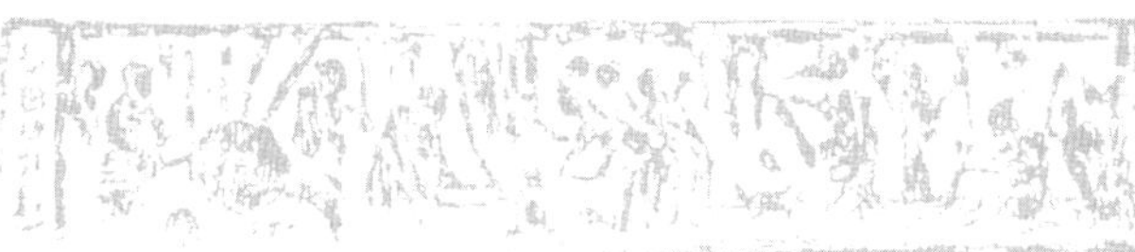

159(13-4) 祁奚薦子午以自代
기해가 기오를 추천하여 자신의 뒤를 잇도록 하다

기해祁奚가 군위軍尉의 직책에서 물러나고자 하자 도공悼公이 물었다.

"누가 그대의 뒤를 잇게 하면 좋겠소?"

기해가 대답하였다.

"제 아들 기오祁午가 적당합니다. 사람들은 '신하를 선택함에 임금만큼 잘 아는 이가 없고, 아들을 택함에는 아비만큼 잘 아는 이가 없다'라 합니다. 기오는 어릴 때 완곡하여 내 명령을 따랐고, 놀이에도 그 방향을 일러 주었으며, 다른 곳에 처해도 그 위치를 일러 주었고, 배우기를 좋아하되 놀이는 즐겨하지 않았습니다. 자라서는 뜻을 강하게 가지면서 아비의 명령을 준수하였으며, 자신의 업을 지켜 마구함이 없었습니다. 그리고 관례冠禮를 치른 다음에는 온화하고 안정되어 공경하기를 좋아하고, 작은 물건에도 부드럽게 은혜를 베풀었으며, 대사大事에 진중하여 안정되어 있으며, 곧은 바탕을 가지고 있으면서도 유탕流蕩한 마음을 없이 하였습니다. 의義가 아니면 뜻을 바꾼 적이 없으며, 윗사람의 명령이 아니면 어떤 행동도 한 적이 없습니다. 만약 군무를 다스리는 일에 임한다면, 저보다 훨씬 잘해 낼 것입니다. 저는 능한 바로써 선택하여 추천하는 것이니, 임금께서는 의에 비추어 살펴 주시기를 청합니다."

도공은 기오를 군위로 임명하였다. 그로부터 평공平公이 죽을 때까지 기오로 인해 군무에 그릇된 행정이 없었다.

祁奚辭於軍尉, 公問焉, 曰:「孰可?」

對曰:「臣之子午可. 人有言曰:『擇臣莫若君, 擇子莫若父.』

午之少也, 婉以從令, 遊有鄕, 處有所, 好學而不戲. 其壯也, 彊志而用命, 守業而不淫. 其冠也, 和安而好敬, 柔惠小物, 而鎭定大事, 有直質而無流心, 非義不變, 非上不擧. 若臨大事, 其可以賢於臣. 臣請薦所能擇而君比義焉.」

公使祁午爲軍尉, 歿平公, 軍無秕政.

【祁奚】 晉나라 대부로 자는 黃羊. 晉 悼公 원년(B.C.572) 中軍軍尉로 임명되었으나, 이때 늙음을 이유로 퇴휴함.

【公】 晉 厲公의 뒤를 이은 悼公을 가리킴. B.C.572~558년까지 15년간 재위함.

【游有鄕】 鄕은 嚮, 向, 方과 같음. 《論語》 里仁篇에 "子曰: 「父母在, 不遠遊, 遊必有方.」"이라 함.

【冠】 관례를 치른 나이. 20살을 말함. 《禮記》 曲禮(上)에 "人生十年曰幼, 學. 二十曰弱, 冠. 三十曰壯, 有室. 四十曰强, 而仕. 五十曰艾, 服官政. 六十曰耆, 指使. 七十曰老, 而傳. 八十九十曰耄, 七年曰悼, 悼與耄, 雖有罪, 不加刑焉. 百年曰期, 頤"라 함.

【柔惠】 부드럽고 은혜롭게 대함.

【大事】 전쟁 등 국가의 큰 일.

【流】 流蕩함. 제멋대로 함.

【比義】 의에 견주어 그를 잣대로 삼음.

【歿平公】 平公은 悼公의 아들로 이름은 彪. B.C.557~532년까지 26년간 재위함.

【秕政】 비는 원래 곡식 낟알의 쭉정이를 말함. 여기서는 잘못되거나 허술한 행정을 뜻함.

참고 및 관련 자료

1. 《左傳》 襄公 3年

祁奚請老, 晉侯問嗣焉. 稱解狐, 其讐也, 將立之而卒. 又問焉, 對曰: 「午也可.」 於是羊舌職死矣, 晉侯曰: 「孰可以代之?」 對曰: 「赤也可.」 於是使祈午爲中軍尉, 羊舌赤佐之.

2.《韓非子》 外儲說左下

中牟無令, 晉平公問趙武曰:「中牟, 三國之股肱, 邯鄲之肩髀, 寡人欲得其良令也, 誰使而可?」武曰:「邢伯子可.」公曰:「非子之讐也?」曰:「私讐不入公門.」

3.《韓非子》 外儲說左下

解狐薦其讎於簡子以爲相, 其讎以爲且幸釋己也, 乃因往拜謝, 狐乃引弓送而射之, 曰:「夫薦汝公也, 以汝能當之也. 夫讎汝, 吾私怨也, 不以私怨汝之故擁汝於吾君, 故私怨不入公門.」

4.《韓非子》 外儲說左下

一曰, 解狐擧邢伯柳爲上黨守, 柳往謝之曰:「子釋罪, 敢不再拜.」曰:「擧子公也, 怨子私也, 子往矣, 怨子如初也.」

5.《呂氏春秋》 去私篇

晉平公問於祁黃羊曰:「南陽無令, 其誰可而爲之?」祁黃羊對曰:「解狐可.」平公曰:「解狐非子之讎邪?」對曰:「君問可, 非問臣之讎也.」平公曰:「善.」遂用之, 國人稱善焉.

6.《韓詩外傳》 卷9

魏文侯問於解狐曰:「寡人將立西河之守, 誰可用者?」解狐對曰:「荊伯柳者賢人, 殆可.」文侯曰:「是非子之讎也?」對曰:「君問可, 非問讎也.」於是將以荊伯柳爲西河守. 荊伯柳問左右:「誰言我於吾君?」左右皆曰:「解狐.」荊伯柳往見解狐而謝之曰:「子乃寬臣之過也, 言於君. 謹再拜謝.」解狐曰:「言子者公也, 怨子者私也. 公事已行, 怨子如故.」張弓射之, 走十步而沒, 可謂勇矣. 詩曰:『邦之司直.』

7.《新序》 卷1

晉大夫祁奚老, 晉君問曰:「孰可使嗣?」祁奚對曰:「解狐可.」君曰:「非子之讎邪?」對曰:「君問可, 非問讎也.」晉遂擧解狐. 後又問:「孰可以爲國尉?」祁奚對曰:「午也可.」君曰:「非子之子邪?」對曰:「君問可, 非問子也.」君子謂祁奚能擧善矣. 稱其讎不爲諂, 立其子不爲比. 書曰:『不偏不黨, 王道蕩蕩.』祁奚之謂也. 外擧不避仇讎, 內擧不回親戚, 可謂至公矣. 唯善, 故能擧其類. 詩曰:『唯其有之, 是以似之.』祁奚有焉.

8.《說苑》 至公篇

晉文公問於咎犯曰:「誰可使爲西河守者?」咎犯對曰:「虞子羔可也.」公曰:「非汝之讐也?」對曰:「君問可爲守者, 非問臣之讐也.」羔見咎犯而謝之曰:「幸赦臣之過,薦之於君, 得爲西河守.」咎犯曰:「薦子者, 公也, 怨子者, 私也, 吾不以私事害公義, 子其去矣, 顧吾射子也.」

9.《史記》晉世家

三年, 晉會諸侯. 悼公問群臣可用者, 祁傒擧解狐. 解狐, 傒之仇. 復問, 擧其子祁午. 君子曰:「祁傒可謂不黨矣! 外擧不隱仇, 內擧不隱子.」

10. 기타 참고자료

《類說》28·《太平御覽》429, 482·《冊府元龜》901

160(13-5) 魏絳諫悼公伐諸戎
위강이 도공이 여러 융을 치는 일을 간하다

진晉 도공悼公 5년, 산융山戎 무종無終 나라의 임금 가보嘉父가 그 신하 맹락孟樂으로 하여금 위장자魏莊子를 소개로 호표虎豹 가죽을 바치면서 자신들 여러 융족과 화친을 맺어 줄 것을 청하였다.

도공이 말하였다.

"융적戎狄은 친함도 없고 얻기만을 좋아하니 정벌해 버리는 것이 낫겠다."

그러자 위강(魏絳, 위장자)이 이렇게 말하였다.

"군사에게 노고로움을 끼쳐가면서 융적을 치다가는 중원을 잃게 됩니다. 비록 공을 세운다 해도 금수를 얻고 사람을 잃는 것이 되는 것이니 어찌 군사를 쓴다는 것입니까? 게다가 융적은 풀을 따라 이동하는 사람들로서 재화는 귀히 여기되 영토는 가볍게 보고 있습니다. 그들에게 재물을 주면서 대신 영토를 얻는다면 그것이 첫째 이익이 될 것이요, 그렇게 얻은 변방에 우리가 농사를 지으면서 경계심을 갖지 않아도 되니 두 번째 이익이 될 것이며, 융적이 우리 진晉나라를 섬긴다면 사방 이웃들이 놀라지 않을 자가 없게 될 것이니 이것이 세 번째 이익이 될 것입니다. 임금께서는 시도해 보시기 바랍니다!"

도공은 즐거워하였다. 그리하여 위강을 보내어 여러 융족들을 위무하게 하여 드디어 패업을 이룰 수 있게 되었다.

五年, 無終子嘉父使孟樂因魏莊子納虎豹之皮以和諸戎.

公曰:「戎·狄無親而好得, 不若伐之.」

魏絳曰:「勞師於戎, 而失諸華, 雖有功, 猶得獸而失人也, 安用之? 且夫戎·狄荐處, 貴貨而易土. 予之貨而獲其土, 其利一也; 邊鄙耕農不儆, 其利二也; 戎·狄事晉, 四鄰莫不震動, 其利三也. 君其圖之!」

公說, 故使魏絳撫諸戎, 於是乎遂伯.

【午年】悼公 5년. 魯 襄公 5년 癸巳에 해당함. B.C.568년. 그러나 《左傳》에는 襄公 4년으로 되어 있음.

【無終子】無終은 山戎의 나라 이름. 山西 太原 동쪽에 있었으며, 뒤에 晉나라에게 망하자 지금의 河北 淶源縣 일대로 옮겼다 함. 자는 고대 이민족 군주에게 붙이는 子爵이라는 稱謂상의 의미.

【嘉父】無終國의 군주 이름.

【孟樂】무종국의 대신.

【魏莊子】魏絳. 魏犨의 아들이며 시호는 莊子. 晉나라 中軍司馬.

【荐處】물가의 풀을 따라 이동하면서 유목생활을 함.

【易】가볍게 여김. 경홀히 여김. 쉽게 여김.

【儆】경계함. 경계심을 늦추지 않음.

【伯】'霸'와 같음. 霸業을 이룸. 霸者가 됨.

참고 및 관련 자료

1. 《左傳》 襄公 4年

無終子嘉父使孟樂如晉, 因魏莊子納虎豹之皮, 以請和諸戎. 晉侯曰:「戎狄無親而貪, 不如伐之.」魏絳曰:「諸侯新服, 陳新來和, 將觀於我. 我德, 則睦; 否, 則攜貳. 勞師於戎, 而楚伐陳, 必弗能救, 是棄陳也. 諸華必叛. 戎, 禽獸也. 獲戎·失華, 無乃不可乎! 夏訓有之曰: '有窮后羿'」公曰:「后羿何如?」對曰:「昔有夏之方衰也, 后羿自鉏遷于窮石, 因夏民以代夏政. 恃其射也, 不脩民事, 而淫于原獸, 棄武羅·伯因·熊髡·尨圉, 而用寒浞. 寒浞, 伯明氏之讒子弟也, 伯明後寒棄之,夷羿收之, 信而使之, 以爲己相. 浞行媚于內, 而施賂于外, 愚弄其民, 而虞羿于田. 樹之詐慝, 以取其國家, 外內咸服. 羿猶不悛, 將歸自田, 家衆殺而亨之, 以食其子, 其子不忍食諸, 死于窮門. 靡奔有鬲氏. 浞因羿室, 生澆及豷, 恃其讒慝詐僞, 而不德于民, 使澆用師, 滅斟灌及斟尋氏. 處澆于過, 處豷于戈. 靡自有鬲氏, 收二國之燼, 以滅浞而立少康. 少康滅澆于過, 后杼滅豷于戈, 有窮由是遂亡, 失人故也. 昔周辛甲之爲大史也, 命百官, 官箴王闕. 於虞人之箴曰: '芒芒禹迹, 畫爲九州, 經啓九道. 民有寢·廟, 獸有茂草; 各有攸處, 德用不擾. 在帝夷羿, 冒于原獸, 忘其國恤, 而思其麀牡. 武不可重, 用不恢于夏家. 獸臣司原, 敢告僕夫.' 虞箴如是, 可不懲乎?」於是晉侯好田, 故魏絳及之. 公曰: 「然則莫如和戎乎?」對曰: 「和戎有五利焉, 戎狄荐居, 貴貨易土, 土可賈焉, 一也. 邊鄙不聳, 民狎其野, 穡人成功, 二也. 戎狄事晉, 四鄰振動, 諸侯威懷, 三也. 以德綏戎, 師徒不勤, 甲兵不頓, 四也. 鑒于后羿, 而用德度, 遠至·邇安, 五也. 君其圖之!」公說, 使魏絳盟諸戎. 修民事, 田以時.

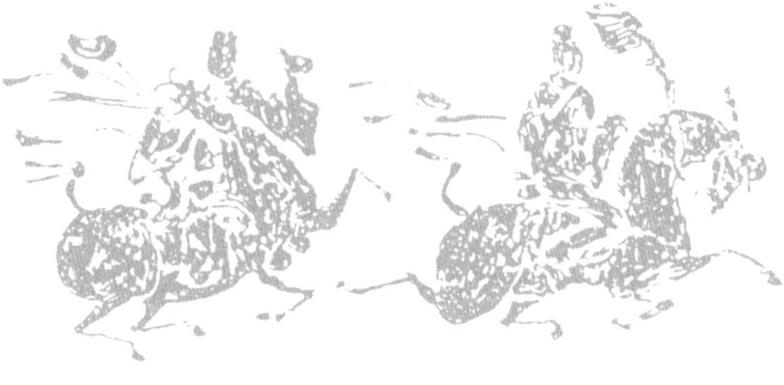

161(13-6) 悼公使韓穆子掌公族大夫
도공이 한목자로 하여금 공족대부를 관장하게 하다

한헌자韓獻子가 늙어 퇴휴하자, 진晉 도공悼公은 그와 공족인 목자穆子, 韓無忌를 시켜 조정의 일을 맡아 처리하도록 하였다.

그러자 목자는 이렇게 사양하였다.

"여공厲公의 난 때 저(無忌)는 공족의 숫자만 채우고 있었을뿐 따라 죽지 못하였습니다. 제가 듣기로 '아무런 공을 세우지 못한 자는 감히 높은 지위에 앉을 수 없다'라 하더이다. 지금 저는 지혜도 능히 임금을 바로잡아드리지 못한 채 난에 이르도록 하였으며, 어짊도 능히 이를 구제하지 못하였으며, 용맹도 능히 따라 죽지 못하였습니다. 감히 임금의 조정에 치욕이나 안겨 주고 한씨 종족에게 오욕만 남기는 것이오니 청컨대 사퇴하겠습니다."

이렇게 완강하게 거절하며 들어서지 않았다.

도공은 이를 듣고 이렇게 말하였다.

"난에 비록 임금을 위해 죽지는 못했지만, 능히 겸양을 갖추고 있으니 상을 내리지 않을 수 없다."

그리고는 공족대부를 관장하는 임무를 맡겼다.

韓獻子老, 使公族穆子受事於朝.

辭曰:「厲公之亂, 無忌備公族, 不能死. 臣聞之曰:『無功庸者, 不敢居高位.』今無忌, 智不能匡君, 使至於難, 仁不能救, 勇不能死, 敢辱君朝以忝韓宗, 請退也.」

固辭不立.

悼公聞之, 曰:「難雖不能死君而能讓, 不可不賞也.」

使掌公族大夫.

【韓獻子】 韓厥. 晉나라 六卿의 하나.

【穆子】 한궐의 長子 韓無忌. 공족대부였으며 조정의 실권을 쥐고 있었음.

【不能死】 한무기는 공족대부로서 厲公의 난 때, 나라와 함께 그 목숨을 바쳐야 함에도 그렇게 하지 않았음을 말함.

【功庸】 나라에 공이 있는 것을 '功'이라 하며, 백성에게 공이 있는 것을 '庸'이라 한다 함.

【忝】 누를 끼침. 욕되게 함. 오욕을 남김.

【使掌】 한무기로 하여금 공족대부의 우두머리가 되게 하였으나, 무기는 이를 사양하고 그 아우 韓起(宣子)에게 그 지위를 물려 줌. 《左傳》 참조.

참고 및 관련 자료

1. 《左傳》 襄公 7년

冬十月, 晉韓獻子告老, 公族穆子有廢疾, 將立之. 辭曰: 「詩曰'豈不夙夜? 謂行多露.' 又曰: '弗躬弗親, 庶民弗信.' 無忌不才, 讓, 其可乎? 請立起也. 與田蘇游, 而曰'好仁'. 詩曰: '靖共爾位, 好是正直. 神之聽之, 介爾景福.' 恤民爲德, 正直爲正, 正曲爲直, 參和爲仁. 如是, 則神聽之, 介福降之. 立之, 不亦可乎?」 庚戌, 使宣子朝, 遂老. 晉侯謂韓無忌仁, 使掌公族大夫.

162(13-7) 悼公使魏絳佐新軍
도공이 위강으로 하여금 신군을 보좌하도록 하다

도공悼公이 장로張老를 경卿으로 삼고자 하자 그는 이렇게 사양하였다.
"저는 위강魏絳만 못합니다. 무릇 위강의 지혜는 능히 대관大官을 다스릴 수 있으며, 그 어짊은 가히 공실公室을 이롭게 하고자 늘 잊지 않고 있습니다. 그런가 하면 그의 용기는 형벌의 집행에 곤혹스러워하지 않으며, 그의 학식은 선인의 직위를 폐기하지 않을 수 있습니다. 만약 그러한 자가 경 자리에 있게 되면 외교와 내정이 틀림없이 제자리를 찾을 것입니다. 게다가 계구雞丘의 회맹 때, 맡은 관직의 처리가 남을 범하지 않으면서도 말은 부드럽고 순리에 맞았습니다. 그러한 자에게 상을 내리지 않을 수 없습니다."

도공이 다섯 번이나 명했지만, 완고하게 사양하여 할 수 없이 그를 사마司馬로 삼고 위강을 신군新軍의 보좌로 삼았다.

悼公使張老爲卿, 辭曰:「臣不如魏絳. 夫絳之智能治大官, 其仁可以利公室不忘, 其勇不疚於刑, 其學不廢先人之職. 若在卿位, 外內必乎. 且雞丘之會, 其官不犯而辭順, 不可不賞也.」

公五命之, 固辭, 乃使爲司馬. 使魏絳佐新軍.

【張老】 晉나라 대부. 이름이 老이며 자는 孟. 그 때문에 張孟으로도 부름.
【魏絳】 魏犨의 아들이며 시호는 莊子. 晉나라 中軍司馬.
【大官】 卿 벼슬을 말함.

【不疚於刑】 능히 결단함. 형벌의 결단에 곤혹스러워하지 않음.
【雞丘之會】 雞丘는 지명으로《左傳》에는 '雞澤'으로 되어 있으며 계택은 지금의 河北 邯鄲市 동쪽. 계구는 그 남쪽이며 지금의 肥鄉과 成安 두 縣으로부터 그리 멀지 않은 곳임. 이곳에서 悼公 4년(B.C.569)에 열렸던 회의는 "悼公始合諸侯"(158)에 자세히 실려 있음.
【司馬】 여기서는 中軍司馬를 가리킴.
【佐新軍】 '佐'는 輔佐. 副帥. 副元帥. 新軍은 당시 晉나라 군대 편제 중의 하나.

참고 및 관련 자료

1.《左傳》 襄公 13년

荀罃·士魴卒, 晉侯蒐于綿上以治兵. 使士匄將中軍, 辭曰:「伯游長. 昔臣習於知伯, 是以佐之, 非能賢也. 請從伯游.」荀偃將中軍, 士匄佐之. 使韓起將上軍, 辭以趙武. 又使欒黶, 辭曰:「臣不如韓起, 韓起願上趙武, 君其聽之.」使趙武將上軍, 韓起佐之; 欒黶將下軍, 魏絳佐之. 新軍無帥, 晉侯難其人, 使其什吏率其卒乘官屬, 以從於下軍, 禮也. 晉國之民是以大和, 諸侯遂睦. 君子曰:「讓, 禮之至也. 范宣子讓, 其下皆讓. 欒黶爲汰, 弗敢違也. 晉國以平, 數世賴之, 刑善也夫! 一人刑善, 百姓休和, 可不務乎! 書曰: '一人有慶, 兆民賴之, 其寧惟永.' 其是之謂乎! 周之興也, 其詩曰: '儀刑文王, 萬邦作孚.' 言刑善也. 及其衰也, 其詩曰: '大夫不均, 我從事獨賢.' 言不讓也. 世之治也, 君子尚能而讓其下, 小人農力以事其上, 是以上下有禮, 而讒慝黜遠, 由不爭也, 謂之懿德. 及其亂也, 君子稱其功以加小人, 小人伐其技以馮君子, 是以上下無禮, 亂虐幷生, 由爭善也, 謂之昏德. 國家之敝, 恒必由之.」

163(13-8) 悼公錫魏絳女樂歌鍾
도공이 위강에게 여자 악대와 가종을 하사하다

진晉 도공悼公 12년, 도공이 정鄭나라를 치고자 소어蕭魚에 주둔하게 되었다. 정 간공簡公은 그들에게 기꺼이 미녀, 악사, 첩 등 30인과 16명으로 이루어진 여자 악대, 가종歌鍾 두 틀, 보박寶鎛, 그리고 노거輅車 15승을 바쳐왔다.

도공은 이 중 여자 악대 8명, 가종 한 틀을 위강魏絳에게 내려주며 이렇게 말하였다.

"그대는 과인으로 하여금 융적戎狄과는 화친하도록 하고, 중원諸華은 바로잡도록 하여 이미 8년에 이르렀소. 그 동안 7번 제후들과 회맹을 가졌으니, 과인으로 하여금 뜻을 이루지 못한 것이 없도록 도와 주었소. 청컨대 이들 물건은 그대와 함께 나누어 즐거움을 삼고자 하오."

위강이 사양하며 이렇게 말하였다.

"무릇 융적과 화친을 맺은 것은 임금의 행운이며, 8년 동안 7번 제후들을 모은 것은 임금의 영명함 때문이었습니다. 다른 여러분들의 노고입니다. 제가 어찌 이러한 것을 차지하겠습니까?"

도공이 말하였다.

"그대가 아니었더라면 과인은 융적을 대우할 줄도 몰랐을 것이며, 하수河水를 건너보지도 못하였을 것입니다. 나머지 여러분들이 무슨 노고가 있었겠소! 그대는 받으시오!"

군자가 말하였다.

"능히 잘한 일을 잘 기억한 것이로다."

十二年, 公伐鄭, 軍于蕭魚. 鄭伯嘉來納女·工·妾三十人, 女樂二八, 歌鍾二肆, 及寶鎛, 輅車十五乘.

公錫魏絳女樂一八·歌鍾一肆, 曰:「子教寡人和諸戎狄而正諸華, 於今八年, 七合諸侯, 寡人無不得志, 請與子共樂之.」

魏絳辭曰:「夫和戎狄, 君之幸也. 八年之中, 七合諸侯, 君之靈也. 二三子之勞也, 臣焉得之?」

公曰:「微子, 寡人無以待戎, 無以濟河, 二三子何勞焉! 子其受之!」

君子曰:「能志善也.」

【十二年】晉 悼公 12년(魯 襄公 12년, B.C.561) 鄭나라가 楚나라 편을 들자, 晉나라가 제후를 모아 鄭나라를 정벌하여 복속시킴.

【蕭魚】지금의 河南 許昌市.

【鄭伯嘉】鄭나라 僖公의 아들 鄭 簡公. B.C.565~530년까지 36년간 재위함.

【工】樂師.《左傳》에 의하면 師悝·師觸·師蠲이었으며, 이들은 각기 鐘師·鎛師·磬師의 임무를 맡고 있었음.

【二八】고대 樂舞는 8명을 1佾로 하였으며 여기서는 2일 16명을 말함.

【二肆】編鍾에는 鈕鍾과 甬鍾이 있으며, 이 두 가지가 갖추어져 있을 때 이를 1肆라 함.

【寶鎛】鎛은 작은 종을 뜻하며 '보박'은 鄭나라의 보물이었음.《左傳》에는 이 것 외에 '磬'을 함께 바친 것으로 되어 있음.

【輅車】輅는 廣車, 車는 돈거(軘車). '광거'는 공격용 수레이며 '돈거'는 수비용 수레로써 두 수레가 짝을 이루었을 때 이를 一淳이라 함. 각기 15승씩을 보낸 것으로 보임.

【魏絳】魏犨의 아들이며 시호는 莊子. 晉나라 中軍司馬.

【濟河】河水를 건너 남쪽 鄭나라를 굴복시킴.

【受之】《左傳》에 의하면 魏絳은 마침내 悼公의 선물을 수용하여 받음.

【志善】'志'는 '기억하다'의 뜻. 남의 잘한 점을 잘 기억하였다가 현양함.

참고 및 관련 자료

1.《左傳》襄公 11년

九月, 諸侯悉師以復伐鄭, 鄭人使良霄·大宰石㚟如楚, 告將服于晉, 曰:「孤以社稷之故, 不能懷君. 君若能以玉帛綏晉, 不然, 則武震以攝威之, 孤之願也.」楚人執之. 書曰「行人」, 言使人也. 諸侯之師觀兵于鄭東門. 鄭人使王子伯駢行成. 甲戌, 晉趙武入盟鄭伯. 冬十月丁亥, 鄭子展出盟晉侯. 十二月戊寅, 會于蕭魚. 庚辰, 赦鄭囚, 皆禮而歸之; 納斥候; 禁侵掠. 晉侯使叔肸告于諸侯. 公使臧孫紇對曰:「凡我同盟, 小國有罪, 大國致討, 苟有以藉手, 鮮不赦宥, 寡君聞命矣.」鄭人賂晉侯以師悝·師觸·師蠲; 廣車·軘車淳十五乘, 甲兵備, 凡兵車百乘, 歌鐘二肆, 及其鎛·磬; 女樂二八. 晉侯以樂之半賜魏絳, 曰:「子教寡人和諸戎狄以正諸華, 八年之中, 九合諸侯, 如樂之和, 無所不諧, 請與子樂之.」辭曰:「夫和戎狄, 國之福也; 八年之中, 九合諸侯, 諸侯無慝, 君之靈也, 二三子之勞也, 臣何力之有焉? 抑臣願君安其樂而思其終也. 詩曰: ‘樂只君子, 殿天子之邦. 樂只君子, 福祿攸同. 便蕃左右, 亦是帥從.’ 夫樂以安德, 義以處之, 禮以行之, 信以守之, 仁以厲之, 而後可以殿邦國·同福祿·來遠人, 所謂樂也. 書曰: ‘居安思危.’ 思則有備, 有備無患. 敢以此規.」公曰:「子之教, 敢不承命! 抑微子, 寡人無以待戎, 不能濟河. 夫賞, 國之典也, 藏在盟府, 不可廢也. 子其受之!」魏絳於是乎始有金石之樂, 禮也.

164(13-9) 司馬侯薦叔向
사마후가 숙향을 추천하다

진晉 도공悼公이 사마후司馬侯와 함께 대臺에 올라 내려다보면서 이렇게 감탄하였다.

"즐겁도다!"

사마후가 대답하였다.

"높이 올라 아래를 내려다보는 것은 즐거운 일이지요. 그러나 덕의德義의 즐거움은 아직 아닙니다."

도공이 물었다.

"무엇을 일러 덕의라 하는가?"

사마후가 대답하였다.

"제후가 하는 일에 날마다 그 임금 곁에서 착한 것으로써 실행하도록 하며, 악한 것으로써 경계를 시키는 것을 일러 덕의라 합니다."

도공이 물었다.

"누가 이에 능한가?"

사마후가 대답하였다.

"양설힐羊舌肸이 《춘추春秋》를 익혔습니다."

이에 숙향(叔向, 양설힐)을 불러 태자太子 표彪의 사부師傅로 삼았다.

悼公與司馬侯升臺而望曰:「樂夫!」

對曰:「臨下之樂則樂矣, 德義之樂則未也.」

公曰:「何謂德義?」

對曰:「諸侯之爲, 日在君側, 以其善行, 以其惡戒, 可謂德義矣.」

公曰:「孰能?」

對曰:「羊舌肸習於春秋.」

乃召叔向使傅太子彪.

【司馬侯】晉나라 대부 汝叔齊.
【羊舌肸】字는 叔向. 羊舌職의 아들. 晉나라 대부.
【春秋】고대 역사를 바르게 기록한 책. 흔히 孔子가 편찬한《春秋》를 지칭하기도 하며 褒貶을 중시하고 微言으로써 大義를 밝혀 정사와 인의의 표준이 되므로 이에 숙향을 추천한 것임.
【太子豹】晉 悼公의 태자이며 이름은 豹. 뒤에 晉 平公이 됨.

임동석(茁浦 林東錫)

慶北 榮州 上茁에서 출생. 忠北 丹陽 德尙골에서 성장. 丹陽初中 졸업. 京東高 서울敎大 國際大 建國大 대학원 졸업. 雨田 辛鎬烈 선생에게 漢學 배움. 臺灣 國立臺灣師範大學 國文硏究所(大學院) 博士班 졸업. 中華民國 國家文學博士(1983). 建國大學校 敎授. 文科大學長 역임. 成均館大 延世大 高麗大 外國語大 서울대 등 大學院 강의. 韓國中國言語學會 中國語文學硏究會 韓國中語中文學會 會長 역임. 저서에 《朝鮮譯學考》(中文) 《中國學術槪論》《中韓對比語文論》. 편역서에 《수레를 밀기 위해 내린 사람들》《栗谷先生詩文選》. 역서에 《漢語音韻學講義》《廣開土王碑硏究》《東北民族源流》《龍鳳文化源流》《論語心得》〈漢語雙聲疊韻硏究〉 등 학술 논문 50여 편.

임동석중국사상100

국어國語

하

左丘明 撰 / 林東錫 譯註

1판 1쇄 발행/2009년 12월 12일

2쇄 발행/2013년 10월 10일

발행인 고정일

발행처 동서문화사

창업 1956. 12. 12. 등록 16-3799

서울강남구신사동563-10 ☎546-0331~6 (FAX)545-0331

www.dongsuhbook.com

잘못 만들어진 책은 바꾸어 드립니다.

*

*

사업자등록번호 211-87-75330

ISBN 978-89-497-0555-2 04080

ISBN 978-89-497-0542-2 (세트)